Bernhard Metzger

Wertermittlung von Immobilien und Grundstücken

6. Auflage

Haufe Gruppe
Freiburg · München · Stuttgart

Bibliografische Information der Deutschen Nationalbibliothek
Die Deutsche Nationalbibliothek verzeichnet diese Publikation in der Deutschen Nationalbibliografie; detaillierte bibliografische Daten sind im Internet über http://dnb.dnb.de abrufbar.

Print: ISBN 978-3-648-09919-3 Bestell-Nr. 06265-0006
ePub: ISBN 978-3-648-09920-9 Bestell-Nr. 06229-0101
ePDF: ISBN 978-3-648-09921-6 Bestell-Nr. 06229-0151

Bernhard Metzger
Wertermittlung von Immobilien und Grundstücken
6. Auflage 2018

© 2018 Haufe-Lexware GmbH & Co. KG, Freiburg
www.haufe.de
info@haufe.de
Produktmanagement: Jasmin Jallad

Lektorat: Cornelia Rüping, München
Satz: Reemers Publishing Services GmbH, Krefeld
Umschlag: RED GmbH, Krailling

Alle Angaben/Daten nach bestem Wissen, jedoch ohne Gewähr für Vollständigkeit und Richtigkeit. Alle Rechte, auch die des auszugsweisen Nachdrucks, der fotomechanischen Wiedergabe (einschließlich Mikrokopie) sowie der Auswertung durch Datenbanken oder ähnliche Einrichtungen, vorbehalten.

Wertermittlung von Immobilien und Grundstücken

Inhaltsverzeichnis

Vorwort zur sechsten Auflage 9
Vorwort 11

1	**Beschaffung der notwendigen Informationen**	**13**
1.1	Grundsätzliches zur Wertermittlung	13
1.2	Der erste Schritt: Einsicht nehmen in das Grundbuch	16
1.3	Informationen über ein eventuelles Erbbaurecht	18
1.4	Wohnungs- und Teileigentum	19
1.5	Weitere wichtige Informationen	21
	1.5.1 Nachbarrechtliche Beschränkungen	21
	1.5.2 Planungsrechtliche Nutzungsmöglichkeiten	22
	1.5.3 Baulasten	22
	1.5.4 Öffentlich-rechtliche Abgaben	22
	1.5.5 Das Liegenschaftskataster	22
	1.5.6 Altlasten	23
	1.5.7 Baugrundverhältnisse	23
	1.5.8 Erhaltungssatzung	23
	1.5.9 Behördliche Genehmigungen überprüfen	24
	1.5.10 Denkmalschutz	24
	1.5.11 Geeignete Karten	24
	1.5.12 Immissionsbelastung	24
	1.5.13 Rund um die Miete	25
	1.5.14 Wohn- und Nutzfläche	25
	1.5.15 Kosten und Preisindizes	25
2	**Das Gutachten: Aufbau und Anforderungen**	**27**
2.1	Formulargutachten	28
2.2	Frei erstellte Gutachten	29
2.3	Einsatz von Wertermittlungssoftware	29
2.4	Aufbau des Gutachtens	29
2.5	Anforderungen an ein Gutachten	30
3	**Ermittlung des Bodenwerts**	**39**
3.1	Bestimmung des Bodenwerts unter Zuhilfenahme geeigneter Bodenrichtwerte	41
3.2	Ermittlung des Bodenwerts in sechs Schritten	43
	3.2.1 Die eigenen wertbeeinflussenden Merkmale des zu bewertenden Grundstücks klären	43
	3.2.2 Bodenrichtwert beim Gutachterausschuss einholen	44

5

		3.2.3	Auf den Wertermittlungsstichtag umrechnen	44
		3.2.4	Die Geschossflächenzahl umrechnen	46
		3.2.5	Bodenwert bzw. Verkehrswert ermitteln	55
3.3		Das Residualwertverfahren		56

4		**Verfahren zur Verkehrswertermittlung bebauter Grundstücke**	59
4.1		Das Vergleichswertverfahren	60
4.2		Das Ertragswertverfahren	64
	4.2.1	Der Bodenwert	77
	4.2.2	Ermittlung des Gebäudeertragswerts	78
	4.2.3	Die Ermittlung des Liegenschaftszinssatzes	99
	4.2.4	Ermittlung der Restnutzungsdauer	103
	4.2.5	Ermittlung des Vervielfältigers	114
	4.2.6	Ermittlung des Ertragswerts bzw. Verkehrswerts (Marktwerts) des Grundstücks	115
4.3		Das Sachwertverfahren	118
	4.3.1	Ermittlung des Bodenwerts	121
	4.3.2	Ermittlung der Herstellungskosten der baulichen Anlagen	121
	4.3.3	Ermittlung der Herstellungskosten der Außenanlagen	151
	4.3.4	Alterswertminderung	152
	4.3.5	Ermittlung des vorläufigen Sachwerts des Grundstücks	155
	4.3.6	Verkehrswert (Marktwert) des Grundstücks	156

5		**Kontrollen und Analysen**	163
5.1		Sensitivitätsanalysen	164
5.2		Plausibilitätskontrollen	167
	5.2.1	Ertragsfaktoren	167
	5.2.2	Gebäudefaktoren	169
	5.2.3	Plausibilitätskontrolle für Einfamilienhäuser	171

6	**Formeln und Hilfsmittel**	173
6.1	Ertragsvervielfältiger	173
6.2	Aufzinsen: Berechnung des Endbetrags	174
6.3	Diskontierung (Abzinsung)	175
6.4	Alterswertminderung	176
6.5	Kalkulationshilfe zum Sachwertverfahren	176
6.6	Kalkulationshilfe zum Ertragswertverfahren (allgemeines Ertragswertverfahren)	177
6.7	Kalkulationshilfe zum Ertragswertverfahren mit periodisch unterschiedlichen Erträgen	179

6.8	Kalkulationshilfe zum Residualwertverfahren	179
6.9	Hilfsmittel zur Bestimmung des ortsspezifischen Liegenschaftszinssatzes	180
7	**Die relevanten gesetzlichen Normen und Regelungen**	**183**
7.1	Die wichtigsten Gesetze und Verordnungen im Überblick	184
7.2	Wohnflächenverordnung und Betriebskostenverordnung	185
8	**Anhang**	**187**
8.1	Anlage 1: Immobilienwertermittlungsverordnung (ImmoWertV)	188
8.2	Anlage 2: Richtlinien zur Ermittlung des Sachwerts (Sachwertrichtlinie, SW-RL)	218
8.3	Anlage 3: Richtlinie zur Ermittlung des Ertragswerts (Ertragswertrichtlinie, EW-RL)	298
8.4	Anlage 4: Richtlinie zur Ermittlung des Vergleichswerts und des Bodenwerts (Vergleichswertrichtlinie, VW-RL)	329
8.5	Anlage 5: Richtlinien für die Ermittlung der Verkehrswerte (Marktwerte) von Grundstücken (Wertermittlungsrichtlinien – WertR 2006)	353
8.6	Anlage 6: Beispielgutachten	400
Abkürzungsverzeichnis		433
Stichwortverzeichnis		435

Vorwort zur sechsten Auflage

Da sich die Bedingungen auf dem Grundstücksmarkt seit Erlass der bisherigen Wertermittlungsverordnung (WertV) im Jahr 1988 tiefgreifend geändert haben, wurde diese novelliert und in Immobilienwertermittlungsverordnung (ImmoWertV) umbenannt. Mit dem In-Kraft-Treten der ImmoWertV am 1.7.2010 wurde es erforderlich, die bisherigen Wertermittlungsrichtlinien (WertR 2006) zu überarbeiten. Dies erfolgte schrittweise in Form von drei Einzelrichtlinien. In einem nächsten Schritt sollen diese wieder in einer überarbeiteten Wertermittlungsrichtlinie zusammengeführt werden.

Die Richtlinie zur Ermittlung des Sachwerts (Sachwertrichtlinie, SW-RL) wurde 2012, die Vergleichswertrichtlinie (VW-RL) 2014 und die Ertragswertrichtlinie (EW-RL) 2015 im Bundesanzeiger bekannt gemacht. Diese Richtlinien enthalten Anwendungshinweise zum jeweils geregelten Wertermittlungsverfahren und vertiefen damit die in der ImmoWertV geregelten Verfahrensgrundsätze. Sie sollen dazu beitragen, eine modellkonforme Ermittlung des Sach-, Vergleichs- bzw. Ertragswerts sowie des Bodenwerts und der den jeweiligen Verfahren zugrunde liegenden Daten nach einheitlichen und marktgerechten Grundsätzen zu gewährleisten. Die drei neuen Richtlinien ersetzen die entsprechenden Regelungen zu den einzelnen Wertermittlungsverfahren in den Wertermittlungsrichtlinien (WertR 2006). Für Bereiche, die von den neuen Richtlinien nicht erfasst werden, bleiben die WertR 2006 bis zur Veröffentlichung einer zusammengeführten und überarbeiteten Wertermittlungsrichtlinie sinngemäß anwendbar, soweit dies mit der ImmoWertV vereinbar ist.

Die ImmoWertV legt die Grundsätze zur Ermittlung der Verkehrswerte von Grundstücken fest und stellt eine einheitliche Vorgehensweise bei der Verkehrswertermittlung in Deutschland sicher. Sie findet überall dort Anwendung, wo der Verkehrswert (Marktwert) von Grundstücken oder Immobilien zu ermitteln ist. Anwender sind vor allem die Gutachterausschüsse für Grundstückswerte, Sachverständige für die Grundstückswertermittlung sowie Banken und Versicherungen.

Da sich seit Erlass der Wertermittlungsverordnung im Jahr 1988 die Wertermittlungspraxis erheblich weiterentwickelt hat, greift die ImmoWertV dies auf und erfasst neue für den Grundstücksverkehr wichtige Aspekte. Zudem erhöht sie die internationale Vermittelbarkeit, beispielsweise durch Aufnahme des Discounted-Cashflow-Verfahrens in einer für die Grundstückswertermittlung geeigneten Form, des sogenannten Ertragswertverfahrens auf Grundlage unterschiedlicher Erträge. Sie regelt den Umgang mit künftigen Entwicklungen – zum Beispiel absehbare anderweitige Nutzungen, wenn diese mit hinreichender Sicherheit und ohne spekulative Annahmen zu erwarten sind –, da diese den Verkehrswert enorm beeinflussen. Die Forderung besteht darin, dass diese plausibel und nachvollziehbar ermittelt werden müssen.

In der Vergangenheit hat sich gezeigt, dass Portfolios oft falsch und in der Regel zu hoch bewertet wurden. Daher sollen zukünftig spekulative Annahmen minimiert werden, um einer erneuten Finanzkrise bereits auf Ebene der Grundstückswertermittlung wirksam entgegenzutreten. Materiell hat sich mit der ImmoWertV gegenüber der Wertermittlungsverordnung fast nichts geändert. Jedoch ergeben sich bei der Ausarbeitung von Gutachten erhebliche praktische Änderungen, was zum einen aus dem geänderten systematischen Aufbau der ImmoWertV resultiert, zum anderen modifizierte Begriffsbestimmungen und neue Bezeichnungen betrifft.

Das Fachbuch zur Immobilienbewertung möge weiterhin vielen Anwendern eine nützliche Hilfe bieten.

Inning a. A. im Oktober 2017

Bernhard Metzger

Vorwort

Es gibt eine Vielzahl von Anlässen, aus denen eine Bewertung von Grundstücken und Gebäuden notwendig ist. In Betracht kommen beispielsweise die Überprüfung von Kaufpreisvorstellungen bei Immobilienangeboten, Vermögensauseinandersetzungen infolge von Ehe- oder Erbstreitigkeiten, die Bewertung von Rechten und Belastungen bei Immobilienfinanzierungen oder einer Beleihung etc.

Die objektiv richtige Werteinschätzung einer Immobilie, insbesondere als Grundlage für Kaufentscheidungen, ist von grundsätzlicher Bedeutung, da häufig hohe Geldbeträge im Spiel sind und Fehlentscheidungen in der Regel sehr teuer bezahlt werden müssen.

Ziel und Gegenstand einer Wertermittlung ist es unter anderem, für bebaute und unbebaute Grundstücke den Verkehrswert (Marktwert) objektiv festzustellen und ihn so darzulegen, dass das Ergebnis und die zum Ergebnis führenden Schritte für einen Laien nachprüfbar und nachvollziehbar sind.

Dieses Haufe-Fachbuch soll dem »Wertermittlungs-Einsteiger« als Leitfaden dienen. Er soll Schritt für Schritt in die Praxis der Wertermittlung einführen und den Einstieg in die Erstellung von Wertermittlungsgutachten erleichtern.

Es wird aufgezeigt, wo welche Informationen für ein fundiertes Gutachten beschafft werden können und welche Anforderungen an ein Gutachten gestellt werden. Neben der Bodenwertermittlung werden die in Deutschland normierten Verfahren (Vergleichswert-, Sachwert- und Ertragswertverfahren) beschrieben.

Darüber hinaus soll der Leser darauf aufmerksam gemacht werden, welche Auswirkungen die einzelnen Eingangsgrößen bei der Wertermittlung auf den Verkehrswert haben.

Mithilfe von Sensitivitätsanalysen und Plausibilitätskontrollen können sowohl das eigene Ergebnis als auch die Ergebnisse bestehender Gutachten kritisch überprüft werden. In Form von Excel-Tabellen werden Ihnen dafür wertvolle Rechenhilfen an die Hand gegeben.

Schließlich finden Sie im Anhang dieses Buches ein Beispielgutachten für ein Einfamilienhaus mit allgemeinen Erläuterungen, das Ihnen als Leitfaden und Basis für ein zu erstellendes Gutachten dienen kann.

Viel Erfolg bei der Gutachtenerstellung wünscht Ihnen

Bernhard Metzger

1 Beschaffung der notwendigen Informationen

1.1 Grundsätzliches zur Wertermittlung

Gegenstand einer Wertermittlung muss nicht immer ein bebautes Grundstück sein. Die Wertermittlung kann sich auch auf ein unbebautes Grundstück, ein bestehendes Gebäude oder auf Rechte und Belastungen, die mit dem Grundstück verbunden sind, beziehen.

Zweck einer Wertermittlung ist es, einen Interessensausgleich zwischen dem »Anbieter« und dem »Nachfrager« herbeizuführen. Häufig haben die beteiligten Parteien unterschiedliche Wertvorstellungen.

Ziel einer Wertermittlung ist in der Regel die Ermittlung des sogenannten Verkehrswerts. Dieser wird in § 194 des Baugesetzbuchs (BauGB) wie folgt definiert.

> **§ 194 BauGB**
> »Der Verkehrswert (Marktwert) wird durch den Preis bestimmt, der in dem Zeitpunkt, auf den sich die Ermittlung bezieht, im gewöhnlichen Geschäftsverkehr nach den rechtlichen Gegebenheiten und tatsächlichen Eigenschaften, der sonstigen Beschaffenheit und der Lage des Grundstücks oder des sonstigen Gegenstands der Wertermittlung ohne Rücksicht auf ungewöhnliche oder persönliche Verhältnisse zu erzielen wäre.«

Neben dem Verkehrswert gibt es zahlreiche weitere Werte, darunter zum Beispiel Beleihungswert, Versicherungswert, Einheitswert und Grundbesitzwert. Die folgende Tabelle[1] gibt einen Überblick über die für die Immobilienbewertung wesentlichen Werte und die Fälle, in denen sie benötigt werden.

---

1   www.immobilienbewertung-online.de

Wert	Wird benötigt in folgenden Fällen (Auswahl)	Wird ermittelt von
Verkehrswert	- Gerichtsurteile - Bewertungen von Fonds- und Gesellschafteranteilen - Vermögensauseinandersetzung (zum Beispiel Erbfall, Scheidung) - Kauf- bzw. Verkaufsverhandlungen - Widerlegung der in der steuerlichen Bedarfsbewertung ermittelten Werte - Enteignungen - Entschädigungen	- Sachverständigen - Gutachterausschüssen
Beleihungswert	Beleihung von Liegenschaften	Banken
Versicherungswert	Abschluss von Gebäudeversicherungen	Versicherungen
Einheitswert, Grundbesitzwert	Besteuerung von Liegenschaften	Finanzamt

Aus der Tabelle wird ersichtlich, dass der Verkehrswert der Wert ist, der am häufigsten benötigt wird. Lediglich in einigen Spezialfällen, zum Beispiel bei der Beleihung, beim Abschluss von Gebäudeversicherungen und bei der steuerlichen Bewertung, sind andere Werte maßgebend. Auch viele Banken ermitteln heutzutage zunächst den Verkehrswert und leiten daraus den Beleihungswert ab.

Der Grundstücksmarkt ist von so vielen erkennbaren und versteckten, objektiven und subjektiven, vermeintlichen und tatsächlichen Einflussfaktoren geprägt, dass es häufig unmöglich ist, den einzig richtigen Wert zu ermitteln.

Am besten geeignet zur Abbildung eines Grundstücksmarktes und rechtlich vorgeschrieben ist die Anwendung der normierten Verfahren der Immobilienwertermittlungsverordnung.

1 Grundsätzliches zur Wertermittlung

In der ImmoWertV sind drei Wertermittlungsverfahren definiert:
1. Vergleichswertverfahren (§ 15–16 ImmoWertV)
2. Ertragswertverfahren (§§ 17–20 ImmoWertV)
3. Sachwertverfahren (§§ 21–23 ImmoWertV)

Die Erstellung eines Gutachtens vollzieht sich in der Regel in drei Arbeitsschritten:
1. Informationsbeschaffung
2. Wertermittlung
3. Dokumentation

Alle drei Bausteine nehmen sicherlich den gleichen Stellenwert ein, jedoch ist der Zeitaufwand für jeden Arbeitsschritt unterschiedlich hoch.

Den zeitintensivsten Arbeitsschritt stellt mit circa 50 bis 60 Prozent die Informationsbeschaffung dar. Sie hat stets besondere Bedeutung, da ohne eine zuverlässige Grundlage letztendlich kein seriöses Gutachten zu erstellen ist.

Nicht nur der Sachverständige am Beginn seiner Laufbahn, sondern auch erfahrene Sachverständige stehen oftmals vor der Frage, wo im Einzelfall bewertungsrelevante Informationen eingeholt werden können. Die Informationsbeschaffung erstreckt sich in der Regel über einen längeren Zeitraum und beginnt bereits beim Ortstermin. Sämtliche Informationen, die der Sachverständige vor Ort erhält, sind kritisch zu bewerten und auf Plausibilität zu prüfen. Im Gutachten sollten die Quellen der Informationen – schon aus Haftungsgründen – benannt werden.

Im Folgenden erfahren Sie, welche Informationen Sie benötigen und wie Sie bei deren Beschaffung am besten vorgehen.

> **Achtung**
> Mangelnde oder gar fehlerhafte Recherchearbeit führt regelmäßig zu falschen Ergebnissen.

1.2 Der erste Schritt: Einsicht nehmen in das Grundbuch

Das Grundbuch ist ein beim Amtsgericht geführtes öffentliches Register, das die Wirtschafts- und Rechtsverhältnisse an Grundstücken darlegt. Das Grundbuch kann bei berechtigtem Interesse von jedermann (zum Beispiel Käufer) eingesehen werden und genießt öffentlichen Glauben, das heißt, dass die dort eingetragenen Tatbestände jedem gutgläubigen Dritten gegenüber als richtig gelten. Das Grundbuch besteht aus dem Bestandsverzeichnis und den Abteilungen I, II und III. Das Bestandsverzeichnis enthält die genauen Grundstücksangaben und sollte mit den Katasterpapieren übereinstimmen. In Abteilung I werden die Eigentumsverhältnisse, in Abteilung II die Lasten und Beschränkungen und in Abteilung III die Belastungen eingetragen. Aufgrund der zahlreichen Informationen, die dem Grundbuch zu entnehmen sind und die in das Gutachten einfließen, ist es notwendig, dass immer die aktuellste Grundbuchabschrift zur Bearbeitung vorliegt. Beim Einblick in das Grundbuch sollten Sie wissen: Was rot unterstrichen ist, gilt als gelöscht.

Das Grundbuchblatt besteht aus
- der Aufschrift (Titelblatt),
- dem Bestandsverzeichnis sowie
- den Abteilungen:
erste Abteilung,
zweite Abteilung und
dritte Abteilung.

Die Aufschrift (das Titelblatt) gibt Ihnen Auskunft darüber, ob es sich zum Beispiel um
- ein normales Grundstück,
- ein Erbbaurecht,
- Wohnungseigentum,
- Teileigentum,
- Wohnungs- und Teilerbbaurecht oder
- eine Heimstätte

handelt.

Im Bestandsverzeichnis finden sich die Katasterangaben, also Gemarkung, Flur, Flurstück, Wirtschaftsart, Lage und Größe des Grundstücks.

Der erste Schritt: Einsicht nehmen in das Grundbuch

> **Achtung: Öffentlicher Glaube des Grundbuchs**
>
> Eintragungen in das Grundbuch müssen nicht zwingend mit der wirklichen Rechtslage übereinstimmen. Damit das Grundbuch dennoch als Grundlage für alle Rechtsgeschäfte mit Grundstücken eingesetzt werden kann, genießt es (nach § 892 Bürgerliches Gesetzbuch [BGB]) »öffentlichen Glauben«. Das heißt zugunsten desjenigen, der ein Recht an einem Grundstück oder ein Recht an einem solchen Recht durch ein Rechtsgeschäft erwirbt, gilt der Inhalt des Grundbuchs als richtig, es sei denn, dass ein Widerspruch gegen die Richtigkeit eingetragen oder die Unrichtigkeit dem Erwerber bekannt ist. Der gutgläubige Erwerb eines Rechts wird durch den öffentlichen Glauben geschützt. Wer jedoch die Unrichtigkeit des Grundbuchs kennt, kann nicht den Schutz des öffentlichen Glaubens in Anspruch nehmen.
>
> Der öffentliche Glaube des Grundbuchs umfasst
> - die Rechtsvermutung: Es wird bis zum Beweis des Gegenteils angenommen, dass der Nachweis des Grundbuchs richtig ist.
> - den Rechtsschutz des gutgläubigen Erwerbers: Der Erwerber eines Grundstücks genießt besonderen Schutz.
>
> Der öffentliche Glaube erstreckt sich auf alle eingetragenen und gelöschten Rechte und auf die Angaben, von denen das eingetragene Recht abhängt. Deshalb sind folgende Katasterangaben vom öffentlichen Glauben umfasst:
> - Flurstücksbezeichnung (Gemarkung, Flur, Flurstücksnummer) und
> - Liegenschaftskarte mit ihren Unterlagen, soweit diese Grenzen der einzelnen Grundstücke (Flurstücke) festlegen.
>
> Der Verfasser eines Gutachtens sollte wissen, dass sich der öffentliche Glaube hingegen nicht auf die tatsächlichen Eigenschaften eines Grundstücks wie
> - die Lagebezeichnung,
> - die Flächengröße und
> - die Nutzungsart
>
> erstreckt. Da diese Angaben lediglich nachrichtlich aus dem Liegenschaftskataster übernommen werden, sollten diese – insbesondere die Grundstücksgröße – nochmals mit dem Liegenschaftskataster des zuständigen Katasteramtes verglichen werden.

In der ersten Abteilung des Grundbuchblatts wird der Eigentümer und die Grundlage seiner Eintragung vermerkt. Grundlage können zum Beispiel Auflassung, Erbfolge oder Zuschlagsbeschluss im Versteigerungsverfahren sein. Als Auflassung wird die Einigung zwischen Verkäufer und Käufer über den Übergang des Eigentums bezeichnet. Aufgrund der Eintragung der Auflassung kann nachvollzogen werden, wann ein Eigentumswechsel stattgefunden hat.

In der zweiten Abteilung vermerkt werden Lasten und Beschränkungen des Grundstücks, mit Ausnahme der Grundpfandrechte, die in Abteilung III eingetragen werden. Hierunter fallen zum Beispiel:
- Lasten
  - Grunddienstbarkeiten nach §§ 1018 ff. BGB (Dienstbarkeiten, Grunddienstbarkeiten, persönlich beschränkte Dienstbarkeiten)
  - Dauerwohn- und Dauernutzungsrecht
  - Reallasten
  - Nießbrauch
  - Vorkaufsrechte
  - Auflassungsvormerkung
  - Erbbaurecht
- Beschränkungen
  - Nacherbenvermerk
  - Testamentsvollstreckervermerk
  - Zwangsversteigerungs- und Zwangsverwaltungsvermerk
  - Insolvenzvermerk
  - Sanierungs- und Umlegungsvermerk
  - Verwaltungs- und Benutzungsregelungen bei Miteigentum

In der dritten Abteilung des Grundbuchblatts finden sich schließlich die Hypotheken, Grundschulden etc. Diese sind für die Wertermittlung allerdings in der Regel nicht von Interesse. Auch geht die tatsächliche Höhe der Schulden hieraus nicht hervor.

1.3 Informationen über ein eventuelles Erbbaurecht

Wie bereits erwähnt, ist ein Erbbaurecht als Belastung in der zweiten Abteilung des Grundbuchblatts eingetragen. Um Einsicht in den Erbbauvertrag zu nehmen, wendet man sich an den Eigentümer bzw. Erbbauberechtigten. Der Vertrag regelt unter anderem Folgendes:
- Tragen der öffentlichen und privatrechtlichen Lasten und Abgaben
- Errichtung, Instandhaltung und Verwendung des Baurechts
- Besondere Nutzungen oder Nutzungsbeschränkungen
- Heimfallregelungen
- Eine Verpflichtung des Eigentümers, das Grundstück an den jeweiligen Erbbauberechtigten zu veräußern
- Eine Verpflichtung des Erbbauberechtigten zur Zahlung von Vertragsstrafen oder die Verpflichtung zum Heimfall
- Einräumung eines Vorrechts für den Erbbauberechtigten auf Erneuerung des Erbbaurechts nach dessen Ablauf

- Höhe der Entschädigung für das errichtete Bauwerk bei Beendigung des Erbbaurechts nach Zeitablauf
- Anpassungsklauseln

1.4 Wohnungs- und Teileigentum

Informationen über Wohnungs- oder Teileigentum erhalten Sie, wie bereits erwähnt, ebenfalls aus dem Grundbuch. Für Wohnungs- oder Teileigentum werden besondere Grundbuchblätter angelegt mit der Aufschrift »Wohnungsgrundbuch« bzw. »Teileigentumsgrundbuch«, die den gleichen Aufbau wie ein normales Grundbuchblatt aufweisen; allerdings mit dem Unterschied, dass die jeweiligen Miteigentumsanteile und das Sondereigentum aufgeführt sind. In den drei Abteilungen sind dann der jeweilige Eigentümer, Rechte und Lasten sowie Grundpfandrechte verzeichnet.

Bei der Aufteilung eines Grundstücks in Wohnungseigentum wird für jede Wohnung und jedes Teileigentum ein eigenes Grundbuchblatt, das sogenannte Wohnungsgrundbuch bzw. Teileigentumsgrundbuch angelegt. An einer Wohnung bzw. einem Gewerberaum kann man Eigentum nur dann erwerben, wenn die Wohnung bzw. der Gewerberaum in sich abgeschlossen ist und über einen abschließbaren Zugang verfügt. Eine Wohnung bzw. ein Teileigentum muss ferner von den übrigen Wohnungen und den sonstigen Räumen durch Trennwände und Trenndecken abgeschlossen sein, auch von denen, die im gemeinschaftlichen Eigentum stehen.

Die Voraussetzung für die Begründung von Wohnungseigentum und Teileigentum ist in §3 Abs. 2 Satz 1 Wohnungseigentumsgesetz (WEG) geregelt. Die Abgeschlossenheit wird auf Antrag des Eigentümers von der zuständigen Baubehörde bestätigt. Sie dient ausschließlich der sachenrechtlichen Bestimmtheit in Bezug auf die Abgrenzung von Sondereigentum und gemeinschaftlichem Eigentum und damit der Klarstellung der Eigentums- und Benutzungsverhältnisse innerhalb des in Wohnungseigentum aufgeteilten Gebäudes. Im Folgenden werden die Eigentumsverhältnisse kurz erläutert.
- Sondereigentum: Alleineigentum an einer bestimmten Wohnung (Wohnungseigentum) oder an nicht zu Wohnzwecken dienenden Räumen (Teileigentum).

- Wohnungseigentum: Das Sondereigentum an einer Wohnung in Verbindung mit dem Miteigentumsanteil an dem gemeinschaftlichen Eigentum, zu dem es gehört.[2]
- Teileigentum: Eine Immobilie kann in mehrere Anteile aufgeteilt werden. Diese können einzeln veräußert und belastet werden. Als Teileigentum bezeichnet man das Sondereigentum an nicht zu Wohnzwecken dienenden Räumen eines Gebäudes in Verbindung mit dem Miteigentumsanteil an dem gemeinschaftlichen Eigentum, zu dem es gehört.[3] Das Sondereigentum an einem dieser Anteile nennt man Teileigentum, sofern es sich dabei um nicht zu Wohnzwecken dienende Räume handelt.
- Gemeinschaftseigentum: Dazu gehört das Gebäude, das sind alle tragenden Bauteile, Versorgungsleitungen bis zu den Eigentumswohnungen, Heizungsanlage, Fahrstuhl, Treppenhaus, Fassade und Fenster; außerdem alle Gemeinschaftsanlagen, Gemeinschaftsräume, Außenanlagen und das Grundstück, soweit keine Sondernutzungsrechte bestellt sind. Genaue Angaben hierzu kann man der Teilungserklärung entnehmen.
- Sondernutzungsrecht: Von einem Sondernutzungsrecht spricht man, wenn einem Wohnungseigentümer das alleinige (ausschließliche) Nutzungsrecht an Teilen des Gemeinschaftseigentums (zum Beispiel Gärten, Gemeinschaftsräume, Stellplätze) eingeräumt wird, wodurch zugleich die anderen Wohnungseigentümer vom Mitgebrauch ausgeschlossen werden. Der Gegenstand des Sondernutzungsrechts bleibt im Gemeinschaftseigentum.

Basierend auf dem Wohnungseigentumsgesetz regelt die Teilungserklärung das Verhältnis einzelner Wohnungseigentümer in einem Haus untereinander. Sie bezeichnet die Miteigentumsanteile am Grundstück und das damit verbundene Sondereigentum an bestimmten Räumen. Die Teilungserklärung ist ein wichtiges Dokument und muss stets notariell beurkundet sein. Die Teilungserklärung legt fest, wie das Gebäude aufgeteilt ist, insbesondere
- was zum Gemeinschaftseigentum und was zum Sondereigentum gehört (zum Beispiel welcher Keller oder Stellplatz zu welcher Wohnung gehört). Diese Aufteilung wird neben den schriftlichen Festsetzungen zusätzlich in einem Aufteilungsplan dargestellt,
- die zum Gemeinschaftseigentum gehörenden Miteigentumsanteile der einzelnen Wohnungen,
- eventuelle Sondernutzungsrechte für einzelne Wohnungen (zum Beispiel für Gartenanteile der gemeinschaftlichen Grünfläche),

---

2 § 1 Abs. 2 WEG.
3 § 1 Abs. 3 WEG.

- Regelungen des Gebrauchs (zum Beispiel »nur für Wohnzwecke«),
- Verteilung der Kosten von Instandhaltungsmaßnahmen am Gemeinschaftseigentum (in der Regel nach Miteigentumsanteilen),
- Stimmrechte einzelner Eigentümer in der Eigentümerversammlung (zum Beispiel nach Miteigentumsanteilen oder nach Anzahl der Wohnungen).

Bei einem Aufteilungsplan handelt es sich um eine von der Baubehörde genehmigte Bauzeichnung, die im Wesentlichen dem genehmigten Eingabeplan entspricht und aus der die Aufteilung des Gebäudes sowie die Lage der im Sondereigentum und der im Gemeinschaftseigentum stehenden Gebäudeteile ersichtlich ist. Die einzelnen Nutzungseinheiten sind in der Regel fortlaufend durchnummeriert, sodass die Einheiten eindeutig identifizierbar sind. Der Aufteilungsplan wird stets bei der Bildung von Wohnungseigentum benötigt, er und die Abgeschlossenheitsbescheinigung sind wichtige Bestandteile der Teilungserklärung.

Weitere bewertungsrelevante Auskünfte kann man aus den Protokollen der Eigentümerversammlungen entnehmen, in denen beispielsweise anfallende Kosten zur Durchführung baulicher Maßnahmen wie Modernisierungen, Instandsetzungen etc. aufgeführt sind.

Im Wirtschaftsplan und in der Jahresabrechnung, die wie die Protokolle der Eigentümerversammlung beim Eigentümer bzw. bei der Hausverwaltung eingesehen werden können, finden sich Informationen über die Bewirtschaftungskosten.

1.5 Weitere wichtige Informationen

1.5.1 Nachbarrechtliche Beschränkungen

Informationen über nachbarrechtliche Beschränkungen zu erhalten ist nicht ganz einfach, weil diese in der Regel nicht ohne Weiteres erkennbar sind. Zu den möglichen Ansatzpunkten zählen unter anderem:
- Gezieltes Nachfragen beim Ortstermin
- Bebauungssituation
- Hinweise in der Bauakte

1.5.2 Planungsrechtliche Nutzungsmöglichkeiten

Der Bebauungsplan informiert Sie beispielsweise über:
- Art und Maß der baulichen Nutzung
- Bauweise
- Überbaubare und nicht überbaubare Grundstücksfläche
- Anordnung der baulichen Anlagen
- Größe, Breite und Tiefe der Baugrundstücke
- Verkehrsflächen

1.5.3 Baulasten

Informationen über vorhandene Baulasten eines Grundstücks, die den Wert des Grundstücks erheblich mindern können, lassen sich (außer in Bayern und Brandenburg) dem Baulastenverzeichnis entnehmen, das in der Regel bei der Bauaufsichtsbehörde geführt wird. Hier einige Beispiele von Baulasten:
- Abstandsflächenbaulast
- Stellplatzbaulast
- Erschließungsbaulast

1.5.4 Öffentlich-rechtliche Abgaben

Die Baubehörden der Stadt- und Gemeindeverwaltungen geben Auskünfte darüber, ob für ein Grundstück noch öffentlich-rechtliche Abgaben zu entrichten sind. Ist das der Fall, so kann dies erheblich den Verkehrswert des Grundstücks beeinflussen. Öffentlich-rechtliche Abgaben sind zum Beispiel:
- Erschließungsbeiträge
- Kanalanschlussbeiträge
- Kostenerstattungsbeiträge nach §8a Bundesnaturschutzgesetz
- Ablösebeiträge für Stellplatzverpflichtungen
- Ausgleichsbeiträge in Sanierungs- und Entwicklungsgebieten

1.5.5 Das Liegenschaftskataster

Im Katasteramt können Sie die Flurkarte einsehen. Darin sind beispielsweise dargestellt:
- Flurstücke mit Nummern
- Gebäude

- Dauerhaft planungswichtige Topografie und besondere topografische Gegenstände
- Nutzungsarten
- Lagebezeichnungen (Straße und Hausnummer)

Welche Behörden das Kataster zu führen haben, ist von Bundesland zu Bundesland unterschiedlich geregelt.

1.5.6 Altlasten

Informationen über eventuell vorhandene Altlasten sind bei den staatlichen Ämtern für Wasser- und Abfallwirtschaft erhältlich. Dort sind die im Altlastenkataster vorhandenen Daten in Dateien und Karten dargestellt.

Bei folgenden Vornutzungen besteht immer ein Altlastenverdacht:
- Tankstelle
- Kfz-Werkstatt
- Mülldeponie
- Militärische Anlage
- Farben- und lackverarbeitender Betrieb

1.5.7 Baugrundverhältnisse

Ergibt sich beim Ortstermin der Verdacht auf mögliche ungünstige Bodenverhältnisse wie Uferlage, Hanglage etc., können Sie sich weitere Informationen beispielsweise bei Bauämtern, geologischen Ämtern oder Nachbarn einholen. Aufschluss bei schwierigen Baugrundverhältnissen können in der Regel nur spezielle Baugrundgutachten geben.

1.5.8 Erhaltungssatzung

Besteht für ein Grundstück eine Erhaltungssatzung, ist eine höherwertige Nutzung zum Schutz der Bausubstanz und der Wohnbevölkerung in der Regel nicht gestattet. Dies kann sich erheblich wertmindernd auf den Verkehrswert auswirken. Es empfiehlt sich daher, bei der jeweiligen Gemeinde abzuklären, ob für das Grundstück eine Erhaltungssatzung besteht oder in einem Bebauungsplan entsprechende Festsetzungen getroffen wurden.

1.5.9 Behördliche Genehmigungen überprüfen

Bietet sich für die Wertermittlung die Berücksichtigung einer höherwertigen Nutzung als die momentane Wohnnutzung an, so ist stets zu prüfen, ob die Nutzungsänderung nicht einer Zweckentfremdungsgenehmigung bedarf. Die jeweilige Stadtverwaltung weiß, ob eine Zweckentfremdungsverordnung besteht.

Zu klären ist auch, ob eine Baugenehmigung vorliegt und ob der tatsächliche Zustand der zu bewertenden baulichen Anlage mit ihrem genehmigten Zustand identisch ist.

1.5.10 Denkmalschutz

Bei der Denkmalschutzbehörde lässt sich erfragen, ob ein Gebäude unter Denkmalschutz steht. In einem solchen Fall kann man sich über alle mit dem Denkmalschutz verbundenen Vorschriften informieren lassen.

1.5.11 Geeignete Karten

Zur übersichtlichen Darstellung der Lage des Bewertungsgrundstücks eignen sich Karten im Maßstab 1 : 5.000. Diese sind in Buchhandlungen oder bei den jeweiligen Landesvermessungsämtern erhältlich. Eine gute Übersicht über die Infrastruktur in der näheren Umgebung des Bewertungsobjekts liefern Stadtpläne in den Maßstäben 1 : 20.000 oder 1 : 25.000.

1.5.12 Immissionsbelastung

Beim Ortstermin sollte verstärkt auf vorhandene Immissionsquellen geachtet werden, zum Beispiel Verkehr, Flughafen, Gewerbe, Sportanlagen etc. Die Aufmerksamkeit ist dabei nicht nur auf Lärm zu richten, sondern auch auf Abgase, zum Beispiel aus Industriebetrieben oder Kläranlagen, sowie Belastungen durch Elektrosmog. Informationen liefern hierzu insbesondere Anwohner, aber auch ein Blick in den Stadtplan hilft weiter.

1.5.13 Rund um die Miete

Um abschätzen zu können, welche Miete für ein Objekt marktüblich zu erzielen ist, empfiehlt sich zunächst eine Anfrage bei der Stadtverwaltung, ob ein offizieller Mietspiegel existiert. Auch eine Anfrage beim zuständigen Gutachterausschuss könnte sich lohnen.

Der Immobilienverband Deutschland IVD Bundesverband der Immobilienberater, Makler, Verwalter und Sachverständigen e.V. (www.ivd.net), der durch die Verschmelzung des Rings Deutscher Makler (RDM) und des Verbands Deutscher Makler (VDM) entstanden ist und zum zahlenmäßig stärksten Unternehmensverband der Immobilienwirtschaft wurde, gibt Preisspiegel (IVD-Gewerbepreisspiegel und IVD-Wohnimmobilienpreisspiegel) heraus, mit denen Sie sich ebenfalls informieren können. Nicht zuletzt können auch eigene Auswertungen von Immobilienanzeigen in den örtlichen Tageszeitungen durchgeführt werden.

Informationen über bestehende Mietverhältnisse hat der Eigentümer. Die Mietverträge geben Auskunft über die augenblicklich gezahlte Miete und darüber, welche Bewirtschaftungskosten auf den Mieter umgelegt werden.

1.5.14 Wohn- und Nutzfläche

Informationen über die Wohn- und Nutzflächen haben der Eigentümer oder das Bauamt, hier kann man sich die Planunterlagen (Eingabepläne) aus der Baugenehmigung zeigen lassen. Es empfiehlt sich, die aufgestellten Flächenberechnungen stichprobenartig zu überprüfen.

1.5.15 Kosten und Preisindizes

Informationen über die laufenden Bewirtschaftungskosten lassen sich durch Einsichtnahme in die Mietverträge beschaffen. Teilweise veröffentlichen auch Gutachterausschüsse Angaben zu den örtlichen Bewirtschaftungskosten.

Über den Liegenschaftszinssatz informiert der jeweils zuständige Gutachterausschuss.

Baupreissteigerungen werden regelmäßig viermal jährlich vom Statistischen Bundesamt veröffentlicht. Diese Informationen finden sich im Internet unter www.destatis.de.

Die jeweils zuständigen Gutachterausschüsse geben darüber hinaus Auskunft über
- Umrechnungskoeffizienten für unterschiedliche Grundstücksgrößen,
- Umrechnungskoeffizienten für unterschiedliche Geschossflächenzahlen (GFZ) bzw. wertrelevante Geschossflächenzahlen (WGFZ),
- Ertragsfaktoren,
- Vergleichswerte,
- Bodenrichtwerte und
- Marktanpassungsfaktoren.

2 Das Gutachten: Aufbau und Anforderungen

Nach § 194 BauGB wird der Verkehrswert (Marktwert) von Grundstücken durch den Preis bestimmt, der
- in dem Zeitpunkt, auf den sich die Ermittlung bezieht (Wertermittlungsstichtag),
- im gewöhnlichen Geschäftsverkehr
- nach den rechtlichen Gegebenheiten und tatsächlichen Eigenschaften, der sonstigen Beschaffenheit und der Lage des Grundstücks oder des sonstigen Gegenstands der Wertermittlung und
- ohne Rücksicht auf ungewöhnliche oder persönliche Verhältnisse

zu erzielen wäre.

Gegenstand der Wertermittlung können sein:
- Das Grundstück
- Ein Grundstücksteil einschließlich seiner Bestandteile[1] wie Gebäude, Außenanlagen und sonstige Anlagen sowie das Zubehör
- Besondere Betriebseinrichtungen[2]
- Belastungen und ihr wertmindernder Einfluss
- Einzelne Bestandteile von Grundstücken

Grundlagen der Wertermittlung (§ 2 ImmoWertV)

Der Wertermittlung sind die allgemeinen Wertverhältnisse auf dem Grundstücksmarkt am Wertermittlungsstichtag (§ 3) und der Grundstückszustand am Qualitätsstichtag (§ 4) zugrunde zu legen. Künftige Entwicklungen, beispielsweise absehbare anderweitige Nutzungen (§ 4 Abs. 3 Nr. 1), sind zu berücksichtigen, wenn sie mit hinreichender Sicherheit aufgrund konkreter Tatsachen zu erwarten sind. In diesen Fällen ist auch die voraussichtliche Dauer bis zum Eintritt der rechtlichen und tatsächlichen Voraussetzungen für die Realisierbarkeit einer baulichen oder sonstigen Nutzung eines Grundstücks (Wartezeit) einzubeziehen.

---

1 Bestandteile eines Grundstücks sind insbesondere Rechte, die mit dem Eigentum an einem Grundstück verbunden sind, seien sie privatrechtlicher Art wie Dienstbarkeiten oder öffentlich-rechtlicher Art wie zum Beispiel Baulasten.
2 Obwohl die besonderen Betriebseinrichtungen in der ImmoWertV nicht mehr gesondert genannt werden, bedeutet dies nicht, dass sie unberücksichtigt bleiben können.

> **! Wichtig**
>
> Jedes Gutachten muss logisch und folgerichtig aufgebaut sein. Die fachbezogenen Inhalte müssen so dargestellt werden, dass auch der Empfänger und interessierte Laie den Denkprozess nachvollziehen kann. Im Gutachten müssen alle Eingangsdaten nachprüfbar und nachvollziehbar begründet werden. Darüber hinaus ist auch immer die Wahl des Wertermittlungsverfahrens zu begründen.

Gestaltung und Aufbau eines Wertermittlungsgutachtens hängen wesentlich von der Art und Zielsetzung des Auftrags ab und bereiten dem Anwender, insbesondere dem Einsteiger, häufig Schwierigkeiten. Obwohl der Aufbau eines Gutachtens in der Regel sehr individuell sein kann, gibt es diverse Möglichkeiten, ein Gutachten zu erstellen, zum Beispiel:

- Formulargutachten
- Frei erstellte Gutachten
- Einsatz von Wertermittlungssoftware

2.1 Formulargutachten

Es gibt eine große Anzahl unterschiedlicher Formulargutachten. In diese Vordrucke sind lediglich die individuellen Daten einzusetzen. In den WertR 2006 sind diverse Vordrucke aufgeführt, die für die Wertermittlung angewandt werden und als Hilfsmittel dienen können. Hierbei handelt es sich um folgende Anlagen:

- Anlage 1: Wertermittlung unbebauter Grundstücke (Bodenwert)
- Anlage 2: Wertermittlung bebauter Grundstücke
- Anlage 2a: Einlageblatt Baubeschreibung
- Anlage 2b: Zusammenstellung der Wertermittlungsergebnisse

Diese Vordrucke bieten sich insbesondere bei einfachen Fällen der Wertermittlung und bei Massenbewertungen an.

Zweck dieser Vordrucke ist es, dass der Bearbeiter alle Einzelheiten erfasst und entsprechend wertet. Nachteilig ist, dass Formulargutachten in der Regel schwer nachvollziehbar sind, da ggf. gerade an jenen Stellen des Vordrucks kein Platz für Erläuterungen vorhanden ist, wo dieser dringend benötigt wird.

Formulargutachten sollten daher nur bei überschlägigen Wertgutachten verwendet werden, bei denen es auf die Größenordnung des Werts ankommt und auf Erläuterungen im Wesentlichen verzichtet werden kann.

2.2 Frei erstellte Gutachten

Eine weitere Möglichkeit, Wertgutachten zu erstellen, ist das freie Gutachten. Wesentlicher Vorteil ist dabei, dass das Gutachten individuell gestaltbar ist und jeder Sachverständige seine persönliche Note einfließen lassen kann.

> **Achtung**
> Achten Sie bei einem freien Gutachten darauf, sämtliche Teilschritte in einer vorher protokollierten Reihenfolge zu bearbeiten. Eine Gliederung ist dabei besonders wichtig.

Es bietet sich daher an, für verschiedene Gutachten, zum Beispiel für die Bewertung von Objekten im Sachwertverfahren, Ertragswertverfahren usw. oder für bestimmte Rechte und Lasten, Mustergliederungen zu erstellen. Die individuelle Gestaltung und Ausarbeitung kann dann mittels Textbausteinen, zum Beispiel aus bisher erstellten Gutachten, erfolgen.

2.3 Einsatz von Wertermittlungssoftware

Weiteres Hilfsmittel können EDV-gestützte Programme zur Immobilienbewertung sein. Die Programme beherrschen die klassischen Bewertungsmethoden nach dem Vergleichs-, Ertrags- und Sachwertverfahren. Darüber hinaus können in der Regel grundstücksbezogene Rechte und Belastungen ermittelt werden.

> **Achtung**
> Die Erstellung von Gutachten mittels Software darf jedoch nicht den eigenen Denkprozess ersetzen; Sie sollten die Ergebnisse stets kritisch überprüfen. Insbesondere Plausibilitätskontrollen können dabei hilfreich sein.

2.4 Aufbau des Gutachtens

Sie können das Gutachten beispielsweise wie folgt aufteilen:
Teil 1: Deckblatt
Teil 2: Inhaltsverzeichnis
Teil 3: Zusammenstellung wesentlicher Daten
Teil 4: Vorbemerkungen
Teil 5: Grund- und Bodenbeschreibung

Teil 6: Beschreibung der Gebäude und Außenanlagen
Teil 7: Ermittlung des Verkehrswerts
Teil 8: Anlagen

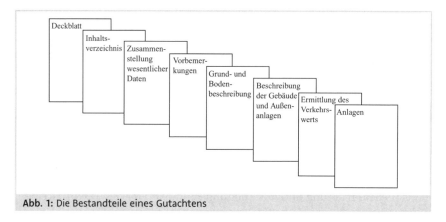

Abb. 1: Die Bestandteile eines Gutachtens

> **! Wichtig**
> Jeder Gutachtenerstellung muss grundsätzlich eine Ortsbesichtigung vorangehen.

2.5 Anforderungen an ein Gutachten

Nachfolgend werden die wesentlichen Anforderungen aufgeführt, die an ein Gutachten gestellt werden. Mit der Checkliste können Sie anhand der Stichpunkte Ihr Gutachten auf Vollständigkeit überprüfen. Je nach Gegenstand und Verfahren der Wertermittlung können Sie die Checkliste ergänzen und individuell anpassen.

Checkliste: Wesentliche Anforderungen an ein Gutachten	
Anforderungen	Bemerkungen
1 Deckblatt	
Briefkopf	
Gutachtenbezeichnung	
Angabe Seitenzahl und Anzahl der Anlagen	
Angabe Ausfertigungen	

Anforderungen an ein Gutachten 2

Checkliste: Wesentliche Anforderungen an ein Gutachten

2 Inhaltsverzeichnis

3 Zusammenstellung der Wertermittlungsergebnisse

4 Vorbemerkungen (allgemeine Angaben)

- Angaben zum Wertermittlungsobjekt
- Auftraggeber
- Eigentümer
- Grundbuch- und Katasterangaben
- Zweck der Gutachtenerstellung
- Wertermittlungsstichtag
- Tag der Ortsbesichtigung
- Teilnehmer beim Ortstermin
- Dokumente und Informationen, die bei der Wertermittlung zur Verfügung standen

5 Grund- und Bodenbeschreibung

1. Lage

   Großräumige Lage
   - Bundesland/Kreis/Ort/Einwohnerzahl
   - Überörtliche Anbindungen/Entfernungen
   - Nähere Umgebung

   Kleinräumige Lage
   - Innerörtliche Lage
   - Art der Bebauung sowie Nutzungen in der Straße und im Ortsteil
   - Beeinträchtigungen
   - Topografische Grundstückslage

2. Gestalt und Form

   - Straßenfront
   - Grundstücksgröße
   - Bemerkungen

Das Gutachten: Aufbau und Anforderungen

Checkliste: Wesentliche Anforderungen an ein Gutachten

3. Erschließung

Straßenart

Straßenausbau

Anschlüsse an Versorgungsleitungen und Abwasserbeseitigung

Grenzverhältnisse, nachbarrechtliche Gemeinsamkeiten

Baugrund, Grundwasser (soweit augenscheinlich ersichtlich)

4. Rechtliche Gegebenheiten
(wertbeeinflussende Rechte und Belastungen)

Privatrechtliche Situation

- Grundbuchlich gesicherte Belastungen
- Anmerkung
- Bodenordnungsverfahren
- Nicht eingetragene Rechte und Lasten

Öffentlich-rechtliche Situation

- Baulasten und Denkmalschutz
- Darstellungen im Flächennutzungsplan
- Festsetzungen im Bebauungsplan
- Bauordnungsrecht

5. Entwicklungszustand inklusive Beitrags- und Abgabesituation

6. Hinweise zu den durchgeführten Erhebungen

7. Derzeitige Nutzung und Vermietsituation

6 Beschreibung der Gebäude und Außenanlagen

Vorbemerkung

Art des Gebäudes

- Baujahr
- Modernisierung
- Außenansicht

Checkliste: Wesentliche Anforderungen an ein Gutachten

- Nutzungseinheiten, Raumaufteilung
- Gebäudekonstruktion (Keller, Wände, Decken, Treppe, Dach)
- Allgemeine technische Gebäudeausstattung
- Ausführung und Ausstattung
  - Baubeschreibung
  - Bauschäden und Baumängel
  - Wirtschaftliche Wertminderungen
- Nebengebäude
- Außenanlagen

7 Ermittlung des Verkehrswerts

- Verfahrenswahl
  - Angewandte Wertermittlungsverfahren
  - Begründung der Verfahrenswahl
- Bodenwertermittlung
  - Bodenrichtwerte und/oder Vergleichspreise mit ziffernmäßiger Darstellung, Analyse und statistischer Auswertung
  - Angabe der GRZ/GFZ, erschließungsbeitragspflichtig oder -frei
  - Umrechnungsmethode
  - Lagebeurteilung
  - Berücksichtigung bodenwertbeeinflussender Umstände, zum Beispiel Rechte und Lasten am Grundstück, Kontamination, Immissionen
  - Gegebenenfalls Zu- und Abschläge
- Beim Sachwertverfahren
  - Beurteilung der Gebäude, der Grundrisse, der Ausstattung und der Baustoffe
  - Ermittlung der Normalherstellungskosten zum Bewertungsstichtag
  - Ermittlung der Außenanlagen
  - Berücksichtigung der Alterswertminderung
  - Berücksichtigung der allgemeinen Marktanpassung

Checkliste: Wesentliche Anforderungen an ein Gutachten

- Berücksichtigung der besonderen marktspezifischen Grundstücksmerkmale
- Berechnung des Sachwerts

Beim Ertragswertverfahren

- Tatsächliche Mieterträge mit Darstellung des Mietbegriffs und Beurteilung ihrer nachhaltigen Erzielbarkeit
- Angaben über mietvertragliche Bindungen
- Berücksichtigung nicht vermieteter oder eigengenutzter Räume
- Bewirtschaftungskosten durch Angabe der Betriebskosten (effektiv anfallende Kosten), Instandhaltung, Verwaltung, Mietausfallwagnis
- Berechnung des Reinertrags
- Herleitung des Liegenschaftszinssatzes mit Begründung
- Bodenwertverzinsung
- Ermittlung des Gebäudereinertrags
- Bestimmung der anzusetzenden Restnutzungsdauer mit Begründung
- Berechnung des Vervielfältigers (anhand der Restnutzungsdauer und des Liegenschaftszinssatzes)
- Ermittlung des Ertragswerts der baulichen Anlagen
- Ermittlung des vorläufigen Ertragswerts
- Allgemeine Marktanpassung
- Objektspezifische Marktanpassung
- Berechnung des Ertragswerts

Sonstige Verfahren

- Vergleichswertverfahren (für bebaute Grundstücke, Eigentumswohnungen)
- Verfahren des rentierlichen Bodenwerts
- Andere

Sonderwerte

- Berechnung eventueller Sonderwerte

Plausibilitätskontrollen und Sensitivitätsanalysen zur Untermauerung des ermittelten Ergebnisses

Anforderungen an ein Gutachten 2

Checkliste: Wesentliche Anforderungen an ein Gutachten	
Verkehrswertableitung aus den Verfahrensergebnissen	
▪ Definition des Verkehrswerts	
▪ Berücksichtigung der Marktlage zum Bewertungsstichtag	
▪ Ergebnis	
▪ Datum, Unterschrift, Stempel	
8 Anlagen	
Literaturverzeichnis	
Verwendete Wertermittlungsliteratur	
Rechtsgrundlagen der Verkehrswertermittlung	
Verzeichnis der Anlagen (Nichtzutreffendes streichen!)	
▪ Auszug aus Straßenkarte im Maßstab 1 : ...	
▪ Auszug aus Stadtplan im Maßstab 1 : ...	
▪ Auszug aus Katasterkarte im Maßstab 1 : 1.000	
▪ Fotos ...	
▪ Gebäudeansichten	
▪ Gebäudegrundrisse	
▪ Gebäudeschnitt	
▪ Wohnflächenberechnung/Berechnung des Bruttorauminhalts	
▪ Baupläne	
▪ Mietvertrag	
▪ Teilungserklärung	
▪ Grundbuchauszug	

Die Ergebnisse sowie die wesentlichen Daten der Wertermittlung sollten im Gutachten zusammenfassend dargestellt werden. Passen Sie die Übersicht an die individuellen Gegebenheiten an.

> **!** **Beispiel: Zusammenstellung wesentlicher Daten – Ertragswertverfahren**
>
> | | |
> |---|---|
> | Objekt | |
> | Wertermittlungsstichtag | |
> | Ortstermin | |
> | Baujahr des Gebäudes | |
> | Anzahl der Wohnungen | |
> | Wohnlich nutzbare Fläche | |
> | Grundstücksgröße | |
> | Bodenwert (relativ) | |
> | Bodenwert (absolut) | |
> | Mietansatz für die Wohnung(en) | |
> | Rohertrag | |
> | Bewirtschaftungskosten | |
> | Liegenschaftszinssatz | |
> | Restnutzungsdauer | |
> | Allgemeine Marktanpassung | |
> | Objektspezifische Marktanpassung | |
> | Bodenwert | |
> | Ertragswert | |
> | Verkehrswert | |

2 Anforderungen an ein Gutachten

Beispiel: Zusammenstellung wesentlicher Daten – Sachwertverfahren !

Objekt	
Wertermittlungsstichtag	
Ortstermin	
Baujahr des Gebäudes	
Wohnlich nutzbare Fläche	
Grundstücksgröße	
Bodenwert (relativ)	
Bodenwert (absolut)	
Herstellungskosten der baulichen Anlagen	
Alterswertminderung	
Vorläufiger Sachwert des Grundstücks	
Allgemeine Marktanpassung	
Objektspezifische Marktanpassung	
Verkehrswert	

Tipp !

Im Anhang in der Anlage 6 ist ein Beispielgutachten aufgeführt, das Ihnen als Unterstützung bei Ihrer Arbeit weiterhelfen soll. Es wurde mit der Bewertungssoftware Sprengnetter-ProSa erstellt.

3 Ermittlung des Bodenwerts

Die Ermittlung des unbebauten Bodenwerts ist sowohl beim Ertragswert- als auch beim Sachwertwertverfahren notwendig. Unabhängig vom Bewertungsverfahren sollten Sie den Bodenwert stets vorab ermitteln. Dazu gibt es verschiedene Möglichkeiten.

§ 16 der ImmoWertV regelt, dass der Wert des Bodens ohne Berücksichtigung der vorhandenen baulichen Anlagen auf dem Grundstück vorrangig im Vergleichswertverfahren (§ 15) zu ermitteln ist. Dabei kann der Bodenwert auch auf der Grundlage geeigneter Bodenrichtwerte ermittelt werden. Bodenrichtwerte sind geeignet, wenn die Merkmale des zugrunde gelegten Richtwertgrundstücks hinreichend mit den Grundstücksmerkmalen des zu bewertenden Grundstücks übereinstimmen.

1. Bestimmung des Bodenwerts unter Zuhilfenahme des Vergleichswertverfahrens[1]

> **§ 15 ImmoWertV – Ermittlung des Vergleichswerts**
>
> (1) Im Vergleichswertverfahren wird der Vergleichswert aus einer ausreichenden Zahl von Vergleichspreisen ermittelt. Für die Ableitung der Vergleichspreise sind die Kaufpreise solcher Grundstücke heranzuziehen, die mit dem zu bewertenden Grundstück hinreichend übereinstimmende Grundstücksmerkmale aufweisen. Finden sich in dem Gebiet, in dem das Grundstück gelegen ist, nicht genügend Vergleichspreise, können auch Vergleichspreise aus anderen vergleichbaren Gebieten herangezogen werden. Änderungen der allgemeinen Wertverhältnisse auf dem Grundstücksmarkt oder Abweichungen einzelner Grundstücksmerkmale sind in der Regel auf der Grundlage von Indexreihen oder Umrechnungskoeffizienten zu berücksichtigen.
> (2) Bei bebauten Grundstücken können neben oder anstelle von Vergleichspreisen zur Ermittlung des Vergleichswerts geeignete Vergleichsfaktoren herangezogen werden. Der Vergleichswert ergibt sich dann durch Vervielfachung des jährlichen Ertrags oder der sonstigen Bezugseinheit des zu bewertenden Grundstücks mit dem Vergleichsfaktor. Vergleichsfaktoren sind geeignet, wenn die Grundstücksmerkmale der ihnen zugrunde gelegten Grundstücke hinreichend mit denen des zu bewertenden Grundstücks übereinstimmen.

Dies ist theoretisch gesehen eine sehr sichere Methode zur Bodenwertermittlung, in der Praxis ist sie jedoch eher selten durchführbar, da die Vorausset-

---

[1] § 15 ImmoWertV.

zungen für ihre Anwendung in der Regel kaum gegeben sind. Zur regelgerechten Durchführung müssen folgende Kriterien erfüllt sein:
- Es muss eine ausreichend große Anzahl von Vergleichsgrundstücken (mindestens fünf) zur Verfügung stehen.
- Die Vergleichsgrundstücke müssen mit dem Wertermittlungsobjekt wirklich vergleichbar sein. Gegebenenfalls sind die Vergleichskaufpreise mittels Umrechnungsfaktoren zu korrigieren.
- Die Kaufpreise der Vergleichsgrundstücke müssen zeitnah ermittelt worden sein. Gegebenenfalls sind diese mit Bodenpreisindizes umzurechnen.
- Die Vergleichsgrundstücke sollten unbebaut sein.

2. Bestimmung des Bodenrichtwerts unter Zuhilfenahme geeigneter Bodenrichtwerte
Dies stellt in der Praxis den Regelfall dar und wird unter »Bestimmung des Bodenwerts unter Zuhilfenahme geeigneter Bodenrichtwerte« näher beschrieben.

3. Residualwertverfahren
Steht kein Bodenrichtwert zur Verfügung und können keine Kaufpreise von Vergleichsgrundstücken herangezogen werden, kann auf nicht normierte und wenig gesicherte Verfahren zurückgegriffen werden. Beim Residualwertverfahren wird der Bodenwert über den mutmaßlichen Ertrag ermittelt. Dieses Verfahren wird beispielsweise häufig von Projektentwicklern angewandt. Es ist im Sinne der ImmoWertV jedoch kein normiertes Verfahren und kommt bei der Erstellung fundierter Gutachten eher selten zum Einsatz (Näheres dazu unter Punkt »Das Residualwertverfahren«).

Im Einzelfall ist jedoch zu überprüfen, ob weitere bewertungsrelevante Umstände vorliegen, die den Bodenwert erhöhen bzw. mindern. Sofern dies der Fall ist, müssen Korrekturen bzw. Anpassungen vorgenommen werden.

Befinden sich auf dem Grundstück bauliche Anlagen und ist alsbald mit deren Abriss zu rechnen, so ist der Bodenwert um die üblichen Freilegungskosten zu mindern, soweit sie im gewöhnlichen Geschäftsverkehr berücksichtigt werden. Von einer alsbaldigen Freilegung kann ausgegangen werden, wenn[2]
- die baulichen Anlagen nicht mehr nutzbar sind oder
- der nicht abgezinste Bodenwert ohne Berücksichtigung der Freilegungskosten den im Ertragswertverfahren (§§ 17–20) ermittelten Ertragswert erreicht oder übersteigt.

---

2 § 16 Abs. 3 ImmoWertV.

Bestimmung des Bodenwerts unter Zuhilfenahme geeigneter Bodenrichtwerte 3

Im Folgenden werden die Schritte aufgeführt, die bei der Bodenwertermittlung durchgeführt werden müssen.

3.1 Bestimmung des Bodenwerts unter Zuhilfenahme geeigneter Bodenrichtwerte

Im Folgenden wird die Bestimmung des Bodenwerts mittels geeigneter Bodenrichtwerte näher betrachtet, da dies den häufigsten Praxisfall darstellt. Vergleichspreise können durch Informationen aus der Kaufpreissammlung des Gutachterausschusses für Grundstückswerte ermittelt werden. Der Gutachterausschuss veröffentlicht in der Regel alle zwei Jahre Bodenrichtwerte.

Bodenrichtwerte sind durchschnittliche, aus Verkäufen abgeleitete und auf die jeweilige Lage spezifisch abgeglichene Werte unbebauter Grundstücke mit im Wesentlichen gleichen Lage- und Nutzungsverhältnissen. Sie sind eine Orientierungshilfe für den interessierten Laien und dienen dem Fachmann, der diese Werte modifizieren kann, als Berechnungsgrundlage für Gutachten. Von Bedeutung sind die Bodenrichtwerte auch in steuerlichen Angelegenheiten, insbesondere für die Erbschaft- und Schenkungsteuer.

Bodenrichtwerte können gegen Gebühr beim Gutachterausschuss erfragt oder bestellt werden. Sie sind auch als Kartensatz (Bodenrichtwertkarte) erhältlich.

Abb. 1: Auszug aus einer Bodenrichtwertkarte (zonale Bodenrichtwertkarte)

Folgende Informationen sind aus der Bodenrichtwertkarte zu entnehmen: 840/0,6 W.

Bodenrichtwert	840 EUR/m²
Geschossflächenzahl	GFZ 0,6 (W) individuelles Wohngebiet – in der Regel mit maximal zwei Vollgeschossen
Erschließungszustand	ebf (erschließungsbeitragsfrei)[3]
Stichtag des Bodenrichtwerts	31.12.2002

> **! Tipp**
> Die Darstellung bzw. Art der Richtwertausweisung der Bodenrichtwertkarten unterscheidet sich zum Teil erheblich, da eine einheitliche Ausweisung der Richtwerte und weiterführende Informationen nicht vorgeschrieben sind. Es ist daher ratsam, bei der jeweiligen Geschäftsstelle des Gutachterausschusses nachzufragen, welche Terminologie der Ihnen vorliegenden Richtwertausweisung zugrunde liegt.

Die Richtwerte können in der Regel nicht unmittelbar in die eigene Wertermittlung eingehen, sondern müssen durch diverse Anpassungen vergleichbar gemacht werden. Wesentliche wertbeeinflussende Vergleichsmerkmale (Grundstücksmerkmale) für den Boden sind zum Beispiel:
- Entwicklungszustand
- Art und Maß der baulichen oder sonstigen Nutzung
- Form (Zuschnitt) des Grundstücks
- Größe des Grundstücks
- Lage des Grundstücks
- Erschließungszustand

Zudem sind unter anderem zu berücksichtigen:
- Beschaffenheit des Baugrunds
- Immissionen, Aufwuchs, Einfriedungen
- Wertbeeinflussende Rechte und Belastungen, die auf dem Grundstück herrschen

---

3 Die Bodenrichtwerte beziehen sich in der Regel immer auf den erschließungsbeitragsfreien Zustand (ebf).

3.2 Ermittlung des Bodenwerts in sechs Schritten

Wer den Bodenwert bestimmen will, hat in der Regel folgende Schritte vor sich, da der Bodenrichtwert meistens an die tatsächlichen Gegebenheiten des zu bewertenden Grundstücks angepasst werden muss:

1. Die eigenen wertbeeinflussenden Merkmale des zu bewertenden Grundstücks klären
2. Bodenrichtwert beim Gutachterausschuss einholen
3. Auf den Wertermittlungsstichtag umrechnen
4. Die Geschossflächenzahl (GFZ) infolge unterschiedlich zulässiger baulicher Nutzungen umrechnen
5. Weitere mögliche Schritte:
   – Berücksichtigung von Form und Größe des Grundstücks
   – Berücksichtigung des Entwicklungszustands von Grund und Boden
   – Berücksichtigung des Erschließungszustands
   – Berücksichtigung der Bodenbeschaffenheit
   – Berücksichtigung der Umgebungsinfrastruktur
   – Unwirtschaftliche Bebauung, Liquidation
6. Bodenwert bzw. Verkehrswert ermitteln

3.2.1 Die eigenen wertbeeinflussenden Merkmale des zu bewertenden Grundstücks klären

Beispiel

Grundstücksgröße: 600 m^2, Quellen, zum Beispiel Liegenschaftskataster oder Grundbuchauszug

Grundstücksform	Zum Beispiel rechteckig
Grundstückslage	Zum Beispiel Eckgrundstück
Geschossflächenzahl	GFZ 0,5; Quelle, zum Beispiel Bauamt (Bebauungsplan)
Erschließungszustand	ebf (erschließungsbeitragsfrei)
Entwicklungszustand	Baureifes Land

3.2.2 Bodenrichtwert beim Gutachterausschuss einholen

Der zuständige Gutachterausschuss informiert über den Bodenrichtwert, zum Beispiel in Form einer Bodenrichtwertkarte, die in der Regel in Zonen unterteilt ist. Damit steht zum Beispiel folgende Auskunft zur Verfügung:

> **Beispiel**
>
> | | |
> |---|---|
> | Geschossflächenzahl | GFZ 0,6 |
> | Erschließungszustand | ebf (erschließungsbeitragsfrei) |
> | Stichtag des Bodenrichtwerts | 31.12.2002 |
> | Bodenrichtwert | 840 EUR/m² |
> | Entwicklungszustand | Baureifes Land |

Über die Grundstücksgröße, Grundstücksform und Grundstückslage werden in der Regel keine Angaben gemacht.

Die Auskünfte bzw. Angaben der wertbeeinflussenden Merkmale können sehr unterschiedlich sein. Häufig sind Angaben, die vom Gutachterausschuss erteilt werden, in größeren Städten – aufgrund der größeren Anzahl an Verkäufen – umfangreicher als in kleinen Gemeinden.

> **Wichtig**
>
> Je umfangreicher das zur Verfügung gestellte Zahlenmaterial ist, desto genauer kann der Bodenwert Ihres Grundstücks bestimmt bzw. angepasst werden.

3.2.3 Auf den Wertermittlungsstichtag umrechnen

Die Begutachtung bezieht sich immer auf einen Wertermittlungsstichtag. Das bedeutet, dass die zu diesem Zeitpunkt vorherrschenden Wertverhältnisse maßgeblich sein sollen. In der Regel ist dieser Zeitpunkt die Gegenwart (Datum der Gutachtenerstellung). Die Umrechnung kann mithilfe von Indizes erfolgen.[4]

---

[4] § 11 ImmoWertV.

Der Bodenpreisindex ist die Verhältniszahl, die die Relation von (durchschnittlichen) Bodenpreisen zu verschiedenen Zeitpunkten bestimmt. Dabei wird der recherchierte Wert auf der Grundlage eines Basisjahres (zum Beispiel 1995, 2000 etc.) aktualisiert.

Der Bodenpreisindex kann regional sehr unterschiedlich ausfallen. Es empfiehlt sich daher, jeweils den ortsspezifischen Bodenpreisindex beim zuständigen Gutachterausschuss anzufordern.

Beispiel

Die Stadt München gibt zum Beispiel für Wohnbaugrundstücke[5] folgende Bodenpreisindizes an:

Preisentwicklung bei Bauland
Basis: 1980 = 100 % (Jahresmittelwert)

Jahr	Index	Jahr	Index
1980	100,0	1992	230,8
1981	113,8	1993	233,5
1982	118,4	1994	235,9
1983	131,0	1995	224,1
1984	128,8	1996	215,1
1985	130,2	1997	207,6
1986	130,3	1998	214,2
1987	132,6	1999	214,2
1988	144,0	2000	220,6
1989	180,1	2001	237,2
1990	206,6	2002	237,2
1991	219,4	2003	225,3

---

5   Viele Gutachterausschüsse differenzieren bei den Indizes zwischen Wohnbau- und gewerblichen Grundstücken.

Ermittlung des Bodenwerts

Es wurde ein Bodenrichtwert in Höhe von 400 EUR/m^2 mit Stichtag des Bodenrichtwerts 31.12.2001 (Indizes 237,2; Basis 1980) recherchiert. Welcher Bodenwert ergibt sich zum 1.1.2004 (Indizes 225,3; Basis 1980)?

	Stichtag des Bodenrichtwerts 31.12.2001	Wertermittlungsstichtag 1.1.2004
Indizes (Basis 1980)	237,2	225,3
Bodenwert EUR/m^2	400 EUR/m^2	400 EUR/m^2 × 225,3 / 237,2 = 380 EUR/m^2

Entsprechend kann auch verfahren werden, wenn der Zeitpunkt des Wertermittlungsstichtags in der Vergangenheit liegt.

Es wurde ein Bodenrichtwert in Höhe von 400 EUR/m^2 mit Stichtag des Bodenrichtwerts 31.12.2001 (Indizes 237,2; Basis 1980) recherchiert. Welcher Bodenwert ergibt sich zum 1.1.1986 (Indizes 130,2; Basis 1980)?

	Stichtag des Bodenrichtwerts 31.12.2001	Wertermittlungsstichtag 1.1.1986
Indizes (Basis 1980)	237,2	130,2
Bodenwert EUR/m^2	400 EUR/m^2	400 EUR/m^2 × 130,2 / 237,2 = 220 EUR/m^2

3.2.4 Die Geschossflächenzahl umrechnen

Die bauliche Nutzung eines Grundstücks wird insbesondere durch die Geschossflächenzahl (GFZ) angegeben. Diese sagt aus, wie viele Quadratmeter Geschossfläche bezogen auf die Grundstücksfläche bebaut werden dürfen. Die GFZ ist in der Regel im Bebauungsplan aufgeführt. Sofern der Bebauungsplan die Geschossfläche ausweist, kann die GFZ über die Grundstücksgröße errechnet werden.

! **Beispiel**

Grundstücksgröße 600 m^2

Geschossfläche 300 m^2

$$\text{GFZ} = \frac{\text{Geschossfläche}}{\text{Grundstücksgröße}} = \frac{300 \text{ m}^2}{600 \text{ m}^2} = 0,5$$

Sofern das Maß der zulässigen baulichen Nutzbarkeit des Bodenrichtwertgrundstücks gegenüber dem zu bewertenden Grundstück abweicht, kann der dadurch bedingte Wertunterschied mithilfe von Umrechnungskoeffizienten auf Grundlage der zulässigen oder der realisierbaren Geschossflächenzahl umgerechnet werden. Häufig können diese Umrechnungsfaktoren, teilweise sogar mit genauen Umrechnungsformeln zur Anwendung auf das zu bewertende Grundstück, beispielsweise aus den Jahresberichten der Gutachterausschüsse entnommen werden.

> **Beispiel**
>
> Der Gutachterausschuss für Grundstückswerte im Bereich der Landeshauptstadt München gibt die Formel für den Faktor für »individuelle« Wohnbebauung (W) wie folgt an: Faktor = 0,845 × GFZ + 0,155
>
> Umrechnungsfaktor für
> - GFZ 0,5 (Bewertungsgrundstück): $Faktor_B$ = 0,845 × 0,5 + 0,155 = 0,578 (für GFZ_B 0,5) und
> - GFZ 0,6 (Vergleichsgrundstück): $Faktor_V$ = 0,845 × 0,6 + 0,155 = 0,662 (für GFZ_V 0,6)
>
> Der Umrechnungskoeffizient für die Anpassung an das Bewertungsgrundstück ermittelt sich aus den Faktoren wie folgt:
>
> Umrechnungskoeffizient = 0,578 / 0,662 = 0,873

Liegen keine Umrechnungskoeffizienten des örtlichen Gutachterausschusses für Grundstückswerte vor und stehen keine brauchbaren Umrechnungskoeffizienten aus vergleichbaren Gebieten zur Verfügung, können die in Anlage 1 der VW-RL benannten Umrechnungskoeffizienten (siehe folgende Abbildung) herangezogen werden.

Dabei sind zur Berücksichtigung von Abweichungen des Maßes der baulichen Nutzung der Vergleichsgrundstücke gegenüber dem Wertermittlungsobjekt in der Regel Umrechnungskoeffizienten auf der Grundlage der wertrelevanten Geschossflächenzahl (WGFZ[6]) zu verwenden. Dies bedeutet, dass die Flächen von Aufenthaltsräumen auch in anderen als Vollgeschossen einschließlich der zu ihnen gehörenden Treppenräume und ihrer Umfassungswände mitzurech-

---

6   Wird als Maß der baulichen Nutzung das Verhältnis von Geschossfläche zur Grundstücksfläche angegeben, sind auch die Flächen zu berücksichtigen, die nach den baurechtlichen Vorschriften nicht anzurechnen sind, aber der wirtschaftlichen Nutzung dienen (wertrelevante Geschossflächenzahl, WGFZ). Die Geschossfläche ist nach den Außenmaßen der Gebäude in allen Vollgeschossen zu ermitteln. Die Flächen von Aufenthaltsräumen in anderen Geschossen einschließlich der zu ihnen gehörenden Treppenräume und ihrer Umfassungswände sind mitzurechnen. Soweit keine anderweitigen Erkenntnisse vorliegen, ist
   — die Geschossfläche eines ausgebauten oder ausbaufähigen Dachgeschosses pauschal mit 75 % der Geschossfläche des darunterliegenden Vollgeschosses,
   — die Geschossfläche des Kellergeschosses, wenn Aufenthaltsräume vorhanden oder möglich sind, pauschal mit 30 % des darüberliegenden Vollgeschosses
   zu berechnen.

Ermittlung des Bodenwerts

nen sind (vgl. Nummer 6 Absatz 6 BRW-RL1). Insbesondere in Geschäftslagen kann die Abhängigkeit des Bodenwerts von den höherwertig genutzten Flächen (zum Beispiel ebenerdige Läden) erheblich größer sein als die Abhängigkeit von der WGFZ. In diesen Lagen ist zu prüfen, ob eine sachgerechte Anpassung der Kaufpreise unter Verwendung der Mieten erfolgen kann.[7]

Umrechnungskoeffizienten zur Berücksichtigung abweichender wertrelevanter Geschossflächenzahlen beim Bodenwert von Mehrfamilienhausgrundstücken[8]

Für Bodenrichtwerte zwischen den Bodenrichtwertintervallen können die Umrechnungskoeffizienten durch lineare Interpolation ermittelt werden. Über den tabellarisch aufgeführten Gültigkeitsbereich hinaus ist eine Extrapolation der Umrechnungskoeffizienten nicht sachgerecht. Bleiben die Ergebnisse danach unplausibel, können die Umrechnungskoeffizienten nicht verwendet werden.

Boden-richt-wert in EUR/m²	Wertrelevante Geschossflächenzahl (WGFZ)													
	0,4	0,6	0,8	1,0	1,2	1,4	1,6	1,8	2,0	2,2	2,4	2,6	2,8	3,0
200	0,88	0,93	0,97	1,00	1,03	1,05	1,07	1,08	1,10	1,11				
250	0,79	0,88	0,94	1,00	1,05	1,09	1,13	1,17	1,20	1,23	1,26			
300	0,71	0,83	0,92	1,00	1,07	1,13	1,19	1,24	1,29	1,34	1,38	1,43		
350		0,80	0,91	1,00	1,08	1,16	1,23	1,30	1,36	1,42	1,47	1,52	1,58	
400		0,77	0,89	1,00	1,10	1,18	1,27	1,35	1,42	1,49	1,56	1,62	1,68	
450			0,88	1,00	1,11	1,21	1,31	1,40	1,48	1,57	1,64	1,72	1,79	1,86
500			0,87	1,00	1,12	1,24	1,34	1,45	1,55	1,64	1,82	1,82	1,90	1,98

! Beispiel

Das Vergleichsgrundstück hat eine WGFZ von 0,6 und kostet 300 EUR/m². Welchen Wert hat das Wertermittlungsobjekt bei einer zulässigen WGFZ von 0,4?
Aus Anlage 1 der VW-RL können Sie folgende Umrechnungsfaktoren entnehmen: 0,83 bei WGFZ 0,6 und 0,71 bei WGFZ 0,4.

	Vergleichsgrundstück	Bewertungsgrundstück
WGFZ	0,6	0,4
Umrechnungsfaktor	0,83	0,71
Bodenwert EUR/m²	300 EUR/m²	300 EUR/m² × 0,71 / 0,83 = rund 257 EUR/m²

---

[7] Abschnitt 4.3.2 VW-RL
[8] Umrechnungskoeffizienten (UK) aus Tabelle 1 VW-RL

Ermittlung des Bodenwerts in sechs Schritten

Wichtig
Je höher die GFZ bzw. WGFZ, desto wertvoller ist der Boden.

3.2.4.1 Weitere mögliche Schritte

Berücksichtigung von Form und Größe des Grundstücks
Bei ungewöhnlich großen bzw. kleinen Flächen und bei unzweckmäßig geschnittenen Grundstücken können Größe und Gestalt den Bodenwert beeinflussen. Dies ist durch Zu- und Abschläge zu berücksichtigen.

Verhältnismäßig schmale und tief geschnittene Grundstücke dürfen nicht in voller Größe für den Baulandwert angesetzt werden. Solche Grundstücke werden in der Regel wertmäßig in Vorder- und Hinterland aufgeteilt.

- Mit Vorderland wird der Teil eines Baugrundstücks bezeichnet, der unmittelbar an der Hauptzuwegung liegt und in der Regel eine Tiefe von circa 40 Metern hat. Vorderland wird mit 100 Prozent des Bodenrichtwerts angesetzt.
- Mit Hinterland wird der Rest eines Baugrundstücks bezeichnet, der nicht oder nur geringfügig bebaubar ist, obwohl er rechtlich Baulandqualität hat. Zur Ermittlung des Bodenwerts wird das Hinterland in verschiedene Teilbereiche eingeteilt:

Hinterland 1: Bereich circa 40 bis 80 m Tiefe	Wert circa 50 % des Bodenrichtwerts
Hinterland 2: Bereich circa 80 bis 120 m Tiefe	Wert circa 25 % des Bodenrichtwerts
...	

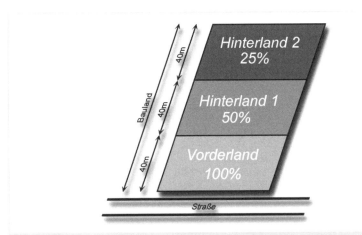

Abb. 2: Prozentuale Aufteilung des Bodenwerts von Bauland auf Vorderland und Hinterland

Hat das Hinterland keine Baulandqualität, sondern ist es Gartenland, sind lediglich circa zehn bis 15 Prozent des Baulandpreises anzusetzen.

In der Regel beziehen sich die Bodenrichtwerte auf eine bestimmte Grundstücksgröße. Häufig geben Gutachterausschüsse individuelle Umrechnungsfaktoren für andere Grundstücksgrößen an. Das Bewertungsgrundstück ist dann mithilfe der Umrechnungsfaktoren an die tatsächliche Grundstücksgröße anzupassen. Die Wertbeeinflussung durch eine andere Grundstücksgröße wird jedoch meist im Rahmen der Anpassung an die bauliche Ausnutzbarkeit mittels der GFZ-Umrechnung berücksichtigt.

Zur Berücksichtigung von Abweichungen der Grundstücksgröße der Vergleichsgrundstücke gegenüber dem Wertermittlungsobjekt sind in der Regel Umrechnungskoeffizienten zu verwenden, soweit dieser Wertunterschied nicht bereits in anderer Weise berücksichtigt wurde (zum Beispiel durch die WGFZ-Anpassung). Insbesondere bei größeren Grundstücken ist zu prüfen, ob wirtschaftlich selbstständig genutzte oder nutzbare Teilflächen oder unterschiedliche Grundstücksqualitäten vorliegen. Dabei ist der Bodenwert solcher Teilflächen getrennt zu ermitteln.

> **! Hinweis**
>
> Erfolgt eine Anpassung mit den in Anlage 2 VW-RL enthaltenen Umrechnungskoeffizienten und bleiben die Ergebnisse danach unplausibel, können die Umrechnungskoeffizienten nicht verwendet werden!

Umrechnungskoeffizienten zur Berücksichtigung abweichender Grundstücksgrößen beim Bodenwert von Ein- und Zweifamilienhausgrundstücken[9]

Die Umrechnungskoeffizienten können nur innerhalb einer Bodenrichtwertspanne von 30 bis 300 EUR/m² verwendet werden.
Für Grundstücksflächen zwischen den angegebenen Intervallen lassen sich die Umrechnungskoeffizienten durch lineare Interpolation ermitteln. Über den tabellarisch aufgeführten Gültigkeitsbereich hinaus ist eine Extrapolation der Umrechnungskoeffizienten nicht sachgerecht!

	Grundstücksfläche in m²						
	500	600	700	800	900	1.000	1.100	1.200
Umrechnungskoeffizienten	1,03	1,02	1,00	0,99	0,98	0,97	0,96	0,96

---

9 Umrechnungskoeffizienten (UK) aus Tabelle 2 VW-RL; eine ausführliche Darstellung der Ableitung der Umrechnungskoeffizienten enthält der Abschlussbericht »Ableitung von bundesweit anwendbaren Umrechnungskoeffizienten« (als Arbeitshilfe online verfügbar).

Ermittlung des Bodenwerts in sechs Schritten

Beispiel
Es soll der angepasste Bodenwert an die Grundstücksgröße des Wertermittlungsobjekts ermittelt werden. Dabei beträgt die Grundstücksgröße des Wertermittlungsobjekts 500 m². Der Bodenrichtwert beträgt 200 EUR/m² bei einer Grundstücksgröße von 800 m².
Umrechnungskoeffizient (UK) bei 800 m²: 0,99
Umrechnungskoeffizient (UK) bei 500 m²: 1,03
Angepasster Bodenwert: 200 EUR/m² × 1,03/0,99 = rund 208 EUR/m²

Berücksichtigung des Entwicklungszustands von Grund und Boden
Die ImmoWertV unterscheidet vier Entwicklungszustände von Grund und Boden:
- Flächen der Land- und Forstwirtschaft
- Bauerwartungsland
- Rohbauland
- Baureifes Land

§ 5 ImmoWertV – Entwicklungszustand
(1) Flächen der Land- oder Forstwirtschaft sind Flächen, die, ohne Bauerwartungsland oder Bauland zu sein, land- oder forstwirtschaftlich nutzbar sind.
(2) Bauerwartungsland sind Flächen, die nach ihren weiteren Grundstücksmerkmalen (§ 6), insbesondere dem Stand der Bauleitplanung und der sonstigen städtebaulichen Entwicklung des Gebiets, eine bauliche Nutzung aufgrund konkreter Tatsachen mit hinreichender Sicherheit erwarten lassen.
(3) Rohbauland sind Flächen, die nach den §§ 30, 33 und 34 des Baugesetzbuchs für eine bauliche Nutzung bestimmt sind, deren Erschließung aber noch nicht gesichert ist, oder die nach Lage, Form oder Größe für eine bauliche Nutzung unzureichend gestaltet sind.
(4) Baureifes Land sind Flächen, die nach öffentlich-rechtlichen Vorschriften und den tatsächlichen Gegebenheiten baulich nutzbar sind.

Bei der Wertermittlung bebauter Grundstücke ist vom Entwicklungszustand »baureifes Land« auszugehen und nach den Gegebenheiten des Einzelfalls zu prüfen, ob nach den zum Wertermittlungsstichtag maßgebenden rechtlichen Umständen die bauliche Nutzung auf Dauer oder nur vorübergehend aufgrund des Bestandsschutzes einer vorhandenen baulichen Anlage gewährleistet ist. Der Entwicklungszustand »baureifes Land« ist auch zugrunde zu legen, soweit eine bauliche Nutzung nach § 35 Abs. 1 BauGB im Außenbereich privilegiert ist.[10]

---

10 Abschnitt 2.2.1 WertR 2006.

Neben dem Entwicklungszustand (§5 ImmoWertV) ist bei der Wertermittlung insbesondere zu berücksichtigen, ob

»...
1. eine anderweitige Nutzung von Flächen absehbar ist,
2. Flächen aufgrund ihrer Vornutzung nur mit erheblich über dem Üblichen liegenden Aufwand einer baulichen oder sonstigen Nutzung zugeführt werden können,
3. Flächen von städtebaulichen Missständen oder erheblichen städtebaulichen Funktionsverlusten betroffen sind,
4. Flächen einer dauerhaften öffentlichen Zweckbestimmung unterliegen,
5. Flächen für bauliche Anlagen zur Erforschung, Entwicklung oder Nutzung von Erneuerbaren Energien bestimmt sind,
6. Flächen zum Ausgleich für Eingriffe in Natur und Landschaft genutzt werden oder ob sich auf Flächen gesetzlich geschützte Biotope befinden.«[11]

Berücksichtigung des Erschließungszustands
Für die Auswirkung des abgabenrechtlichen Zustands eines Grundstücks gilt, dass es Zu- oder Abschlägen auf den Vergleichspreis bedarf, wenn der Erschließungszustand oder die abgabenrechtliche Situation des Grundstücks von dem Zustand des Vergleichsgrundstücks abweicht.

Die Zu- oder Abschläge werden in der Regel nach der Höhe des Beitrags bzw. der Abgabe, zum Beispiel Erschließungsbeitrag, ggf. unter Berücksichtigung der Wartezeit bemessen.

»... Der Erschließungsbeitrag nach dem BauGB bemisst sich nach dem Erschließungsaufwand für Erschließungsanlagen, insbesondere nach dem Wert, der für die Erschließungsanlagen in Anspruch genommenen Flächen, den Kosten des Straßenbaus, der Straßenentwässerung und Straßenbeleuchtung (Erschließungsbeitrag nach dem BauGB).

Weiterhin sind die üblichen Kosten für Maßnahmen der Ver- und Entsorgung (Kommunalabgaben), sonstige Belastungen wie Kostenerstattungsbeträge (§135a BauGB), Ausgleichsbeträge (§154 und §166 Abs. 3 Nr. 2 Satz 2 BauGB), Ausgleichsleistungen in der Umlegung und Stellplatzabgaben zu berücksichtigen.

---
11 §4 Abs. 3 ImmoWertV.

3 Ermittlung des Bodenwerts in sechs Schritten

Bei erschlossenen Grundstücken ist zu prüfen, ob und welche öffentlich-rechtlichen Beiträge und nichtsteuerlichen Abgaben für das Grundstück noch zu entrichten sind.«[12]

Hinweise dazu geben die zuständigen Ämter der Kommunen.

- **Fall 1: Bewertungs- und Vergleichsgrundstück sind erschlossen**
  Liegt der Richtwert für den erschließungsbeitragsfreien (ebf) Bodenwert vom Gutachterausschuss vor, so sind die Kosten der Erschließung beim Vergleichsgrundstück bereits enthalten. Sofern das zu begutachtende Grundstück (Bewertungsgrundstück) ebenfalls voll erschlossen ist und die Erschließungsbeiträge in voller Höhe bezahlt wurden, kann der bisher ermittelte Bodenwert ohne Korrekturen hinsichtlich der Erschließungsbeiträge übernommen werden.
- **Fall 2: Unterschiedlicher Erschließungszustand des Bewertungs- und des Vergleichsgrundstücks**
  Wenn das Bewertungsgrundstück nicht erschlossen ist, dann müssen die Erschließungsbeiträge vom erhaltenen Bodenwert des Vergleichsgrundstücks abgezogen werden, sofern Letzteres erschlossen ist. Ist das zu begutachtende Grundstück erschlossen und liegt als Richtwert der erschließungsbeitragspflichtige (ebp) Bodenwert vor, so sind die Kosten der Erschließung beim Vergleichsgrundstück noch nicht berücksichtigt. Die zu erwartenden Erschließungsbeiträge sind dann hinzuzurechnen. Die Beiträge lassen sich beispielsweise aus der Differenz zwischen dem beitragsfreien und dem beitragspflichtigen Vergleichswert ermitteln.

Berücksichtigung der Bodenbeschaffenheit

Problematische Untergrund- oder Bodenverhältnisse können die Nutzung eines Grundstücks erheblich verteuern. Gegebenenfalls müssen aufwändige Maßnahmen und Vorarbeiten, zum Beispiel Wasserhaltung, Verbauarbeiten oder Bodenaustausch wegen nicht tragfähigen Baugrunds, durchgeführt werden, damit ein Gebäude errichtet werden kann. Gleiches gilt für Bodenverunreinigungen, Altlasten und Verdachtsflächen. Genauen Aufschluss über die Bodenverhältnisse und deren Qualität kann nur ein Bodengutachten geben, das von dafür spezialisierten Sachverständigen erstellt wird.

Die Wertminderung orientiert sich an den Kosten, die für Sanierung, Sicherungsmaßnahmen, Bodenuntersuchungen oder andere geeignete Maßnahmen zur Gefahrenabwehr erforderlich sind, damit das Grundstück entsprechend der zulässigen Nutzung verwendet werden kann.

---

12 Abschnitt 2.2.4 WertR 2006.

Berücksichtigung von Auswirkungen grundstücksbezogener Rechte und Belastungen

Grundstücksbezogene Rechte und Belastungen können den Wert des berechtigten oder belasteten Grundstücks erhöhen, mindern oder wertneutral sein. Die jeweiligen Werterhöhungen bzw. -minderungen bemessen sich nach dem Vor- bzw. Nachteil, der sich daraus für das berechtigte bzw. belastete Grundstück ergibt. Als Rechte und Belastungen kommen solche privatrechtlicher und solche öffentlich-rechtlicher Art in Betracht.[13]

»… Privatrechtliche Rechte und Lasten sind insbesondere dinglich gesicherte Nutzungsrechte, Erbbaurechte, Vorkaufsrechte sowie langfristige Miet- und Pachtverträge.

Rechte und Lasten des öffentlichen Rechts können sich unter anderem aus dem Planungs-, Bauordnungs- und Abgabenrecht sowie aus dem Denkmal-, Landschafts- und Gewässerschutzrecht ergeben.«[14]

Hypotheken und Grundschulden sind keine den Verkehrswert beeinflussenden Rechte und Belastungen. Sie beeinflussen regelmäßig nur die Kaufpreiszahlung, und zwar je nachdem, ob dem Käufer das Grundstück belastet oder lastenfrei übertragen werden soll.

Anders verhält es sich mit Leibrenten. Sie können den Verkehrswert eines Grundstücks beeinflussen. Ausschlaggebend kann dabei der Umstand sein, dass ein Grundstück, das mit einer Leibrente belastet ist, im Gegensatz zu mit Grundpfandrechten belasteten Grundstücken, gegen den Willen des Berechtigten nicht enthaftet werden kann. Dieser Umstand wird am Markt häufig als wertmindernd betrachtet.[15]

> **Achtung**
>
> Grundstücksbezogene Rechte und Belastungen sind selten auf Anhieb erkennbar, können sich jedoch auf den Bodenwert erheblich – meist nachteilig – auswirken. Es ist daher zwingend notwendig, Einsicht in das Grundbuch sowie in die Baulasten-, Denkmalschutz- und Altlastenverzeichnisse zu nehmen.

---

13 Abschnitt 2.2.3 Abs. 1 WertR 2006.
14 Abschnitt 2.2.3 Abs. 3 WertR 2006.
15 Abschnitt 2.2.3 Abs. 4 WertR 2006.

Ermittlung des Bodenwerts in sechs Schritten

> **Tipp**
> Werden Sie als Wertermittlungseinsteiger mit grundstücksbezogenen Rechten und Belastungen konfrontiert, so rate ich Ihnen, sich mit der einschlägigen Fachliteratur zu beschäftigen. Zudem kann es hilfreich sein, einen Sachverständigen bei der Grundstücksbewertung hinzuzuziehen, der Ihnen den Wert des Rechts oder der Belastung, der sich für das Grundstück ergibt, ermittelt.

Berücksichtigung der Umgebungsinfrastruktur

Liegt das Vergleichsgrundstück in einer Gegend, die sich hinsichtlich der Umgebungsinfrastruktur (zum Beispiel Anschluss an öffentliche Verkehrsmittel, Schulen, Kindergärten, Einkaufsmöglichkeiten, kulturelle Einrichtungen) wesentlich von der Gegend des Bewertungsgrundstücks unterscheidet, ist eine entsprechende Anpassung vorzunehmen.

Unwirtschaftliche Bebauung, Liquidation

Geht es darum, den Wert eines Grundstücks zu ermitteln, auf dem ein Gebäude oder Gebäudeteile erstellt sind, die eine wirtschaftliche Nutzung nicht mehr zulassen, oder müssen nicht mehr nutzbare Gebäude beseitigt werden, bevor eine wirtschaftliche Verwendung des Grundstücks beginnen kann, ist eventuell eine sogenannte Baureifmachung oder Freilegung des Grundstücks (Liquidation) notwendig.

> **Beispiel**
> Steht zum Beispiel eine kleine Lagerhalle auf einem Gewerbegrundstück im innerstädtischen Bereich, das mit einem Gebäude mit wesentlich höherer baulicher Nutzung bebaut werden darf, wäre ein Abbruch in der Regel sinnvoll.

Der Bodenwert ist dann um die Kosten, die für eine Baureifmachung erforderlich sind, zu mindern. Diese Kosten können zum Teil sehr hoch sein und setzen sich im Wesentlichen aus den Abbruchkosten einschließlich Sortieren des Abbruchmaterials sowie Transportkosten und Deponiegebühren zusammen.

3.2.5 Bodenwert bzw. Verkehrswert ermitteln

Die Entwicklung des örtlichen Grundstücksmarktes ist sorgfältig zu beobachten und zu berücksichtigen. Nachdem alle oben angegebenen wertbeeinflussenden Umstände bei der Ermittlung des Bodenwerts angemessen berücksichtigt wurden, wird aus dem sich so ergebenden Bodenwert der Verkehrswert abgeleitet. Beim bebauten Grundstück fließt der Bodenwert in die jeweils gewählten Verfahren ein.

3.3 Das Residualwertverfahren

Steht kein Bodenrichtwert zur Verfügung und liegen keine Kaufpreise von Vergleichsgrundstücken vor, kann auf nicht normierte und wenig gesicherte Verfahren zurückgegriffen werden.

Beim Residualwertverfahren erfolgt die Bodenwertermittlung über den mutmaßlichen Ertrag. Dieses Verfahren wird beispielsweise häufig von Projektentwicklern angewandt und stellt im Sinne der ImmoWertV kein normiertes Verfahren dar. Daher ergibt sich in der Regel kein Bodenwert, sondern der für einen Investor maximal tragbare Grundstückspreis.

Dennoch lässt sich das Verfahren anwenden, um die Ergebnisse der in der ImmoWertV beschriebenen Methoden zur Bodenwertermittlung zu stützen. Zu beachten ist allerdings, dass der resultierende Residualwert äußerst sensibel auf kleinste Veränderungen der Eingangsgrößen, insbesondere des Verkaufspreises und der Baukosten, reagiert. Um im Residualwertverfahren einen aussagefähigen Bodenwert zu ermitteln, müssen realistische Baukosten und Verkaufspreise angesetzt werden.

Im Residualwertverfahren wird der Wert eines unbebauten Grundstücks auf der Grundlage von Investitionsüberlegungen ermittelt. Dabei sind folgende Schritte notwendig.

> Ermittlung des realistischen Verkaufspreises

−

> Ermittlung der Herstellungskosten inklusive Berücksichtigung aller mit dem Bau im Zusammenhang stehenden Kosten einschließlich des Unternehmergewinns

=

> Residuum (Differenz zwischen dem prognostizierten Verkaufspreis und den Kosten)

↓

> Das Residuum wird über die Bauzeit abgezinst und ergibt den maximal tragbaren Bodenpreis

Das Residualwertverfahren 3

Beispiel: Bodenwertermittlung mit dem Residualwertverfahren !

Objekt:

Wohnwert (Lage plus Ausstattung): gut

1) Ermittlung des Veräußerungserlöses

Art des Teileigentums	Flächengröße m^2/Wohnung	Vergleichspreis EUR/m^2 bzw. EUR/St	Anzahl Stück	Gesamterlös EUR
Eigentumswohnungen (Durchschnittsgröße)	550	3.500	1	1.925.000
Gesamtsumme	550		=	**1.925.000**
Tiefgaragenplätze		15.000	6	90.000
Veräußerungserlös für die Eigentumswohnungen			=	**2.015.000**
Veräußerungserlös für die Eigentumswohnungen (gerundet)				**2.015.000**

Bemerkungen: Der angenommene Vergleichspreis entspricht gegenwärtigen Marktbedingungen

2) Ermittlung der Herstellungskosten und anderer Abzugspositionen

Bauwerksteil	Kubatur m^3	Raummeterpreis EUR/m^3	HerstKosten EUR
Wohnhaus	3.500	260	910.000
Garage/Tiefgarage	1.050	160	168.000

Herstellungskosten Gebäude			=	1.078.000
Außenanlagen in %	3%	das entspricht	+	32.340
Baunebenkosten in %	16%	das entspricht	+	172.480
Herstellungskosten			=	**1.282.820**
Vertriebsprovision			+	98.000
Entwicklungsgewinn			+	294.000
Zinsen während der Bauzeit			+	85.000
Sonstige Kosten			+	40.000
Gesamtaufwand			=	**1.799.820**
Gesamtaufwand (gerundet)				**1.800.000**

3) Ermittlung des tragbaren Bodenpreises

Differenzgröße (Residuum)				215.000
Abzinsung für die Bauzeit	Jahre	Zinssatz (Darlehen)	Abzins.-Faktor	
	1,5	6%	0,9163	-17.731

Zwischenwert		=	197.269
Erwerbsnebenkosten (Grundstück) in %	5%	=	-9.863
Maximaler tragbarer Bodenpreis EUR (heute)			**187.406**
Grundstücksfläche im m^2	349		
Maximaler Bodenanteil EUR/m^2	Bodenwert/Grundstücksfläche		537
Maximaler Bodenanteil EUR/m^2 (gerundet)	Bodenwert/Grundstücksfläche		535

Hinweis: Nur markierte Felder sind Eingabefelder!

4 Verfahren zur Verkehrswertermittlung bebauter Grundstücke

Der Verkehrswert bebauter Grundstücke lässt sich mithilfe unterschiedlicher Verfahren bestimmen. Dazu können
- überschlägige Berechnungen auf der Grundlage von Herstellungskosten, Beleihungswerten, Feuerversicherungswerten, Maklerformeln etc.,
- nicht normierte Verfahren wie das Residualwertverfahren, die DCF-Methode, das Monte-Carlo-Verfahren, Investmentverfahren etc. oder
- normierte Verfahren der ImmoWertV wie Vergleichs-, Ertrags- und Sachwertverfahren

genutzt werden, die alle zum Verkehrswert führen können.

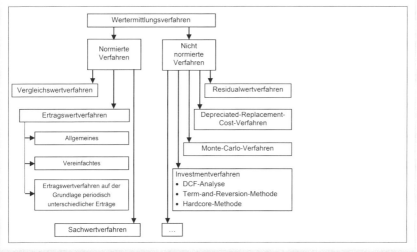

Abb. 1: Übersicht über die Wertermittlungsverfahren

Überschlägige Berechnungen haben den Vorteil, dass bei entsprechender Erfahrung mit ihrer Hilfe sehr schnell die Größenordnung des Verkehrswerts abschätzen lässt. Sie genügen allerdings nicht den Anforderungen, die die Rechtsprechung an Gutachten stellt.

Ein Gutachten muss prüffähig, logisch und folgerichtig gestaltet sein. Aufbau und Inhalt sind deshalb so darzustellen, dass der Empfänger und interessierte Laie das Gutachten versteht und den Denkprozess nachvollziehen kann. Sämtliche Eingangsdaten müssen daher ausreichend begründet und entsprechend fundiert hergeleitet werden.

Der Grundstückssachverständige ist grundsätzlich frei in seiner Wahl des Schätzverfahrens, hat aber bei der Gutachtenerstellung die allgemein angewandten Regeln der Schätzlehre zu beachten. Diese sind in den Regelwerken der ImmoWertV (Rechtsverordnung) und der WertR 2006 (bundesministerielle Verwaltungsanweisung) veröffentlicht.

Die folgenden normierten Verfahren zur Wertermittlung bebauter Grundstücke stehen gemäß ImmoWertV zur Verfügung.
- Vergleichswertverfahren (§ 15–16 ImmoWertV): Hier soll der Verkehrswert aus Kaufpreisen von vergleichbaren Objekten abgeleitet werden (Preisvergleichsrechnung).
- Ertragswertverfahren (§§ 17–20 ImmoWertV): Hier soll der Verkehrswert über eine Renditeberechnung ermittelt werden.
- Sachwertverfahren (§§ 21–23 ImmoWertV): Hier soll der Verkehrswert auf Grundlage von Grundstücks- und Gebäudeherstellungskosten geschätzt werden (Substanzwertberechnung).

Bei den nachfolgend aufgeführten Wertermittlungsverfahren werden die Vorschriften der ImmoWertV und der WertR 2006 berücksichtigt.

4.1 Das Vergleichswertverfahren

Das Vergleichswertverfahren ist das beste und sicherste Wertermittlungsverfahren, da es über den Vergleich mit anderen tatsächlich getätigten Grundstücksverkäufen zu belastbaren Ergebnissen führt. Darüber hinaus kann es auf allen Grundstücksteilmärkten angewandt werden.

Diese Methode kommt bei der Verkehrswertermittlung für bebaute Grundstücke in erster Linie nur bei solchen Grundstücken in Betracht, die mit weitgehend typisierten Gebäuden, insbesondere Wohngebäuden, bebaut sind und bei denen sich der Grundstücksmarkt an Vergleichspreisen orientiert, zum Beispiel bei Einfamilienreihenhäusern, Zweifamilienhäusern, Eigentumswohnungen, einfachen frei stehenden Eigenheimen (Siedlungen) und Garagen.

Voraussetzung für die Anwendung des Vergleichswertverfahrens ist eine ausreichende Anzahl geeigneter Vergleichsgrundstücke. Leider sind oft nicht genug Vergleichsfälle zu finden, sodass die Verkehrswertermittlung bebauter Grundstücke mithilfe des Vergleichswertverfahrens im Hinblick auf die Marktnähe häufig nicht zu einem realistischen Ergebnis führt.

4 Das Vergleichswertverfahren

Beim Vergleichswertverfahren wird der Vergleichswert aus einer ausreichenden Zahl von Vergleichspreisen ermittelt. Für die Ableitung der Vergleichspreise sind die Kaufpreise solcher Grundstücke heranzuziehen, die mit dem zu bewertenden Grundstück hinreichend übereinstimmende Grundstücksmerkmale aufweisen (Vergleichsgrundstücke).

Finden sich in dem Gebiet, in dem das Grundstück gelegen ist, nicht genügend Vergleichspreise, können auch Vergleichspreise aus anderen vergleichbaren Gebieten herangezogen werden.

»... Änderungen der allgemeinen Wertverhältnisse auf dem Grundstücksmarkt oder Abweichungen einzelner Grundstücksmerkmale sind in der Regel auf der Grundlage von Indexreihen oder Umrechnungskoeffizienten zu berücksichtigen.«[1]

Bei bebauten Grundstücken können neben den oder anstelle der gezahlten Kaufpreise (Vergleichspreise) zur Ermittlung des Vergleichswerts auch Vergleiche mit relativierten Größen, sogenannten Vergleichsfaktoren, vorgenommen werden. Dadurch sind die Möglichkeiten zur Anwendung des Vergleichswertverfahrens erheblich erweitert worden, was das Verfahren für den Wertermittler sicherer macht. Vergleichsfaktoren sind geeignet, wenn die Grundstücksmerkmale der ihnen zugrunde gelegten Grundstücke hinreichend mit den Merkmalen des zu bewertenden Grundstücks übereinstimmen.

»Vergleichsfaktoren (§ 193 Abs. 5 Satz 2 Nr. 4 des Baugesetzbuchs) sollen der Ermittlung von Vergleichswerten für bebaute Grundstücke dienen. Sie sind auf den marktüblich erzielbaren jährlichen Ertrag (Ertragsfaktor) oder auf eine sonst geeignete Bezugseinheit, insbesondere auf eine Flächen- oder Raumeinheit der baulichen Anlage (Gebäudefaktor), zu beziehen.«[2]

Nachfolgend wird jeweils ein Beispiel für Gebäudefaktoren und Ertragsfaktoren dargestellt. Die Ergebnisse sind nicht allgemeingültig und können regional sehr unterschiedlich ausfallen.

> **Wichtig** !
> Je höher der Faktor, desto höher ist der Vergleichswert.

---

1 § 15 ImmoWertV.
2 § 13 ImmoWertV.

! **Beispiel: Gebäudefaktoren (EUR/m² WF)**

Wohnungen

Lage-qualität		Neubauobjekte		Wiederverkaufte Objekte			
		Mittel-wert**	Preis-spanne***	Baujahrs-gruppe		Mittel-wert**	Preis-spanne***
		EUR/m² WF	± %			EUR/m² WF	± %
Durch-schnittli-che Lage	(220)	3.300	± 10%	1850–1949	(101)	2.600	± 20%
				1950–1959	(35)	2.300	± 20%
				1960–1969	(193)	2.100	± 15%
				1970–1979	(148)	2.100	± 15%
				1980–1989	(178)	2.250	± 15%
				1990–1999	(100)	2.650	± 15%
				2000–2005	(43)	2.950	± 10%
Gute Lage	(206)	3.800	± 15%	1850–1949	(86)	3.100	± 20%
				1950–1959	(49)	2.700	± 20%
				1960–1969	(40)	2.450	± 20%
				1970–1979	(66)	2.600	± 20%
				1980–1989	(64)	2.850	± 20%
				1990–1999	(63)	3.050	± 15%
				2000–2005	(28)	3.500	± 15%
Beste Lage	(18)	5.500	± 15%	1970–1979	(14)	2.900	± 20%
				1980–1989	(24)	3.100	± 20%
				1990–2004	(19)	4.100	± 30%

(...) = Anzahl der ausgewählten Objekte
* Wohnfläche < 45 m²

**Arithmetischer Mittelwert

***Standardabweichung

Quelle: Jahresbericht 2007, GAA München

4 Das Vergleichswertverfahren

Beispiel: Ertragsfaktoren (als Vielfaches des Jahresrohertrags)

Vielfaches des Jahresrohertrags

Gebäudeart	Anzahl	Mittelwert**	Standardabweichung ±	Spanne
A. Wohnhäuser ohne Gewerbeanteil				
In allen Wohnlagen				
Alle Objekte	19	18	± 2	16–20
Mit Denkmalschutz***	6	19	± 2	17–21
Ohne Denkmalschutz	13	17	± 2	15–19
In guten und besten Wohnlagen (Innenstadtlage, Schwabing, Bogenhausen, Haidhausen, Nymphenburg o.Ä.)				
Alle Objekte	6	20	± 2	18–22
Mit Denkmalschutz***	5	20	± 2	18–22
Ohne Denkmalschutz	1	22	Wertangabe nur zur Information	
B. Wohnhäuser mit Gewerbeanteil bis 60 %				
In allen Wohnlagen				
Alle Objekte	34	18	± 2	16–20
Mit Denkmalschutz***	20	19	± 2	17–21
Ohne Denkmalschutz	14	17	± 2	15–19
In guten und besten Wohnlagen (Innenstadtlage, Schwabing, Bogenhausen, Haidhausen, Nymphenburg o.Ä.)				
Alle Objekte	18	20	± 2	18–22
Mit Denkmalschutz***	14	20	± 2	18–22
Ohne Denkmalschutz	4	19	± 2	17–21

* Ohne 1a-Geschäftslagen

** Arithmetischer Mittelwert

*** Angaben zu Denkmalschutzobjekten beziehen sich in der Regel auf Anwesen, die wegen ihrer attraktiven Eigenart eine erhöhte Nachfrage aufweisen.

Quelle: Auszug aus dem Jahresbericht 2007, GAA München

> **! Wichtig**
> Sofern vom zuständigen Gutachterausschuss entsprechende Faktoren zur Verfügung gestellt werden, geben diese in der Regel keine Auskunft über die Grundstücksmerkmale der Grundstücke, aus denen sie abgeleitet wurden. Eine sichere Wertbeurteilung wird dadurch erschwert.

Der Vergleichswert ergibt sich dann durch Vervielfachung des jährlichen Ertrags oder der sonstigen Bezugseinheit des zu bewertenden Grundstücks mit dem nach den Bestimmungen in § 13 ImmoWertV ermittelten Vergleichsfaktor.

> **! Beispiel: Ertragsfaktor**
> So errechnet sich beispielsweise für ein Büro- und Geschäftshaus in München bei einem Ertragsfaktor »Mittelwert 16 (Spanne 15–17)« und einem »Jahresrohertrag« in Höhe von 135.000 EUR ein Vergleichswert von 2.160.000 EUR (135.000 EUR x 16).

> **! Beispiel**
> So errechnet sich beispielsweise für eine Wohnung Baujahr 1965 in »guter Lage« in München bei einem Gebäudefaktor »Mittelwert 2.450 EUR/m^2« und einer Wohnfläche von 75 m^2 ein Vergleichswert in Höhe von 183.750 EUR (2.450 EUR/m^2 x 75 m^2).

> **! Achtung**
> Bezieht sich der Vergleichsfaktor lediglich auf das Gebäude, so ist der getrennt vom Gebäudewert zu ermittelnde Bodenwert gesondert zu berücksichtigen.

Die Angaben in den Kaufpreissammlungen der örtlichen Gutachterausschüsse für Grundstückswerte sollten – so weit möglich – genutzt werden.

Stehen keine geeigneten Daten in ausreichender Anzahl und Qualität zur Anwendung des Vergleichswertverfahrens zur Verfügung, so ist ein anderes geeignetes Wertermittlungsverfahren (Ertragswertverfahren oder Sachwertverfahren) vorzuziehen.

4.2 Das Ertragswertverfahren

Das Ertragswertverfahren kommt insbesondere bei Grundstücken in Betracht, bei denen der marktüblich erzielbare Ertrag im Vordergrund steht. Dem Käufer kommt es in erster Linie darauf an, welche Verzinsung ihm das investierte Kapital bringt. Dies ist zum Beispiel bei Miet- und Geschäftsgrundstücken und gemischt genutzten Grundstücken der Fall. Der Ertragswert orientiert sich ausschließlich an den Renditeerwartungen, die mit dem Objekt verbunden sind. Dabei wird ein stichtagsbezogener Wert ermittelt, der eine Aussage über die zukünftige Ertragskraft zulässt.

Nach der Rechtsprechung kann das Ertragswertverfahren für folgende Grundstücke als sachgerechte Methode zur Ermittlung des Verkehrswerts angesehen werden.
- Mietwohngrundstücke: Grundstücke, die zu mehr als 80 Prozent, berechnet nach der Jahresrohmiete, Wohnzwecken dienen
- Geschäftsgrundstücke: Grundstücke, die zu mehr als 80 Prozent, berechnet nach der Jahresrohmiete, eigenen oder fremden gewerblichen, freiberuflichen oder öffentlichen Zwecken dienen
- Gemischt genutzte Grundstücke: Grundstücke, die teils Wohnzwecken, teils eigenen oder fremden gewerblichen oder öffentlichen Zwecken dienen und nicht Mietwohngrundstücke, Geschäftsgrundstücke, Einfamilienhäuser oder Zweifamilienhäuser sind

»(1) Im Ertragswertverfahren wird der Ertragswert auf der Grundlage marktüblich erzielbarer Erträge ermittelt. Soweit die Ertragsverhältnisse absehbar wesentlichen Veränderungen unterliegen oder wesentlich von den marktüblich erzielbaren Erträgen abweichen, kann der Ertragswert auch auf der Grundlage periodisch unterschiedlicher Erträge ermittelt werden.«[3]

Mit Einführung der ImmoWertV werden drei Ertragswertverfahren unterschieden.

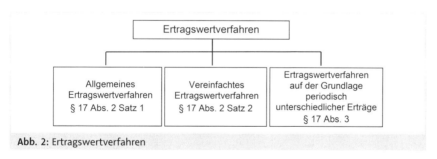

Abb. 2: Ertragswertverfahren

Allgemeines Ertragswertverfahren [§ 17 Abs. 2 (1) ImmoWertV]
Beim »Allgemeinen Ertragswertverfahren«, auch als zweigleisiges Ertragswertverfahren bezeichnet, wird der Grundstücksreinertrag (Jahresreinertrag) um den Bodenwertverzinsungsbetrag gemindert. Der sich ergebende Gebäudeertragsanteil (Reinertragsanteil der baulichen Anlagen) wird dann unter Zuhilfenahme des maßgebenden Liegenschaftszinssatzes über die Laufzeit der

---
[3] § 17 ImmoWertV.

Existenz des Gebäudes kapitalisiert, wodurch sich wiederum der Gebäudeertragswert (Ertragswert der baulichen Anlagen) ergibt.

Der Bodenwert und der Gebäudewert (Ertragswert der baulichen Anlagen) ergeben zusammen den vorläufigen Grundstücksertragswert. Dieser ist unter Berücksichtigung der allgemeinen Marktanpassung und anschließend der objektspezifischen Marktanpassung an den Verkehrswert anzupassen.

Bei Anwendung des Ertragswertverfahrens findet die Lage auf dem Grundstücksmarkt insbesondere dadurch Berücksichtigung, dass die Ertragsverhältnisse, der Liegenschaftszinssatz, die Bewirtschaftungskosten und die sonstigen wertbeeinflussenden Umstände in einer angemessenen Weise angesetzt werden. Die erzielbaren Erträge sind auf der Grundlage der marktüblichen Verhältnisse zu ermitteln.

Das Ertragswertverfahren 4

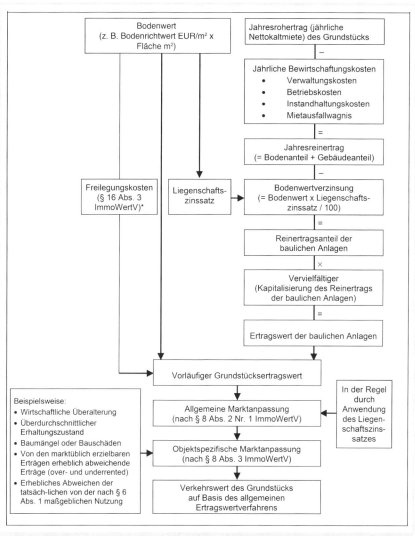

Abb. 3: Ablaufschema zum allgemeinen Ertragswertverfahren

Weil die genannten Größen bei sachgerechter Anwendung des Ertragswertverfahrens aus den grundstücksbezogenen Daten vergleichbarer Grundstücke, also »marktorientiert«, in die Wertermittlung übernommen werden, kann das Verfahren als ein vergleichendes Verfahren bezeichnet werden.

Verfahren zur Verkehrswertermittlung bebauter Grundstücke

> **§ 16 Abs. 3 ImmoWertV – Ermittlung des Bodenwerts, Freilegungskosten**
>
> (3) Ist alsbald mit einem Abriss von baulichen Anlagen zu rechnen, ist der Bodenwert um die üblichen Freilegungskosten zu mindern, soweit sie im gewöhnlichen Geschäftsverkehr berücksichtigt werden. Von einer alsbaldigen Freilegung kann ausgegangen werden, wenn
> 1. die baulichen Anlagen nicht mehr nutzbar sind oder
> 2. der nicht abgezinste Bodenwert ohne Berücksichtigung der Freilegungskosten den im Ertragswertverfahren (§§ 17–20) ermittelten Ertragswert erreicht oder übersteigt.

Formel: Allgemeines Ertragswertverfahren

$$EW = (RE - p \times BW) \times V + BW$$

EW = Ertragswert

RE = Reinertrag

p = Liegenschaftszinssatz / 100

BW = Bodenwert

V = Vervielfältiger

> **Wichtig**
>
> Das Ergebnis unterscheidet sich nicht von dem Ergebnis des Ertragswertverfahrens in der bis zum 30.6.2010 geltenden Form der Wertermittlungsverordnung. Die zu verwendenden Einflussgrößen können unverändert angesetzt werden.

Das Ertragswertverfahren 4

Beispiel: Allgemeines Ertragswertverfahren !

Eingabegrößen zur Ermittlung des Ertragswerts - Allgemeines Ertragswertverfahren (§17 Abs. 2 (1) ImmoWertV) -		
Hinweis:		= Eingabefeld
Bodenwert		**50.000 EUR**
Rohertrag (EUR/Monat)	**1.230**	**14.760 EUR/Jahr**
Berechnung der Bewirtschaftungskosten		
Verwaltungskosten (% des Rohertrags)	**5,00%**	738 EUR/Jahr
Betriebskosten (% des Rohertrags)	**1,00%**	148 EUR/Jahr
Mietausfallwagnis (% des Rohertrags)	**2,00%**	295 EUR/Jahr
Instandhaltungskosten (% des Rohertrags)	**12,00%**	1.771 EUR/Jahr
Summe Bewirtschaftungskosten	20,00%	2.952 EUR/Jahr
Reinertrag (Rohertrag - Bewirtschaftungskosten)		11.808 EUR/Jahr
Liegenschaftszinssatz (Prozent)	**5,00%**	
Bodenwertverzinsung (Bodenwert x Liegenschaftszinssatz)		2.500 EUR/Jahr
Gebäudereinertrag (Reinertrag - Bodenwertverzinsung)		9.308 EUR/Jahr
Ermittlung des Vervielfältigers		
Restnutzungsdauer (Jahre)	**55**	
Vervielfältiger		18,6334720
(in Abhängigkeit von Liegenschaftszinssatz und Restnutzungsdauer)		
Gebäudeertragswert (Gebäudereinertrag x Vervielfältiger)		173.440 EUR
Marktanpassung		
Allgemeine Marktanpassung [1]		0 EUR
Objektspezifische Marktanpassung		**-10.000 EUR**
Zusammenfassung "Allgemeines Ertragswertverfahren" (§17 Abs. 2 (1) ImmoWertV)		
Rohertrag (EUR/Monat)	1.230	14.760 EUR/Jahr
./. Bewirtschaftungskosten		-2.952 EUR/Jahr
= Reinertrag		11.808 EUR/Jahr
./. Bodenwertverzinsung	5,00%	-2.500 EUR/Jahr
= Gebäudereinertrag		9.308 EUR/Jahr
x Vervielfältiger	18,6334720	
= Gebäudeertragswert		173.440 EUR
+ Bodenwert		50.000 EUR
= vorläufiger Grundstücksertragswert		223.440 EUR
Allgemeine Marktanpassung [1]		0 EUR
Objektspezifische Marktanpassung		-10.000 EUR
= Ertragswert (EUR)		**213.440 EUR**

1) Die Allgemeine Marktanpassung ist i. d. R. durch Anwendung des marktkonformen Liegenschaftszinssatzes erfolgt¶

Vereinfachtes Ertragswertverfahren [§17 Abs. 2 (2) ImmoWertV]
Beim »Vereinfachten Ertragswertverfahren« wird der Ertragswert auf der Grundlage marktüblich erzielbarer Erträge aus dem kapitalisierten Reinertrag

und des über die Restnutzungsdauer des Gebäudes diskontierten Bodenwerts ermittelt.

Formel: Vereinfachtes Ertragswertverfahren

EW = RE × V + BW × q^{-n}

EW = Ertragswert

RE = Reinertrag

V = Vervielfältiger

q = Zinsfaktor (1 + p)

p = Liegenschaftszinssatz / 100

n = Restnutzungsdauer des Gebäudes

BW = Bodenwert

! **Beispiel: Vereinfachtes Ertragswertverfahren**

Jahresreinertrag (RE)	11.808 EUR	
Vervielfältiger (V)	18,633471	
Kapitalisierter Jahresreinertrag (RE × V) =		220.024 EUR
Bodenwert (BW)	50.000 EUR	
Diskontierungsfaktor (in Abhängigkeit von Liegenschaftszinssatz 5% und Restnutzungsdauer 55 Jahre)	0,068326	
Abgezinster Bodenwert: 50.000 × 0,068326 =		3.416 EUR
Vorläufiger Ertragswert (ohne Marktanpassung) =		223.440 EUR

! **Wichtig**

Das Ergebnis des vorläufigen Ertragswerts aus dem vereinfachten Ertragswertverfahren in Höhe von 223.440 EUR ist identisch mit dem Ergebnis des vorläufigen Ertragswerts aus dem allgemeinen Ertragswertverfahren.

4 Das Ertragswertverfahren

Sonderfall: Vereinfachtes Ertragswertverfahren bei langer Restnutzungsdauer

Bei langen Restnutzungsdauern von mehr als circa 40 bis 50 Jahren kann das vereinfachte Ertragswertverfahren ohne Berücksichtigung des Bodenwerts angewandt werden, da hier der abgezinste Bodenwert vernachlässigbar klein wird. In diesem Fall wird der unter Abzug der Bewirtschaftungskosten ermittelte Grundstücksreinertrag mit dem Vervielfältiger multipliziert. Das Ergebnis ist der Grundstücksertragswert, welcher noch an die Marktlage anzupassen ist. Das vereinfachte Ertragswertverfahren versagt jedoch bei kurzen Restnutzungsdauern des Gebäudes, da der Bodenwert ein »Dauerwert« ist und sich auf »unendlich« verzinst, während sich der Wert des Gebäudes nur auf die wirtschaftliche Restnutzungsdauer der baulichen Anlagen verzinst.

Die folgende Formel gilt für den Sonderfall vereinfachtes Ertragswertverfahren bei langer Restnutzungsdauer.

EW = RE × V

EW = Ertragswert

RE = Reinertrag

V = Vervielfältiger

> **Beispiel: vereinfachtes Ertragswertverfahren bei langer Restnutzungsdauer** !
>
> | | |
> |---|---|
> | Jahresreinertrag (RE) | 11.808 EUR |
> | Vervielfältiger (V) | 18,633471 |
> | Kapitalisierter Jahresreinertrag (RE x V) | |
> | = vorläufiger Ertragswert (ohne Marktanpassung) | 220.024 EUR |

> **Wichtig** !
>
> Bei langen Restnutzungsdauern von mehr als 40 bis 50 Jahre spielt der Bodenwert im Hinblick auf die allgemeine Schätzgenauigkeit im Ertragswertverfahren keine Rolle. Sofern dies bei einer Wertermittlung zutrifft, lässt sich der Ertragswert von Objekten, die eine längere Restnutzungsdauer als 40 bis 50 Jahre aufweisen, allein durch die Kapitalisierung des marktüblich erzielbaren Reinertrags ermitteln.
> Das vereinfachte Ertragswertverfahren stellt sich wie folgt dar:

Verfahren zur Verkehrswertermittlung bebauter Grundstücke

	Rohertrag
−	Bewirtschaftungskosten
=	Reinertrag
×	Vervielfältiger
=	Vorläufiger Grundstücksertragswert
±	Marktanpassung
=	Ertragswert

Ertragswertverfahren mit periodisch unterschiedlichen Erträgen (§ 17 Abs. 3 ImmoWertV)

Bei der Ermittlung des Ertragswerts auf der Grundlage periodisch unterschiedlicher Erträge wird dieser aus den von gesicherten Daten abgeleiteten periodisch erzielbaren Reinerträgen (§ 18 Abs. 1) innerhalb eines Betrachtungszeitraums und dem Restwert des Grundstücks am Ende des Betrachtungszeitraums ermittelt. Die periodischen Reinerträge sowie der Restwert des Grundstücks sind jeweils auf den Wertermittlungsstichtag nach § 20 abzuzinsen.

Das mehrperiodische Ertragswertverfahren ist auch bei gleichbleibenden Erträgen anwendbar und führt wie das allgemeine Ertragswertverfahren und das vereinfachte Ertragswertverfahren stets zum gleichen Ergebnis.

In der Praxis ist, unter Voraussetzung gleichbleibender Erträge, dem allgemeinen und dem vereinfachten Ertragswertverfahren gegenüber dem mehrperiodischen Ertragswertverfahren der Vorzug zu geben, da der Rechenaufwand beim mehrperiodischen Ertragswertverfahren aufgrund der jährlich zu ermittelnden Gesamterträge um ein Vielfaches höher ist.

Die folgende Formel gilt für das Ertragswertverfahren mit periodisch unterschiedlichen Erträgen.

$$EW = \underbrace{\sum_{1}^{b} RE \times q^{-b}} + \underbrace{RE_1 \times (V_n - V_b) + BW \times q^{-n}}$$

$$\quad\quad\quad\text{Ertragsteil des}\quad\quad\text{Restwert}$$
$$\quad\quad\quad\text{Betrachtungs-}$$
$$\quad\quad\quad\text{zeitraums}$$

EW = Ertragswert
b = Betrachtungszeitraum
RE = Reinertrag

V = Vervielfältiger
q = Zinsfaktor (1 + p)
p = Liegenschaftszinssatz / 100
n = Restnutzungsdauer des Gebäudes
BW = Bodenwert

Beim mehrperiodischen Ertragswertverfahren wird das allgemeine Ertragswertverfahren in zwei Phasen aufgeteilt und zwar in
1. einen Betrachtungszeitraum von etwa zehn Jahren, gerechnet ab dem Wertermittlungsstichtag, und
2. eine Restphase bis zum Ablauf der Restnutzungsdauer der baulichen Anlagen.

Während die jährlichen Erträge für den Betrachtungszeitraum jahrgangsweise gesondert ermittelt werden, wird der Restwert zusammen mit den Erträgen aus der verbleibenden Restnutzungsdauer der baulichen Anlagen erfasst.

Grafisch stellt sich das mehrperiodische Ertragswertverfahren mit gleichbleibenden jährlichen Erträgen innerhalb des Betrachtungszeitraums und während der Restphase dar, wie es die folgende Grafik zeigt.

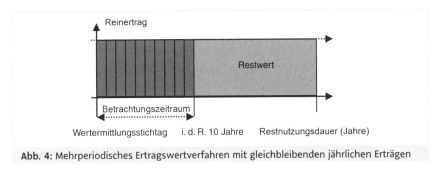

Abb. 4: Mehrperiodisches Ertragswertverfahren mit gleichbleibenden jährlichen Erträgen

Verfahren zur Verkehrswertermittlung bebauter Grundstücke

> **!** **Beispiel: Ertragswertverfahren mit periodisch unterschiedlichen Erträgen (§ 13 Abs. 3 ImmoWertV)**

Ertragswertverfahren mit periodisch unterschiedlichen Erträgen (§ 17 Abs. 3 ImmoWertV)

Bodenwert	50.000 Euro		Hinweis:	= Eingabefeld
Liegenschaftszinssatz	5%			
Restnutzungsdauer	55 Jahre			
Betrachtungszeitraum	10 Jahre			

1. Ermittlung der Barwerte aus dem Betrachtungszeitraum:

Jahr	Reinertrag (RE)		Abzinsungsfaktor		Barwerte der Reinerträge
1. Jahr	11.808	x	0,9523810	=	11.246 €
2. Jahr	11.808	x	0,9070295	=	10.710 €
3. Jahr	11.808	x	0,8638376	=	10.200 €
4. Jahr	11.808	x	0,8227025	=	9.714 €
5. Jahr	11.808	x	0,7835262	=	9.252 €
6. Jahr	11.808	x	0,7462154	=	8.811 €
7. Jahr	11.808	x	0,7106813	=	8.392 €
8. Jahr	11.808	x	0,6768394	=	7.992 €
9. Jahr	11.808	x	0,6446089	=	7.612 €
10. Jahr	11.808	x	0,6139133	=	7.249 €
			Summe der Barwerte aus dem Betrachtungszeitraum		**91.178 €**

2. Restwertermittlung:

Anzahl der Jahre (RND ./. Betrachtungszeitr.)	Reinertrag (RE)		Barwertfaktor		RE x V		Abzinsungsfaktor		Barwerte der Reinerträge
45	11.808	x	17,7740698	=	209.876 €	x	0,6139133	=	128.846 €
zuzüglich Bodenwert, abgezinst über die RND der baulichen Anlagen					50.000 €	x	0,0683264	=	3.416 €
							Restwert		**132.262 €**

3. Ermittlung des vorläufigen Ertragswerts:

Der vorläufige Ertragswert errechnet sich aus dem Restwert zuzüglich	132.262 €
der Summe der Barwerte aus dem Betrachtungszeitraum	91.178 €
vorläufiger Ertragswert (ohne Marktanpassung) =	**223.440 €**

> **!** **Anmerkung zur Restwertermittlung**
>
> Der Restwert (ohne Bodenwert) kann auch anhand der Differenz der Barwertfaktoren gemäß der nachstehenden Formel ermittelt werden. Dabei sind die entsprechenden Barwertfaktoren mithilfe des Liegenschaftszinssatzes und der gesamten Restnutzungsdauer der baulichen Anlagen sowie des Betrachtungszeitraums zu berechnen. Die Differenz ist mit dem Jahresreinertrag zu multiplizieren und ergibt den auf den Wertermittlungsstichtag bezogenen Barwert.
> $RE_i \times (V_n - V_b)$
> V_n = Vervielfältiger (55 Jahre und 5%) = 18,63347
> V_b = Vervielfältiger (10 Jahre und 5%) = 7,72173
> RE_i = Reinertrag über den abzuschätzenden Zeitabschnitt i
> $V_n - V_b$ = 10,9117 x 11.808 EUR = 128.846 EUR
> Das Ergebnis entspricht somit der vorstehenden Berechnung in Höhe von 128.846 EUR.
> Der Restwert ergibt sich aus der Addition über die Restwertperiode anfallender marktüblich erzielbarer Erträge, kapitalisiert mit der Vervielfältigerdifferenz $[RE_i \times (V_n - V_b)]$ und des über die Laufzeit der baulichen Anlagen abgezinsten Bodenwerts $[BW \times q^{-n}]$.

4 Das Ertragswertverfahren

> **Wichtig**
> Unter Berücksichtigung gleichbleibender jährlicher Erträge ist das Ergebnis des vorläufigen Ertragswerts aus dem Ertragswertverfahren mit periodisch unterschiedlichen Erträgen in Höhe von 223.440 EUR identisch mit den Ergebnissen aus dem vereinfachten Ertragswertverfahren und dem allgemeinen Ertragswertverfahren.

Das mehrperiodische Ertragswertverfahren mit unterschiedlichen jährlichen Erträgen innerhalb des Betrachtungszeitraums lässt sich wie folgt darstellen:

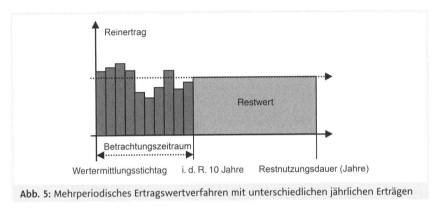

Abb. 5: Mehrperiodisches Ertragswertverfahren mit unterschiedlichen jährlichen Erträgen

Dabei sind die Jahresreinerträge in ihrer Gesamtheit ausgewiesen, einschließlich der Mehr- und Mindererlöse. Die Mehr- und Mindererlöse werden auch als over- und underrented bezeichnet.

> **Beispiel: Ertragswertverfahren mit periodisch unterschiedlichen Erträgen (§13 Abs. 3 ImmoWertV)**
>
> Jahresreinertrag (RE) mit jährlich unterschiedlichen Erträgen im Betrachtungszeitraum
>
> | | |
> |---|---|
> | Jahresreinertrag (RE) | 11.808 EUR (nach dem Betrachtungszeitraum) |
> | Liegenschaftszinssatz | 5 % |
> | Restnutzungsdauer | 55 Jahre |
> | Bodenwert (BW) | 50.000 EUR |

1. Ermittlung der Barwerte aus dem Betrachtungszeitraum

Jahr	Reinertrag (RE)		Abzinsungsfaktor		Barwerte der Reinerträge
1. Jahr	12.000	x	0,95238	=	11.429 €
2. Jahr	12.500	x	0,90702	=	11.338 €
3. Jahr	13.000	x	0,86383	=	11.230 €
4. Jahr	11.900	x	0,82270	=	9.790 €
5. Jahr	10.000	x	0,78352	=	7.835 €
6. Jahr	9.200	x	0,74621	=	6.865 €
7. Jahr	10.500	x	0,71068	=	7.462 €
8. Jahr	11.600	x	0,67683	=	7.851 €
9. Jahr	10.200	x	0,64460	=	6.575 €
10. Jahr	11.700	x	0,61391	=	7.183 €
	Summe der Barwerte aus dem Betrachtungszeitraum				87.558 €

2. Restwertermittlung

Jahr	Reinertrag (RE)		Barwertfaktor (45 Jahre)		RE x V		Abzinsungsfaktor		Barwerte der Reinerträge
11. bis 55. Jahr	11.808	x	17,77406	=	209.876 €	x	0,61391	=	128.846 €
zuzüglich Bodenwert, abgezinst über 55 Jahre :					50.000 €	x	0,06836	=	3.416 €
							Restwert		132.262 €

3. Ermittlung des vorläufigen Ertragswerts

Der vorläufige Ertragswert errechnet sich aus dem Restwert zuzüglich	132.262 €
der Summe der Barwerte aus dem Betrachtungszeitraum	87.558 €
vorläufiger Ertragswert (ohne Marktanpassung) =	**219.820 €**

Ein weiteres Beispiel hierfür ist im Abschnitt »Berücksichtigung von Über- und Untervermietung« dargestellt.

Aufgrund der drei bestehenden Ertragswertverfahren stellt sich nun die Frage, welches Verfahren das geeignetste ist. Alle drei Verfahren führen zum gleichen Ergebnis, sofern beim Ertragswertverfahren mit periodisch unterschiedlichen Erträgen mit jährlich gleichbleibenden Erträgen gerechnet wird. Der Königsweg ist, aus Sicht des Autors, bei jährlich gleichbleibenden Erträgen das allgemeine Ertragswertverfahren, da es aufgrund der Aufspaltung in einen Boden- und einen Gebäudewertanteil übersichtlicher und weniger fehleranfällig ist.

Bei langen Restnutzungsdauern von mehr als 40 bis 50 Jahren spielt der Bodenwert im Hinblick auf die allgemeine Schätzgenauigkeit im Ertragswertverfahren keine Rolle. Sofern dies bei einer Wertermittlung zutrifft, lässt sich der Ertragswert von Objekten allein durch die Kapitalisierung des marktüblich erzielbaren Reinertrags ermitteln (Sonderfall vereinfachtes Ertragswertverfahren bei langen Restnutzungsdauern).

4 Das Ertragswertverfahren

Das Ertragswertverfahren mit periodisch unterschiedlichen Erträgen sollte nur angewandt werden, sofern die jährlichen Erträge unterschiedlich sind. Ist das nicht der Fall, kann dieses Verfahren genauso eingesetzt werden, jedoch bringt dies für den Anwender unnötigen Rechenaufwand mit sich.

Im Folgenden wird das »Allgemeine Ertragswertverfahren« genauer erläutert.

4.2.1 Der Bodenwert

Beim Ertragswertverfahren wird zuerst, wie im Kapitel »Wie Sie den Bodenwert ermitteln« dargestellt, der Bodenwert festgestellt. Dieser ist getrennt vom Wert der Gebäude und der Außenanlagen grundsätzlich so zu ermitteln, wie er sich ergeben würde, wenn das Grundstück unbebaut wäre. Folgendes Beispiel soll die Auswirkung des Bodenwerts auf den Ertragswert verdeutlichen.

Beispiel

	Bodenwert	Prozentuale Veränderung	Ertragswert
Abweichung A	40.000 EUR	– 0,32 %	212.757 EUR
Ursprung	50.000 EUR	± 0,00 %	213.440 EUR
Abweichung B	60.000 EUR	+ 0,32 %	214.124 EUR

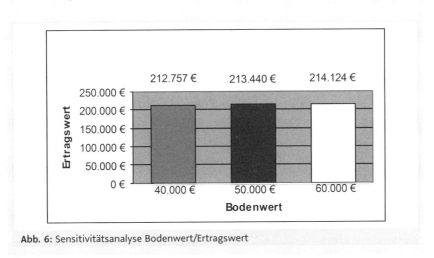

Abb. 6: Sensitivitätsanalyse Bodenwert/Ertragswert

Das Beispiel zeigt, dass der Bodenwert bei einer Abweichung in Höhe von plus oder minus 20 Prozent einen unbedeutenden Einfluss auf den Ertragswert hat.

4.2.2 Ermittlung des Gebäudeertragswerts

Bei der Ermittlung des Gebäudeertragswerts ist von dem marktüblich erzielbaren jährlichen Reinertrag des Grundstücks auszugehen. Dieser ergibt sich aus dem jährlichen Rohertrag abzüglich der jährlichen Bewirtschaftungskosten. Die Bewirtschaftungskosten beinhalten die Verwaltungs-, Betriebs- und Instandhaltungskosten sowie das Mietausfallwagnis.

Der Jahresreinertrag ist in einen Boden- und einen Gebäudeanteil aufgeteilt, da die Erwirtschaftung des Reinertrags einerseits durch den Boden und andererseits durch das Gebäude erfolgt. Diese Aufteilung ist auch wegen der unterschiedlichen Nutzungsdauern von Boden und Gebäude notwendig. Während der Boden grundsätzlich als unvergänglich gilt, ist die wirtschaftliche Restnutzungsdauer der baulichen Anlagen zeitlich begrenzt.

Der auf den Boden anfallende Reinertragsanteil wird als angemessener Verzinsungsbetrag des Bodenwerts durch Multiplikation des Bodenwerts mit dem Liegenschaftszinssatz berechnet und stellt die »ewige Rentenrate« des Bodenwerts dar.

Die Differenz aus dem Jahresreinertrag und dem Reinertragsanteil des Bodens ergibt den Reinertragsanteil für das Gebäude. Dieser wird dann als Rente (jährlicher Überschuss bis zum Ende der Restnutzungsdauer) zugunsten des Eigentümers des Gebäudes aufgefasst. Der heutige Wert dieser Rente, finanzmathematisch auch als Barwert bezeichnet, ist dann der Ertragswert des Gebäudes.

Der Reinertrag der baulichen Anlagen wird also mit dem Zeitrentenvervielfältiger multipliziert, dies ergibt den Ertragswert der baulichen Anlagen. Maßgebend ist derjenige Vervielfältiger, der sich nach dem Liegenschaftszinssatz und der zu erwartenden Restnutzungsdauer der baulichen Anlagen ergibt.

Zum Ertragswert des Gebäudes wird der Bodenwert addiert und ergibt den vorläufigen Ertragswert des Wertermittlungsobjekts.

Der Verkehrswert (Marktwert) des Grundstücks berechnet sich sodann aus dem vorläufigen Ertragswert des Grundstücks unter Berücksichtigung der

Marktanpassung an die allgemeinen Wertverhältnisse auf dem Grundstücksmarkt und besonderer objektspezifischer Grundstücksmerkmale.

Im Folgenden werden die erforderlichen Schritte aufgeführt, die bei der Ermittlung des Ertragswerts der baulichen Anlagen durchlaufen werden müssen.

Folgende Eingangsgrößen sind bei der Ermittlung des Ertragswerts der baulichen Anlagen zu bestimmen:
- Vermietbare Flächen
- Marktüblich erzielbare Erträge
- Bewirtschaftungskosten
- Liegenschaftszinssatz
- Restnutzungsdauer
- Vervielfältiger
- Reinertragsanteil »Boden«

Abb. 7: Ertragswert der baulichen Anlagen

Ermittlung des Rohertrags/Reinertrags

Der Reinertrag ergibt sich aus dem jährlichen Rohertrag abzüglich der Bewirtschaftungskosten.

Der Rohertrag ergibt sich aus den bei ordnungsgemäßer Bewirtschaftung und zulässiger Nutzung marktüblich erzielbaren Erträgen. Bei Anwendung des Ertragswertverfahrens auf der Grundlage periodisch unterschiedlicher Erträge ergibt sich der Rohertrag insbesondere aus den vertraglichen Vereinbarungen.[4]

Unter »marktüblich erzielbare Erträge« ist nichts anderes zu verstehen als das, was bisher in der Wertermittlungsverordnung als »nachhaltig erzielbar« definiert wurde.

---
4   § 18 ImmoWertV.

Werden für die Nutzung von Grundstücken oder Teilen eines Grundstücks keine oder vom Üblichen abweichende Entgelte erzielt, sind die bei einer Vermietung oder Verpachtung marktüblich erzielbaren Einnahmen zugrunde zu legen.

Unter »marktüblich« versteht man, dass die Erlöse und Kosten über einen längeren Zeitraum zu erwarten sind. Eine besonders hohe oder eine kurzfristig günstige Vermietung sagt nichts über die Marktüblichkeit aus. Hier sind Entwicklungstendenzen über mehrere Jahre mit einzubeziehen, das heißt, es soll sich um Erlöse und Kosten handeln, deren Höhe in einem überschaubaren Zeitraum ohne Ansatz von Spekulationen geschätzt werden kann.

Es folgen einige Gesetzeshinweise zu Mieterhöhung, ortsüblicher Vergleichsmiete und Kappungsgrenze.

> **§ 558 BGB Mieterhöhung bis zur ortsüblichen Vergleichsmiete**
>
> (1) Der Vermieter kann die Zustimmung zu einer Erhöhung der Miete bis zur ortsüblichen Vergleichsmiete verlangen, wenn die Miete in dem Zeitpunkt, zu dem die Erhöhung eintreten soll, seit 15 Monaten unverändert ist. Das Mieterhöhungsverlangen kann frühestens ein Jahr nach der letzten Mieterhöhung geltend gemacht werden. Erhöhungen nach den §§ 559 bis 560[5] werden nicht berücksichtigt.
> (2) Die ortsübliche Vergleichsmiete wird gebildet aus den üblichen Entgelten, die in der Gemeinde oder einer vergleichbaren Gemeinde für Wohnraum vergleichbarer Art, Größe, Ausstattung, Beschaffenheit und Lage in den letzten vier Jahren vereinbart oder, von Erhöhungen nach § 560 abgesehen, geändert worden sind. Ausgenommen ist Wohnraum, bei dem die Miethöhe durch Gesetz oder im Zusammenhang mit einer Förderzusage festgelegt worden ist.
> (3) Bei Erhöhungen nach Absatz 1 darf sich die Miete innerhalb von drei Jahren, von Erhöhungen nach den §§ 559 bis 560 abgesehen, nicht um mehr als 20 vom Hundert erhöhen (Kappungsgrenze).
> (4) Die Kappungsgrenze gilt nicht,
> 1. wenn eine Verpflichtung des Mieters zur Ausgleichszahlung nach den Vorschriften über den Abbau der Fehlsubventionierung im Wohnungswesen wegen des Wegfalls der öffentlichen Bindung erloschen ist und
> 2. soweit die Erhöhung den Betrag der zuletzt zu entrichtenden Ausgleichszahlung nicht übersteigt.
>
> Der Vermieter kann vom Mieter frühestens vier Monate vor dem Wegfall der öffentlichen Bindung verlangen, ihm innerhalb eines Monats über die Verpflichtung zur Ausgleichszahlung und über deren Höhe Auskunft zu erteilen. Satz 1 gilt entsprechend, wenn die Verpflichtung des Mieters zur Leistung einer Ausgleichszahlung

---

5 § 559 Mieterhöhung bei Modernisierung; § 559a Anrechnung von Drittmitteln; § 559b Geltendmachung der Erhöhung, Wirkung der Erhöhungserklärung; § 560 Veränderungen von Betriebskosten.

nach den §§ 34 bis 37 des Wohnraumförderungsgesetzes und den hierzu ergangenen landesrechtlichen Vorschriften wegen Wegfalls der Mietbindung erloschen ist.
(5) Von dem Jahresbetrag, der sich bei einer Erhöhung auf die ortsübliche Vergleichsmiete ergäbe, sind Drittmittel im Sinne des § 559a abzuziehen, im Fall des § 559a Absatz 1 mit 11 vom Hundert des Zuschusses.
(6) Eine zum Nachteil des Mieters abweichende Vereinbarung ist unwirksam.

§ 558c Mietspiegel
(1) Ein Mietspiegel ist eine Übersicht über die ortsübliche Vergleichsmiete, soweit die Übersicht von der Gemeinde oder von Interessenvertretern der Vermieter und der Mieter gemeinsam erstellt oder anerkannt worden ist.
(2) Mietspiegel können für das Gebiet einer Gemeinde oder mehrerer Gemeinden oder für Teile von Gemeinden erstellt werden.
(3) Mietspiegel sollen im Abstand von zwei Jahren der Marktentwicklung angepasst werden.
(4) Gemeinden sollen Mietspiegel erstellen, wenn hierfür ein Bedürfnis besteht und dies mit einem vertretbaren Aufwand möglich ist. Die Mietspiegel und ihre Änderungen sollen veröffentlicht werden.
(5) Die Bundesregierung wird ermächtigt, durch Rechtsverordnung mit Zustimmung des Bundesrates Vorschriften über den näheren Inhalt und das Verfahren zur Aufstellung und Anpassung von Mietspiegeln zu erlassen.

Für die Ermittlung des Rohertrags sind die vermietbare Fläche und die marktüblich erzielbare Miete anzusetzen. Die vermietbare Fläche lässt sich aus dem Mietvertrag, Plänen oder einer Wohnflächenberechnung entnehmen. Die Angabe der Flächen sollte jedoch immer stichprobenartig überprüft werden, da häufig verschiedenartige Ansätze bei der Flächenberechnung zugrunde liegen. Insbesondere ist bei Dachgeschossen darauf zu achten, ob zum Beispiel Flächen unter Dachschrägen
- zwischen einem und zwei Metern Höhe zu 50 Prozent,
- Flächen unter einem Meter Höhe nicht und
- Flächen über zwei Metern Höhe voll angesetzt sind.

Auch auf den Ansatz der Flächenberechnung bei Terrassen und Balkonen ist besonders zu achten.

Die tatsächliche Nettokaltmiete ist im Mietvertrag ausgewiesen. Dabei muss jedoch immer deren Nachhaltigkeit bzw. »Marktüblichkeit« überprüft werden. Das bedeutet, es ist abzuschätzen, ob die erzielbaren Erträge dauerhaft erwirtschaftet werden können.

Weicht die tatsächliche Nettokaltmiete von den Mieten des entsprechenden ortsspezifischen Mietspiegels ab, besteht Handlungsbedarf. Ist zum Beispiel die tatsächliche Miete für eine Wohnung wesentlich höher als die Miete im entsprechenden ortsspezifischen Mietspiegel, wird das Ergebnis insbesondere bei langen Restnutzungsdauern erheblich verfälscht, wenn dieser verhältnismäßig hohe Mietertrag über die gesamte Restnutzungsdauer angesetzt wird. Da Wohnraummietverträge auch kurzfristig gekündigt werden können, sollte der hohe Mietansatz nur temporär, also maximal über die Mietdauer, angesetzt werden.

Bei entsprechenden Überlegungen zum Ansatz des marktüblichen Ertrags sollte abgewogen werden, ob es nach Ablauf des Mietvertrags realistischer ist, eine Miete in der Höhe anzusetzen, die der ortsspezifische Mietspiegel in vergleichbarer Lage aufweist, oder ob nach Ablauf des Mietverhältnisses der hohe Mietansatz weiter gerechtfertigt ist. Die Entscheidung für den gewählten Ansatz sollte im Gutachten kurz begründet werden.

Bei Gewerbeobjekten sind häufig Untervermietungen festzustellen. Nämlich dann, wenn zu Zeiten eines hohen Leerstands an Gewerbeflächen dem Mietinteressenten Zugeständnisse beim Mietpreis über einen festgeschriebenen Zeitraum gemacht werden.

Wie diese Anomalien fachgerecht berücksichtigt werden können, erfahren Sie im Abschnitt »Berücksichtigung von Über- und Untervermietung«.

Ist im näheren Umkreis zum Bewertungsobjekt zum Beispiel der Leerstand an Gewerbeflächen sehr hoch, so sollten auch hier die Mieterträge nach Ablauf des Mietverhältnisses entsprechend angepasst und angesetzt werden.

> **! Wichtig**
> Basis für die Ermittlung des Rohertrags ist stets die aus dem Grundstück marktüblich erzielbare Nettokaltmiete. Diese entspricht der jährlichen Gesamtmiete ohne sämtliche auf den Mieter zusätzlich zur Grundmiete umlagefähigen Bewirtschaftungskosten. Die jährliche Gesamtmiete wird aus Vergleichsmieten für mit dem Bewertungsgrundstück vergleichbar genutzte Grundstücke als mittelfristiger Durchschnittswert abgeleitet. Angaben hierzu finden sich in der Mietpreissammlung des Sachverständigen und ggf. in den Mietspiegeln der Gemeinde oder vergleichbarer Gemeinden.

> **! Achtung**
> Der Begriff »Rohertrag« stellt in der Ertragswertermittlung eine häufige Fehlerquelle dar. Dieser ist in Ziffer 3.5.1 WertR 2006 definiert als der Betrag, der sämtliche bei ordnungsgemäßer Bewirtschaftung und zulässiger Nutzung nachhaltig erzielbaren Einnahmen aus dem Grundstück umfasst.

Das Ertragswertverfahren 4

Umlagen, die zur Deckung von Betriebskosten gezahlt werden, sind nicht zu berücksichtigen. Deshalb sind die herangezogenen Vergleichsmieten daraufhin zu überprüfen, ob es sich um Nettokaltmieten handelt, die die umlagefähigen Betriebskosten nicht enthalten.

Der Rohertrag ist also der Jahresertrag, der sich nach Abzug der auf die Mieter umlagefähigen Nebenkosten (Betriebskosten) von den Gesamteinnahmen pro Jahr ergibt. Dieser Ertrag wird auch als Nettokaltmiete pro Jahr (per annum, p.a.) bezeichnet.

Der Reinertrag ergibt sich wiederum nach Abzug der nicht umlagefähigen Bewirtschaftungskosten vom Rohertrag.

Jahresmieteinnahmen		
Jahresrohertrag oder Nettokaltmiete p. a.		Umlagefähige Bewirtschaftungskosten (Betriebskosten)
Jahresreinertrag	Nicht umlagefähige Bewirtschaftungskosten (Verwaltungskosten, Instandhaltungskosten, Mietausfallwagnis)	Grundsteuer Gebäudeversicherungen Müllabfuhr Straßenreinigung Gehwegreinigung Hausstrom Hausmeister Gärtner ...

Abb. 8: Jahresrohertrag oder Nettokaltmiete p.a. und Jahresreinertrag

Beispiel: Ermittlung des jährlichen Rohertrags für ein Vierfamilienhaus

EG	circa 85 m² × 8,75 EUR/m² =	743,75 EUR/Monat
1. OG	circa 80 m² × 9,00 EUR/m² =	720,00 EUR/Monat
2. OG	circa 80 m² × 9,50 EUR/m² =	760,00 EUR/Monat
DG	circa 65 m² × 9,00 EUR/m² =	585,00 EUR/Monat
Monatlicher Rohertrag Wohnungen		2.808,75 EUR/Monat
Monatlicher Rohertrag Garagen		200,00 EUR/Monat
Monatlicher Rohertrag gesamt		3.008,75 EUR/Monat
× 12 Monate = jährlicher Rohertrag		36.105,00 EUR/Jahr

Ein weiteres Beispiel soll den Einfluss des Jahresrohertrags auf den Ertragswert verdeutlichen.

> **Beispiel**

	Jahresrohertrag	Prozentuale Veränderung	Ertragswert
Abweichung A	14.022 EUR	− 5,15 %	202.439 EUR
Ursprung	14.760 EUR	± 0,00 %	213.440 EUR
Abweichung B	15.498 EUR	+ 5,15 %	224.442 EUR

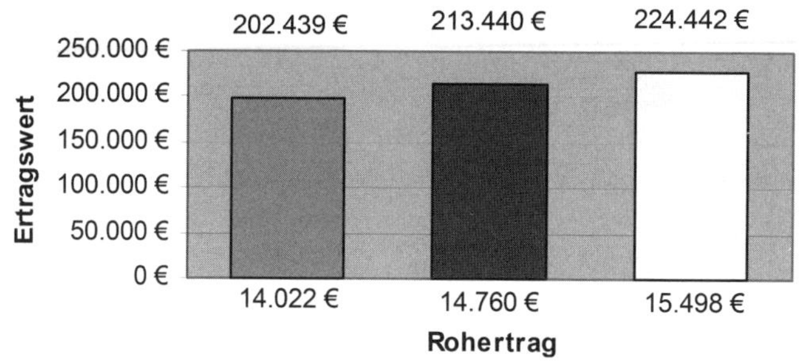

Abb. 9: Sensitivitätsanalyse Rohertrag/Ertragswert

Das Beispiel zeigt, dass der Jahresrohertrag bei einer Abweichung in Höhe von plus oder minus fünf Prozent eine Abweichung des Ertragswerts in Höhe von rund fünf Prozent zur Folge hat. Die marktüblich erzielbare Miete sollte daher immer gewissenhaft recherchiert werden.

Berücksichtigung von Über- und Untervermietung
Bei der Ermittlung der Erträge sind grundsätzlich stets
- der marktüblich erzielbare Reinertrag und
- der tatsächlich erzielbare Reinertrag

zu ermitteln, damit vorhandene Abweichungen berücksichtigt werden können. Das ist immer dann erforderlich, wenn die Abweichungen nachhaltig die Ertragsverhältnisse beeinflussen. Man unterscheidet hier zwei Arten von Abweichungen.
- Overrented Objekt: Die Erträge überschreiten die marktüblich erzielbare Miete.
- Underrented Objekt: Die Erträge unterschreiten die marktüblich erzielbare Miete.

Erträge, die über der ortsüblichen Miete liegen, können, sofern sie vertraglich gesichert sind, wertsteigernd als Overrented-Zuschläge berücksichtigt werden.

Dabei wird der Mehrertrag für die Restlaufzeit des Mietverhältnisses kapitalisiert und zu den über die gesamte Restnutzungsdauer kapitalisierten orts- und objektüblichen Mieterträgen hinzugerechnet.

Bei einem underrented vermieteten Objekt, bei dem die vertraglich vereinbarte Miete unter der orts- und objektüblichen Miete liegt, wird der Minderertrag für die Restlaufzeit des Mietverhältnisses kapitalisiert und von den über die gesamte Restnutzungsdauer kapitalisierten orts- und objektüblichen Mieterträgen abgezogen.

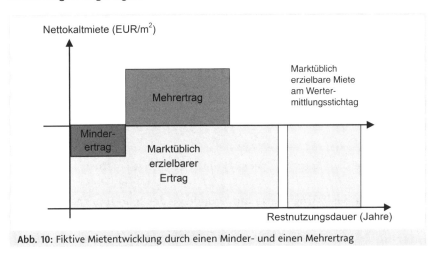

Abb. 10: Fiktive Mietentwicklung durch einen Minder- und einen Mehrertrag

Beispiel: Berücksichtigung einer Unter- bzw. einer Übervermietung bei der Ertragswertermittlung

Für ein mehrgeschossiges vermietetes Bürogebäude ist der Ertragswert mit folgenden Vorgabewerten zu ermitteln:
- Vermietbare Bürofläche 1.000 m² NF
- Die am Wertermittlungsstichtag ortsüblich erzielbare Nettokaltmiete beträgt 30 EUR/m² Nutzfläche
- Nicht umlegbare Bewirtschaftungskosten: 18 Prozent

Es besteht ein langfristiger Mietvertrag, der folgende Reinerträge vorsieht:
- Während der ersten 4 Jahre 25 EUR/m² NF
- Anschließend 10 Jahre 40 EUR/m² NF
- Restnutzungsdauer (RND): 60 Jahre
- Bodenwert: 250.000 EUR
- Marktüblicher Liegenschaftszinssatz p = 6 %

Verfahren zur Verkehrswertermittlung bebauter Grundstücke

In einer Grafik stellt sich vorgenannte Situation wie folgt dar:

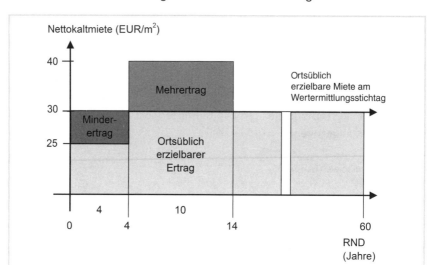

Der Ertragswert auf Grundlage der marktüblichen Erträge ermittelt sich wie folgt:

1. Ermittlung des Ertragswerts auf Grundlage des marktüblich erzielbaren Ertrags

$$EW = (RE - BW \times p) \times V + BW = RE \times V + BW \times q^{-n}$$

EW = Ertragswert

RE = jährlicher Reinertrag des Grundstücks (Rohertrag – Bewirtschaftungskosten)

BW = Bodenwert

p = Liegenschaftszinssatz / 100

V = Vervielfältiger

n = Restnutzungsdauer

q = Zinsfaktor = 1 + p

Marktüblich erzielbarer jährlicher Ertrag: RE = 1.000 m² NF x 30 EUR / m² NF x 0,82 x 12 Monate = 295.200 EUR p.a.

Kapitalisierung: Laufzeit n = 60 Jahre; Liegenschaftszinssatz p = 6 %; Vervielfältiger V = 16,161

Ertragswert (vorläufig) aus marktüblich erzielbarem Ertrag: EW = 295.200 EUR x 16,161 + 250.000 x $1,06^{-60}$ = 4.778.010 EUR

2. Ertragswert aus temporärem Minderertrag (Untervermietung, underrented)

Temporärer Minderertrag: 1.000 m² NF x 5 EUR/m² NF x 12 Monate = 60.000 EUR p.a.

Kapitalisierung: Laufzeit n = 4 Jahre; Liegenschaftszinssatz p = 6 %; Vervielfältiger V = 3,4651

Ertragswert aus temporärem Minderertrag: 60.000 EUR x 3,4651 = 207.906 EUR

3. Ertragswert aus temporärem Mehrertrag (Übervermietung, overrented)

Temporärer Mehrertrag: 1.000 m² NF x 10 EUR / m² NF x 12 Monate = 120.000 EUR p.a.

Kapitalisierung: Laufzeit n = 10 Jahre; Liegenschaftszinssatz p = 6 %; Vervielfältiger V = 7,3600

Ertragswert aus temporärem Minderertrag: 120.000 EUR x 7,3600 = 883.200 EUR

Diskontiert über 4 Jahre: 883.200 EUR x 0,7920 = 699.494 EUR

> **Wichtig** !
> Der mithilfe des Vervielfältigers ermittelte Barwert von 883.200 EUR (kapitalisiert auf zehn Jahre) führt zunächst nur zu dem in vier Jahren zur Verfügung stehenden Barwert und muss deshalb noch in einem gesonderten Rechenschritt auf den Wertermittlungstag diskontiert werden.

Zusammenstellung

Ermittlung des marktüblichen erzielbaren Ertrags	4.778.010 EUR
Ertragswert aus temporärem Minderertrag	− 207.906 EUR
Ertragswert aus temporärem Mehrertrag	+ 699.494 EUR
Ertragswert der Liegenschaft zum Stichtag	5.269.598 EUR
gerundet	5.270.000 EUR

Verfahren zur Verkehrswertermittlung bebauter Grundstücke

Die Höhe der Bewirtschaftungskosten hängt in aller Regel nicht davon ab, ob Mehr- oder Mindereinnahmen erzielt werden. Grundsätzlich ist deshalb auch in diesen Fällen von den marktüblich bei ordnungsgemäßer Bewirtschaftung anfallenden Erfahrungssätzen auszugehen.

Werden die Bewirtschaftungskosten in einem Vomhundertsatz zum Beispiel der Nettokaltmiete angesetzt, so ist dieser Vomhundertsatz stets nur auf die marktüblich erzielbare Nettokaltmiete und nicht auf den Mehr- oder Minderertrag anzuwenden. Denn die Bewirtschaftungskosten vermindern sich nicht alleine deshalb, weil die Mieteinnahmen weit hinter dem zurückbleiben, was sonst zu erzielen wäre. Umgekehrt beruhen die Vomhundertsätze der nicht umlegbaren Bewirtschaftungskosten in der Regel auf Erfahrungssätzen von Objekten, die zu ortsüblichem Nutzungsentgelt vermietet sind.[6]

Ermittlung der jährlichen Bewirtschaftungskosten
Die Ermittlung der Bewirtschaftungskosten ist notwendig, um den Reinertrag des Wertermittlungsobjekts bestimmen zu können.

»Der Reinertrag ergibt sich aus dem jährlichen Rohertrag abzüglich der Bewirtschaftungskosten ...«[7]

Reinertrag = Rohertrag − Bewirtschaftungskosten

Bewirtschaftungskosten
Die Bewirtschaftungskosten beinhalten
- die Abschreibung,
- die bei gewöhnlicher Bewirtschaftung nachhaltig entstehenden Verwaltungs-, Betriebs- und Instandhaltungskosten,
- das Mietausfallwagnis.

Die durch Umlagen gedeckten Betriebskosten bleiben unberücksichtigt. Die Abschreibung ist durch Einrechnung in den Vervielfältiger berücksichtigt.

---

[6] *Kleiber, Simon*, Verkehrswertermittlung von Grundstücken, Kommentar und Handbuch, Bundesanzeiger Verlag, 5. Auflage 2007.
[7] § 18 Abs. 1 ImmoWertV.

Lassen sich die tatsächlichen bei normaler Bewirtschaftung regelmäßig entstehenden Kosten eines Objekts zum Beispiel aufgrund fehlender Unterlagen des Vermieters nicht genau ermitteln, regelt §19 Abs. 2 ImmoWertV, dass bezüglich der Bewirtschaftungskosten von Erfahrungssätzen auszugehen ist.

»Als Bewirtschaftungskosten sind die für eine ordnungsgemäße Bewirtschaftung und zulässige Nutzung marktüblich entstehenden jährlichen Aufwendungen zu berücksichtigen, die nicht durch Umlagen oder sonstige Kostenübernahmen gedeckt sind.«[8]

Im wohnwirtschaftlichen Bereich ist mittels der Zweiten Berechnungsverordnung (II. BV) geregelt, dass die Verwaltungskosten, die Instandhaltungskosten und das Mietausfallwagnis vom Vermieter aus der Jahresnettokaltmiete zu decken sind. Dies ist im gewerblichen Bereich Verhandlungssache. In der Praxis werden die Betriebskosten wie im wohnwirtschaftlichen Bereich auf den Mieter umgelegt. Bei der Instandsetzung werden die Kosten, die »Dach und Fach« betreffen, in der Regel dem Vermieter zugeordnet.

Verwaltungskosten
Die Verwaltungskosten[9] umfassen
- die Kosten der zur Verwaltung des Grundstücks erforderlichen Arbeitskräfte und Einrichtungen,
- die Kosten der Aufsicht,
- den Wert der vom Eigentümer persönlich geleisteten Verwaltungsarbeit sowie
- die Kosten der Geschäftsführung.

---

8 §19 Abs. 1 ImmoWertV.
9 §19 Abs. 2 ImmoWertV.

Verfahren zur Verkehrswertermittlung bebauter Grundstücke

Detaillierte Erfahrungssätze für die Verwaltungskosten sind in der folgenden Tabelle zusammengestellt.[10]

Erfahrungssätze für die Verwaltungskosten

Verwaltungskosten in vom Hundert (v.H.) des Rohertrags nach Rössler

Einwohner in der Gemeinde	Einfamilienhäuser	Zweifamilienhäuser bis 50 v.H.	Mietwohngrundstücke mehr als 50 v.H.	Gemischt genutzte Grundstücke mit einem gewerblichen Anteil am Jahresrohertrag		Geschäftsgrundstücke
				bis 50 v.H.	mehr als 50 v.H.	

	Bezugsfertig															
	Bis 31.3.1924	1.4.1924 bis 20.6.1948	Nach dem 20.6.1948	Bis 31.3.1924	1.4.1924 bis 20.6.1948	Nach dem 20.6.1948	Bis 31.3.1924	1.4.1924 bis 20.6.1948	Nach dem 20.6.1948	Bis 31.3.1924	1.4.1924 bis 20.6.1948	Nach dem 20.6.1948	Bis 31.3.1924	1.4.1924 bis 20.6.1948	Nach dem 20.6.1948	Bis 31.3.1924	1.4.1924 bis 20.6.1948	Nach dem 20.6.1948
Bis 5.000	2	2	2	2	2	2	3	3	3	3	3	3	3	3	3	3	3
Über 5.000 bis 50.000	2	2	2	2	2	2	3	3	3	3	3	3	3	3	4	4	4
Über 50.000	2	2	2	2	2	2	4	4	4	4	4	4	4	4	5	5	5

Anhaltspunkte für den Ansatz der Verwaltungskosten ergeben sich auch aus Anlage 1 EW-RL (vgl. §26 Abs. 2 und 3 sowie §41 Abs. 2 II. BV[11]):

- 280 EUR jährlich je Wohnung bzw. je Wohngebäude bei Ein- und Zweifamilienhäusern
- 335 EUR jährlich je Eigentumswohnung
- 37 EUR jährlich je Garagen- oder Einstellplatz

---

10 *Sommer/Piehler*, Grundstücks- und Gebäudewertermittlung aus der Praxis, Rudolf Haufe Verlag, Freiburg, Gruppe 5, S. 223.
11 II. BV vom 17.10.1957, in der Fassung der Bekanntmachung vom 12.10.1990 (BGBl. I, S. 2178), zuletzt geändert durch Artikel 78 Abs. 2 des Gesetzes vom 23.11.2007.

Die vorstehend genannten Werte gelten für das Jahr 2015. Für abweichende Wertermittlungsstichtage sind sie künftig wie folgt dargestellt jährlich zu modifizieren.

Es ist zu beachten, dass zur Vermeidung von Wertsprüngen durch die in §26 Abs. 4 und §28 Abs. 5a II. BV vorgeschriebene dreijährige Anpassung gemäß Anlage 1 EW-RL eine jährliche Wertfortschreibung vorgenommen werden soll, wobei die Werte danach sachverständig zu runden sind.

Dabei erfolgt die Wertfortschreibung mit dem Prozentsatz, um den sich der vom Statistischen Bundesamt festgestellte Verbraucherpreisindex für Deutschland für den Monat Oktober 2001 (die Angaben in der II. BV beziehen sich auf das Jahr 2002) gegenüber demjenigen für den Monat Oktober des Jahres, das dem Stichtag der Ermittlung des Liegenschaftszinssatzes vorausgeht, erhöht oder verringert hat.

Das folgende Beispiel zeigt ausgehend von den Werten für das Jahr 2002 die Berechnungsmethodik für die Ermittlung der jährlichen Verwaltungskosten je Wohnung im Jahr 2015. Entsprechend ist bei der Ermittlung der übrigen Kostenarten zu verfahren.

> **Beispiel**
>
> Jährliche Verwaltungskosten je Wohnung 2002 (vgl. §26 Abs. 2 II. BV)   230,00 EUR
>
> Verbraucherpreisindex Oktober 2001 (2010 = 100)   87,5
>
> Verbraucherpreisindex Oktober 2014 (2010 = 100)   106,7
>
> *Verwaltungskosten* 2015
> $$= Verwaltungskosten\ 2002 \times \frac{Index\ Oktober\ 2014}{Index\ Oktober\ 2001}$$
> $$= 230{,}00\ € \times \frac{106{,}7}{87{,}5} = 280{,}47\ €$$
>
> Für die Verwendung in der Wertermittlung werden die Verwaltungskosten kaufmännisch auf einen Euro gerundet: 280,00 EUR.
> Aus dieser beispielhaften Berechnung ergeben sich folgende Verwaltungskosten/Instandhaltungskosten:

Verwaltungskosten Wohnnutzung in EUR			Instandhaltungskosten in EUR/m²		Verbraucherpreisindex im Oktober	
Jahr	Je Wohnung/ Ein- und Zweifamilienhaus	Je Eigentumswohnung	Je Garagen- oder Einstellplatz	Je m² Wohnfläche	Je Garagen- oder Einstellplatz	Jahr	Index
2002	230,00	275,00	30,00	9,00	68,00	2001	87,5
2015*	280,47	335,34	36,58	10,97	82,92	2014	106,7

* Berechnung gemäß II. BV

Ausgehend von den in der Ertragswertrichtlinie Anlage 1 Nr. 1 für das Jahr 2015 genannten Verwaltungs- und Instandhaltungskosten, ergeben sich folgende Beträge für die Folgejahre:

Verwaltungskosten Wohnnutzung in EUR			Instandhaltungskosten in EUR/m²		Verbraucherpreisindex im Oktober	
Jahr	Je Wohnung/ Ein- und Zweifamilienhaus	Je Eigentumswohnung	Je Garagen- oder Einstellplatz	Je m² Wohnfläche	Je Garagen- oder Einstellplatz	Jahr	Index
2015*	280	335	37	11	83	2014	106,7
2016	281	336	37	11	83	2015	107,0
2017	283	339	37	11	84	2016	107,9

* Berechnung gemäß Anlage 1 EW-RL

Betriebskosten

Zu den Betriebskosten zählen die Kosten, die durch das Eigentum am Grundstück oder durch den bestimmungsgemäßen Gebrauch des Grundstücks sowie seiner baulichen und sonstigen Anlagen laufend entstehen.

Sach- und Arbeitsleistungen des Eigentümers dürfen mit dem Betrag angesetzt werden, der für eine gleichwertige Leistung eines Dritten, insbesondere eines Unternehmers, aufzubringen wäre; die Umsatzsteuer des Dritten darf nicht angesetzt werden.[12]

---

12 § 1 Abs. 1 BetrKV.

4 Das Ertragswertverfahren

Betriebskosten sind nur anzusetzen, wenn sie üblicherweise vom Eigentümer nicht auf den Mieter umgelegt werden können. Zu den Betriebskosten gehören nicht:[13]

- Die Kosten der zur Verwaltung des Gebäudes erforderlichen Arbeitskräfte und Einrichtungen, die Kosten der Aufsicht, der Wert der vom Vermieter persönlich geleisteten Verwaltungsarbeit, die Kosten für die gesetzlichen oder freiwilligen Prüfungen des Jahresabschlusses und die Kosten für die Geschäftsführung (Verwaltungskosten)
- Die Kosten, die während der Nutzungsdauer zur Erhaltung des bestimmungsmäßigen Gebrauchs aufgewendet werden müssen, um die durch Abnutzung, Alterung und Witterungseinwirkung entstehenden baulichen oder sonstigen Mängel ordnungsgemäß zu beseitigen (Instandhaltungs- und Instandsetzungskosten)

Unter die Betriebskosten im Sinne von §1 Betriebskostenverordnung (BetrKV) fallen:[14]

1. Die laufenden öffentlichen Lasten des Grundstücks, hierzu gehört namentlich die Grundsteuer
2. Die Kosten der Wasserversorgung
3. Die Kosten der Entwässerung
4. Die Kosten
    a) des Betriebs der zentralen Heizungsanlage einschließlich der Abgasanlage oder
    b) des Betriebs der zentralen Brennstoffversorgungsanlage oder
    c) der eigenständig gewerblichen Lieferung von Wärme, auch aus Anlagen im Sinne des Buchstabens a, oder
    d) der Reinigung und Wartung von Etagenheizungen und Gaseinzelfeuerstätten
5. Die Kosten
    a) des Betriebs der zentralen Warmwasserversorgungsanlage oder
    b) der eigenständig gewerblichen Lieferung von Warmwasser, auch aus Anlagen im Sinne des Buchstabens a oder
    c) der Reinigung und Wartung von Warmwassergeräten
6. Die Kosten verbundener Heizungs- und Warmwasserversorgungsanlagen
7. Die Kosten des Betriebs des Personen- oder Lastenaufzugs

---

13 §1 Abs. 2 BetrKV.
14 §2 BetrKV (Aufstellung der Betriebskosten).

8. Die Kosten der Straßenreinigung und Müllbeseitigung
9. Die Kosten der Gebäudereinigung und Ungezieferbekämpfung
10. Die Kosten der Gartenpflege
11. Die Kosten der Beleuchtung
12. Die Kosten der Schornsteinreinigung
13. Die Kosten der Sach- und Haftpflichtversicherung
14. Die Kosten für den Hauswart
15. Die Kosten
    a) des Betriebs der Gemeinschafts-Antennenanlage
       oder
    b) des Betriebs der mit einem Breitbandkabelnetz verbundenen privaten Verteilanlage
16. Die Kosten des Betriebs der Einrichtungen für die Wäschepflege
17. Sonstige Betriebskosten, hierzu gehören Betriebskosten im Sinne des §1, die von Nr. 1 bis 16 nicht erfasst sind

Detaillierte Erfahrungssätze (Durchschnittssätze) für die Betriebskosten sind in der folgenden Tabelle zusammengestellt.[15]

Erfahrungswerte für Betriebskosten-Pauschsätze

Betriebskosten in vom Hundert (v.H.) des Rohertrags (ohne Grundsteuer) nach Rössler

Einwohner in der Gemeinde	Einfamilienhäuser und Zweifamilienhäuser			Mietwohngrundstücke			Gemischt genutzte Grundstücke mit einem gewerblichen Anteil am Jahresrohertrag									Geschäftsgrundstücke		
							bis 40 v.H.			40 bis 60 v.H.			mehr als 60 v.H.					
	Bezugsfertig																	
	Bis 31.3.1924	1.4.1924 bis 20.6.1948	Nach dem 20.6.1948	Bis 31.3.1924	1.4.1924 bis 20.6.1948	Nach dem 20.6.1948	Bis 31.3.1924	1.4.1924 bis 20.6.1948	Nach dem 20.6.1948	Bis 31.3.1924	1.4.1924 bis 20.6.1948	Nach dem 20.6.1948	Bis 31.3.1924	1.4.1924 bis 20.6.1948	Nach dem 20.6.1948	Bis 31.3.1924	1.4.1924 bis 20.6.1948	Nach dem 20.6.1948
Bis 2.000	5	5	5	5	5	5	5	5	5	5	5	5	5	5	5	5	5	5
Über 2.000 bis 5.000	6	6	6	6	6	6	6	6	6	6	6	6	7	7	6	7	7	6

---

15 *Sommer/Piehler*, Grundstücks- und Gebäudewertermittlung aus der Praxis, Rudolf Haufe Verlag, Freiburg, Gruppe 5, S. 225.

Über 5.000 bis 10.000	8	7	7	8	7	7	8	7	7	8	7	7	9	8	7	9	8	7
Über 10.000 bis 50.000	10	9	8	10	9	9	10	9	8	8	7	7	9	8	7	9	8	7
Über 50.000 bis 100.000	10	10	8	11	10	10	10	9	8	9	8	8	9	8	7	9	8	7
Über 100.000 bis 200.000	10	10	8	11	10	10	11	10	8	9	8	8	9	8	7	9	8	7
Über 200.000 bis 500.000	10	10	8	12	11	10	12	11	8	9	8	8	9	8	7	9	8	7
Über 500.000	10	10	8	12	11	10	12	11	8	9	8	8	9	8	7	9	8	7

Die Grundsteuer muss diesen Sätzen in einem Vomhundertsatz des Rohertrags hinzugerechnet werden.

Instandhaltungskosten

Instandhaltungskosten[16] umfassen die Kosten, die infolge von Abnutzung oder Alterung zur Erhaltung des der Wertermittlung zugrunde gelegten Ertragsniveaus der baulichen Anlage während ihrer Restnutzungsdauer aufgewendet werden müssen.

---

16 § 19 Abs. 2 ImmoWertV.

Erfahrungswerte für Instandhaltungskosten-Pauschsätze[17] sind in der folgenden Tabelle zusammengestellt:

Erfahrungswerte für Instandhaltungskosten-Pauschsätze

Instandhaltungskosten in vom Hundert (v.H.) des Rohertrags nach Rössler

Einwohner in der Gemeinde	Einfamilienhäuser			Zweifamilienhäuser			Mietwohngrundstücke			Gemischt genutzte Grundstücke mit einem gewerblichen Anteil am Jahresrohertrag									Geschäftsgrundstücke		
										bis 40 v.H.			40 bis 60 v.H.			mehr als 60 v.H.					
	Bezugsfertig																				
	Bis 31.3.1924	1.4.1924 bis 20.6.1948	Nach dem 20.6.1948	Bis 31.3.1924	1.4.1924 bis 20.6.1948	Nach dem 20.6.1948	Bis 31.3.1924	1.4.1924 bis 20.6.1948	Nach dem 20.6.1948	Bis 31.3.1924	1.4.1924 bis 20.6.1948	Nach dem 20.6.1948	Bis 31.3.1924	1.4.1924 bis 20.6.1948	Nach dem 20.6.1948	Bis 31.3.1924	1.4.1924 bis 20.6.1948	Nach dem 20.6.1948	Bis 31.3.1924	1.4.1924 bis 20.6.1948	Nach dem 20.6.1948
Bis 2.000	17	11	7	18	12	9	18	11	11	14	9	8	11	7	6	9	6	5	7	7	6
Über 2.000 bis 5.000	18	12	8	19	13	10	19	13	12	15	10	9	13	9	7	9	7	6	8	8	6
Über 5.000 bis 50.000	19	13	9	22	16	13	23	17	15	19	13	13	17	12	10	14	11	10	11	11	9
Über 50.000 bis 100.000	19	13	9	22	16	13	24	17	15	21	14	13	18	12	10	15	11	10	12	11	9

---

17 *Sommer/Piehler*, Grundstücks- und Gebäudewertermittlung aus der Praxis, Rudolf Haufe Verlag, Freiburg, Gruppe 5, S. 227.

Über 100.000 bis 500.000	19	13	9	22	16	13	25	18	15	21	14	13	18	12	10	15	11	10	12	11	9
Über 500.000	19	13	9	22	16	13	26	19	15	22	15	13	18	12	10	15	11	10	12	11	9

Die Kosten für Schönheitsreparaturen sind in den Durchschnittssätzen enthalten.

Instandhaltungskosten können auch mithilfe von Erfahrungssätzen je Quadratmeter Wohnfläche ermittelt werden. Anhaltswerte für den Ansatz der Instandhaltungskosten ergeben sich aus Anlage 1 der EW-RL. Zur Vermeidung von Wertsprüngen, insbesondere bei den Übergängen der in §28 II. BV genannten Werte, wird für die Instandhaltungskosten nur der Wert für solche Wohnungen übernommen, deren Bezugsfertigkeit am Ende des Kalenderjahres mindestens 22 Jahre zurückliegt. Eine darüber hinausgehende Differenzierung erfolgt nicht. Mit dem Ansatz einer wirtschaftlichen Restnutzungsdauer wird eine übliche, das heißt von jedem wirtschaftlich handelnden Grundstückseigentümer vorgenommene Instandhaltung unterstellt, die den Bestand und die wirtschaftliche Nutzung des Gebäudes für diesen Zeitraum sicherstellt.[18]

- 11 EUR/m^2 Wohnfläche jährlich, wenn die Schönheitsreparaturen[19] von den Mietern getragen werden
- 83 EUR je Garagen- oder Einstellplatz jährlich einschließlich der Kosten für Schönheitsreparaturen

Die vorstehend genannten Beträge gelten für das Jahr 2015. Für abweichende Wertermittlungsstichtage sind diese künftig wie am Beispiel der Verwaltungskosten dargestellt zu modifizieren.

Mietausfallwagnis

Das Mietausfallwagnis[20] umfasst das Risiko von Ertragsminderungen, die durch uneinbringliche Rückstände von Mieten, Pachten und sonstigen Einnahmen oder durch vorübergehenden Leerstand von Raum entstehen, der zur Vermietung, Verpachtung oder sonstigen Nutzung bestimmt ist. Es umfasst auch das Risiko von uneinbringlichen Kosten einer Rechtsverfolgung auf Zahlung, Aufhebung eines Mietverhältnisses oder Räumung.

---

18 Anlage 1 EW-RL.
19 Im Hinblick auf die Frage, ob der Mieter die Schönheitsreparaturen zu tragen hat, wird auf die Urteile des BGH vom 18.3.2015 (VIII ZR 185/14; VIII ZR 242/13; VIII ZR 21/13) zur Unwirksamkeit formularmäßiger Quotenabgeltungsklauseln hingewiesen.
20 §19 Abs. 2 ImmoWertV.

Verfahren zur Verkehrswertermittlung bebauter Grundstücke

Erfahrungswerte für Mietausfallwagnis (aus Anlage 1 EW-RL):
- Zwei Prozent des marktüblich erzielbaren Rohertrags bei Wohnnutzung
- Vier Prozent des marktüblich erzielbaren Rohertrags bei reiner und gemischt gewerblicher Nutzung

! **Tipp**
Für Gewerbeobjekte außerhalb der Ballungsräume sollten Sie zu Zeiten hoher Leerstände, Insolvenzen etc. das Mietausfallwagnis in Höhe von circa vier bis acht Prozent berücksichtigen. Das Mietausfallwagnis von acht Prozent ist bei einem Gewerbeobjekt mit besonders hohem Risiko anzusetzen.

! **Beispiel**
Ein Mietausfallwagnis von zwei Prozent bedeutet, dass nach einer Mietzeit von 100 Monaten mit einem Leerstand von zwei Monaten gerechnet wird.

Auswirkung der Bewirtschaftungskosten auf den Ertragswert
Das folgende Beispiel soll die Auswirkung der Bewirtschaftungskosten auf den Ertragswert verdeutlichen.

! **Beispiel**

	Bewirtschaftungskosten	Prozentuale Veränderung	Ertragswert
Abweichung A	15,00 %	+ 6,44 %	227.192 EUR
Ursprung	20,00 %	± 0,00 %	213.440 EUR
Abweichung B	25,00 %	− 6,44 %	199.689 EUR

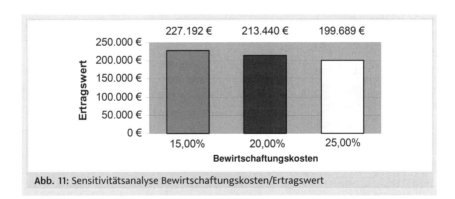

Abb. 11: Sensitivitätsanalyse Bewirtschaftungskosten/Ertragswert

Das Beispiel zeigt, dass die Bewirtschaftungskosten bei einer Abweichung in Höhe von plus oder minus fünf Prozent eine Änderung des Ertragswerts von circa plus oder minus 6,5 Prozent zur Folge haben. Die Bewirtschaftungskosten sind mit großer Sorgfalt zu ermitteln, da sie eine entscheidende Eingangsgröße im Ertragswertverfahren sind.

4.2.3 Die Ermittlung des Liegenschaftszinssatzes

Liegenschaftszinssätze (Kapitalisierungszinssätze, §193 Abs. 5 Satz 2 Nr. 1 des BauGB) sind die Zinssätze, mit denen Verkehrswerte von Grundstücken je nach Grundstücksart im Durchschnitt marktüblich verzinst werden. Sie sind auf der Grundlage geeigneter Kaufpreise und der ihnen entsprechenden Reinerträge für gleichartig bebaute und genutzte Grundstücke unter Berücksichtigung der Restnutzungsdauer der Gebäude nach den Grundsätzen des Ertragswertverfahrens (§§17 bis 20) abzuleiten.[21]

Der Liegenschaftszinssatz ist nicht mit dem Zinssatz am Kapitalmarkt zu verwechseln bzw. gleichzusetzen. Er ist immer geringer als der langfristige Kapitalmarktzinssatz. Der wesentliche Grund hierfür liegt in der höheren Wertbeständigkeit des Bodens gegenüber dem Geldvermögen.

> **Wichtig** !
> Je geringer der Liegenschaftszinssatz, desto wertvoller ist der Boden bzw. die Immobilie. Immobilien mit geringerem wirtschaftlichem Risiko haben einen niedrigeren Liegenschaftszinssatz – sind also wertbeständiger – als risikoreichere Objekte.

Der Liegenschaftszins errechnet sich wie folgt:

$$\text{Liegenschaftszins (LZ)} = \frac{\text{Jahresmiete} \times 100}{\text{Kaufpreis}}$$

Variiert man den Liegenschaftszinssatz zum Beispiel um 0,5 Prozent, können sich im Ertragswert (bei längerer Restnutzungsdauer) bereits Abweichungen von circa zehn Prozent ergeben. Das folgende Beispiel soll die Auswirkung des Liegenschaftszinssatzes auf den Ertragswert verdeutlichen.

---

21 §14 Abs. 3 ImmoWertV.

Verfahren zur Verkehrswertermittlung bebauter Grundstücke

! **Beispiel**

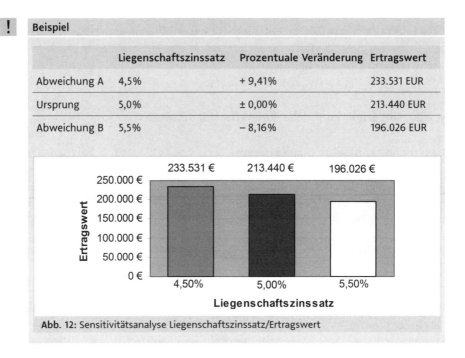

	Liegenschaftszinssatz	Prozentuale Veränderung	Ertragswert
Abweichung A	4,5%	+ 9,41%	233.531 EUR
Ursprung	5,0%	± 0,00%	213.440 EUR
Abweichung B	5,5%	− 8,16%	196.026 EUR

Abb. 12: Sensitivitätsanalyse Liegenschaftszinssatz/Ertragswert

Das Beispiel zeigt, dass der Liegenschaftszinssatz bei einer Abweichung in Höhe von plus oder minus 0,5 Prozent einen erheblichen Einfluss auf den Ertragswert hat. Der Einfluss des Liegenschaftszinssatzes auf den Ertragswert ist umso größer, je länger die Restnutzungsdauer ist.

! **Wichtig**

Je höher der Liegenschaftszinssatz ist, desto geringer fällt der Ertragswert aus.

Der Liegenschaftszinssatz kann zum Beispiel beim Gutachterausschuss für Grundstückswerte erfragt werden. In den Jahresberichten der Gutachterausschüsse für Grundstückswerte werden häufig Bandbreiten angegeben, in denen der Liegenschaftszinssatz bei Renditeobjekten in Abhängigkeit zum Beispiel vom Gewerbeanteil, vom Bodenrichtwert (Lage), von der Restnutzungsdauer, von der Nettokaltmiete etc. variiert. In der Regel wird der Liegenschaftszinssatz in
- Wohnhäuser mit keinem bis geringem Gewerbeanteil,
- Wohnhäuser mit höherem Gewerbeanteil und
- Gewerbe (Büro- und Geschäftshäuser)

unterteilt.

In der Literatur werden häufig Liegenschaftszinssätze angegeben, die jedoch nur als grobe Richtwerte dienen. Die Liegenschaftszinssätze, die der örtliche

Gutachterausschuss ermittelt, sind den allgemeinen Angaben aus der Literatur vorzuziehen. Die einschlägige Fachliteratur gibt als grobe Richtschnur zum Beispiel folgende Liegenschaftszinssätze an:

Autor	Wohnungseigentum	Ein- bzw. Zweifamilienhäuser	Mehrfamilienhäuser/ Mietwohngrundstücke	Gemischt genutzte Gebäude	Geschäfts- und Bürogrundstücke
Sprengnetter	2,75–4,0	2,0–3,25	3,0–4,00	4,25–5,75	5,50–6,50
Kleiber/ Simon	3,5	2,0–4,0	4,0–5,0	4,5–5,5	6,0–9,0
Vogels		2,5–3,5	3,5–4,5	4,5–5,5	6,5–7,0
Ross		2,5–3,5	4,0–4,5	5,0–5,5	5,0–6,0
Sommer		2,5–4,5	4,0–5,5	5,0–6,5	6,0–7,0
WertR 2006			5,0	5,5–6,0	6,5

Liegenschaftszinssätze werden in der Regel in Form einer gegebenen Zinsspanne veröffentlicht.

Mithilfe der folgenden Tabelle können Sie aus einer gegebenen Zinsspanne nach Benotung und Gewichtung verschiedener Risikofaktoren einen »objektspezifischen Liegenschaftszins« für verschiedene Gewerbeimmobilien ermitteln.

Verfahren zur Verkehrswertermittlung bebauter Grundstücke

Eingabefelder bitte markieren		**Liegenschaftszins-Spanne** Minimaler Zins: 4,60 Maximaler Zins: 5,40		
Risikofaktor	**Ausprägung**			**Gewicht (W)**
R 1.1) Lage für Büro- und Geschäftshäuser	Sehr gute repräsentative Lagen, oder Lagen in Fußgängerzonen in den Zentren von Großstädten (Landeshauptstädten) oder größeren Städten mit wirtschaftlich überregionaler Bedeutung ○	Gute bis schlechte Lagen in den Zentren oder zentrumsnahe Randlagen von Großstädten (Landeshauptstädten) oder in größeren oder mittelgroßen Städten mit wirtschaftlich überregionaler Bedeutung oder sehr gute bis mittlere Lage in kleineren Städten oder in Märkten mit wirtschaftlich überregionaler Bedeutung ◉	Lagen in Zentren dörflicher Siedlungen oder Einzellagen ○	0,25
R 1.2) Lage für Einkaufszentren und Gewerbeparks	Sehr gute bis gute Lage in Großstädten (Landeshauptstädten) oder in größeren Städten mit wirtschaftlich überregionaler Bedeutung. Lagen am Rande derartiger Städte in sehr guter Verkehrslage (sehr gute Erreichbarkeit mit dem Kraftfahrzeug oder öffentlichen Verkehrsmitteln). ○	Gute bis mittlere Lagen in Großstädten (Landeshauptstädten) oder in mittelgroßen Städten. Lagen im Nahbereich derartiger Städte. Sehr gute bis mittlere Lagen in Kleinstädten oder Märkten mit wirtschaftlich regionaler Bedeutung. Lage in Kleinstädten. ○	Schlechte bis sehr schlechte Lagen in allen Städten oder Orten. ○	
R 2) Gestaltung der Mietverträge	Indexierte, langfristige, vermieterfreundliche Mietverträge ○	Indexierte Mietverträge ○	Kurzfristige Mietverträge ◉	0,2
R 3) Bonität der Mieter	Zweifelsfreie Bonität der Mieter. ○	Normale Verhältnisse ○	Bonität der Mieter über nicht jeden Zweifel erhaben. ◉	0,15
R 4) Gebäudekundliche Konzeption	Überzeugend ○	Mittel ◉	Weniger überzeugend ○	0,1
R 5) Restnutzungsdauer	< 30 Jahre ○	30 bis 50 Jahre ○	> 50 Jahre ◉	0,1
R 6) Marktsituation	Steigende Mieten und damit steigende Erträge oder die Immobiliennachfrage in der zu bewertenden Gruppe ist größer als das Angebot. ○	Stabile Mieten und Erträge oder das Immobilienangebot in der zu bewertenden Gruppe ist gleich der Nachfrage. ◉	Sinkende Mieten und damit sinkende Erträge oder das Immobilienangebot in der zu bewertenden Gruppe ist größer als die Nachfrage. ○	0,1
R 7) Größe des Objekts	Für die zu bewertende Objektart typische Gebäudegröße ○	Kleiner als die für diese Objektart typische Gebäudegröße ○	Größer als die für diese Objektart typische Gebäudegröße ◉	0,1

© Zeißler 2001

Summe: 1

Objektspezifischer Zins: **5,2%**

Abb. 13: Ermittlung des objektspezifischen Liegenschaftszinses

4.2.4 Ermittlung der Restnutzungsdauer

Die Ermittlung der Restnutzungsdauer ist im Ertragswertverfahren notwendig, um mithilfe des Liegenschaftszinssatzes den Vervielfältiger bestimmen zu können. Beim Sachwertverfahren wird insbesondere mit der Restnutzungsdauer die Alterswertminderung für das Gebäude bestimmt.

Die Restnutzungsdauer ist der Zeitraum, in dem die baulichen Anlagen bei ordnungsgemäßer Unterhaltung und Bewirtschaftung voraussichtlich noch wirtschaftlich genutzt werden können. Wurden an den baulichen Anlagen Instandsetzungs- oder Modernisierungsmaßnahmen durchgeführt oder unterlassen, muss die Restnutzungsdauer entsprechend verlängert bzw. verkürzt werden.

Die Instandhaltung unterscheidet sich von der Modernisierung wie folgt:
- Modernisierung (§16 Abs. 3 Wohnraumförderungsgesetz [WoFG]): Modernisierung sind bauliche Maßnahmen, die
  - den Gebrauchswert des Wohnraums oder des Wohngebäudes nachhaltig erhöhen,
  - die allgemeinen Wohnverhältnisse auf Dauer verbessern oder
  - nachhaltig Einsparungen von Energie oder Wasser bewirken.
  - Instandsetzungen, die durch Maßnahmen der Modernisierung verursacht werden, fallen ebenfalls unter Modernisierung.
- Instandhaltung (§28 Abs. 1, II. BV): Instandhaltungskosten sind die Kosten, die während der Nutzungsdauer zur Erhaltung des bestimmungsmäßigen Gebrauchs aufgewendet werden müssen, um die durch Abnutzung, Alterung und Witterungseinwirkung entstehenden baulichen oder sonstigen Mängel ordnungsgemäß zu beseitigen. Der Ansatz der Instandhaltungskosten dient auch zur Deckung der Kosten von Instandsetzungen, nicht jedoch der Kosten von Baumaßnahmen, soweit durch sie eine Modernisierung vorgenommen wird oder Wohnraum oder anderer auf die Dauer benutzbarer Raum neu geschaffen wird. Der Ansatz dient nicht zur Deckung der Kosten einer Erneuerung von Anlagen und Einrichtungen, für die eine besondere Abschreibung nach §25 Abs. 3 zulässig ist.

Die Ertragswertermittlung geht grundsätzlich von einer ordnungsgemäßen Instandhaltung aus.

Die Restnutzungsdauer wird im Allgemeinen durch Abzug des Alters von der wirtschaftlichen Gesamtnutzungsdauer der baulichen Anlagen ermittelt.

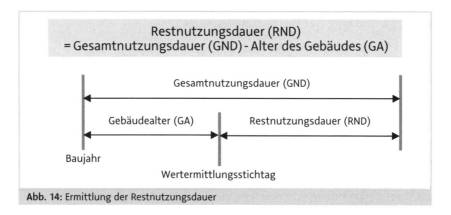

Abb. 14: Ermittlung der Restnutzungsdauer

Die wirtschaftliche Gesamtnutzungsdauer hängt im Wesentlichen von der Gebäudeart und deren Nutzung ab. Anhaltswerte gibt Anlage 4 der WertR 2006 »Durchschnittliche wirtschaftliche Gesamtnutzungsdauer bei ordnungsgemäßer Instandhaltung (ohne Modernisierung)«.

! **Beispiele: GND**

Einfamilienhäuser (entsprechend ihrer Qualität)	60–80 Jahre[22]
Frei stehende Einfamilienhäuser (auch mit Einliegerwohnung)	
Zwei- und Dreifamilienhäuser	
Reihenhäuser (bei leichter Bauweise kürzer)	60–80 Jahre
Fertighäuser in Massiv-, Fachwerk- und Tafelbauweise	60–80 Jahre
Siedlungshäuser	60–70 Jahre
Wohn- und Geschäftshäuser	60–80 Jahre
Mehrfamilienhäuser (Mietwohngebäude)	60–80 Jahre
Gemischt genutzte Wohn- und Geschäftshäuser mit gewerblichem Mietertragsanteil bis 80 Prozent	50–70 Jahre
Verwaltungs- und Bürogebäude	50–80 Jahre
Verwaltungs- und Bankgebäude	
Gerichtsgebäude	60–80 Jahre

---

[22] Bis vor einiger Zeit wurde die Gesamtnutzungsdauer von Gebäuden häufig mit 100 Jahren angesetzt. Solche Ansätze sind nicht mehr marktüblich und werden in den Sachwertermittlungen nicht mehr angewandt. Marktüblich ist eine Gesamtnutzungsdauer von circa 80 Jahren.

Das Ertragswertverfahren 4

> **Hinweis**
> Weitere Orientierungswerte zur Gesamtnutzungsdauer liefert auch die Anlage 3 der Sachwertrichtlinie, die im Anhang abgedruckt ist.

> **Beispiel**
> In unserem Beispiel geht es um ein Mehrfamilienhaus mit Baujahr 1965. Wertermittlungsstichtag ist der 1.6.2004. Wie hoch ist die Restnutzungsdauer? Aus der Übersicht kann man für Mehrfamilienhäuser als Gesamtnutzungsdauer 60 bis 80 Jahre ablesen. Unter der Voraussetzung, dass das Mietobjekt ordnungsgemäß unterhalten und bewirtschaftet wurde, wird eine Gesamtnutzungsdauer von 70 Jahren zugrunde gelegt. Das Gebäude ist zum Wertermittlungsstichtag 39 Jahre alt. Somit ergibt sich eine Restnutzungsdauer von 31 Jahren.

Wäre das Gebäude durchgreifend modernisiert worden, würde sich die Restnutzungsdauer entsprechend verlängern bzw. bei einer unterlassenen Instandhaltung verkürzen.

Bei einer Verlängerung der Restnutzungsdauer im Fall einer durchgreifenden Modernisierung um beispielsweise 15 Jahre verjüngt sich das Gebäude um die gleiche Anzahl von Jahren.[23] Das Gebäude entspricht dann einem vergleichbaren Gebäude, das 15 Jahre später, also im Jahr 1980, gebaut wurde. Dieses Baujahr wird auch als fiktives Baujahr bezeichnet.

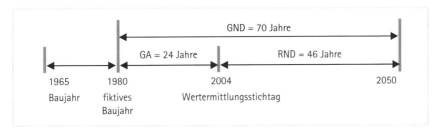

---

23 *Sommer/Piehler*, Grundstücks- und Gebäudewertermittlung aus der Praxis, Rudolf Haufe Verlag, Freiburg, Gruppe 3.3.

Bei einer Verkürzung der Restnutzungsdauer infolge einer unterlassenen Instandhaltung um beispielsweise 15 Jahre altert das Gebäude um die gleiche Anzahl von Jahren. Es entspricht dann einem vergleichbaren Gebäude, das 15 Jahre früher, also 1950, gebaut wurde. Dieses Baujahr wird wieder als fiktives Baujahr bezeichnet.

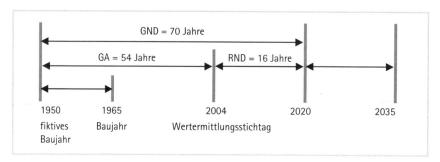

Wie Sie das fiktive Baujahr bestimmen

Dem Wertermittlungsanfänger bereitet es häufig Schwierigkeiten, das fiktive Baujahr modernisierter Gebäude zu bestimmen. Es bieten sich die im Folgenden beschriebenen Methoden an.

Ermittlung des Gebäudealters bei vollständiger Entkernung und Erneuerung[24]

    Jahr der Entkernung und Erneuerung

–   10 % der üblichen Gesamtnutzungsdauer[25]

=   fiktives Baujahr

! **Beispiel: Ermittlung des fiktiven Baujahres und Gebäudealters eines entkernten und erneuerten Fachwerkgebäudes**

Jahr des Wertermittlungsstichtags	1998
Ursprüngliches Baujahr (geht nicht in die Berechnung ein)	1902
Entkernung und Erneuerung	1979
Gesamtnutzungsdauer	70 Jahre

Fiktives Baujahr = 1979 – 10 % von 70 Jahren = 1979 – 7 Jahre = 1972
Fiktives Gebäudealter = 1998 – 1972 = 26 Jahre

---

24 Vgl. *Sprengnetter*, Immobilienbewertung – Marktdaten und Praxishilfen, Sinzig 2010, Kapitel 3.02.4, Abschnitt 2.1.
25 Der Abzug von zehn Prozent wird vorgeschlagen, wenn nur die Fundamente, die Fassaden und höchstens noch die Dachkonstruktion erhalten bleiben. Dieser Prozentsatz sollte sachverständig erhöht werden, wenn weitere Gebäudeteile (zum Beispiel Decken) hinzukommen.

4 Das Ertragswertverfahren

Ermittlung des Gebäudealters bzw. der Restnutzungsdauer bei erweiterten Gebäuden[26]

Oftmals ist die Restnutzungsdauer für Gebäude mit Gebäudeteilen aus verschiedenen Baujahren zu bestimmen. Beispiele:

- Wiederaufbau eines Gebäudes unter Verwendung alter Gebäudeteile (zum Beispiel nach Kriegs- oder Brandzerstörung)
- Erweiterungsanbau an ein bereits bestehendes Gebäude (zum Beispiel Bad-, Treppenhaus- oder Wohnraumanbau)
- Erweiterungsauf- und -ausbau bei bestehenden Gebäuden (zum Beispiel Dachauf- oder -ausbau)
- Erneuerung von wesentlichen Gebäudeteilen (zum Beispiel von Dachstuhl und -eindeckungen oder des Treppenhauses)

In solchen Fällen lässt sich als Vorüberlegung zur Bestimmung der Restnutzungsdauer eine gewogene Restnutzungsdauer (Ø RND) bzw. ein gewogenes fiktives Gebäudealter (Ø GA) nach folgenden Formeln berechnen (BGF = Brutto-Grundfläche in m2; GT = Gebäudeteil in Prozent; der Index n bezieht sich jeweils auf das Gebäudeteil n).

$$\varnothing \text{ RND} = \frac{\text{RND}_1 \times \text{BGF}_1 + \ldots + \text{RND}_1 \times \text{BGF}_n}{\text{BGF}_1 + \ldots + \text{BGF}_n}$$

oder

$$\varnothing \text{ RND} = \frac{\text{RND}_1 \times \text{GT}_1 + \ldots + \text{RND}_n \times \text{GT}_n}{\text{GT}_1 + \ldots + \text{GT}_n}$$

> **Beispiel: Ermittlung der Restnutzungsdauer für ein erweitertes Gebäude** !
>
> $$\varnothing \text{ GA} = \frac{\text{GA}_1 \times \text{BGF}_1 + \ldots + \text{GA}_n \times \text{BGF}_n}{\text{BGF}_1 + \ldots + \text{BGF}_n}$$
>
> An ein Zweifamilienhaus (BGF = 400 m²) aus dem Jahr 1948 wird im Jahr 1993 ein Anbau (BGF = 80 m²) errichtet. Jahr des Wertermittlungsstichtags: 2003.
>
> | | Übliche Gesamtnutzungsdauer | Restnutzungsdauer |
> |---|---|---|
> | Wohngebäude | 80 Jahre | 25 Jahre |
> | Anbau | 80 Jahre | 70 Jahre |

---

26 Vgl. *Sprengnetter*, Immobilienbewertung – Marktdaten und Praxishilfen, Sinzig 2010, Kapitel 3.02.4, Abschnitt 2.2.

$$\varnothing \text{ RND} = \frac{\text{RND}_1 \times \text{BGF}_1 + \ldots + \text{RND}_n \times \text{BGF}_n}{\text{BGF}_1 + \ldots + \text{BGF}_n}$$

$$\varnothing \text{ RND} = \frac{25 \text{ Jahre} \times 400\text{m}^2 + 70 \text{ Jahre} \times 80 \text{ m}^2}{400\text{m}^2 + 80 \text{ m}^2} = \text{rd. } 33 \text{ Jahre}$$

Ermittlung des Gebäudealters bei modernisierten Gebäuden[27]

Zur Ermittlung der wirtschaftlichen Restnutzungsdauer für Wohn-, Verwaltungs-, Büro- und Geschäftsgebäude kann das nachfolgende »Modell zur Ableitung der wirtschaftlichen Restnutzungsdauer für Wohngebäude unter Berücksichtigung von Modernisierungen« angewandt werden.

Bei modernisierten Gebäuden lässt sich zum Beispiel unter Verwendung der nachstehenden Tabelle anhand eines Punkterasters entsprechend der durchgeführten Modernisierungsmaßnahmen der Modernisierungsgrad zum Bewertungsstichtag in Abhängigkeit von der Gesamtpunktezahl bestimmen.

Liegen die Modernisierungsmaßnahmen weiter zurück, ist zu prüfen, ob nicht ein geringerer als der maximale Tabellenwert anzusetzen ist. Sofern nicht modernisierte Bauelemente noch zeitgemäßen Ansprüchen genügen, sind entsprechend Punkte zu vergeben.

Modernisierungselemente	Maximale Punkte
Dacherneuerung inklusive Verbesserung der Wärmedämmung	4
Modernisierung der Fenster und Außentüren	2
Modernisierung der Leitungssysteme (Strom, Gas, Wasser, Abwasser)	2
Modernisierung der Heizungsanlage	2
Wärmedämmung der Außenwände	4
Modernisierung von Bädern	2
Modernisierung des Innenausbaus, zum Beispiel Decken, Fußböden, Treppen	2
Wesentliche Verbesserung der Grundrissgestaltung	2

---

[27] Vgl. Anlage 4, SW-RL

Der Modernisierungsgrad wird entsprechend der jeweils ermittelten Gesamtpunktezahl anhand der nachfolgenden Tabelle wie folgt zugeordnet:

Modernisierungsgrad	
≤ 1 Punkt	Nicht modernisiert
4 Punkte	Kleine Modernisierungen im Rahmen der Instandhaltung
8 Punkte	Mittlerer Modernisierungsgrad
13 Punkte	Überwiegend modernisiert
≥ 18 Punkte	Umfassend modernisiert

Aus einer der nachfolgenden Tabellen lässt sich dann in Abhängigkeit von der üblichen Gesamtnutzungsdauer, des Gebäudealters und der ermittelten Gesamtpunktezahl (Modernisierungsgrad) die (modifizierte) Restnutzungsdauer bestimmen.

Modifizierte Restnutzungsdauer bei einer üblichen Gesamtnutzungsdauer von 80 Jahren

Gebäudealter in Jahren	Modernisierungsgrad				
	≤ 1 Punkt	4 Punkte	8 Punkte	13 Punkte	≥ 18 Punkte
	Modifizierte Restnutzungsdauer				
0	80	80	80	80	80
5	75	75	75	75	75
10	70	70	70	70	71
15	65	65	65	66	69
20	60	60	61	63	68
25	55	55	56	60	66
30	50	50	53	58	64
35	45	45	49	56	63
40	40	41	46	53	62
45	35	37	43	52	61
50	30	33	41	50	60
55	25	30	38	48	59
60	21	27	37	47	58

Gebäudealter in Jahren	Modernisierungsgrad				
	≤ 1 Punkt	4 Punkte	8 Punkte	13 Punkte	≥ 18 Punkte
	Modifizierte Restnutzungsdauer				
65	17	25	35	46	57
70	15	23	34	45	57
75	13	22	33	44	56
≥ 80	12	21	32	44	56

Modifizierte Restnutzungsdauer bei einer üblichen Gesamtnutzungsdauer von 70 Jahren

Gebäudealter in Jahren	Modernisierungsgrad				
	≤ 1 Punkt	4 Punkte	8 Punkte	13 Punkte	≥ 18 Punkte
	Modifizierte Restnutzungsdauer				
0	70	70	70	70	70
5	65	65	65	65	65
10	60	60	60	60	62
15	55	55	55	57	60
20	50	50	51	54	58
25	45	45	47	51	57
30	40	40	43	49	55
35	35	36	40	47	54
40	30	32	37	45	53
45	25	28	35	43	52
50	20	25	33	42	51
55	16	23	31	41	50
60	14	21	30	40	50
65	12	19	29	39	49
≥ 70	11	19	28	38	49

Das Ertragswertverfahren

Modifizierte Restnutzungsdauer bei einer üblichen Gesamtnutzungsdauer von 60 Jahren

Gebäudealter in Jahren	Modernisierungsgrad				
	≤ 1 Punkt	4 Punkte	8 Punkte	13 Punkte	≥ 18 Punkte
	Modifizierte Restnutzungsdauer				
0	60	60	60	60	60
5	55	55	55	55	55
10	50	50	50	50	52
15	45	45	45	47	51
20	40	40	41	45	49
25	35	35	38	42	48
30	30	30	35	40	46
35	25	27	32	38	45
40	20	23	29	37	44
45	16	20	27	35	43
50	12	18	26	34	43
55	10	17	25	33	42
≥ 60	9	16	24	33	42

Modifizierte Restnutzungsdauer bei einer üblichen Gesamtnutzungsdauer von 50 Jahren

Gebäudealter in Jahren	Modernisierungsgrad				
	≤ 1 Punkt	4 Punkte	8 Punkte	13 Punkte	≥ 18 Punkte
	Modifizierte Restnutzungsdauer				
0	50	50	50	50	50
5	45	45	45	45	45
10	40	40	40	41	43
15	35	35	36	38	41
20	30	30	32	36	40
25	25	25	29	33	39

Verfahren zur Verkehrswertermittlung bebauter Grundstücke

Gebäudealter in Jahren	Modernisierungsgrad				
	≤ 1 Punkt	4 Punkte	8 Punkte	13 Punkte	≥ 18 Punkte
	Modifizierte Restnutzungsdauer				
30	20	21	26	32	38
35	15	18	24	30	37
40	11	16	22	29	36
45	9	14	21	28	35
≥ 50	8	13	20	27	35

Weitere Tabellen über modifizierte Restnutzungsdauern bei einer üblichen Gesamtnutzungsdauer von 30, 40, 50, 60, 65, 70, 75 und 80 Jahre finden Sie in Anlage 4 der Sachwertrichtlinie.

Beispiel: Ermittlung des Gebäudealters bei modernisierten Gebäuden

Bei einem Gebäude (Mehrfamilienhaus, Baujahr 1964) wurden folgende Modernisierungsmaßnahmen durchgeführt:

Modernisierungselemente	
Dacherneuerung inklusive Verbesserung der Wärmedämmung	4 Punkte
Modernisierung der Fenster mit Außentüren	2 Punkte
Modernisierung der Außenwände	4 Punkte
Modernisierung der Bäder	2 Punkte
Modernisierung des Innenausbaus	2 Punkte
Gesamtpunktzahl	13 Punkte

Entsprechend der ermittelten Gesamtzahl von 13 Punkten entspricht dies dem Modernisierungsgrad »überwiegend modernisiert«. Das Gebäude befindet sich also in einem »überwiegend modernisierten« Zustand.
Jahr des Wertermittlungsstichtags: 2012
Die Gesamtnutzungsdauer bei Mehrfamilienhäusern (Mietwohngebäuden) beträgt circa 60 bis 80 Jahre. Zur weiteren Berechnung werden 70 Jahre angesetzt.
Das Gebäudealter errechnet sich mit 48 Jahren (2012 – 1964). Die Restnutzungsdauer beträgt somit 22 Jahre (70 – 48 Jahre).
Aus der Tabelle »Modifizierte Restnutzungsdauer bei einer üblichen Gesamtnutzungsdauer von 70 Jahren«, einem Gebäudealter von 48 Jahren und dem ermittelten Modernisierungsstandard (13 Punkte) entnimmt man den Wert (modifizierte Restnutzungsdauer) etwa 42 Jahre.

Die Modernisierungsmaßnahmen bewirken also eine Verlängerung der Restnutzungsdauer um 20 Jahre (42 – 22 Jahre). Das fiktive Baujahr errechnet sich somit wie folgt:
1984 = 2012 + 42 Jahre (modifizierte RND) – 70 Jahre (GND)

Abb. 15: Darstellung ohne Modernisierungsmaßnahmen

Durch die Modernisierungsmaßnahmen verlängert sich die Restnutzungsdauer, das bedeutet, das Gebäude präsentiert sich in einem jüngeren Zustand. Bei einer Verlängerung der Restnutzungsdauer um 20 Jahre verjüngt sich das Gebäude um die gleiche Anzahl von Jahren.[28] Das Gebäude entspricht dann einem vergleichbaren Gebäude, das 20 Jahre später, also im Jahr 1984, gebaut wurde (fiktives Baujahr).

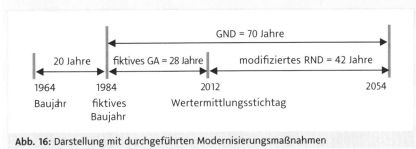

Abb. 16: Darstellung mit durchgeführten Modernisierungsmaßnahmen

Das folgende Beispiel soll die Auswirkung der Restnutzungsdauer auf den Ertragswert verdeutlichen.

Beispiel

	Restnutzungsdauer	Prozentuale Veränderung	Ertragswert
Abweichung A	50 Jahre	– 1,65 %	209.926 EUR
Ursprung	55 Jahre	± 0,00 %	213.440 EUR
Abweichung B	60 Jahre	+ 1,29 %	216.194 EUR

---

28 *Sommer/Piehler*, Grundstücks- und Gebäudewertermittlung aus der Praxis, Rudolf Haufe Verlag, Freiburg, Gruppe 3.3.

Verfahren zur Verkehrswertermittlung bebauter Grundstücke

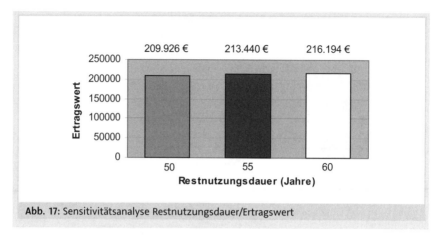

Abb. 17: Sensitivitätsanalyse Restnutzungsdauer/Ertragswert

Das Beispiel zeigt, dass sich bei einer Änderung der Restnutzungsdauer um fünf Jahre nach oben oder unten der Ertragswert nicht wesentlich verändert.

4.2.5 Ermittlung des Vervielfältigers

Der Vervielfältiger hängt vom Liegenschaftszinssatz und der Restnutzungsdauer der baulichen Anlagen ab. Er lässt sich zum Beispiel aus der Anlage 5, WertR 2006 entnehmen, aber auch mit folgender Formel ermitteln (p = Liegenschaftszinssatz, n = Restnutzungsdauer):

$$\text{Vervielfältiger} = \frac{q^n - 1}{q^n \times (q - 1)}, \text{ wobei } q = 1 + \frac{p}{100}$$

> **Beispiel**
>
> Liegenschaftszinssatz = 5 %
> Restnutzungsdauer = 55 Jahre
> Der Vervielfältiger wird wie folgt ermittelt.
> **Möglichkeit 1:** Ablesewert aus Anlage 5, WertR 2006, in Abhängigkeit vom Liegenschaftszinssatz und der Restnutzungsdauer der baulichen Anlagen. Dieser Weg ergibt als Vervielfältiger 18,63.
> **Möglichkeit 2:** Unter Verwendung vorgenannter Formel ergibt sich als Wert des Vervielfältigers:
>
> $$\text{Vervielfältiger} = \frac{(1 + 0{,}05)^{55} - 1}{(1 + 0{,}05)^{55} \times 0{,}05}$$

4.2.6 Ermittlung des Ertragswerts bzw. Verkehrswerts (Marktwerts) des Grundstücks

Der Verkehrswert (Marktwert) des Grundstücks berechnet sich sodann aus dem vorläufigen Ertragswert des Grundstücks unter Berücksichtigung der Marktanpassung an die allgemeinen Wertverhältnisse auf dem Grundstücksmarkt und besonderer objektspezifischer Grundstücksmerkmale.

Marktanpassung
Mit der ImmoWertV neu eingeführt wurde eine zweistufige Marktanpassung, die bei der Wertermittlung zwingend in folgender Reihenfolge gesondert zu berücksichtigen ist.
1. Marktanpassung an die allgemeinen Wertverhältnisse auf dem Grundstücksmarkt[29]
2. Berücksichtigung besonderer objektspezifischer Grundstücksmerkmale[30]

Ziel der Marktanpassung ist es, aus dem vorläufigen Ertragswert des Grundstücks einen Verkehrswert abzuleiten, der als wahrscheinlichster Kaufpreis auch erzielbar ist.

Marktanpassung an die allgemeinen Wertverhältnisse auf dem Grundstücksmarkt
Die Marktanpassung an die allgemeinen Wertverhältnisse auf dem Grundstücksmarkt ist in der Regel durch die Anwendung des Liegenschaftszinssatzes erfolgt.

Berücksichtigung besonderer objektspezifischer Grundstücksmerkmale
Bei der Berücksichtigung der besonderen objektspezifischen Grundstücksmerkmale werden wertbeeinflussende Umstände erfasst, sofern diese nicht bereits an anderer Stelle der Berechnung berücksichtigt wurden.

> **§8 Abs. 3 ImmoWertV – Ermittlung des Verkehrswerts**
>
> (3) Besondere objektspezifische Grundstücksmerkmale wie beispielsweise eine wirtschaftliche Überalterung, ein überdurchschnittlicher Erhaltungszustand, Baumängel oder Bauschäden, von den marktüblich erzielbaren Erträgen erheblich abweichende Erträge sowie ein erhebliches Abweichen der tatsächlichen von der nach §6 Abs. 1 maßgeblichen Nutzung können, soweit dies dem gewöhnlichen Geschäftsverkehr entspricht, durch marktgerechte Zu- oder Abschläge oder in anderer geeigneter Weise berücksichtigt werden.

---

29 §8 Abs. 2 Nr. 1 ImmoWertV.
30 §8 Abs. 3 ImmoWertV.

Verfahren zur Verkehrswertermittlung bebauter Grundstücke

Zweck der Regelung ist es sicherzustellen, dass zum Beispiel Baumängel und Bauschäden (nur) in marktkonformer Weise berücksichtigt werden. Im Sinne einer weiteren Verdeutlichung des Marktbezugs sowie zur Präzisierung der Begrifflichkeiten wird weiter bestimmt, dass die Wertminderung durch marktgerechte Abschläge (statt Erfahrungssätze) oder in anderer geeigneter Weise (dies kann bei Bauschäden zum Beispiel auf Grundlage der Instandsetzungskosten geschehen) zu berücksichtigen ist.

    Jahresrohertrag

−   Bewirtschaftungskosten

=   Jahresreinertrag (= Bodenanteil + Gebäudeanteil)

−   Bodenwertverzinsung[31]

=   Reinertrag (Gebäudeanteil)

×   Vervielfältiger

=   Ertragswert (bauliche Anlagen)

+   Bodenwert[32]

=   vorläufiger Grundstücksertragswert

±   objektspezifische Marktanpassung

=   Ertragswert

Abschließend werden nochmals die Berechnungsgrößen zur Ermittlung des Ertragswerts anhand eines Beispiels mithilfe einer Excel-Tabelle dargestellt.

---

[31] Beim Teileigentum, zum Beispiel Wohnungen, spricht man von der »Bodenwertanteilsverzinsung«. Hier ist der entsprechende Bodenwertanteil (Wert des Gesamtgrundstücks × Miteigentumsanteil) anzusetzen.
[32] Beim Teileigentum spricht man vom »Bodenwertanteil«.

Das Ertragswertverfahren 4

Eingabegrößen zur Ermittlung des Ertragswerts - Allgemeines Ertragswertverfahren (§17 Abs. 2 (1) ImmoWertV) -		
Hinweis:	= Eingabefeld	
Bodenwert		50.000 EUR
Rohertrag (EUR/Monat)	1.230	14.760 EUR/Jahr
Berechnung der Bewirtschaftungskosten		
Verwaltungskosten (% des Rohertrags)	**5,00%**	738 EUR/Jahr
Betriebskosten (% des Rohertrags)	**1,00%**	148 EUR/Jahr
Mietausfallwagnis (% des Rohertrags)	**2,00%**	295 EUR/Jahr
Instandhaltungskosten (% des Rohertrags)	**12,00%**	1.771 EUR/Jahr
Summe Bewirtschaftungskosten	20,00%	2.952 EUR/Jahr
Reinertrag (Rohertrag - Bewirtschaftungskosten)		11.808 EUR/Jahr
Liegenschaftszinssatz (Prozent)	**5,00%**	
Bodenwertverzinsung (Bodenwert x Liegenschaftszinssatz)		2.500 EUR/Jahr
Gebäudereinertrag (Reinertrag - Bodenwertverzinsung)		9.308 EUR/Jahr
Ermittlung des Vervielfältigers		
Restnutzungsdauer (Jahre)	**55**	
Vervielfältiger		18,6334720
(in Abhängigkeit von Liegenschaftszinssatz und Restnutzungsdauer)		
Gebäudeertragswert (Gebäudereinertrag x Vervielfältiger)		173.440 EUR
Marktanpassung		
Allgemeine Marktanpassung [1]		**0** EUR
Objektspezifische Marktanpassung		**-10.000** EUR
Zusammenfassung "Allgemeines Ertragswertverfahren" (§17 Abs. 2 (1) ImmoWertV)		
Rohertrag (EUR/Monat)	1.230	14.760 EUR/Jahr
./. Bewirtschaftungskosten		-2.952 EUR/Jahr
= Reinertrag		11.808 EUR/Jahr
./. Bodenwertverzinsung	5,00%	-2.500 EUR/Jahr
= Gebäudereinertrag		9.308 EUR/Jahr
x Vervielfältiger	18,6334720	
= Gebäudeertragswert		173.440 EUR
+ Bodenwert		50.000 EUR
= vorläufiger Grundstücksertragswert		223.440 EUR
Allgemeine Marktanpassung [1]		0 EUR
Objektspezifische Marktanpassung		-10.000 EUR
= Ertragswert (EUR)		**213.440 EUR**

1) Die Allgemeine Marktanpassung ist i. d. R. durch Anwendung des marktkonformen Liegenschaftszinssatzes erfolgt!

4.3 Das Sachwertverfahren

Das Sachwertverfahren ist in den §§ 21 bis 23 ImmoWertV geregelt. Bei der Ermittlung des Verkehrswerts eines Wertermittlungsobjekts sind auch die allgemeinen Verfahrensgrundsätze (§§ 1–8 ImmoWertV) heranzuziehen.

Das Sachwertverfahren findet insbesondere bei bebauten Grundstücken Anwendung, bei denen die Eigennutzung im Vordergrund steht. Das bedeutet, es ist in der Regel dann einzusetzen, wenn es für die Werteinschätzung am Markt nicht vorrangig auf den Ertrag ankommt, sondern die Herstellungskosten im gewöhnlichen Geschäftsverkehr wertbestimmend sind.

Dies ist in erster Linie bei Ein- und Zweifamilienhäusern der Fall, insbesondere wegen der vorherrschenden Eigennutzung der Eigentümer. Ein Ertragsdenken ist vor allem beim Kauf von Einfamilienhäusern weitgehend ausgeschaltet. Der Eigentümer eines Einfamilienhauses rechnet nicht wie beim Ertragswertverfahren mit einer hohen Verzinsung des beim Kauf des Objekts investierten Kapitals. Hier stehen vielmehr persönliche Gesichtspunkte im Vordergrund. Das Sachwertverfahren wird also immer dann angewandt, wenn die Sache im Vordergrund steht und nicht der Ertrag.

Auch bei gewerblichen Produktionsgebäuden oder Industriebauwerken, Werkhallen und Gebäuden mit Sondernutzungen wie Sporthallen, Schulen, Krankenhäusern und Einkaufszentren wird das Verfahren angewandt. Das ist jedoch nach derzeitiger Erkenntnis falsch. Nach den herrschenden Marktgepflogenheiten werden die Verkehrswerte dieser Nutzungsarten eher auf Grundlage des Ertragswertverfahrens ermittelt, zum Beispiel bei Lagerhaus- und bestimmten Fabrikgrundstücken.[33]

Das Sachwertverfahren kann auch zur Überprüfung anderer Verfahren in Betracht kommen. Nicht anzuwenden ist es auf Wertermittlungsobjekte, die nicht mehr wirtschaftlich nutzbar sind (§ 21 Abs. 1 ImmoWertV), zum Beispiel auf abbruchreife oder funktionslose bauliche Anlagen oder Teile von diesen. Wirtschaftlich nutzbar sind nur solche baulichen und sonstigen Anlagen, die eine wirtschaftliche Restnutzungsdauer aufweisen.[34]

Auch bei der Auswahl des Sachwertverfahrens ist marktorientiert festzustellen, ob der Grundstückswert von der Substanz oder dem Ertrag geprägt ist.

---

[33] Vgl. *Simon, Cors, Troll*, Wertermittlung bei Geschäfts- und Fabrikgrundstücken, Verlag Vahlen, München 1997, 1.1, Rn. 11.
[34] Abschnitt 2.2 SW-RL.

Gelegentlich ist es nur sehr schwer möglich, eine eindeutige Zuordnung zu treffen, sodass beide Wertermittlungsverfahren (Sachwertverfahren und Ertragswertverfahren) angewandt werden. Die Entscheidung darüber, welches Verfahren angewandt wird, ist sachverständig und hinreichend zu begründen.

Das Sachwertverfahren geht von dem theoretischen Modell aus, dass jedes Gebäude zum Zeitpunkt der Errichtung einen Wert hatte, der aus dem Bodenwert des unbebauten Grundstücks und den Baukosten des Gebäudes besteht. Mit zunehmendem Gebäudealter wird die Substanz des Gebäudes schlechter, somit vermindert sich der Wert aus der Zeit des Neubaus.

Bei der Ermittlung der Herstellungskosten eines Gebäudes wird daher von folgender Modellannahme ausgegangen:
- Alle Gebäude werden zum Zeitpunkt des Wertermittlungsstichtags errichtet. Die Baukosten werden mithilfe der Normalherstellungskosten ermittelt. Dabei handelt es sich um durchschnittliche Kosten, wie sie anfielen, wenn das bereits erstellte Gebäude zum Wertermittlungsstichtag nochmals errichtet werden würde (Neubaukosten).
- Die Alterswertminderung für den Substanzverbrauch für den Zeitraum seit der Gebäudeerrichtung bis zum Wertermittlungsstichtag ist zu berücksichtigen.

Verfahrensgang analog Sachwertrichtlinie[35]
Im Sachwertverfahren ist
1. der **Sachwert der baulichen Anlagen** (ohne Außenanlagen) ausgehend von den Herstellungskosten unter Berücksichtigung der Alterswertminderung zu ermitteln (§ 21 Abs. 2 ImmoWertV).
2. der Sachwert der **baulichen Außenanlagen** und der **sonstigen Anlagen** nach Erfahrungssätzen oder nach gewöhnlichen Herstellungskosten (ggf. unter Berücksichtigung der Alterswertminderung, § 21 Abs. 3 ImmoWertV) zu ermitteln, soweit sie nicht als besondere objektspezifische Grundstücksmerkmale zu berücksichtigen sind.
3. der **Bodenwert** nach § 16 ImmoWertV vorrangig im Vergleichswertverfahren zu ermitteln; dabei kann auf geeignete Bodenrichtwerte zurückgegriffen werden. Selbstständig nutzbare Teilflächen sind gesondert zu berücksichtigen.
4. Die Summe aus den Sachwerten der baulichen Anlagen einschließlich der baulichen Außenanlagen, der sonstigen Anlagen und des Bodenwerts ergibt einen **vorläufigen Sachwert des Grundstücks**,

---
35 Abschnitt 3 Abs. 1 und 2 SW-RL.

5. der an die allgemeinen Wertverhältnisse auf dem Grundstücksmarkt anzupassen ist (marktangepasster vorläufiger Sachwert); die **Marktanpassung** ist in der Regel durch Multiplikation mit dem zutreffenden Sachwertfaktor (§ 8 Abs. 2 Nr. 1, § 14 Abs. 2 Nr. 1 ImmoWertV) vorzunehmen und
6. bei dem nach der Marktanpassung **ggf. besondere objektspezifische Grundstücksmerkmale,** zum Beispiel mit Zu- oder Abschlägen, zu berücksichtigen sind (§ 8 Abs. 2 Nr. 2, Abs. 3 ImmoWertV), um zum **Sachwert** des Grundstücks zu gelangen.

Die Sachwertermittlung erfolgt nach folgendem Ablaufschema.

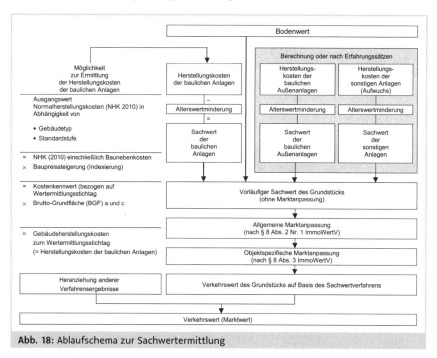

Abb. 18: Ablaufschema zur Sachwertermittlung

> **Hinweis**
>
> Zur Ermittlung des Sachwerts wird empfohlen, die Sachwertrichtlinie anzuwenden. Da aber von der Mehrzahl der Gutachterausschüsse noch keine Sachwertfaktoren auf Basis der NHK 2010 vorliegen bzw. abgeleitet worden sind, sollte bei der Informationsbeschaffung vorab beim Gutachterausschuss nachgefragt werden, ob es hierzu überhaupt schon Festlegungen gibt.
>
> Außerdem muss sich der Sachverständige stets Klarheit darüber verschaffen, wie der örtliche Gutachterausschuss bei der Ableitung der Sachwertfaktoren den Sachwert ermittelt hat. Sachwertfaktoren können nur sachgerecht angewandt werden, wenn der vom Gutachterausschuss ermittelte vorläufige Sachwert genau in der Weise ermittelt wurde, wie der Gutachterausschuss für Grundstückswerte bei der

Ableitung der Sachwertfaktoren vorgegangen ist. Nur dann wird die Sachwertrichtlinie richtig angewandt und es besteht der Grundsatz der Modellkonformität. Falls der Gutachterausschuss noch keine Sachwertfaktoren auf Basis der NHK 2010 zur Verfügung stellen kann, ist das Sachwertverfahren (Stand vor Einführung der SW-RL) wie gehabt anzuwenden, also insbesondere nicht mit den NHK 2010, sondern nach wie vor mit den indexierten Normalherstellungskosten gemäß NHK 2000.

Im Folgenden werden die erforderlichen Schritte, die bei der Ermittlung des Sachverhalts zu durchlaufen sind, einzeln erläutert. Sie sollen an einem einfachen Beispiel innerhalb der einzelnen Unterpunkte praxisnah verdeutlicht werden.

4.3.1 Ermittlung des Bodenwerts

Beim Sachwertverfahren ist der Bodenwert des unbebauten Grundstücks zu ermitteln, auch wenn es in der Regel tatsächlich bebaut ist. Analog dem Ertragswertverfahren ist das Grundstück so zu betrachten, als ob es zu bebauen sei. Eine Dämpfung wegen Bebauung findet nicht statt.

Die ImmoWertV geht von der Anwendung des Vergleichswertverfahrens für die Bodenwertermittlung aus. Sie lässt aber auch die Anwendung der Bodenrichtwerte zu, wenn nicht ausreichend Vergleichswerte vorhanden sind.

Bei der Anwendung der Bodenrichtwerte darf nicht einfach der zum Wertermittlungsstichtag aktuelle Bodenwert verwendet werden, sondern es ist ein Bodenrichtwert zu ermitteln, der der Nutzung und dem Maß der baulichen Gestaltung entspricht. Weichen die Nutzungsarten des Bewertungsgrundstücks von den Angaben zum Bodenrichtwert ab, muss der Bodenrichtwert angepasst werden. (Alles Wichtige hierzu finden Sie im Kapitel »Wie Sie den Bodenwert ermitteln«.)

4.3.2 Ermittlung der Herstellungskosten der baulichen Anlagen

Zur Ermittlung des Sachwerts der baulichen Anlagen (ohne Außenanlagen) ist von den Herstellungskosten auszugehen, die unter Beachtung wirtschaftlicher Gesichtspunkte für die Errichtung eines dem Wertermittlungsobjekt in vergleichbarer Weise nutzbaren Neubaus am Wertermittlungsstichtag (ggf. unter Berücksichtigung abweichender Qualitäten am Qualitätsstichtag) unter

Zugrundelegung neuzeitlicher, wirtschaftlicher Bauweisen aufzuwenden wären, und nicht von Rekonstruktionskosten[36].

Der Ermittlung der Herstellungskosten eines Gebäudes können zugrunde gelegt werden[37]:
- Vorrangig die NHK 2010 (siehe Anlage 1 der SW-RL), das heißt die gewöhnlichen Herstellungskosten, die für die jeweilige Gebäudeart unter Berücksichtigung des Gebäudestandards je Flächeneinheit angegeben sind
- Soweit die entsprechende Gebäudeart in den NHK 2010 nicht erfasst ist, geeignete andere Datensammlungen
- Ausnahmsweise Einzelkosten, das heißt die gewöhnlichen Herstellungskosten einzelner Bauleistungen

Die **vorläufigen Herstellungskosten der baulichen Anlagen** ermitteln sich aus den NHK 2010 multipliziert mit der reduzierten BGF (Flächenanteile a und b), das heißt ohne Berücksichtigung der Flächenanteile c.

Mit diesen Kosten nicht erfasste **»einzelne Bauteile, Einrichtungen oder sonstige Vorrichtungen«** sind nach Maßgabe des §22 Abs. 2 ImmoWertV durch Zu- oder Abschläge zu berücksichtigen, soweit dies dem gewöhnlichen Geschäftsverkehr entspricht.

Bei entsprechender Anwendung des §22 Abs. 2 ImmoWertV sind die sogenannten c-Flächen anteilig mit einzubeziehen, soweit sie den für die Gebäudeart üblichen Umfang über- bzw. unterschreiten. Als üblicher Umfang an c-Flächen bei Häusern (Einfamilienhaus, Reihenhaus, Doppelhaus etc.) und Wohnanlagen kann ein Anteil von circa zwei Prozent auf die BGF angesehen werden. Das Einbeziehen der c-Flächen wird dahingehend begründet, dass sich die Kostenkennwerte der NHK 2010 auf die BGF in ihrer Gesamtheit einschließlich der c-Flächenanteile beziehen, während für die zu bewertende bauliche Anlage lediglich die reduzierte BGF ohne c-Flächen zu ermitteln ist. So gehen mit Anwendung der NHK 2010 auf die reduzierte BGF die auf die c-Flächen entfallenden Herstellungskosten automatisch in das Ergebnis ein, jedoch nur in dem für die jeweilige Gebäudeart üblichen Umfang. Einen Hinweis, mit welchem Anteil die c-Flächen in den Ansätzen der NHK 2010 enthalten sind, gibt die Sachwertrichtlinie nicht.

---

36 Abschnitt 4.1 Abs. 1 SW-RL.
37 Abschnitt 4.1 Abs. 2 SW-RL.

Aufgrund der konsequenten Beachtung des Grundsatzes der Modellkonformität sind die mit den herangezogenen Normalherstellungskosten nicht berücksichtigten »**einzelnen Bauteile, Einrichtungen oder sonstigen Vorrichtungen**« sowie die für die jeweilige Gebäudeart vom üblichen Umfang abweichenden c-Flächen erst bei der Anpassung der »**objektspezifischen Grundstücksmerkmale**« (nach §8 Abs. 3 ImmoWertV) zu berücksichtigen, also erst nachdem die »allgemeinen Verhältnisse auf dem Grundstücksmarkt (Marktanpassung)« durch Anwendung des Sachwertfaktors einbezogen wurden.

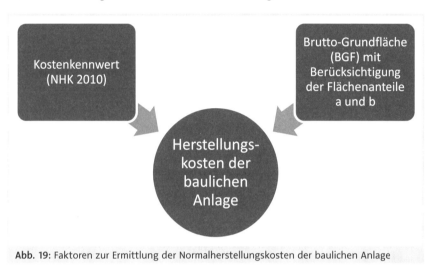

Abb. 19: Faktoren zur Ermittlung der Normalherstellungskosten der baulichen Anlage

4.3.2.1 Ermittlung der Brutto-Grundfläche

Die Brutto-Grundfläche ist in der DIN 277-1:2005-02 definiert. Welche Flächen eines Gebäudes zur BGF gehören, wird in der nachfolgenden Abbildung dargestellt. In der Skizze sind drei Flächenarten mit den Buchstaben a, b und c gekennzeichnet.
- Flächenanteil a: überdeckt und allseitig in voller Höhe umschlossen
- Flächenanteil b: überdeckt, jedoch nicht allseitig in voller Höhe umschlossen
- Flächenanteil c: nicht überdeckt

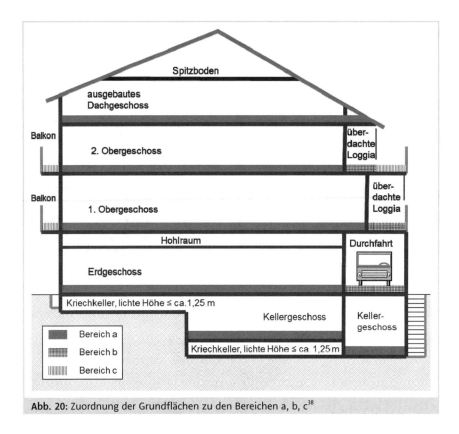

Abb. 20: Zuordnung der Grundflächen zu den Bereichen a, b, c[38]

Für die Ermittlung der BGF gilt:
- Alle Flächen der Kategorie a werden übernommen.
- Flächen aus der Kategorie b werden nur übernommen, soweit sie überdeckt sind, andere Flächen der Kategorie ohne Überdeckung sind ausgeschlossen. Balkone, auch wenn sie überdeckt sind, gehören in den Bereich c.
- Flächen der Kategorie c bleiben unberücksichtigt.

Nicht zur BGF gehören zum Beispiel Flächen von Spitzböden und Kriechkellern, Flächen, die ausschließlich der Wartung, Inspektion und Instandsetzung von Baukonstruktionen und technischen Anlagen dienen, sowie Flächen unter konstruktiven Hohlräumen, zum Beispiel über abgehängten Decken.[39] Die BGF ermittelt sich nach den Außenmaßen eines Bauteils einschließlich Bekleidung, zum Beispiel wird der Putz in Fußbodenhöhe (ab Bodenbelagsoberkante) gemessen.

---

38 Abschnitt 4.1.1.4 SW-RL.
39 Abschnitt 4.1.1.4 Abs. 4 SW-RL.

Bei den freistehenden Ein- und Zweifamilienhäusern, Doppelhäusern und Reihenhäusern der NHK 2010 erfolgt unter anderem eine Unterteilung in Gebäudearten mit ausgebautem bzw. nicht ausgebautem Dachgeschoss und Gebäudearten mit Flachdach bzw. flach geneigtem Dach. Dabei ist für die Zuordnung zu einer Gebäudeart die Anrechenbarkeit der jeweiligen Grundflächen entscheidend.[40]

Entscheidend für die Anrechenbarkeit der Grundflächen in Dachgeschossen ist ihre Nutzbarkeit. Dabei genügt es gemäß Sachwertrichtlinie, dass nur eine untergeordnete Nutzung (vgl. DIN 277-2:2005-02), zum Beispiel als Lager- und Abstellraum oder Raum für betriebstechnische Anlagen, möglich ist (eingeschränkte Nutzbarkeit). Als nutzbar können Dachgeschosse ab einer lichten Höhe von circa 1,25 Meter behandelt werden, soweit sie begehbar sind. Eine Begehbarkeit setzt eine feste Decke und die Zugänglichkeit voraus.[41]

Da bei Gebäuden mit Flachdach bzw. flach geneigtem Dach aufgrund der Dachkonstruktion eine Dachgeschossnutzung nicht möglich ist, ist bei freistehenden Ein- und Zweifamilienhäusern, Doppelhäusern und Reihenhäusern eine Anrechnung der Grundfläche des Dachgeschosses bei der Berechnung der BGF nicht vorzunehmen.

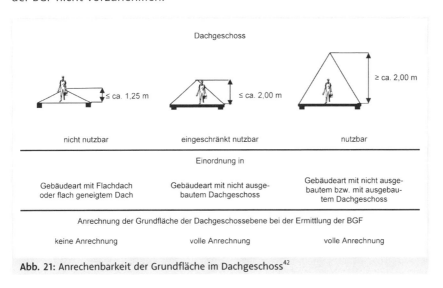

Abb. 21: Anrechenbarkeit der Grundfläche im Dachgeschoss[42]

---

40 Abschnitt 4.1.1.4 Abs. 5 SW-RL.
41 Abschnitt 4.1.1.4 Abs. 6 SW-RL.
42 Abschnitt 4.1.1.4 Abs. 7 SW-RL.

Der Einfluss des Dachgeschosses auf die Anrechenbarkeit der BGF kann erheblich sein. So können sich trotz gleicher BGF bei freistehenden Ein- und Zweifamilienhäusern, Doppelhäusern und Reihenhäusern mit ausgebauten bzw. nicht ausgebauten Dachgeschossen Unterschiede hinsichtlich des Grades der wirtschaftlichen Nutzbarkeit des Dachgeschosses ergeben, die insbesondere auf Unterschiede bei der Dachkonstruktion, der Gebäudegeometrie und der Giebelhöhe beruhen.

Bei Gebäuden mit nicht ausgebautem Dachgeschoss ist zu unterscheiden zwischen
- Gebäuden mit Dachgeschossen, die nur eine **eingeschränkte Nutzung** zulassen (nicht ausbaufähig) und
- Gebäuden mit Dachgeschossen, die für die **Hauptnutzung »Wohnen« ausbaubar** sind.

Im Fall einer nur eingeschränkten Nutzbarkeit des Dachgeschosses (nicht ausbaufähig) ist in der Regel ein Abschlag vom Kostenkennwert für die Gebäudeart mit nicht ausgebautem Dachgeschoss anzusetzen. Die Höhe des Abschlags ist zu begründen.[43]

Bei Gebäuden mit ausgebautem Dachgeschoss bestimmt sich der Grad der wirtschaftlichen Nutzbarkeit des Dachgeschosses insbesondere nach der vorhandenen Wohnfläche. Diese ist im Wesentlichen abhängig von Dachneigung, Giebelbreite und Drempelhöhe. Deshalb ist zum Beispiel zu prüfen, ob im Dachgeschoss ein Drempel vorhanden ist. Ein fehlender Drempel verringert die Wohnfläche und ist deshalb in der Regel wertmindernd zu berücksichtigen. Ein ausgebauter Spitzboden (zusätzliche Ebene im Dachgeschoss) ist durch Zuschläge zu berücksichtigen. Die Höhe des entsprechenden Abschlags bzw. Zuschlags ist zu begründen.[44]

---

43 Abschnitt 4.1.1.5 Abs. 2 SW-RL.
44 Abschnitt 4.1.1.5 Abs. 3 SW-RL.

Hinweis

Als Drempel wird der im Dachgeschoss über den Fußboden hinausragende Teil der Außenmauern bis zum Dachansatz bezeichnet (auch Kniestock genannt). Je höher diese Wand ist, desto mehr Platz bietet das Dachgeschoss zum aufrechten Gehen und umso komfortabler wird der Wohnbereich.

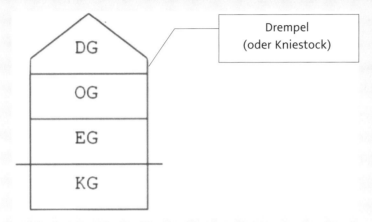

Bei der Übernahme von Flächenangaben aus Bauunterlagen oder Bauakten sind diese immer auf Plausibilität zu prüfen und entsprechend den Vorgaben der Sachwertrichtlinie anzupassen. Das heißt, dass insbesondere die c-Flächen wieder herausgerechnet werden müssen.

Wichtig

Werthaltige, bei der BGF-Berechnung nicht erfasste Bauteile, zum Beispiel Dachgauben, Balkone und Vordächer, sind bei der Wertermittlung zu erfassen, soweit sie erheblich vom Üblichen abweichen. Diese Bauteile sind als besondere objektspezifische Grundstücksmerkmale nach der Marktanpassung zu berücksichtigen.

4.3.2.2 Die Normalherstellungskosten 2010

Mit Einführung der Sachwertrichtlinie wurde mit den NHK 2010 ein vollständig neues Zahlenwerk für die Immobilienbewertung geschaffen. Anders als bei Einführung der NHK 1995 und der NHK 2000 war es bei der aktuellen Umstellung nicht mehr mit einer reinen Umrechnung der Kostenkennwerte mittels Baupreisindex getan.

Das Tabellenwerk der NHK 2010 ist in 18 Gebäudearten unterteilt, angefangen bei »Ein- und Zweifamilienhäusern« bis hin zu »Landwirtschaftlichen Betriebsgebäuden« sowie zahlreichen Untergruppen. Bei den Gebäudearten

Ein- und Zweifamilienhäuser, Doppel- und Reihenendhäuser sowie Reihenmittelhäuser wird weiter nach Dachkonstruktion (Flachdach bzw. Steildach) und Dachausbau (voll ausgebaut bzw. nicht ausgebaut) unterschieden.

Die NHK 2010 unterscheiden bei den einzelnen Gebäudearten zwischen bis zu fünf Gebäudestandards (bislang Ausstattungsstandard), die nun als Standardstufen 1 bis 5 bezeichnet werden.

Die Aktualisierung der den NHK zugrunde liegenden Ausstattungsstandards ist schon deshalb sinnvoll, weil die bis heute angewandten Tabellen ihren Ursprung in den 1980er-Jahren hatten. Dies führt in der Praxis immer wieder zu Problemen bei der Bewertung neuzeitlicher Bauweisen. Die neuen Standardbeschreibungen stellen auf aktuelle Bauweisen ab und enthalten zusätzliche Hinweise zur Einordnung älterer Gebäude.

Die Kostenkennwerte der NHK 2010 sind in Euro pro Quadratmeter Brutto-Grundfläche (EUR/m² BGF) angegeben. Sie erfassen die Kostengruppen 300 (Bauwerk – Baukonstruktionen) und 400 (Bauwerk – technische Anlagen) der DIN 276-11:2006, ohne diese im Einzelnen nach deren Kostengruppen aufzuschlüsseln. Des Weiteren erfolgt keine Differenzierung mehr in Gebäudebaujahrsklassen.

In den Kostenkennwerten der NHK 2010 sind die Umsatzsteuer und die üblichen Baunebenkosten (Kostengruppen 730 [Architekten und Ingenieurleistungen] und 771 [Prüfungen, Genehmigungen, Abnahmen] der DIN 276) eingerechnet. Sie sind bezogen auf den Kostenstand des Jahres 2010 (Jahresdurchschnitt). Damit kann eine auf die Jahresmitte 2010 bezogene Baupreisindexreihe angewandt werden, um die Herstellungskosten auf den Wertermittlungsstichtag zu ermitteln.

Die Baunebenkosten sowie die Mehrwertsteuer in Höhe von derzeit 19 Prozent sind in den NHK 2010 enthalten. Im Fall einer Änderung der Umsatz- bzw. Mehrwertsteuer verlieren die ausgewiesenen NHK nicht ihre Gültigkeit, da sich eine Änderung des Mehrwertsteuersatzes über den Baupreisindex niederschlägt (Anpassung).

Auf eine Regionalisierung der Herstellungskosten wurde verzichtet. Diese erfolgt über die Marktanpassung.

Bestimmung des Kostenkennwerts
Um den entsprechenden Kostenkennwert aus der Tabelle der NHK 2010 entnehmen zu können, ist zunächst die entsprechende Gebäudeart mit dem entsprechenden Gebäudestandard anhand der Standardstufen zu bestimmen.

Die Herstellungskosten werden wesentlich durch den Gebäudestandard, der mittels Standardstufen einer jeweiligen Gebäudeart zugeordnet ist, bestimmt.

Für die Gebäudetypen 1.01 bis 3.33, also freistehende Ein- und Zweifamilienhäuser, Doppelhäuser und Reihenhäuser, gibt es fünf Standardstufen. Diese werden mit den Ziffern 1 bis 5 bezeichnet, wobei die Standardstufe 1 einen »einfachen« und die Stufe 5 einen »exklusiven« Ausstattungsstandard zugrunde legen. Bei allen anderen Gebäudearten werden die Herstellungskosten in drei Standardstufen unterteilt. Es ist immer der Kostenkennwert zugrunde zu legen, der dem Wertermittlungsobjekt nach Gebäudeart und Gebäudestandard hinreichend entspricht.

Bei einer nachhaltigen Umnutzung eines Gebäudes ist darauf zu achten, dass bei der Zuordnung zu einem Kostenkennwert auf die aktuelle Nutzung Rücksicht genommen wird. Weist ein Gebäude in Teilbereichen erheblich voneinander abweichende Standardmerkmale oder unterschiedliche Nutzungen auf, so kann es sinnvoll sein, die Herstellungskosten getrennt nach Teilbereichen zu ermitteln. Beispiele hierfür sind:
- Teilunterkellerung
- Anbauten
- Teilweiser Ausbau eines Dachgeschosses

Abb. 22: Faktoren, die den Kostenkennwert (NHK) beeinflussen

Verfahren zur Verkehrswertermittlung bebauter Grundstücke

!   **Beispiel: Ermittlung des Kostenkennwerts eines unterkellerten Doppelhauses**
    Gebäudedaten: Doppelhaus, unterkellert, mit Erdgeschoss, Obergeschoss und ausgebautem Dachgeschoss, Gebäudestandard: Standardstufe 2

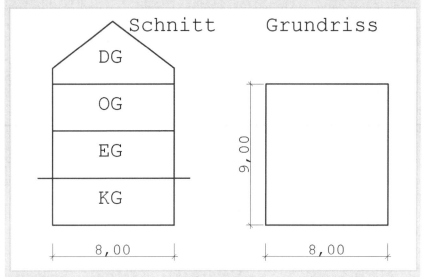

Gebäudeart und Kostenkennwert der NHK 2010

Gebäudeart: Doppelhaus, unterkellert, DG voll ausgebaut	 2.11	685 EUR/m² BGF (bei Standardstufe 2)

Berechnung
Grundfläche: 8 m x 9 m = 72 m²
BGF: 4 Ebenen x 72 m² = 288 m²
288 m² BGF x 685 EUR/m² BGF = 197.280 EUR
=> Herstellungskosten: rd. 197.000 EUR

Anmerkung: In den Herstellungskosten von rund 197.000 EUR ist die Mehrwertsteuer in Höhe von 19 Prozent enthalten, das gilt auch für die Baunebenkosten in Höhe von 17 Prozent. Mehrwertsteuererhöhungen werden über den Baupreisindex berücksichtigt. Der Ansatz der Baunebenkosten ist auf dem jeweiligen Gebäudetypenblatt im Tabellenwerk der NHK 2010 angegeben.

Das Sachwertverfahren 4

Achtung

Den ermittelten Herstellungskosten liegt ein Kostenkennwert bezogen auf die Jahresmitte 2010 zugrunde. Das bedeutet, dass noch eine Umrechnung der Herstellungskosten vom Stichjahr der Normalherstellungskosten (2010) auf den Wertermittlungsstichtag erfolgen muss.
Bei einem teilweisen Ausbau des Dachgeschosses oder einer teilweisen Unterkellerung eines Gebäudes können die Herstellungskosten durch anteilige Heranziehung der jeweiligen Kostenkennwerte für die verschiedenen Gebäudearten ermittelt werden (Mischkalkulation).

Beispiel 1: Mischkalkulation zur Ermittlung des Kostenkennwerts eines Einfamilienhauses bei teilweiser Unterkellerung

Gebäudedaten: Einfamilienhaus, teilweise unterkellert, mit Erdgeschoss, Obergeschoss und ausgebautem Dachgeschoss, Gebäudestandard: Standardstufe 3

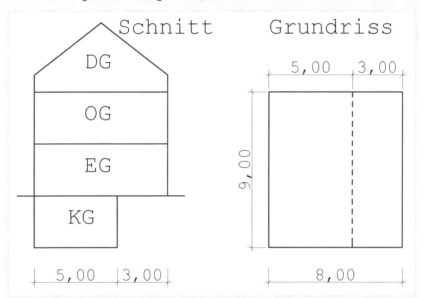

Gebäudeart und Kostenkennwert der NHK 2010

| Gebäudeart: EFH, unterkellert, DG voll ausgebaut | 1.11 | 835 EUR/m² BGF (bei Standardstufe 3) | Gebäudeart: EFH, nicht unterkellert, DG voll ausgebaut | 1.31 | 920 EUR/m² BGF (bei Standardstufe 3) |

Berechnung
Unterkellerter Gebäudeteil
Grundfläche: 5m x 9m = 45 m²
BGF: 4 Ebenen x 45 m² = 180 m²

Nicht unterkellerter Gebäudeteil
Grundfläche: 3m x 9m = 27 m²
BGF: 3 Ebenen x 27 m² = 81 m²
Variante 1
180 m² BGF x 835 EUR/m² BGF + 81 m² BGF x 920 EUR/m² BGF = 224.820 EUR
=> Herstellungskosten: rd. 225.000 EUR
Variante 2
1. Schritt: Berechnung des Kellers

	Typ 1.11: 4 Ebenen x 835 EUR/m² BGF =	3.340 EUR/m² BGF
–	Typ 1.31: 3 Ebenen x 920 EUR/m² BGF =	2.760 EUR/m² BGF
=	Differenz (Keller)	580 EUR/m² BGF

2. Schritt: Berechnung der Herstellungskosten des EFH mit Teilunterkellerung (Möglichkeit 1: Typ 1.31 zuzüglich anteilige Kellerfläche)

	Typ 1.31: 3 Ebenen x 8m x 9m x 920 EUR/m² BGF =	198.720 EUR
+	anteiliger Keller: 5m x 9m x 580 EUR/m² BGF =	26.100 EUR
=	Herstellungskosten des EFH mit Teilunterkellerung	224.820 EUR rd. 225.000 EUR

(Möglichkeit 2: Typ 1.11 abzüglich nicht vorhandener Kellerfläche)

	Typ 1.11: 4 Ebenen x 8m x 9m x 835 EUR/m² BGF =	240.480 EUR
–	fehlender Kelleranteil: 3m x 9m x 580 EUR/m² BGF =	15.660 EUR
=	Herstellungskosten des EFH mit Teilunterkellerung	224.820 EUR rd. 225.000 EUR

Hinweis: Die Normalherstellungskosten je Quadratmeter BGF Kellergeschoss eines zweigeschossigen Einfamilienhauses mit voll ausgebautem Dachgeschoss betragen 580 EUR/m² BGF. Dieser Kostenkennwert gilt jedoch nicht allgemein für andere Gebäudetypen, sondern muss im konkreten Einzelfall stets neu ermittelt werden, da er insbesondere von der Anzahl der Geschosse und der Ausbildung des Daches (Flachdach bzw. Steildach) sowie dem Ausbau des Dachgeschosses abhängt.

Nachfolgendes Beispiel soll dies anhand eines Doppelhauses, bestehend aus EG und ausgebautem DG, verdeutlichen.

Das Sachwertverfahren 4

Gebäudeart und Kostenkennwert der NHK 2010

Gebäudeart: Doppelhaus, unterkellert, DG ausgebaut	2.01	785 EUR/m² BGF (bei Standardstufe 3)	Gebäudeart: Doppelhaus, nicht unterkellert, DG ausgebaut	2.21	945 EUR/m² BGF (bei Standardstufe 3)

Berechnung

Kosten des Kellers je m² BGF für ein Doppelhaus, EG mit voll ausgebautem DG

	Typ 2.01: 3 Ebenen x 785 EUR/m² BGF =	2.355 EUR/m² BGF
−	Typ 2.21: 2 Ebenen x 945 EUR/m² BGF =	1.890 EUR/m² BGF
=	Differenz (Keller)	465 EUR/m² BGF

> **Beispiel 2: Mischkalkulation zur Ermittlung des Kostenkennwerts eines Einfamilienhauses mit einem nicht unterkellerten Anbau**

Gebäudedaten: Einfamilienhaus, unterkellert, mit Erdgeschoss, Obergeschoss und ausgebautem Dachgeschoss, Gebäudestandard: Standardstufe 4; Anbau, nicht unterkellert, mit Flachdach, Gebäudestandard: Standardstufe 4

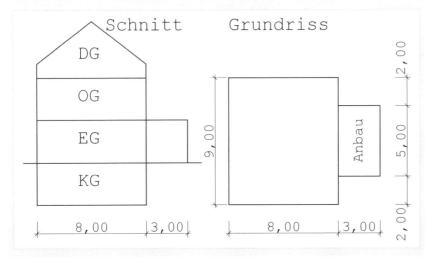

Gebäudeart und Kostenkennwert der NHK 2010

Gebäudeart: EFH, DG voll ausgebaut, unterkellert	1.11	1.005 EUR/m² BGF (bei Standardstufe 4)	Gebäudeart: EFH, nicht unterkellert, Flachdach	1.23	1.420 EUR/m² BGF (bei Standardstufe 4)

Berechnung

Gebäude (ohne Anbau)

Grundfläche: 8 m x 9 m = 72 m²
BGF: 4 Ebenen x 72 m² = 288 m²

Nicht unterkellerter Gebäudeteil

Grundfläche: 3 m x 5 m = 15 m²
BGF: 1 Ebene x 15 m² = 15 m²
288 m² BGF x 1.005 EUR/m² BGF + 15 m² BGF x 1.420 EUR/m² BGF = 310.740 EUR
=> Herstellungskosten: rd. 311.000 EUR

> **Beispiel 3:** Mischkalkulation zur Ermittlung des Kostenkennwerts eines freistehenden Einfamilienhauses mit nur teilweise ausgebautem Dachgeschoss
>
> Gebäudedaten: Einfamilienhaus, unterkellert, mit Erdgeschoss, Obergeschoss und zu 50 Prozent ausgebautem Dachgeschoss, Gebäudestandard: Standardstufe 3
>
>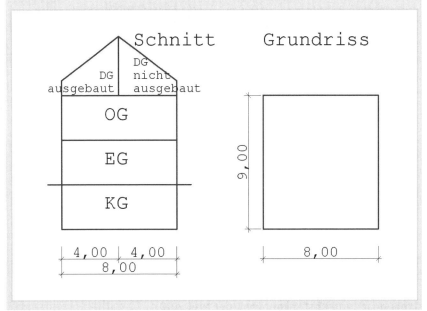

Gebäudeart und Kostenkennwert der NHK 2010

Gebäudeart: EFH, unterkellert, DG ausgebaut	 1.11	835 EUR/m² BGF (bei Standardstufe 3)	Gebäudeart: EFH, unterkellert, DG nicht ausgebaut	 1.12	730 EUR/m² BGF (bei Standardstufe 3)

Berechnung

Gebäude (DG ausgebaut zu 50%)

Grundfläche: 4 m x 9 m = 36 m²
BGF: 4 Ebenen x 36 m² = 144 m²

Gebäude (DG nicht ausgebaut zu 50%)

Grundfläche: 4 m x 9 m = 36 m²
BGF: 4 Ebenen x 36 m² = 144 m²

Variante 1

144 m² BGF x 835 EUR/m² BGF + 144 m² BGF x 730 EUR/m² BGF = 225.360 EUR
=> Herstellungskosten: rd. 225.000 EUR

Variante 2

1. Schritt: Berechnung der Dachausbaukosten

	Typ 1.11: 4 Ebenen x 835 EUR/m² BGF =	3.340 EUR/m² BGF
−	Typ 1.12: 4 Ebenen x 730 EUR/m² BGF =	2.920 EUR/m² BGF
=	Differenz (Dachgeschossausbau)	420 EUR/m² BGF

2. Schritt: Berechnung der Herstellungskosten des EFH mit 50% Anteil DG-Ausbau (Möglichkeit 1: Typ 1.11 abzüglich Flächenanteil für nicht vorhandenen DG-Ausbau)

	Typ 1.11: 4 Ebenen x 8 m x 9 m x 835 EUR/m² BGF =	240.480 EUR
−	Dachgeschossausbau: 50% x 8 m x 9 x 420 EUR/m² BGF =	15.120 EUR
=	Herstellungskosten des EFH mit 50% Anteil DG-Ausbau	225.360 EUR
		rd. 225.000 EUR

(Möglichkeit 2: Typ 1.12 zuzüglich Flächenanteil für vorhandenen DG-Ausbau)

	Typ 1.12: 4 Ebenen x 8 m x 9 m x 730 EUR/m² BGF =	210.240 EUR
+	Dachgeschossausbau: 50% x 8 m x 9 m x 420 EUR/m² BGF =	15.120 EUR
=	Herstellungskosten des EFH mit 50% Anteil DB-Ausbau	225.360 EUR
		rd. 225.000 EUR

Hinweis: Die Normalherstellungskosten je Quadratmeter BGF Dachausbau eines zweigeschossigen, unterkellerten Einfamilienhauses betragen 420 EUR/m² BGF. Dieser Kostenkennwert gilt jedoch nicht allgemein für andere Gebäudetypen, sondern muss im konkreten Einzelfall stets neu ermittelt werden, da er insbesondere von der Anzahl der Geschosse und dem Vorhandensein eines Kellergeschosses abhängt.

Das Sachwertverfahren 4

1 – 3 freistehende Ein- und Zweifamilienhäuser, Doppelhäuser, Reihenhäuser[2]

Keller-, Erdgeschoss

Standardstufe		Dachgeschoss voll ausgebaut						Dachgeschoss nicht ausgebaut						Flachdach oder flach geneigtes Dach				
		1	2	3	4	5		1	2	3	4	5		1	2	3	4	5
freistehende Einfamilienhäuser[3]	1.01	655	725	835	1 005	1 260	1.02	545	605	695	840	1 050	1.03	705	785	900	1 085	1 360
Doppel- und Reihenendhäuser	2.01	615	685	785	945	1 180	2.02	515	570	655	790	985	2.03	665	735	845	1 020	1 275
Reihenmittelhäuser	3.01	575	640	735	885	1 105	3.02	480	535	615	740	925	3.03	620	690	795	955	1 195

Keller-, Erd-, Obergeschoss

Standardstufe		Dachgeschoss voll ausgebaut						Dachgeschoss nicht ausgebaut						Flachdach oder flach geneigtes Dach				
		1	2	3	4	5		1	2	3	4	5		1	2	3	4	5
freistehende Einfamilienhäuser[3]	1.11	655	725	835	1 005	1 260	1.12	570	635	730	880	1 100	1.13	665	740	850	1 025	1 285
Doppel- und Reihenendhäuser	2.11	615	685	785	945	1 180	2.12	535	595	685	825	1 035	2.13	625	695	800	965	1 205
Reihenmittelhäuser	3.11	575	640	735	885	1 105	3.12	505	560	640	775	965	3.13	585	650	750	905	1 130

Erdgeschoss, nicht unterkellert

Standardstufe		Dachgeschoss voll ausgebaut						Dachgeschoss nicht ausgebaut						Flachdach oder flach geneigtes Dach				
		1	2	3	4	5		1	2	3	4	5		1	2	3	4	5
freistehende Einfamilienhäuser[3]	1.21	790	875	1 005	1 215	1 515	1.22	585	650	745	900	1 125	1.23	920	1 025	1 180	1 420	1 775
Doppel- und Reihenendhäuser	2.21	740	825	945	1 140	1 425	2.22	550	610	700	845	1 055	2.23	865	965	1 105	1 335	1 670
Reihenmittelhäuser	3.21	695	770	885	1 065	1 335	3.22	515	570	655	790	990	3.23	810	900	1 035	1 250	1 560

Erd-, Obergeschoss, nicht unterkellert

Standardstufe		Dachgeschoss voll ausgebaut						Dachgeschoss nicht ausgebaut						Flachdach oder flach geneigtes Dach				
		1	2	3	4	5		1	2	3	4	5		1	2	3	4	5
freistehende Einfamilienhäuser[3]	1.31	720	800	920	1 105	1 385	1.32	620	690	790	955	1 190	1.33	785	870	1 000	1 205	1 510
Doppel- und Reihenendhäuser	2.31	675	750	865	1 040	1 300	2.32	580	645	745	895	1 120	2.33	735	820	940	1 135	1 415
Reihenmittelhäuser	3.31	635	705	810	975	1 215	3.32	545	605	695	840	1 050	3.33	690	765	880	1 060	1 325

[2] einschließlich Baunebenkosten in Höhe von 17 %
[3] Korrekturfaktor für freistehende Zweifamilienhäuser: 1,05

Abb. 23: Auszug aus den NHK 2010 für die Gebäudetypen 1.01 bis 3.33 »Freistehende Ein- und Zweifamilienhäuser, Doppelhäuser und Reihenhäuser«

4.3.2.3 Bestimmung des Gebäudestandards

Die objektspezifischen Normalherstellungskosten zu dem Wertermittlungsobjekt sollen unter Berücksichtigung des jeweiligen Gebäudestandards ermittelt werden. Die NHK 2010 unterscheiden bei den einzelnen Gebäudearten zwischen drei, bei freistehenden Ein- und Zweifamilienhäusern, Doppelhäusern und Reihenhäusern (Gebäudearten 1.01 bis 3.33) zwischen fünf verschiedenen Standardstufen. Das Wertermittlungsobjekt muss daher auf Grundlage seiner Standardmerkmale angepasst werden.

Die Einordnung zu einer Standardstufe hängt insbesondere vom Stand der technischen Entwicklung und den bestehenden rechtlichen Anforderungen am Wertermittlungsstichtag ab. Sie hat unter Berücksichtigung der für das jeweilige Wertermittlungsobjekt am Wertermittlungsstichtag relevanten Marktverhältnisse zu erfolgen. Dafür sind die Qualität der verwendeten Materialien und der Bauausführung, die energetischen Eigenschaften sowie Standardmerkmale, die für die jeweilige Nutzungs- und Gebäudeart besonders relevant sind, zum Beispiel Schallschutz oder Aufzugsanlagen in Mehrfamilienhäusern, von Bedeutung. Bei den freistehenden Ein- und Zweifamilienhäusern, Doppelhäusern und Reihenhäusern (Gebäudearten Nr. 1.01 bis 3.33) enthalten die NHK 2010 zwei weitere Standardstufen (1 und 2) mit Kostenkennwerten für Gebäude, deren Standardmerkmale zwar nicht mehr zeitgemäß sind, aber dennoch eine zweckentsprechende Nutzung des Gebäudes erlauben. Bei den übrigen Gebäudearten ist bei nicht mehr zeitgemäßen Standardmerkmalen ein entsprechender Abschlag sachverständig vorzunehmen.[45]

Das Folgende beruht auf den den Kurzbeschreibungen der Gebäudestandards für »freistehende Ein- und Zweifamilienhäuser, Doppelhäuser, Reihenhäuser«, die den NHK 2010 als Anlage 2 der Sachwertrichtlinie beigefügt sind. Für alle weiteren Gebäudearten (Mehrfamilienhäuser, Bürogebäude etc.) werden die Gebäudestandards mit den Tabellen 2 bis 15 in den NHK 2010, Anlage 2 der Sachwertrichtlinie dargestellt.

Die Beschreibungen der Gebäudestandards sind beispielhaft und können nicht alle in der Praxis vorkommenden Standardmerkmale berücksichtigen. Alle wertrelevanten Standardmerkmale eines Objektes, auch wenn sie nicht in den spezifischen Tabellen beschrieben sind, sind sachverständig einzustufen.

---

45 Abschnitt 4.1.1.2 Abs. 2 SW-RL.

Das Sachwertverfahren

Standardstufe	1	2	3	4	5	Wägungsanteil
Außenwände	Holzfachwerk, Ziegelmauerwerk; Fugenglattstrich, Putz, Verkleidung mit Faserzementplatten, Bitumenschindeln oder einfachen Kunststoffplatten; kein oder deutlich nicht zeitgemäßer Wärmeschutz (vor ca. 1980)	ein-/zweischaliges Mauerwerk, z. B. Gitterziegel oder Hohlblocksteine; verputzt und gestrichen oder Holzverkleidung; nicht zeitgemäßer Wärmeschutz (vor ca. 1995)	ein-/zweischaliges Mauerwerk, z. B. aus Leichtziegeln, Kalksandsteinen, Gasbetonsteinen; Edelputz; Wärmedämmverbundsystem oder Wärmedämmputz (nach ca. 1995)	Verblendmauerwerk, zweischalig, hinterlüftet, Vorhangfassade (z. B. Naturschiefer); Wärmedämmung (nach ca. 2005)	aufwendig gestaltete Fassaden mit konstruktiver Gliederung (Säulenstellungen, Erker etc.), Sichtbeton-Fertigteile, Natursteinfassade, Elemente aus Kupfer-/Eloxalblech, mehrgeschossige Glasfassaden; Dämmung im Passivhausstandard	23
Dach	Dachpappe, Faserzementplatten/Wellplatten; keine bis geringe Dachdämmung	einfache Betondachsteine oder Tondachziegel, Bitumenschindeln; nicht zeitgemäße Dachdämmung (vor ca. 1995)	Faserzement-Schindeln, beschichtete Betondachsteine und Tondachziegel; Folienabdichtung; Rinnen und Fallrohre aus Zinkblech; Dachdämmung (nach ca. 1995)	glasierte Tondachziegel, Flachdachausbildung tlw. als Dachterrassen; Konstruktion in Brettschichtholz, schweres Massivflachdach; besondere Dachformen, z. B. Mansarden-, Walmdach; Aufsparrendämmung, überdurchschnittliche Dämmung (nach ca. 2005)	hochwertige Eindeckung z. B. aus Schiefer oder Kupfer, Dachbegrünung, befahrbares Flachdach; aufwendig gegliederte Dachlandschaft, sichtbare Bogendachkonstruktionen; Rinnen und Fallrohre aus Kupfer; Dämmung im Passivhausstandard	15

	Standardstufe					Wägungs-anteil
	1	2	3	4	5	
Fenster und Außentüren	Einfachverglasung; einfache Holztüren	Zweifachverglasung (vor ca. 1995); Haustür mit nicht zeitgemäßem Wärmeschutz (vor ca. 1995)	Zweifachverglasung (nach ca. 1995), Rollläden (manuell); Haustür mit zeitgemäßem Wärmeschutz (nach ca. 1995)	Dreifachverglasung, Sonnenschutzglas, aufwendigere Rahmen, Rollläden (elektr.); höherwertige Türanlage z. B. mit Seitenteil, besonderer Einbruchschutz	große feststehende Fensterflächen, Spezialverglasung (Schall- und Sonnenschutz); Außentüren in hochwertigen Materialien	11
Innenwände und -türen	Fachwerkwände, einfache Putze/Lehmputze, einfache Kalkanstriche; Füllungstüren, gestrichen, mit einfachen Beschlägen ohne Dichtungen	massive tragende Innenwände, nicht tragende Wände in Leichtbauweise (z. B. Holzständerwände mit Gipskarton), Gipsdielen; leichte Türen, Stahlzargen	nicht tragende Innenwände in massiver Ausführung bzw. mit Dämmmaterial gefüllte Ständerkonstruktionen; schwere Türen, Holzzargen	Sichtmauerwerk, Wandvertäfelungen (Holzpaneele); Massivholztüren, Schiebetürelemente, Glastüren, strukturierte Türblätter	gestaltete Wandabläufe (z. B. Pfeilervorlagen, abgesetzte oder geschwungene Wandpartien); Vertäfelungen (Edelholz, Metall), Akustikputz, Brandschutzverkleidung; raumhohe aufwendige Türelemente	11

	Standardstufe					Wägungs-anteil
	1	2	3	4	5	
Deckenkons-truktionen und Treppen	Holzbalkendecken ohne Füllung, Spalierputz; Weichholztreppen in einfacher Art und Ausführung; kein Trittschallschutz	Holzbalkendecken mit Füllung, Kappendecken; Stahl- oder Hartholztreppen in einfacher Art und Ausführung	Beton- und Holzbalkendecken mit Trittschall- und Luftschallschutz (z. B. schwimmender Estrich); geradläufige Treppen aus Stahlbeton oder Stahl, Harfentreppe, Trittschallschutz	Decken mit größerer Spannweite, Deckenverkleidung (Holzpaneele/Kassetten); gewendelte Treppen aus Stahlbeton oder Stahl, Hartholztreppenanlage in besserer Art und Ausführung	Decken mit großen Spannweiten, gegliedert, Deckenvertäfelungen (Edelholz, Metall); breite Stahlbeton-, Metall- oder Hartholztreppenanlage mit hochwertigem Geländer	11
Fußböden	ohne Belag	Linoleum-, Teppich-, Laminat- und PVC-Böden einfacher Art und Ausführung	Linoleum-, Teppich-, Laminat- und PVC-Böden in besserer Art und Ausführung, Fliesen, Kunststeinplatten	Natursteinplatten, Fertigparkett, hochwertige Fliesen, Terrazzobelag, hochwertige Massivholzböden auf gedämmter Unterkonstruktion	hochwertiges Parkett, hochwertige Natursteinplatten, hochwertige Edelholzböden auf gedämmter Unterkonstruktion	5
Sanitäreinrich-tungen	einfaches Bad mit Stand-WC, Installation auf Putz, Ölfarbenanstrich, einfache PVC-Bodenbeläge	1 Bad mit WC, Dusche oder Badewanne; einfache Wand- und Bodenfliesen, teilweise gefliest	1 Bad mit WC, Dusche und Badewanne, Gäste-WC; Wand- und Bodenfliesen, raumhoch gefliest	1 – 2 Bäder mit tlw. zwei Waschbecken, tlw. Bidet/Urinal, Gäste-WC, bodengleiche Dusche; Wand- und Bodenfliesen; jeweils in gehobener Qualität	mehrere großzügige, hochwertige Bäder, Gäste-WC; hochwertige Wand- und Bodenplatten (oberflächenstrukturiert, Einzel- und Flächendekors)	9

	Standardstufe					Wägungs-anteil
	1	2	3	4	5	
Heizung	Einzelöfen, Schwerkraftheizung	Fern- oder Zentralheizung, einfache Warmluftheizung, einzelne Gasaußenwandthermen, Nachtstromspeicher-, Fußbodenheizung (vor ca. 1995)	elektronisch gesteuerte Fern- oder Zentralheizung, Niedertemperatur- oder Brennwertkessel	Fußbodenheizung, Solarkollektoren für Warmwassererzeugung, zusätzlicher Kaminanschluss	Solarkollektoren für Warmwassererzeugung und Heizung, Blockheizkraftwerk, Wärmepumpe, Hybrid-Systeme; aufwendige zusätzliche Kaminanlage	9
Sonstige technische Ausstattung	sehr wenige Steckdosen, Schalter und Sicherungen, kein Fehlerstromschutzschalter (FI-Schalter), Leitungen teilweise auf Putz	wenige Steckdosen, Schalter und Sicherungen	zeitgemäße Anzahl an Steckdosen und Lichtauslässen, Zählerschrank (ab ca. 1985) mit Unterverteilung und Kippsicherungen	zahlreiche Steckdosen und Lichtauslässe, hochwertige Abdeckungen, dezentrale Lüftung mit Wärmetauscher, mehrere LAN- und Fernsehanschlüsse	Video- und zentrale Alarmanlage, zentrale Lüftung mit Wärmetauscher, Klimaanlage, Bussystem	6

Tab. 1: **Beschreibung der Gebäudestandards für freistehende Ein- und Zweifamilienhäuser, Doppelhäuser und Reihenhäuser** Die Beschreibung der Gebäudestandards ist beispielhaft und dient der Orientierung. Sie kann nicht alle in der Praxis auftretenden Standardmerkmale aufführen. Merkmale, die die Tabelle nicht beschreibt, sind zusätzlich sachverständig zu berücksichtigen. Es müssen nicht alle aufgeführten Merkmale zutreffen. Die in der Tabelle angegebenen Jahreszahlen beziehen sich auf die im jeweiligen Zeitraum gültigen Wärmeschutzanforderungen; in Bezug auf das konkrete Bewertungsobjekt ist zu prüfen, ob von diesen Wärmeschutzanforderungen abgewichen wird. Die Beschreibung der Gebäudestandards basiert auf dem Bezugsjahr der NHK (Jahr 2010).

Die Beschreibung der Gebäudestandards für »freistehende Ein- und Zweifamilienhäuser, Doppelhäuser, Reihenhäuser« ist in neun Bauteile samt ihrem entsprechenden Wägungsanteil wie folgt untergliedert.

	Bauteil	Wägungsanteil (%)
1	Außenwände	23
2	Dächer	15
3	Außentüren und Fenster	11
4	Innenwände und -türen	11
5	Deckenkonstruktion und Treppen	11
6	Fußböden	5
7	Sanitäreinrichtungen	9
8	Heizung	9
9	Sonstige technische Ausstattung	6
	Summe	100

Die Summe aller Wägungsanteile muss über alle Bauteilgruppen 100 % sein.

Da in der Praxis eher selten Wertermittlungsobjekte angetroffen werden, die exakt in eine Standardstufe eingegliedert werden können, muss für das zu bewertende Objekt der jeweilige Gebäudestandard als gewichtetes Mittel ermittelt werden.

Die Wägungsanteile zu den angegebenen Bauteilgruppen dürfen jedoch nicht zu der Annahme verleiten, dass sich der jeweilige Gebäudestandard mathematisch exakt berechnen lässt. Mit diesem Verfahren lässt sich jedoch ein gewogener Gebäudestandard ermitteln, mit dem unter Heranziehung der jeweiligen Kostenanteile und der unterschiedlichen Standardstufen die Ausstattung eines Gebäudes hinreichend genau festgestellt werden kann. Dies geschieht, indem beispielsweise unterschiedliche Belagsarten, Dacheindeckungen, sanitäre Einrichtungen oder Wandbekleidungen bei der Bestimmung des objektspezifischen Kostenkennwerts berücksichtigt werden. Eine Mehrfachnennung ist immer dann möglich, wenn die verwendeten Bauteile Merkmale mehrerer Standardstufen aufweisen, zum Beispiel beim Bauteil »Fußböden« 30 Prozent Teppichbelag und 70 Prozent Parkett.

Verfahren zur Verkehrswertermittlung bebauter Grundstücke

> **Beispiel: Berechnungsschema zur Ermittlung eines gewichteten objektspezifischen Standards und zugehöriger Normalherstellungskosten**
>
> Gebäudedaten: Doppelhaus, unterkellert, mit Erdgeschoss, Obergeschoss und ausgebautem Dachgeschoss, aus den Gebäudedaten ergibt sich die Gebäudeart 2.11
> Die Bewertungen des Gebäudestandards für die jeweiligen Bauteile lassen sich wie folgt zuordnen:
>
> - Dächer: 50 Prozent Standardstufe 3 und 50 Prozent Standardstufe 4
> - Innenwände und -türen: 50 Prozent Standardstufe 3 und 50 Prozent Standardstufe 4
> - Fußböden: 50 Prozent Standardstufe 3 und 50 Prozent Standardstufe 4
> - Sanitäreinrichtungen: 60 Prozent Standardstufe 2 und 40 Prozent Standardstufe 3
> - Heizung: 60 Prozent Standardstufe 3 und 40 Prozent Standardstufe 4
> - Sonstige technische Ausstattung: 50 Prozent Standardstufe 2 und 50 Prozent Standardstufe 3

	Bauteil	Standardstufe					Wägungsanteil (%)	Objektspezifischer Kostenkennwert (gewogen)
		1	2	3	4	5		
1	Außenwände				1		23	217,35 €/m² BGF
2	Dächer			0,5	0,5		15	129,75 €/m² BGF
3	Außentüren und Fenster			1			11	86,35 €/m² BGF
4	Innenwände und -türen			0,5	0,5		11	95,15 €/m² BGF
5	Deckenkonstruktion und Treppen			1			11	86,35 €/m² BGF
6	Fußböden			0,5	0,5		5	43,25 €/m² BGF
7	Sanitäreinrichtungen		0,6	0,4			9	65,25 €/m² BGF
8	Heizung			0,6	0,4		9	76,41 €/m² BGF
9	Sonstige technische Ausstattung		0,5	0,5			6	44,10 €/m² BGF
	Kostenkennwerte für Gebäudeart 2.11	615 €/m² BGF	685 €/m² BGF	785 €/m² BGF	945 €/m² BGF	1180 €/m² BGF	100 (%)	843,96 €/m² BGF

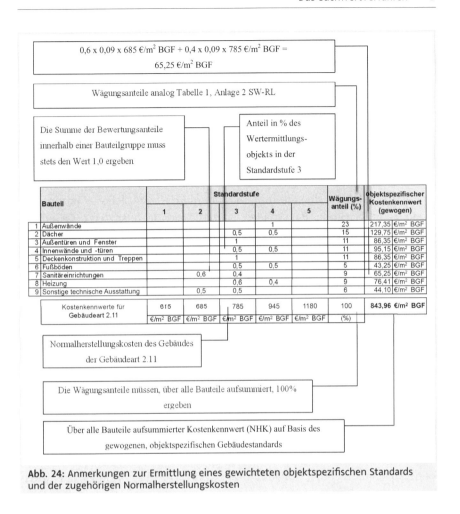

Abb. 24: Anmerkungen zur Ermittlung eines gewichteten objektspezifischen Standards und der zugehörigen Normalherstellungskosten

4.3.2.4 Berücksichtigung der Umsatzsteuer und der Baunebenkosten

In den Kostenkennwerten der NHK 2010 sind die Umsatzsteuer und die üblichen Baunebenkosten (Kostengruppen 730 [Architekten und Ingenieurleistungen] und 771 [Prüfungen, Genehmigungen, Abnahmen] der DIN 276) eingerechnet. Sie sind bezogen auf den Kostenstand des Jahres 2010 (Jahresdurchschnitt). Damit kann eine auf die Jahresmitte 2010 bezogene Baupreisindexreihe angewandt werden, um die Herstellungskosten auf den Wertermittlungsstichtag zu ermitteln.

Die Baunebenkosten sowie die Mehrwertsteuer in Höhe von derzeit 19 Prozent sind in den NHK 2010 enthalten. Im Fall einer Änderung der Umsatz- bzw. Mehrwertsteuer verlieren die ausgewiesenen NHK nicht ihre Gültigkeit, da sich eine Änderung des Mehrwertsteuersatzes über den Baupreisindex niederschlägt (Anpassung).

Eine Berücksichtigung abweichender Baunebenkosten kommt nur ausnahmsweise in Betracht, wenn die im speziellen Fall üblicherweise anfallenden Bauebenkosten erheblich von den bereits in den Normalherstellungskosten berücksichtigten Baunebenkosten abweichen. Der abweichende Baunebenkostenanteil ist dann nach Maßgabe des §8 Abs. 3 ImmoWertV bei den »besonderen objektspezifischen Grundstücksmerkmalen«, beispielsweise als eine wirtschaftliche Überalterung, ein überdurchschnittlicher Erhaltungszustand, Baumängel oder Bauschäden, zu berücksichtigen, soweit dies dem gewöhnlichen Geschäftsverkehr entspricht.

4.3.2.5 Korrekturfaktoren

Korrekturfaktoren für Ortsgröße und Regionen
Eine Anpassung an regionale Verhältnisse mittels Regionalfaktoren, beispielsweise nach Bundesländern, oder eine Anpassung an die Ortsgröße mittels Ortsgrößenfaktoren findet nicht mehr statt, da die Sachwertfaktoren das regionale Wertniveau berücksichtigen.

Durch den Vergleich des Kaufpreises mit dem über das Sachwertmodell des Gutachterausschusses ermittelten vorläufigen Sachwert wird der Sachwertfaktor ermittelt. Er beinhaltet das regionale Wertniveau. Preise spielen hier keine Rolle mehr, da der vorläufige Sachwert nicht über ortsübliche Baukosten, sondern über »synthetische« Kostenkennwerte ermittelt wird, die nichts mehr mit tatsächlichen Baukosten zu tun haben.

In den NHK 2010 sind für diverse Gebäudearten teilweise Korrekturfaktoren angegeben, mit denen eine Anpassung des jeweiligen Kostenkennwerts wegen der speziellen Merkmale des Bewertungsobjekts erlaubt ist.

Korrekturfaktoren bei Zweifamilienhäusern
Die NHK 2010 sehen für freistehende Zweifamilienhäuser einen Korrekturfaktor in Höhe von 1,05 vor.

Korrekturfaktoren bei Mehrfamilienhäusern, Wohnhäusern mit Mischnutzung, Banken/Geschäftshäusern
Bei Mehrfamilienwohnhäusern (Gebäudeart 4.1 bis 4.3), Wohnhäusern mit Mischnutzung, Banken/Geschäftshäusern (Gebäudeart 5.1 bis 5.3) sind weitere Korrekturfaktoren bezüglich der Grundrissart und der Wohnungsgröße vorzunehmen.

Grundrissart	Korrekturfaktor
Einspänner (eine Wohnung je Geschoss)	1,05
Zweispänner (zwei Wohnungen je Geschoss)	1,00
Dreispänner (drei Wohnungen je Geschoss)	0,97
Vierspänner (vier Wohnungen je Geschoss)	0,95

Wohnungsgröße	Korrekturfaktor
Circa 35 m² WF/WE	1,10
Circa 50 m² WF/WE	1,00
Circa 135 m² WF/WE	0,85

Beispiel

Gebäudedaten: Mehrfamilienhaus 16 WE, als Dreispänner mit jeweils 35 m² großen Wohnungen, Gebäudestandard: Standardstufe 4
Auf Basis der Gebäudeart und der Standardstufe ergeben sich Normalherstellungskosten für die Gebäudeart 4.2 in Höhe von 915 EUR/m² BGF.
Die an Grundrissart und Wohnungsgröße angepassten Herstellungskosten errechnen sich wie folgt:
Anpassung Grundrissart (Dreispänner) => Korrekturfaktor 0,97
Anpassung Wohnungsgröße (35 m²) => Korrekturfaktor 1,10
915 EUR/m² × 0,97 × 1,10 = 976,31 EUR/m² BGF; rd. 976 EUR/m² BGF

Weitere Korrekturfaktoren bestehen bei den »Landwirtschaftlichen Betriebsgebäuden« (Gebäudeart 18), diese orientieren sich an der Gebäudegröße und zum Teil weiteren Ausstattungsmerkmalen. Sie können aus den Datenblättern der NHK 2010 entnommen werden.

4.3.2.6 Baupreisindex – Ermittlung der Herstellungskosten zum Wertermittlungsstichtag

Die aus den Kostenkennwerten der NHK 2010 ermittelten Herstellungskosten beziehen sich auf den Jahresdurchschnitt 2010 und müssen auf den Wertermittlungsstichtag umgerechnet werden. Für diese Umrechnung der Herstellungskosten vom Stichjahr der Normalherstellungskosten ist der für den Wertermittlungsstichtag aktuelle und für die jeweilige Gebäudeart zutreffende Preisindex für die Bauwirtschaft des Statistischen Bundesamtes (Baupreisindex) mit dem entsprechenden Basisjahr zu verwenden. Die Umrechnung erfolgt mit den Indizes für die Kosten von Bauleistungen (Baupreisindex), die vom Statistischen

Bundesamt regelmäßig veröffentlicht werden. Im Internet können Sie die Indizes zum Beispiel unter www.destatis.de (Statistisches Bundesamt) oder www.gug-aktuell.de (Grundstücksmarkt und Grundstückswert) kostenlos einsehen.

Hier werden unterschiedliche Baupreisindexreihen zur Verfügung gestellt. Es ist darauf zu achten, dass stets solche Baupreisindexreihen verwendet werden, die der jeweiligen Gebäudeart des zu bewertenden Objekts entsprechen. Das Statistische Bundesamt stellt Baupreisindexreihen für Wohngebäude und Nichtwohngebäude zur Verfügung. Zudem werden Baupreisindexreihen für den Neubau von Wohn- und Mehrfamiliengebäuden, Einfamilienhäusern, gemischt genutzten Gebäuden, gewerblichen Betriebsgebäuden und Bürogebäuden abgeleitet.

Die Veröffentlichungen erfolgen in der Regel für das gesamte Jahr als Jahreswerte sowie zum Teil für die Monate Februar, Mai, August und November.

Preisindizes für Gebäude (Neubau in konventioneller Bauart und Instandhaltung) Deutschland
Originalwert einschl. Umsatzsteuer
2005 = 100

Jahr/Monat	Wohngebäude		Nichtwohngebäude	
	Einfamiliengebäude	Mehrfamiliengebäude	Bürogebäude	Gewerbliche Betriebsgebäude
2010 D[44]	113,7	114,7	115,0	116,0
2009 D	112,6	113,5	113,8	114,9
2008 D	111,6	112,7	112,6	113,6
2007 D	108,6	109,1	109,2	109,6
2006 D	101,9	102,1	102,1	102,3
2005 D	100,0	100,0	100,0	100,0
2012 August	120,2	121,5	121,5	123,0
2012 Mai	119,6	120,9	120,9	122,4
2012 Februar	118,9	120,3	120,3	121,8

---

46 Die Bezeichnung »D« bedeutet Durchschnittswert, dieser errechnet sich aus dem Mittel der vier Quartalswerte der Monate Februar, Mai, August und November.

Preisindizes für Gebäude (Neubau in konventioneller Bauart und Instandhaltung)
Deutschland
Originalwert einschl. Umsatzsteuer
2005 = 100

Jahr/Monat	Wohngebäude		Nichtwohngebäude	
	Einfamilien-gebäude	Mehrfamilien-gebäude	Bürogebäude	Gewerbliche Betriebs-gebäude
2011 November	117,6	119,0	119,0	120,5
2011 August	117,2	118,6	118,6	120,2
2011 Mai	116,5	117,9	117,9	119,4
2011 Februar	115,6	117,0	117,1	118,4
2010 November	114,4	115,5	115,7	116,9
2010 August	114,0	115,0	115,3	116,4
2010 Mai	113,5	114,6	114,8	115,7
2010 Februar	112,8	113,7	114,1	114,8

Quelle: GuG aktuell; www.gug-aktuell.de

Bei der Anwendung von Indizes im Sachwertverfahren müssen immer die Werte herangezogen werden, die dem zu bewertenden Objekt in seiner Nutzung am nächsten kommen (zum Beispiel Einfamiliengebäude, Mehrfamiliengebäude). Zudem ist immer derjenige Indexwert heranzuziehen, der dem Wertermittlungsstichtag am nächsten liegt. Liegen die Vierteljahreswerte vor, sind diese zu bevorzugen.

Achtung

Die Kostenkennwerte der NHK 2010 liegen auf der Preisbasis 2010 vor. Der für den Wertermittlungsstichtag veröffentlichte Baupreisindex des Statistischen Bundesamtes basiert auf der Preisbasis 2005. Da eine direkte Anwendung des Baupreisindex somit nicht möglich ist, müssen alle in den NHK 2010 angegebenen Baupreise über zwei Indexpunkte auf den Wertermittlungsstichtag indexiert werden.

Die Umrechnung ist nach folgender Formel möglich:

$$\frac{\text{Index zum Stichtag (2005 = 100)}}{\text{Durchschnittlicher Index für das Jahr 2010 (2005 = 100)}} \times \text{NHK 2010}$$

> **Beispiel**
>
> Gebäudedaten: Doppelhaus, Baujahr 1965, unterkellert, mit Erdgeschoss, Obergeschoss und ausgebautem Dachgeschoss, Gebäudestandard: Standardstufe 3, Wertermittlungsstichtag: 31.7.2012
> Als Kostenkennwert aus den Tabellen der NHK 2010 Gebäudeart 2.11, Standardstufe 3 erhält man 785 EUR/m^2 BGF.
> Der durchschnittliche Baupreisindex des Statistischen Bundesamtes für das Jahr 2010 für Einfamiliengebäude (Basisjahr = 2005) beträgt 113,7. Der Baupreisindex des Statistischen Bundesamtes zum Wertermittlungsstichtag 31.7.2012 für Einfamiliengebäude (Basisjahr = 2005) beträgt 119,6.
>
> $$\frac{119,6}{113,7} \times 785 \text{ EUR/m}^2 \text{ BGF} = 825{,}73 \text{ EUR/m}^2 \text{ BGB, rd. } 826 \text{ EUR/m}^2 \text{ BGF}$$

Anbei werden die Schritte zur Herleitung des indexierten Kostenkennwerts zum Wertermittlungsstichtag zusammenfassend dargestellt:

Ablauf	Bemerkung
1. Berechnung der BGF	Berücksichtigung nur Flächenanteile a und b
2. Bestimmung der Gebäudeart nach dem Katalog der NHK 2010 unter Berücksichtigung des Kellergeschosses und des Dachgeschossausbaus	Nach dem Katalog der NHK 2010
3. Bestimmung der Standardstufe	
4. Bestimmung des Kostenkennwerts (Normalherstellungskosten) in Abhängigkeit der Standardstufe und der Gebäudeart	Gegebenenfalls Anpassung des objektspezifischen Gebäudestandards aus mehreren Standardstufen
5. Gegebenenfalls Anpassung des Kostenkennwerts durch Korrekturfaktoren	Beispielsweise bei Mehrfamilienhäusern für die Wohnungsgröße und Grundrissart etc.
6. Hochrechnung der ermittelten Normalherstellungskosten mittels geeigneter Baupreisindizes auf den Wertermittlungsstichtag	Indexierung

Die Gebäudeherstellungskosten zum Wertermittlungsstichtag errechnen sich durch Multiplikation der angepassten Normalherstellungskosten mit der BGF.

> **Beispiel**
>
> Gebäudeherstellungskosten der baulichen Anlage = 826 EUR/m² BGF × 288 m² BGF = 237.888 EUR

Anmerkung: Die Alterswertminderung ist hier noch nicht berücksichtigt!

4.3.3 Ermittlung der Herstellungskosten der Außenanlagen

Außenanlagen sind außerhalb der Gebäude befindliche, mit dem Grundstück fest verbundene **bauliche Anlagen** (insbesondere Ver- und Entsorgungsanlagen von der Gebäudeaußenwand bis zur Grundstücksgrenze, Einfriedungen, Wegebefestigungen) **und sonstige Anlagen.** Zu den sonstigen Anlagen (nicht bauliche Anlagen) zählen insbesondere Gartenanlagen.

Die Sachwerte der für die jeweilige Gebäudeart üblichen baulichen Außenanlagen und sonstigen Anlagen können zum einen über ihre gewöhnlichen Herstellungskosten oder über Erfahrungssätze ermittelt werden. In der Praxis können folgende Erfahrungssätze für die Herstellungskosten der Außenanlagen als Prozentsatz der Gebäudeherstellungskosten angewandt werden:
- Bei Außenanlagen einfacher Ausführung drei Prozent
- Bei Außenanlagen mittlerer Ausführung vier Prozent
- Bei Außenanlagen gehobener Ausführung fünf Prozent

Werden die gewöhnlichen Herstellungskosten zugrunde gelegt, ist gemäß Abschnitt 4.2 Abs. 2 SW-RL eine Alterswertminderung anzusetzen, wobei sich die Restnutzungsdauer in der Regel an der der baulichen Anlage orientiert. Soweit diese Anlagen erheblich vom Üblichen abweichen, ist ggf. ihr Werteinfluss als besonderes objektspezifisches Grundstücksmerkmal nach der Marktanpassung zu berücksichtigen.

> **Beispiel**
>
> Der Sachwert der baulichen Außenanlagen berechnet sich bei Außenanlagen mit mittlerer Ausführung so: 4 % von 237.888 EUR = 9.515,15 EUR, rd. 9.500 EUR.

Anmerkung: Die Alterswertminderung ist hier noch nicht berücksichtigt!

4.3.4 Alterswertminderung

Zwischen dem Zeitpunkt der Bauwerksfertigstellung und dem Wertermittlungsstichtag verliert das Gebäude an Wert. Je älter ein Gebäude wird, desto höher ist der Wertverlust. Dieser Wertverlust ergibt sich aus der Tatsache, dass ein Gebäude im Lauf der Zeit einer ständigen Abnutzung unterliegt. Darüber hinaus wird die Nutzung eines älteren Gebäudes im Vergleich zur Nutzung eines neuen Gebäudes mit zunehmendem Alter immer unwirtschaftlicher.

Bei der Berücksichtigung der Alterswertminderung werden zuerst die Gesamtnutzungsdauer sowie die Restnutzungsdauer des Bewertungsobjekts ermittelt.

Die Restnutzungsdauer ergibt sich aus der Differenz zwischen Gesamtnutzungsdauer und dem Gebäudealter am Wertermittlungsstichtag. Anschließend muss die Restnutzungsdauer dahingehend überprüft werden, ob sie dem Zeitraum entspricht, in dem das Gebäude bei ordnungsgemäßer Bewirtschaftung voraussichtlich noch wirtschaftlich genutzt werden kann (wirtschaftliche Restnutzungsdauer). Die rechtliche Zulässigkeit der angesetzten Nutzung wird dabei vorausgesetzt. Die Ermittlung der Restnutzungsdauer und der Gesamtnutzungsdauer wurde bereits im Abschnitt »Das Ertragswertverfahren« erläutert.

Bei einer durchgreifenden Modernisierung kann sich die Restnutzungsdauer verlängern. Eine durchgreifende Modernisierung ist immer dann gegeben, wenn die wesentlichen Bestandteile eines Gebäudes erneuert wurden, dazu zählen zum Beispiel Dach, Fassade, Decken, Treppen etc. Die Erneuerung von Ausbauelementen wie Heizung, Sanitärinstallation etc. fällt unter die normale Instandhaltung und bewirkt in der Regel keine Verlängerung der Restnutzungsdauer.

Bei einer Verlängerung der wirtschaftlichen Restnutzungsdauer, präsentiert sich das Gebäude in einem jüngeren Zustand. Bei einer entsprechend längeren wirtschaftlichen (modifizierten) Restnutzungsdauer um beispielsweise zehn Jahre verjüngt sich das Gebäude um die gleiche Anzahl von Jahren. Das Gebäude entspricht dann einem vergleichbaren Gebäude, das zehn Jahre später errichtet wurde. Die Ermittlung des Gebäudealters bei modernisierten Gebäuden wird im Abschnitt »Ermittlung der Restnutzungsdauer« aufgezeigt.

Eine unterlassene Instandhaltung kann hingegen die wirtschaftliche Restnutzungsdauer verringern. Es gilt jedoch stets zu beachten, dass eine längere oder verringerte wirtschaftliche Restnutzungsdauer nicht die Gesamtnutzungsdauer des Gebäudes verändert.

Lineare Alterswertminderung
Mit Einführung der ImmoWertV hat die Alterswertminderung eine deutliche Vereinfachung dahingehend erfahren, dass von den zahlreichen Abschreibungsmodellen (insbesondere die dynamische Alterswertminderung nach »Ross«) jetzt nur noch die **lineare Abschreibung für alle Gebäudetypen** zur Anwendung kommt.

Bei der linearen Abschreibung wird unterstellt, dass alle Gebäude im Lauf ihrer Lebensdauer (Gesamtnutzungsdauer) in jedem Jahr den gleichen Anteil an Wertverlust erfahren. Somit lässt sich aus der Gesamtnutzungsdauer des Bewertungsobjekts und seinem Alter die Wertminderung wegen Alters wie folgt errechnen:

$$\text{Minderung (\%)} = \frac{\text{Gesamtnutzungsdauer} - \text{Restnutzungsdauer}}{\text{Gesamtnutzungsdauer}} \times 100$$

Orientierungswerte zur Gesamtnutzungsdauer gibt Anlage 3 der Sachwertrichtlinie »Orientierungswerte für die übliche Gesamtnutzungsdauer bei ordnungsgemäßer Instandhaltung«. Die anzusetzende Gesamtnutzungsdauer ist je nach Situation auf dem Grundstücksmarkt sachverständig zu bestimmen und zu begründen.

Orientierungswerte für die übliche Gesamtnutzungsdauer bei ordnungsgemäßer Instandhaltung[45]			
Freistehende Ein-/Zweifamilienhäuser, Doppelhäuser, Reihenhäuser			
	Standardstufe 1	60 Jahre	
	Standardstufe 2	65 Jahre	
	Standardstufe 3	70 Jahre	
	Standardstufe 4	75 Jahre	
	Standardstufe 5	80 Jahre	
Mehrfamilienhäuser		70 Jahre	±10
Wohnhäuser mit Mischnutzung		70 Jahre	±10
Geschäftshäuser		60 Jahre	±10

---
47 Anlage 3 SW-RL.

Orientierungswerte für die übliche Gesamtnutzungsdauer bei ordnungsgemäßer Instandhaltung[45]		
Freistehende Ein-/Zweifamilienhäuser, Doppelhäuser, Reihenhäuser		
Bürogebäude, Banken	60 Jahre	±10
Gemeindezentren, Saalbauten/Veranstaltungsgebäude	40 Jahre	±10
Kindergärten, Schulen	50 Jahre	±10
Wohnheime, Alten-/Pflegeheime	50 Jahre	±10
Krankenhäuser, Tageskliniken	40 Jahre	±10
Beherbergungsstätten, Verpflegungseinrichtungen	40 Jahre	±10
Sporthallen, Freizeitbäder/Heilbäder	40 Jahre	±10
Verbrauchermärkte, Autohäuser	30 Jahre	±10
Kauf-/Warenhäuser	50 Jahre	±10
Einzelgaragen	60 Jahre	±10
Tief- und Hochgaragen als Einzelbauwerk	40 Jahre	±10
Betriebs-/Werkstätten, Produktionsgebäude	40 Jahre	±10
Lager-/Versandgebäude	40 Jahre	±10
Landwirtschaftliche Betriebsgebäude	30 Jahre	±10

! **Beispiel: Bestimmung der Alterswertminderung**

Gebäudedaten: Einfamilienhaus, Standardstufe 3, Baujahr 1965, Wertermittlungsstichtag: 31.7.2012

Schritt 1: Bestimmung der Gesamtnutzungsdauer

Ansatz: 70 Jahre Gesamtnutzungsdauer für das Einfamilienhaus

Schritt 2: Bestimmung der Restnutzungsdauer

1965 (Baujahr) + 70 Jahre (GND) = 2035

2035 − 2012 (Jahr des Wertermittlungsstichtags) = 23 Jahre RND

Die Alterswertminderung errechnet sich wie folgt:

$$\text{Minderung (\%)} = \frac{\text{GND} - \text{RND}}{\text{GND}} \times 100 = \frac{70 - 23}{70} \times 100 = \text{rd. } 67\,\%$$

Der »Sachwert der baulichen Anlagen« berechnet sich auf Basis der »Herstellungskosten der baulichen Anlagen« zum Wertermittlungsstichtag von 237.888 EUR und einer linearen Abschreibung in Höhe von 67% wie folgt:

	Herstellungskosten der baulichen Anlagen zum Wertermittlungsstichtag	237.888 EUR
−	lineare Alterswertminderung 67% von 237.888 EUR =	159.385 EUR
=	Sachwert der baulichen Anlagen	78.503 EUR

4.3.5 Ermittlung des vorläufigen Sachwerts des Grundstücks

Der vorläufige Sachwert des Grundstücks errechnet ist die Summe aus
- dem **Sachwert der baulichen Anlagen** (ohne Außenanlagen), ausgehend von den Herstellungskosten unter Berücksichtigung der Alterswertminderung,
- dem **Sachwert der baulichen Außenanlagen und der sonstigen Anlagen** nach Erfahrungssätzen oder nach gewöhnlichen Herstellungskosten (ggf. unter Berücksichtigung der Alterswertminderung), soweit sie nicht als besondere objektspezifische Grundstücksmerkmale zu berücksichtigen sind, und
- dem **Bodenwert**, der vorrangig im Vergleichswertverfahren zu ermitteln ist; dabei kann auf geeignete Bodenrichtwerte zurückgegriffen werden.

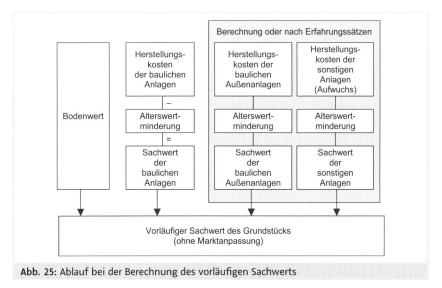

Abb. 25: Ablauf bei der Berechnung des vorläufigen Sachwerts

4.3.6 Verkehrswert (Marktwert) des Grundstücks

Mit der ImmoWertV neu eingeführt wurde eine zweistufige Marktanpassung, die bei der Wertermittlung zwingend in nachstehender Reihenfolge gesondert zu berücksichtigen ist.

1. Marktanpassung an die allgemeinen Wertverhältnisse auf dem Grundstücksmarkt[48]
2. Berücksichtigung besonderer objektspezifischer Grundstücksmerkmale[49]

Der Verkehrswert (Marktwert) des Grundstücks berechnet sich somit aus dem »vorläufigen Sachwert des Grundstücks«,

- der zuerst durch Multiplikation mit dem zutreffenden **Sachwertfaktor** an die **allgemeinen Wertverhältnisse auf dem Grundstücksmarkt anzupassen** ist (marktangepasster vorläufiger Sachwert) und
- bei dem anschließend ggf. **besondere objektspezifische Grundstücksmerkmale**, beispielsweise durch Zu- oder Abschläge, zu berücksichtigen sind.

Ziel der Marktanpassung ist es, aus dem vorläufigen Sachwert des Grundstücks einen Verkehrswert abzuleiten, der als wahrscheinlichster Kaufpreis auch erzielbar ist.

! **Wichtig**
Die Marktanpassung ist ausschließlich in der vorgenannten Reihenfolge vorzunehmen. Nur dann ist die Berechnung marktkonform.

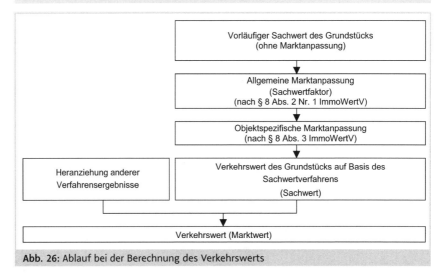

Abb. 26: Ablauf bei der Berechnung des Verkehrswerts

---
48 § 8 Abs. 2 Nr. 1 ImmoWertV.
49 § 8 Abs. 3 ImmoWertV.

Marktanpassung an die allgemeinen Wertverhältnisse auf dem Grundstücksmarkt

Im ersten Schritt ist die Marktlage mittels der von den Gutachterausschüssen abgeleiteten **Sachwertfaktoren** zu berücksichtigen. Die Sachwertfaktoren sind definiert, als Faktoren, die sich aus dem Verhältnis geeigneter Kaufpreise bebauter Grundstücke zu den dafür nach Maßgabe von §§21 bis 23 Immo-WertV abgeleiteten (vorläufigen) Sachwerten ergeben.

$$\text{Sachwertfaktor} = \frac{\text{Kaufpreis}}{\text{(vorläufiger) Sachwert}}$$

Zur Berücksichtigung der Lage auf dem Grundstücksmarkt einschließlich der regionalen Baupreisverhältnisse ist der im Wesentlichen nur kostenorientierte vorläufige Sachwert an die allgemeinen Wertverhältnisse auf dem örtlichen Grundstücksmarkt anzupassen. Hierzu ist der vorläufige Sachwert mit dem zutreffenden Sachwertfaktor zu multiplizieren, der aus dem Verhältnis geeigneter Kaufpreise zu entsprechenden vorläufigen Sachwerten ermittelt wird (§14 Abs. 2 Nr. 1 ImmoWertV). In Abhängigkeit von den maßgeblichen Verhältnissen am örtlichen Grundstücksmarkt kann auch ein relativ hoher oder niedriger Sachwertfaktor sachgerecht sein. Kann der Gutachterausschuss keinen zutreffenden Sachwertfaktor zur Verfügung stellen, können hilfsweise Sachwertfaktoren aus vergleichbaren Gebieten herangezogen oder ausnahmsweise die Marktanpassung unter Berücksichtigung der regionalen Marktverhältnisse sachverständig geschätzt werden; in diesen Fällen ist die Marktanpassung besonders zu begründen.[50]

Sachwertfaktoren werden auf der Grundlage von Kaufpreisen von für die jeweilige Gebäudeart typischen Grundstücken unter weitgehendem Ausschluss »besonderer objektspezifischer Grundstücksmerkmale« abgeleitet. Dementsprechend dürfen sie bei der Sachwertermittlung auch nur unter Ausschluss »besonderer objektspezifischer Grundstücksmerkmale« berücksichtigt werden.

---

50 Abschnitt 5 Abs. 1 SW-RL.

Die »wesentlichen Modellparameter für die Ermittlung des Sachwertfaktors«[51] sind:

Normalherstellungskosten	NHK 2010 (Anlage 1 SW-RL)
Gebäudebaujahrsklassen	Keine
Gebäudestandard	Nach Standardmerkmalen und Standardstufen (Anlage 2 SW-RL)
Baunebenkosten	In den NHK 2010 enthalten
Korrekturfaktoren für das Land und die Ortsgröße (zum Beispiel Regionalfaktor)	Keine
Bezugsmaßstab	BGF
Baupreisindex	Preisindex für die Bauwirtschaft des Statistischen Bundesamtes
Baujahr	Ursprüngliches Baujahr
Gesamtnutzungsdauer	Nach Anlage 3 SW-RL
Restnutzungsdauer	Gesamtnutzungsdauer abzüglich Alter; ggf. modifizierte Restnutzungsdauer; bei Modernisierungsmaßnahmen Verlängerung der Restnutzungsdauer nach Anlage 4 SW-RL
Alterswertminderung	Linear
Wertansatz für bauliche Außenanlagen, sonstige Anlagen	Kein gesonderter Ansatz, Anlagen sind im üblichen Umfang im Sachwert enthalten oder pauschaler Ansatz in Höhe von …
Wertansatz für bei der BGF-Berechnung nicht erfasste Bauteile	Kein gesonderter Ansatz, Bauteile sind im üblichen Umfang im Sachwert enthalten oder pauschaler Ansatz in Höhe von …
Besondere objektspezifische Grundstücksmerkmale	Keine oder entsprechende Kaufpreisbereinigung
Bodenwert	Ungedämpft, zutreffender Bodenrichtwert ggf. angepasst an die Merkmale des Einzelobjekts
Grundstücksfläche	Marktübliche, objektbezogene Grundstücksgröße

---

51 Vgl. Anlage 5 SW-RL.

Bei der Anwendung der Sachwertfaktoren sind die verwendete Ableitungsmethode und die zugrunde gelegten Daten zu beachten, um die Modellkonformität sicherzustellen. Dabei gilt insbesondere, dass die Sachwertfaktoren nur auf solche Wertanteile angewandt werden dürfen, die ihrer Ermittlungsgrundlage hinreichend entsprechen. Die nicht von dem angewandten Sachwertfaktor abgedeckten Wertanteile sind als besondere objektspezifische Grundstücksmerkmale nach der Marktanpassung zu berücksichtigen.[52]

Informationen über die Marktanpassung an die allgemeinen Wertverhältnisse auf dem Grundstücksmarkt können beim zuständigen Gutachterausschuss beschafft werden.

Beispiel
Der Gutachterausschuss für Grundstückswerte gibt für das Wertermittlungsgrundstück einen Sachwertfaktor in Höhe von 0,85 (Abschlag von 15 Prozent) an. Bei einem vorläufigen Sachwert des Grundstücks von 300.000 Euro und unter Berücksichtigung eines Sachwertfaktors von 0,85 errechnet sich ein marktangepasster Grundstückssachwert von 300.000 EUR x 0,85 = 255.000 EUR.

Berücksichtigung besonderer objektspezifischer Grundstücksmerkmale
Erst nachdem die Marktanpassung an die allgemeinen Wertverhältnisse auf dem örtlichen Grundstücksmarkt mithilfe des Sachwertfaktors erfolgt ist, finden die besonderen objektspezifischen Grundstücksmerkmale ihre Berücksichtigung.

Unter »besondere objektspezifische Grundstücksmerkmale« werden wertbeeinflussende Umstände eines Wertermittlungsobjekts verstanden, welche erheblich vom Üblichen abweichen und denen der Grundstücksmarkt einen eigenständigen Werteinfluss beimisst. Soweit solche wertbeeinflussenden Umstände in der Wertermittlung noch nicht erfasst und berücksichtigt wurden, werden diese durch marktgerechte Zu- oder Abschläge gesondert berücksichtigt (§ 8 Abs. 2 und 3 ImmoWertV). Wertrelevante Umstände[53] können sein:
- **Besondere Ertragsverhältnisse**, sofern das Wertermittlungsobjekt vom Üblichen erheblich abweichende Erträgen erzielt. Die Wertminderung bzw. Werterhöhung kann beispielsweise nach den Grundsätzen des Ertragswertverfahrens ermittelt werden.
- Wertminderungen infolge **Bauschäden und Baumängel** können durch Abschläge nach Erfahrungswerten, unter Zugrundelegung von Bauteiltabellen oder auf der Grundlage von Schadensbeseitigungskosten berücksichtigt werden.

---
52 Abschnitt 5 Abs. 3 SW-RL.
53 Analog Abschnitt 6, Abs. 6.1 bis 6.7 SW-RL.

- **Wirtschaftliche Überalterung:** Ausnahmsweise kommt zusätzlich zum Ansatz der Alterswertminderung ein Abschlag wegen wirtschaftlicher Überalterung in Betracht, wenn das Bewertungsobjekt nur noch eingeschränkt verwendungsfähig bzw. marktgängig ist. Anhaltspunkte für eine wirtschaftliche Überalterung sind zum Beispiel erhebliche Ausstattungsmängel, unzweckmäßige Gebäudegrundrisse und eine unzweckmäßige Anordnung der Gebäude auf dem Grundstück.
- **Überdurchschnittlicher Erhaltungszustand:** Ausnahmsweise kommt ein Zuschlag wegen überdurchschnittlichen Erhaltungszustands in Betracht, wenn sich das Bewertungsobjekt in einem besonders gepflegten Zustand befindet. In Abgrenzung zur Modernisierung handelt es sich hier um über das übliche Maß hinausgehende Instandhaltungsmaßnahmen, die in ihrer Gesamtheit zwar das Erscheinungsbild des Bewertungsobjekts überdurchschnittlich positiv beeinflussen, jedoch keine Erhöhung der Restnutzungsdauer bewirken.
- **Freilegungskosten,** beispielsweise für Freilegungsmaßnahmen, Teilabriss- und Sicherungsmaßnahmen, die bei wirtschaftlicher Betrachtungsweise erforderlich sind und bei der Ermittlung des Bodenwerts noch nicht berücksichtigt wurden, sind ggf. die anfallenden Kosten, die Verwertungserlöse für abgängige Bauteile und die ersparten Baukosten durch die Verwendung vorhandener Bauteile zu berücksichtigen.
- Eine Wertminderung bei **Bodenverunreinigungen,** beispielsweise bei schädlichen Bodenveränderungen, Verdachtsflächen, Altlasten und Altlasten-verdächtigen Flächen etc. kann sich an den Kosten orientieren, die für eine Sanierung, Sicherungsmaßnahmen, Bodenuntersuchungen etc. anfallen.
- **Grundstücksbezogene Rechte und Belastungen:** In Bezug auf die Ermittlung der Auswirkungen grundstücksbezogener Rechte und Belastungen wird auf Nr. 4 des zweiten Teils der WertR 2006 verwiesen.

Die besonderen objektspezifischen Grundstücksmerkmale können sowohl wertmindernd als auch werterhöhend sein. Ihre Berücksichtigung finden die Korrekturansätze in der Regel in Eurobeträgen, sie können aber auch als Prozentsatz vom marktangepassten Sachwert angesetzt werden. Werden zusätzlich weitere Wertermittlungsverfahren durchgeführt, sind die besonderen objektspezifischen Grundstücksmerkmale, soweit möglich, in allen Verfahren identisch anzusetzen.

> **!** **Beispiel**
>
> Die »besonderen objektspezifischen Grundstücksmerkmale« errechnen sich nach der Ermittlung des »marktangepassten Sachwerts des Grundstücks« in Höhe von 255.000 Euro wie folgt:

Abschlag wegen wirtschaftlicher Überalterung (schlechter Grundrissgestaltung, insbesondere »gefangene Zimmer«) 5%
5% von 255.000 EUR = 12.750 EUR
Abschlag wegen Baumängel: 10.000 EUR
Unter Berücksichtigung der Marktanpassung an die allgemeinen Wertverhältnisse auf dem Grundstücksmarkt und der darauffolgenden Berücksichtigung der besonderen objektspezifischen Grundstücksmerkmale errechnet sich der Sachwert (Verkehrswert) wie folgt.

	Marktangepasster Sachwert des Grundstücks	255.000 EUR
–	Abschlag wegen wirtschaftlicher Überalterung	12.750 EUR
–	Abschlag wegen Baumängel	10.000 EUR
=	Sachwert (Verkehrswert)	232.250 EUR
		rd. 232.000 EUR

Abschließend werden nochmals die Berechnungsgrößen zur Ermittlung des Sachwerts anhand eines Beispiels zusammenfassend dargestellt.

Beispiel

Eingangsgrößen
Doppelhaus, Baujahr 1965, unterkellert, mit EG, OG und voll ausgebautem DG
=> Gebäudeart 2.11
Gebäudestandard: Standardstufe 3
=> NHK 2012 = 785 EUR/m^2 BGF
BGF wurde mit 288 m^2 ermittelt
Wertermittlungsstichtag: 31.7.2012
Gesamtnutzungsdauer: 70 Jahre; Restnutzungsdauer: 23 Jahre
=> Alterswertminderung rd. 67%
Sachwertfaktor: 0,85
Mängel: Abschlag wegen wirtschaftlicher Überalterung: 5%
Abschlag wegen Baumängel: 10.000 EUR

Berechnungsgrößen zur Ermittlung des Sachwerts		
Brutto-Grundfläche (m^2)	288	
NHK 2010 (EUR/m^2 BGF) inklusive Baunebenkosten	785	785 EUR
Korrekturfaktor 1	0,00	785 EUR
Korrekturfaktor 2	0,00	785 EUR
NHK 2010 (angepasst)		785 EUR

Berechnungsgrößen zur Ermittlung des Sachwerts		
Umrechnung auf Wertermittlungsstichtag		
Baupreisindex (2005 = 100%)	113,7	
Baupreisindex Wertermittlungsstichtag	119,6	
Kostenkennwert bezogen auf den Wertermittlungsstichtag		826 EUR
Gebäudeherstellungskosten		
BGF x Kostenkennwert bezogen auf den Wertermittlungsstichtag		237.812 EUR
Alterswertminderung linear	67%	−159.334 EUR
Altersgeminderte Gebäudeherstellungskosten		79.304 EUR
Sachwert der baulichen Anlagen		79.304 EUR
Sachwert der baulichen Außenanlagen	4%	3.172 EUR
Sachwert der sonstigen Anlagen		0 EUR
Bodenwert		100.000 EUR
Vorläufiger Sachwert des Grundstücks		182.476 EUR
Marktanpassung		
Allgemeine Marktanpassung (Sachwertfaktor)	−15%	−27.371 EUR
Marktangepasster Sachwert		155.104 EUR
Berücksichtigung der objektspezifischen Grundstücksmerkmale	−5%	−7.755 EUR
	Pauschal	−10.000 EUR
Sachwert (Verkehrswert)		137.349 EUR

5 Kontrollen und Analysen

Ein Gutachten muss plausibel und prüffähig gestaltet sein. Aufbau und Inhalt müssen daher so dargestellt werden, dass auch der Empfänger und interessierte Laie das Gutachten verstehen und nachvollziehen kann. Eine Möglichkeit, die Eingangsdaten und somit das ermittelte Ergebnis im Gutachten zu untermauern, ist die Anwendung von Plausibilitätskontrollen und Sensitivitätsnachweisen.

Nachfolgend werden einige Möglichkeiten dargestellt, wie sich in einem Gutachten Plausibilitätskontrollen und Sensitivitätsanalysen aufführen und darstellen lassen. Bei der Anwendung von Sensitivitätsanalysen wird für unterschiedliche Ausgangsgrößen dargestellt, welche Auswirkungen sie auf das Wertermittlungsergebnis haben. Für den Wertermittler bedeutet dies, dass er für die Herleitung von Ausgangsgrößen, die sich besonders auf den Verkehrswert auswirken, mit großer Sorgfalt und Gewissenhaftigkeit recherchieren muss. Besondere Auswirkungen auf den Ertragswert hat zum Beispiel der Liegenschaftszinssatz im Ertragswertverfahren. Variiert man diesen zum Beispiel um 0,5 Prozent, ergibt sich im Ertragswert eine Änderung (bei längerer Restnutzungsdauer) von circa zehn Prozent!

Plausibilitätskontrollen dienen in einem Gutachten dazu, das Wertermittlungsergebnis, also den ermittelten Verkehrswert, beispielsweise anhand von Faktoren oder unter Zuhilfenahme anderer Verfahren zu untermauern.

Der hergeleitete Verkehrswert wird so nochmals einem oder mehreren Kontrollverfahren unterzogen, sodass die Richtigkeit des Ergebnisses bestätigt wird und wenig Angriffsfläche für den Auftraggeber und seine Einschätzung des Werts der jeweiligen Immobilie besteht.

Dass der Verkäufer den Wert seiner Immobilie meist wesentlich höher einschätzt als der Käufer, der dieselbe Immobilie erwerben möchte, sei hier nur am Rande erwähnt.

Plausibilitätskontrollen und Sensitivitätsanalysen werden in der Regel am Ende eines Gutachtens aufgeführt, bevor der Verkehrswert definiert und beziffert wird.

5.1 Sensitivitätsanalysen

Beim Ertragswertverfahren bieten sich zum Beispiel die im Folgenden beschriebenen Sensitivitätsanalysen an. Sie werden anhand des nachfolgenden Ertragswerts und der entsprechenden Einflussfaktoren dargestellt und kurz erläutert.

> **Beispiel: Ertragswertverfahren**
>
> | | | | |
> |---|---|---|---|
> | | Rohertrag | 1.230 EUR/Monat | 14.760 EUR/Jahr |
> | − | Bewirtschaftungskosten | 20 % | − 2.952 EUR/Jahr |
> | = | Reinertrag | | 11.808 EUR/Jahr |
> | − | Bodenwertverzinsung | 5 % | − 2.500 EUR/Jahr |
> | = | Gebäudereinertrag | | 9.308 EUR/Jahr |
> | × | Vervielfältiger (LZ 5 %, RND 55 Jahre) | | 18,63347 |
> | = | Gebäudeertragswert | | 173.440 EUR |
> | + | Bodenwert | | 50.000 EUR |
> | = | vorläufiger Ertragswert | | 223.440 EUR |
> | ± | objektspezifische Marktanpassung | | − 10.000 EUR |
> | = | Ertragswert | | 213.440 EUR |

Bei Sensitivitätsanalysen wird gezeigt, wie sich Veränderungen einer Eingangsgröße um einen bestimmten Betrag oder Prozentsatz nach oben und unten auf den Ertragswert auswirken. Alle weiteren Eingabegrößen bleiben dabei unverändert. Das Ergebnis wird tabellarisch, ggf. auch grafisch, dargestellt und erläutert.

> **Beispiel: Darstellung des Ertragswerts in Abhängigkeit vom Bodenwert**
>
> Grundlage für die Sensitivitätsanalyse ist der ermittelte Bodenwert in Höhe von 500 EUR/m². Es soll dargelegt werden, dass bei einer prozentualen Veränderung des ermittelten Bodenwerts in Höhe von beispielsweise plus oder minus 20 Prozent, was einem Betrag von 100 EUR/m² entspricht, die Auswirkungen auf den Ertragswert nicht entscheidend sind. Der Ertragswert variiert in diesem Beispiel lediglich um plus oder minus 0,32 Prozent!

5 Sensitivitätsanalysen

Sensitivitätsanalyse des Bodenwerts bei einer prozentualen Veränderung des Bodenwerts um jeweils 20 Prozent

	Bodenwert (EUR/m²)	Veränderung des Bodenwerts (%)	Ertragswert	Veränderung des Ertragswerts (%)
Abweichung A	400 EUR	− 20	212.757 EUR	− 0,32
Ursprung	500 EUR	0	213.440 EUR	0,00
Abweichung B	600 EUR	+ 20	214.124 EUR	+ 0,32

Grafische Darstellung einer Sensitivitätsanalyse des Bodenwerts bei einer prozentualen Veränderung des Bodenwerts um jeweils 20 Prozent

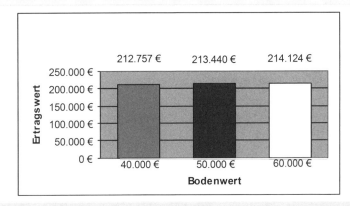

Abb. 1: Sensitivitätsanalyse Bodenwert/Ertragswert

Der Ertragswert lässt sich auch in Abhängigkeit von zwei Eingangsgrößen, die gleichzeitig nach oben und unten variiert werden, stellen.

> **Achtung**
> Der Bodenwert ist mit angemessener Sorgfalt zu ermitteln. Man sollte sich – wegen der geringen Auswirkung der Veränderungen des Bodenwerts auf den Ertragswert – nicht dazu verleiten lassen, ihn beim Ertragswertverfahren nachlässig zu ermitteln.

> **Beispiel: Darstellung des Ertragswerts in Abhängigkeit vom Liegenschaftszinssatz und der Restnutzungsdauer**
> Geht man von einem Liegenschaftszinssatz in Höhe von fünf Prozent und einer Restnutzungsdauer von 55 Jahren aus und variiert die Eingangsgrößen um 0,5 Prozent bzw. um 5 Jahre in beide Richtungen, so zeigt sich, dass sich insbesondere der Liegenschaftszinssatz erheblich auf den Ertragswert auswirkt. Bei längeren Restnutzungsdauern können sich Veränderungen von mehr als plus oder minus zehn Prozent ergeben.
> Dagegen ist der Einfluss der Restnutzungsdauer auf den Ertragswert in der angegebenen Zeitspanne nicht wesentlich von Bedeutung. Je länger die Restnutzungs-

dauer ist, desto geringer wirkt sie sich – bei gleichbleibendem Liegenschaftszinssatz – auf den Ertragswert aus.

Restnutzungsdauer				
		50 Jahre	55 Jahre	60 Jahre
	4,5 %	228.885 EUR	233.531 EUR	237.258 EUR
Liegenschaftszinssatz	5,0 %	209.926 EUR	213.140 EUR	216.194 EUR
	5,5 %	193.366 EUR	196.026 EUR	198.061 EUR

Einige Arten von Sensitivitätsanalysen wurden im Buch bereits erläutert:
- Sensitivitätsanalyse des Bodenwerts
- Sensitivitätsanalyse des Jahresrohertrags
- Sensitivitätsanalyse der Bewirtschaftungskosten
- Sensitivitätsanalyse des Liegenschaftszinssatzes

Hier nun als weiteres Beispiel die Sensitivitätsanalyse der Restnutzungsdauer. Die in der Ertragswertberechnung in Ansatz gebrachte Restnutzungsdauer wird um fünf Jahre variiert. Es zeigt sich, dass eine Abweichung in vorgenannter Höhe für die Ermittlung des Ertragswerts nicht wesentlich von Bedeutung ist.

! **Beispiel**

	Restnutzungsdauer	Prozentuale Veränderung	Ertragswert
Abweichung A	50 Jahre	– 1,65 %	209.926 EUR
Ursprung	55 Jahre	± 0,00 %	213.440 EUR
Abweichung B	60 Jahre	+ 1,29 %	216.194 EUR

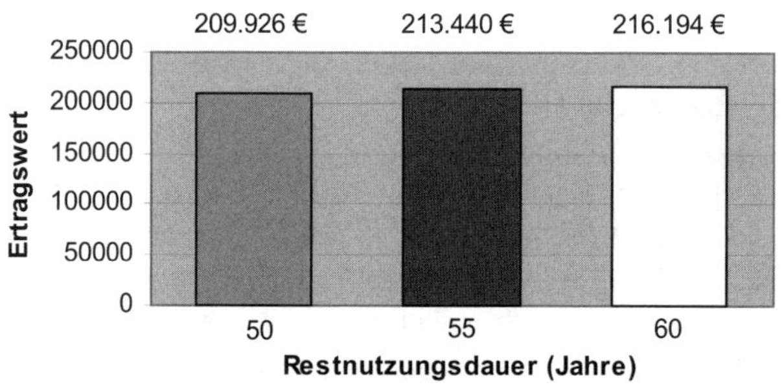

Abb. 2: Sensitivitätsanalyse Restnutzungsdauer/Ertragswert

> **Wichtig** !
> Je länger die Restnutzungsdauer ist, desto geringer wirken sich die Abweichungen auf den Ertragswert aus.

5.2 Plausibilitätskontrollen

Eine weitere Möglichkeit, ein Ergebnis zu untermauern, bieten Plausibilitätskontrollen unter Zuhilfenahme von

- Ertragsfaktoren und
- Gebäudefaktoren.

5.2.1 Ertragsfaktoren

Ertragsfaktoren geben das durchschnittliche Verhältnis vom erzielten Kaufpreis zum jeweiligen Rohertrag, ermittelt aus nachhaltig erzielbaren, jährlichen Nettokaltmieten, wieder. Dabei handelt es sich um durchschnittliche Werte aus einer Vielzahl von Einzelkauffällen gleichartiger Grundstücke in durchschnittlicher Qualität. Die Ertragsfaktoren werden in der Regel von Gutachterausschüssen ermittelt und können entsprechend erfragt oder aus den Jahresberichten der Gutachterausschüsse entnommen werden.

$$\text{Ertragsfaktor} = \frac{\text{Kaufpreis}}{\text{Rohertrag}}$$

Ertragsfaktoren können regional sehr unterschiedlich ausfallen und sind im Wesentlichen abhängig von der Gebäude- und Nutzungsart sowie von Baujahr, Lage, Zustand etc.

Nachfolgend ist ein Beispiel für Ertragsfaktoren in Abhängigkeit von Gebäudetypen angegeben. Diese Faktoren sind jedoch nicht allgemein verbindlich und unterscheiden sich insbesondere von der Region, in der das Bewertungsgrundstück liegt. So kann zum Beispiel der Ertragsfaktor für ein Bürogebäude in München ggf. doppelt so hoch sein wie für ein Bürogebäude in Leipzig.

Kontrollen und Analysen

> **Beispiel: Ertragsfaktoren in Abhängigkeit von Gebäudetypen in der Stadt xy**
>
> **Vielfaches des Jahresrohertrags (Ertragsfaktor)**
>
> | Gebäudeart | | Mittelwert | Spanne |
> |---|---|---|---|
> | Einfamilien- und Doppelhäuser | Neubauobjekte | 26 | 25–27 |
> | | Gebrauchte Objekte | 26 | 22–26 |
> | Wohnhäuser Gewerbeanteil 0 bis 10% | Alle | 19 | 16–22 |
> | | Mit Denkmalschutz | 20 | 17–23 |
> | | Ohne Denkmalschutz | 18 | 15–21 |
> | Wohnhäuser Gewerbeanteil 10 bis 60% | Alle | 18 | 15–21 |
> | | Mit Denkmalschutz | 18 | 15–21 |
> | | Ohne Denkmalschutz | 17 | 14–20 |
> | Büro- und Geschäftshäuser | Alle | 16 | 14–20 |
> | | Mit Denkmalschutz | 18 | 15–21 |
> | | Ohne Denkmalschutz | 16 | 14–18 |

> **Wichtig**
> Je höher der Ertragsfaktor, desto wertvoller ist das Objekt.

In unserem Beispiel ermittelt sich der Ertragsfaktor wie folgt:

$$\text{Ertragsfaktor} = \frac{213.440 \text{ EUR} + 10.000 \text{ EUR}}{14.760 \text{ EUR}} \approx 15{,}1$$

Beim Ansatz des Ertragswerts zur Ermittlung des Ertragsfaktors geht man von einem mängelfreien Zustand aus. Daher ist darauf zu achten, dass der Wert für die objektspezifischen Grundstücksmerkmale (§8 Abs. 3 ImmoWertV), wie im Beispiel mit 10.000 EUR angesetzt, sofern er vorher abgezogen wurde, wieder addiert wird![1]

- Liegt der Ertragsfaktor innerhalb der Bandbreite der vom Gutachterausschuss ermittelten durchschnittlichen Ertragsfaktoren für vergleichbare Grundstücke (zum Beispiel 14 bis 16), wird die Richtigkeit des Ergebnisses über den vom Gutachterausschuss ermittelten Ertragsfaktor bestätigt.

---

1 Sofern bei den sonstigen wertbeeinflussenden Umständen Kosten addiert wurden, sind sie bei der Ermittlung des Ertragsfaktors entsprechend wieder abzuziehen.

- Liegt der ermittelte Faktor im Randbereich oder sogar außerhalb der Bandbreite der vom Gutachterausschuss ermittelten durchschnittlichen Ertragsfaktoren für vergleichbare Grundstücke, ist die Herleitung des Ertragswerts nochmals zu prüfen oder ggf. das Ergebnis entsprechend zu begründen. Mögliche Ursachen können sein, dass die durchschnittliche Qualität, zum Beispiel Lage, Nutzbarkeit, Beschaffenheit etc. oder eine sehr kurze Restnutzungsdauer, der fiktiven Vergleichsgrundstücke deutlich von den Qualitätsmerkmalen des Bewertungsgrundstücks abweicht.

Durch die Umstellung der oben aufgeführten Formel lässt sich auch der Verkehrswert durch Multiplikation des Rohertrags (nachhaltig erzielbare jährliche Nettokaltmiete) mit dem Ertragsfaktor ermitteln:

Kaufpreis = Ertragsfaktor × Rohertrag

Ertragsfaktoren dienen häufig dazu, beim privaten Immobilienerwerb von Renditeobjekten die Größenordnung des Verkehrswerts abzuschätzen.

> **Beispiel**
> Der Gutachterausschuss des Landkreises xy gibt zum Beispiel für ermittelte durchschnittliche Ertragsfaktoren für vergleichbare Mietwohngrundstücke eine Bandbreite von 15 bis 16 an.
> Die nachhaltig erzielbaren jährlichen Nettokaltmieten wurden mit 14.500 EUR ermittelt.
> Verkehrswert = Ertragsfaktor × Rohertrag =
> 14.500 EUR × 15,5 = 224.750 EUR

5.2.2 Gebäudefaktoren

Gebäudefaktoren geben das durchschnittliche Verhältnis vom erzielten Kaufpreis zur Wohn- oder zur Nutzfläche oder zum Rauminhalt des jeweiligen Gebäudes wieder. Da die Gutachterausschüsse Gebäudefaktoren hauptsächlich für Wohnhäuser sowie für Büro- und Geschäftshäuser ermitteln, werden diese üblicherweise je Quadratmeter Wohnfläche bzw. Nutzfläche ausgewiesen. Dabei handelt es sich um durchschnittliche Werte aus einer Vielzahl von Einzelkauffällen gleichartiger Grundstücke mit durchschnittlicher Qualität.

Die Gebäudefaktoren werden in der Regel von Gutachterausschüssen ermittelt und können wie die Ertragsfaktoren erfragt oder aus den aktuellen Jahresberichten entnommen werden.

$$\text{Gebäudefaktor} = \frac{\text{Kaufpreis}}{\text{Wohnfläche m}^2}$$

Gebäudefaktoren können sehr unterschiedlich ausfallen und werden im Wesentlichen abhängig von der Wohnungsgröße und/oder der Lage aufgeführt. Häufig wird auch zwischen vermieteten und nicht vermieteten Objekten unterschieden. Nachfolgend ist jeweils ein Beispiel für Gebäudefaktoren in Abhängigkeit von der Wohnungsgröße und der Lage sowie ein Beispiel für Gebäudefaktoren in Abhängigkeit von der Gebäudeart und Nutzung angegeben. Diese Faktoren sind ebenfalls nicht allgemein verbindlich und können regional sehr unterschiedlich ausfallen. Sie variieren je nach örtlicher Lage, Geschoss, Himmelsrichtung, Ausstattung oder Mikrolage etc. des Bewertungsgrundstücks.

! **Beispiel: Gebäudefaktoren in Abhängigkeit von der Wohnungsgröße bzw. der Gebäudeart in der Stadt xy**

Wohnungsgröße	Wohnlage	Gebäudefaktor Mittelwert
Wohnfläche 45 m²	Einfache Wohnlage	./.
	Durchschnittliche Wohnlage	2.200 EUR/m²
	Gute Wohnlage	2.500 EUR/m²
	Beste Wohnlage	2.800 EUR/m²
Wohnfläche 80 m²	Einfache Wohnlage	./.
	Durchschnittliche Wohnlage	2.100 EUR/m²
	Gute Wohnlage	2.400 EUR/m²
	Beste Wohnlage	3.700 EUR/m²

Gebäudefaktoren für Wohn-, Büro- und Geschäftshäuser

Gebäudeart		Mittelwert	Spanne
Wohnhäuser Gewerbeanteil 0 bis 10%	Alle	1.700	1.380–2.020
	Mit Denkmalschutz	1.710	1.420–2.000
	Ohne Denkmalschutz	1.695	1.345–2.045
Wohnhäuser Gewerbeanteil 10 bis 60%	Alle	1.850	1.360–2.340
	Mit Denkmalschutz	1.810	1.330–2.290
	Ohne Denkmalschutz	1.890	1.385–2.395

Gebäudefaktoren für Wohn-, Büro- und Geschäftshäuser			
Büro- und Geschäftshäuser	Alle	2.980	2.135–3.825
	Mit Denkmalschutz	3.465	2.775–4.155
	Ohne Denkmalschutz	2.870	2.025–3.715

Wichtig

Je höher der Gebäudefaktor, desto wertvoller ist das Objekt.

Bei der Anwendung von Gebäudefaktoren ist dringend darauf zu achten, dass die wertrelevanten Eigenschaften des Bewertungsgrundstücks und des fiktiven Vergleichsgrundstücks möglichst identisch sind. Andernfalls kann dies zu unsachgemäßen Vergleichswerten führen. Die Anwendung von Gebäudefaktoren zur Überprüfung des Bewertungsobjekts stellt jedoch immer eine sinnvolle Plausibilitätskontrolle dar.

5.2.3 Plausibilitätskontrolle für Einfamilienhäuser

Einfamilienwohnhäuser werden in der Regel nicht nach Rendite-, sondern nach Substanzwertgesichtspunkten bewertet. Aus diesem Grund kommt bei derartigen Objekten in erster Linie das Sachwertverfahren zur Anwendung. Es kommt jedoch vereinzelt vor, dass Einfamilienhäuser vermietet werden. Dann können für den Eigentümer auch Renditeaspekte eine Rolle spielen.

Es bietet sich daher an, den ermittelten Sachwert mittels eines renditeorientierten Ertragswerts auf Plausibilität hin zu überprüfen.[2] Dieser lässt sich wie folgt ermitteln (siehe hierzu auch Ertragswertverfahren):

    Rohertrag

– Bewirtschaftungskosten

= Reinertrag

– Bodenwertverzinsung

= Gebäudereinertrag

---

[2] *Sommer/Piehler*, Grundstücks- und Gebäudewertermittlung aus der Praxis, Rudolf Haufe Verlag, Freiburg, Gruppe 10, S. 162.

- × Vervielfältiger
- = Gebäudeertragswert
- + Bodenwert
- = vorläufiger Ertragswert
- ± objektspezifische Marktanpassung
- = Ertragswert

Liegt der Ertragswert in der Größenordnung des Sachwerts, so wird das Ergebnis bestätigt.

6 Formeln und Hilfsmittel

Die Korrektheit von Verfahrensabläufen im konkreten Anwendungsfall oder die Verwendung der Arbeitshilfen online setzt voraus, dass sich der Nutzer mit der zugrunde liegenden Fachmaterie auseinandersetzt und die jeweiligen Verfahrensschritte kennt. Sie sollten deshalb die den Eingabegrößen zugrunde liegende Fachmaterie vor der Anwendung gründlich studieren und die theoretischen Grundlagen beherrschen. Nachfolgend werden die aufgeführten Formeln und Hilfsmittel näher beschrieben.

6.1 Ertragsvervielfältiger

Mit dem Zinssatz und der Restnutzungsdauer wird der Ertragsvervielfältiger errechnet. Es liegt folgende Formel zugrunde:

$$\text{Vervielfältiger} = \frac{q^n - 1}{q^n \times (q - 1)}, \text{ wobei } q = 1 + \frac{p}{100}$$

p = Liegenschaftszinssatz

n = Restnutzungsdauer

Beispiel	
Zinssatz	5%
Restnutzungsdauer (Jahre)	50
Ertragsvervielfältiger	18,25593

Die WertR 2006 enthält in Anlage 5 eine Vervielfältigertabelle, aus der sich der Vervielfältiger in Abhängigkeit vom Zinssatz und von der Restnutzungsdauer ablesen lässt.

Formeln und Hilfsmittel

6.2 Aufzinsen: Berechnung des Endbetrags

Der Aufzinsung liegt die Zinseszinsrechnung zugrunde, bei der die Zinsansprüche nach Ablauf einer Zinsperiode auf das zinsbringende Kapital aufgeschlagen werden. In der zweiten Zinsperiode werden dann das Anfangskapital K_0 sowie die bereits erworbenen Zinsen verzinst, in der dritten Periode die Zinsen aus den beiden Vorperioden und das Anfangskapital usw. Dieser Vorgang wird als Aufzinsung bezeichnet. Allgemein formuliert ergibt sich die Formel:

$K_n = K_0 \times (1 + i)^n$

K_0 = Anfangskapital

K_n = Kapital nach n Jahren (Endkapital)

i = Zinssatz

n = Anzahl der Jahre

$(1 + i)^n$ wird als Aufzinsungsfaktor bezeichnet.

> **Beispiel: Berechnung des Aufzinsungsfaktors**
>
> | | |
> |---|---:|
> | Zinssatz | 6% |
> | Jahre | 5 |
> | Aufzinsungsfaktor | 1,33823 |
> | Berechnung des Endkapitals | |
> | Anfangskapital | 1.000 EUR |
> | Zinssatz | 6% |
> | Jahre (n) | 5 |
> | Betrag aufgezinst (Kapital nach n Jahren) | 1.338,23 EUR |
>
> Werden also heute 1.000 EUR bei einem unterstellten Zinssatz in Höhe von sechs Prozent angelegt, so hat dieses Kapital in fünf Jahren einen Wert von 1.338,23 EUR.

6.3 Diskontierung (Abzinsung)

In der Praxis taucht häufig die Frage auf, wie viel Kapital K_0 man heute bei der Bank anlegen muss, um nach einer bestimmten Zahl von Jahren eine bestimmte Summe ausgezahlt zu bekommen. Dabei wird unterstellt, dass es keine Inflation gibt.

Der heutige Wert des zukünftigen Kapitals wird mit folgender Formel berechnet:

$$K_0 = \frac{K_n}{(1+i)^n}$$

Dabei wird

$$\frac{1}{(1+i)^n}$$

als Abzinsungs- oder Diskontierungsfaktor bezeichnet.

Der Abzinsungsfaktor wird durch Eingabe des Zinssatzes und der Anzahl der Jahre, für die das Anfangskapital abgezinst werden soll, errechnet.

Beispiel

Berechnung des Abzinsungsfaktors

Zinssatz	5 %
Jahre	4
Abzinsungsfaktor	0,82270

Berechnung des benötigten Anfangskapitals

Betrag (im Jahr n)	1.000 EUR
Zinssatz	5 %
Jahre (n)	4
Betrag abgezinst (heute)	822,70 EUR

Soll ein Grundstück in vier Jahren zu einem Kaufpreis von 100.000 EUR gekauft werden, müssen bei einem unterstellten Zinssatz von fünf Prozent heute 82.270 EUR angelegt werden.
Auf einem Grundstück lastet eine Erschließungsbeitragspflicht in Höhe von 15.000 EUR, die in drei Jahren zur Zahlung fällig ist. Die Wertminderung des Grundstücks beträgt heute, bei einem unterstellten Zinssatz von fünf Prozent, 12.958 EUR.

Die WertR 2006 enthält in Anlage 9a eine Tabelle mit Diskontierungsfaktoren, aus der diese in Abhängigkeit vom Zinssatz und von der Anzahl der Jahre entnommen werden können.

6.4 Alterswertminderung

! **Achtung**
Mit Inkrafttreten der ImmoWertV ist für alle Grundstücksarten die lineare Alterswertminderung vorgeschrieben!

Mit der Restnutzungsdauer und der Gesamtnutzungsdauer wird der Ansatz der linearen Wertminderung in Prozent ermittelt. Es liegt folgende Formel zugrunde:

$$\text{Minderung (\%)} = \frac{\text{Gesamtnutzungsdauer} - \text{Restnutzungsdauer}}{\text{Gesamtnutzungsdauer}} \times 100$$

! **Beispiel**

Gesamtnutzungsdauer	80
Restnutzungsdauer	30
Alterswertminderung	62,5 % = rd. 63 %

Die WertR 2006 enthält in Anlage 8b eine Tabelle mit prozentualen Wertminderungsfaktoren (lineare Abschreibung), aus der diese in Abhängigkeit von der Restnutzungsdauer und der Gesamtnutzungsdauer entnommen werden können.

6.5 Kalkulationshilfe zum Sachwertverfahren

Achten Sie bei dem folgenden Hilfsmittel zur Ermittlung des Sachwerts unbedingt darauf, für die erforderlichen Eingaben nur die dafür vorgesehenen (hinterlegten) Eingabefelder zu benutzen!

Kalkulationshilfe zum Ertragswertverfahren (allgemeines Ertragswertverfahren)

Kalkulationshilfe zum Sachwertverfahren (§§ 21 bis 23 ImmoWertV)		
	Hinweis:	= Eingabefeld

Berechnungsgrößen zur Ermittlung des Sachwerts		
Brutto-Grundfläche (m²)	288	
NHK 2010 (EUR / m² BGF) incl. Baunebenkosten	785	785 €
Korrekturfaktor 1	0,00	785 €
Korrekturfaktor 2	0,00	785 €
NHK 2010 (angepasst)		785 €
Umrechnung auf Wertermittlungsstichtag		
Baupreisindex (2005=100%)	113,7	
Baupreisindex Wertermittlungsstichtag	119,6	
Kostenkennwert bezogen auf den Wertermittlungsstichtag		826 €
Gebäudeherstellungskosten		
BGF x Kostenkennwert bezogen auf den Wertermittlungsstichtag		237.812 €
Alterswertminderung: - linear	67%	-159.334 €
Altersgeminderte Gebäudeherstellungskosten		79.304 €
Sachwert der baulichen Anlagen		79.304 €
Sachwert der baulichen Außenanlagen	4%	3.172 €
Sachwert der Sonstigen Anlagen		0 €
Bodenwert		100.000 €
vorläufiger Sachwert des Grundstücks		182.476 €
Marktanpassung		
Allgemeine Marktanpassung (Sachwertfaktor)	-15,0%	-27.371 €
marktangepasster Sachwert		155.104 €
Berücksichtigung der objektspezifischen Grundstücksmerkmale	-5,0%	-7.755 €
Pauschal		-10.000 €
Sachwert (Verkehrswert)		**137.349 €**

Alterswertminderung Linear	Gesamtnutzungsdauer (GND)	70
	Restnutzungsdauer (RND)	23
	Alterswertminderung	67,14%

6.6 Kalkulationshilfe zum Ertragswertverfahren (allgemeines Ertragswertverfahren)

Auch bei dem folgenden Hilfsmittel zur Ermittlung des Ertragswerts achten Sie unbedingt darauf, für die erforderlichen Eingaben nur die dafür vorgesehenen (hinterlegten) Eingabefelder zu benutzen!

Formeln und Hilfsmittel

Eingabegrößen zur Ermittlung des Ertragswerts - Allgemeines Ertragswertverfahren (§17 Abs. 2 (1) ImmoWertV) -		
Hinweis:	= Eingabefeld	
Bodenwert		50.000 EUR
Rohertrag (EUR/Monat)	1.230	14.760 EUR/Jahr
Berechnung der Bewirtschaftungskosten		
Verwaltungskosten (% des Rohertrags)	5,00%	738 EUR/Jahr
Betriebskosten (% des Rohertrags)	1,00%	148 EUR/Jahr
Mietausfallwagnis (% des Rohertrags)	2,00%	295 EUR/Jahr
Instandhaltungskosten (% des Rohertrags)	12,00%	1.771 EUR/Jahr
Summe Bewirtschaftungskosten	20,00%	**2.952 EUR/Jahr**
Reinertrag (Rohertrag - Bewirtschaftungskosten)		11.808 EUR/Jahr
Liegenschaftszinssatz (Prozent)	5,00%	
Bodenwertverzinsung (Bodenwert x Liegenschaftszinssatz)		2.500 EUR/Jahr
Gebäudereinertrag (Reinertrag - Bodenwertverzinsung)		9.308 EUR/Jahr
Ermittlung des Vervielfältigers		
Restnutzungsdauer (Jahre)	55	
Vervielfältiger		18,6334720
(in Abhängigkeit von Liegenschaftszinssatz und Restnutzungsdauer)		
Gebäudeertragswert (Gebäudereinertrag x Vervielfältiger)		173.440 EUR
Marktanpassung		
Allgemeine Marktanpassung [1]		0 EUR
Objektspezifische Marktanpassung		-10.000 EUR
Zusammenfassung "Allgemeines Ertragswertverfahren" (§17 Abs. 2 (1) ImmoWertV)		
Rohertrag (EUR/Monat)	1.230	14.760 EUR/Jahr
./. Bewirtschaftungskosten		-2.952 EUR/Jahr
= Reinertrag		11.808 EUR/Jahr
./. Bodenwertverzinsung	5,00%	-2.500 EUR/Jahr
= Gebäudereinertrag		9.308 EUR/Jahr
x Vervielfältiger	18,6334720	
= Gebäudeertragswert		173.440 EUR
+ Bodenwert		50.000 EUR
= vorläufiger Grundstücksertragswert		223.440 EUR
Allgemeine Marktanpassung [1]		0 EUR
Objektspezifische Marktanpassung		-10.000 EUR
= Ertragswert (EUR)		**213.440 EUR**

[1] Die Allgemeine Marktanpassung ist i. d. R. durch Anwendung des marktkonformen Liegenschaftszinssatzes erfolgt!

6.7 Kalkulationshilfe zum Ertragswertverfahren mit periodisch unterschiedlichen Erträgen

Auch bei dem folgenden Hilfsmittel zur Ermittlung des Bodenwerts mithilfe des Residualwertverfahrens achten Sie unbedingt darauf, für die erforderlichen Eingaben nur die dafür vorgesehenen (hinterlegten) Eingabefelder zu benutzen!

Ertragswertverfahren mit periodisch unterschiedlichen Erträgen (§ 17 Abs. 3 ImmoWertV)						
Bodenwert		50.000 Euro		Hinweis:		= Eingabefeld
Liegenschaftszinssatz		5%				
Restnutzungsdauer		55 Jahre				
Betrachtungszeitraum		10 Jahre				

1. Ermittlung der Barwerte aus dem Betrachtungszeitraum:

Jahr	Reinertrag (RE)		Abzinsungsfaktor		Barwerte der Reinerträge
1. Jahr	11.808	x	0,9523810	=	11.246 €
2. Jahr	11.808	x	0,9070295	=	10.710 €
3. Jahr	11.808	x	0,8638376	=	10.200 €
4. Jahr	11.808	x	0,8227025	=	9.714 €
5. Jahr	11.808	x	0,7835262	=	9.252 €
6. Jahr	11.808	x	0,7462154	=	8.811 €
7. Jahr	11.808	x	0,7106813	=	8.392 €
8. Jahr	11.808	x	0,6768394	=	7.992 €
9. Jahr	11.808	x	0,6446089	=	7.612 €
10. Jahr	11.808	x	0,6139133	=	7.249 €
			Summe der Barwerte aus dem Betrachtungszeitraum		91.178 €

2. Restwertermittlung:

Anzahl der Jahre (RND ./. Betrachtungszeitr.)	Reinertrag (RE)		Barwertfaktor		RE x V		Abzinsungsfaktor		Barwerte der Reinerträge
45	11.808	x	17,7740698	=	209.876 €	x	0,6139133	=	128.846 €
zuzüglich Bodenwert, abgezinst über die RND der baulichen Anlagen					50.000 €	x	0,0683264	=	3.416 €
								Restwert	132.262 €

3. Ermittlung des vorläufigen Ertragswerts:

Der vorläufige Ertragswert errechnet sich aus dem Restwert zuzüglich	132.262 €
der Summe der Barwerte aus dem Betrachtungszeitraum	91.178 €
vorläufiger Ertragswert (ohne Marktanpassung) =	223.440 €

6.8 Kalkulationshilfe zum Residualwertverfahren

Auch bei dem folgenden Hilfsmittel zur Ermittlung des Bodenwerts mithilfe des Residualwertverfahrens achten Sie unbedingt darauf, für die erforderlichen Eingaben nur die dafür vorgesehenen (hinterlegten) Eingabefelder zu benutzen!

Formeln und Hilfsmittel

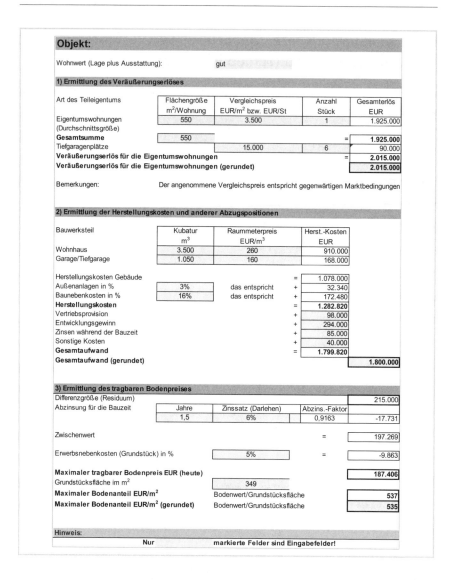

6.9 Hilfsmittel zur Bestimmung des ortsspezifischen Liegenschaftszinssatzes[1]

Liegenschaftszinssätze werden in der Regel in einer gegebenen Zinsspanne veröffentlicht. Mithilfe der nachfolgenden Tabelle können Sie aus einer gegebenen Zinsspanne nach Benotung und Gewichtung verschiedener Risikofak-

---

1 Quelle: Simon & Reinhold, Partner, *Prof. Jürgen Simon*, Internet www.simon-reinhold.de; erstellt von *Maik Zeißler*, Hannover.

Hilfsmittel zur Bestimmung des ortsspezifischen Liegenschaftszinssatzes

toren einen »objektspezifischen Liegenschaftszins« für verschiedene Gewerbeimmobilien ermitteln.

Liegenschaftszins-Spanne
Minimaler Zins: 4,60
Maximaler Zins: 5,40

Eingabefelder bitte markieren

Risikofaktor	Ausprägung			Gewicht (W)
R 1.1) Lage für Büro- und Geschäftshäuser	Sehr gute repräsentative Lagen, oder Lagen in Fußgängerzonen in den Zentren von Großstädten (Landeshauptstädten) oder größeren Städten mit wirtschaftlich überregionaler Bedeutung ○	Gute bis schlechte Lagen in den Zentren oder zentrumsnahe Randlagen von Großstädten (Landeshauptstädten) oder in größeren oder mittelgroßen Städten mit wirtschaftlich überregionaler Bedeutung oder sehr gute bis mittlere Lage in kleineren Städten oder in Märkten mit wirtschaftlich überregionaler Bedeutung ⦿	Lagen in Zentren dörflicher Siedlungen oder Einzellagen ○	0,25
R 1.2) Lage für Einkaufszentren und Gewerbeparks	Sehr gute bis gute Lage in Großstädten (Landeshauptstädten) oder in größeren Städten mit wirtschaftlich überregionaler Bedeutung. Lagen am Rande derartiger Städte in sehr guter Verkehrslage (sehr gute Erreichbarkeit mit dem Kraftfahrzeug oder öffentlichen Verkehrsmitteln). ○	Gute bis mittlere Lagen in Großstädten (Landeshauptstädten) oder in mittelgroßen Städten. Lagen im Nahbereich derartiger Städte. Sehr gute bis mittlere Lagen in Kleinstädten oder Märkten mit wirtschaftlich regionaler Bedeutung. Lage in Kleinstädten. ○	Schlechte bis sehr schlechte Lagen in allen Städten oder Orten. ○	
R 2) Gestaltung der Mietverträge	Indexierte, langfristige, vermieterfreundliche Mietverträge ○	Indexierte Mietverträge ○	Kurzfristige Mietverträge ⦿	0,2
R 3) Bonität der Mieter	Zweifelsfreie Bonität der Mieter. ○	Normale Verhältnisse ○	Bonität der Mieter über nicht jeden Zweifel erhaben. ⦿	0,15
R 4) Gebäudekundliche Konzeption	Überzeugend ○	Mittel ⦿	Weniger überzeugend ○	0,1
R 5) Restnutzungsdauer	< 30 Jahre ○	30 bis 50 Jahre ○	> 50 Jahre ⦿	0,1
R 6) Marktsituation	Steigende Mieten und damit steigende Erträge oder die Immobiliennachfrage in der zu bewertenden Gruppe ist größer als das Angebot. ○	Stabile Mieten und Erträge oder das Immobilienangebot in der zu bewertenden Gruppe ist gleich der Nachfrage. ⦿	Sinkende Mieten und damit sinkende Erträge oder das Immobilienangebot in der zu bewertenden Gruppe ist größer als die Nachfrage. ○	0,1
R 7) Größe des Objekts	Für die zu bewertende Objektart typische Gebäudegröße ○	Kleiner als die für diese Objektart typische Gebäudegröße ○	Größer als die für diese Objektart typische Gebäudegröße ⦿	0,1

© Zeißler 2001

Summe: 1
Objektspezifischer Zins: **5,2%**

7 Die relevanten gesetzlichen Normen und Regelungen

Grundstücksverkehrswerte sollen möglichst objektiv ermittelt werden. Dies wird erreicht, wenn alle subjektiven Wertvorstellungen, soweit sie nicht von der Allgemeinheit getragen werden, unberücksichtigt bleiben. Die ImmoWertV nimmt zu den ungewöhnlichen oder persönlichen Verhältnissen wie folgt Stellung:

> **§7 ImmoWertV – Ungewöhnliche oder persönliche Verhältnisse**
> Zur Wertermittlung und zur Ableitung erforderlicher Daten für die Wertermittlung sind Kaufpreise und andere Daten wie Mieten und Bewirtschaftungskosten heranzuziehen, bei denen angenommen werden kann, dass sie nicht durch ungewöhnliche oder persönliche Verhältnisse beeinflusst worden sind. Kaufpreise und andere Daten können durch ungewöhnliche oder persönliche Verhältnisse beeinflusst sein, wenn sie erheblich von den Kaufpreisen und anderen Daten in vergleichbaren Fällen abweichen.

Diese Beeinflussung kann durch Normierung der Schätzregeln erleichtert werden. In Deutschland besteht deshalb eine Reihe von bundes- und landesrechtlichen Regelungen, die bei der Verkehrswertermittlung zu beachten sind. Die Anwendung normierter Verfahren ist entweder rechtlich vorgeschrieben oder wird deshalb genutzt, da damit die beste Abbildung eines Grundstücksmarktes möglich ist.

Rechtlich verpflichtet zur Anwendung der bundes- und landesrechtlichen Regelungen zur Verkehrswertermittlung sind insbesondere Behörden, Gerichte, Institutionen und Sachverständige, die im Anwendungsbereich des BauGB, der ImmoWertV und der Sachwertrichtlinie Wertermittlungen durchzuführen haben. Der freie Grundstückssachverständige kann seine Gutachten hinsichtlich des Aufbaus und der Durchführung frei gestalten und muss sich nicht an die bundes- und landesrechtlichen Schätzregeln halten. Andererseits sind die anerkannten Schätzregeln (ImmoWertV, SW-RL, EW-RL, VW-RL und WertR) durch die BGH-Rechtsprechung anerkannt. Es wird daher empfohlen, die einschlägigen gesetzlichen Vorschriften bei der Gutachtenerstellung zu beachten.

7.1 Die wichtigsten Gesetze und Verordnungen im Überblick

Von besonderer Bedeutung sind die folgenden Gesetze, Verordnungen, Richtlinien und Vorschriften zur Verkehrswertermittlung von Grundstücken:
- Baugesetzbuch (BauGB)
- Baunutzungsverordnung (BauNVO)
- Sachwertrichtlinie (SW-RL)
- Ertragswertrichtlinie (EW-RL)
- Vergleichswertrichtlinie (VW-RL)
- Immobilienwertermittlungsverordnung (ImmoWertV)
- Wertermittlungsrichtlinien 2006 (WertR 2006)
- Zweite Berechnungsverordnung (II. BV)[1]
- Wohnflächenverordnung (WoFlV)[2]
- Betriebskostenverordnung (BetrKV)
- Waldermittlungsrichtlinien (WaldR)
- Entschädigungsrichtlinien Landwirtschaft (LandR)
- Wohnraumförderungsgesetz (WoFG)
- Bundeskleingartengesetz (BKleingG)
- Bundes-Bodenschutzgesetz (BBodSchG)
- Wohnungseigentumsgesetz (WEG)
- Honorarordnung für Architekten und Ingenieure (HOAI)

In den neuen Bundesländern sind darüber hinaus die besonderen vermögensrechtlichen Gesetze und Verordnungen zu beachten, insbesondere diese:
- Sachenrechtsbereinigungsgesetz (SachenRBerG)
- Schuldrechtsanpassungsgesetz (SchuldRAnpG)
- Grundstücksrechtsbereinigungsgesetz (GrundRBerG)
- Nutzungsentgeltverordnung (NutzEV)

---

[1] Die Verordnung ist anzuwenden, wenn zum Beispiel die Wohnfläche oder der angemessene Kaufpreis für öffentlich geförderten Wohnraum zu berechnen ist etc. oder wenn die Anwendung der Verrechnung vorgeschrieben ist. Achtung: Siehe hierzu auch Wohnflächenverordnung und Betriebskostenverordnung!

[2] Wird die Wohnfläche nach dem WoFG berechnet, sind die Vorschriften dieser Verordnung anzuwenden. Ist die Wohnfläche bis zum 31.12.2003 nach der II. BV in der jeweils geltenden Fassung berechnet worden, bleibt es dabei. Soweit nach dem 31.12.2003 bauliche Änderungen an dem Wohnraum vorgenommen wurden, die eine Neuberechnung der Wohnfläche erforderlich machen, sind die Vorschriften dieser Verordnung anzuwenden.

Weiterhin sind folgende DIN-Vorschriften zu beachten:
- DIN 277 Grundflächen und Rauminhalte von Bauwerken im Hochbau
- DIN 283 Wohnungen, Berechnungen der Wohn- und Nutzflächen[3]

> **Ausblick**
>
> Mit dem Inkrafttreten der ImmoWertV im Juli 2010 steht die Erarbeitung neuer Richtlinien an, sollen die noch auf der alten Wertermittlungsverordnung basierenden Wertermittlungsrichtlinien ersetzen. Dieser Prozess erfolgt sukzessive durch neue Richtlinien zu einzelnen Teilbereichen. Ein Teil der alten Regelung ist durch eine neue Sachwertrichtrichtlinie abgelöst worden. Gleichzeitig wurden neue NHK 2010 eingeführt.
>
> Die zum Zeitpunkt des Erlasses der ImmoWertV geltende WertR 2006 ist mit dem Erlass der Verordnung nicht aufgehoben und auch nicht geändert worden, sie ist mithin entsprechend anzuwenden. Die Sachwerterichtlinie ersetzt Nr. 3.1.3, 3.6 sowie die Anlagen 4, 6, 7 und 8 der WertR 2006.

7.2 Wohnflächenverordnung und Betriebskostenverordnung[4]

Am 1.1.2004 trat die Verordnung zur Berechnung der Wohnfläche, über die Aufstellung der Betriebskosten und zur Änderung anderer Verordnungen vom 25.11.2003 (BGBl. I, S. 2346) in Kraft. Kernstück dieser Verordnung sind die Wohnflächenverordnung und die Betriebskostenverordnung, zu deren Erlass die Bundesregierung durch §19 des WoFG ermächtigt wurde. Mit dem Erlass der Verordnungen wurde die Reform des Wohnungsbaurechts vervollständigt.

Bis Ende 2003 waren im Wohnungsbaurecht des Bundes Regelungen zur Wohnflächenberechnung und zu den Betriebskosten in der Zweiten Betriebskostenverordnung (II. BetrKV) enthalten, die nach der Reform des Wohnungsbaurechts nur noch übergangsweise für die nach altem Recht geförderten Sozialwohnungen gilt. Hier sind sie vor allem Bestandteil der Vorschriften zur Wirtschaftlichkeitsberechnung im sogenannten öffentlich geförderten Wohnungsbau oder stehen im Zusammenhang mit diesen; im allgemeinen Wohn-

---

3 Die DIN 283 bestand aus folgenden Teilen: Teil 1, im August 1989 zurückgezogen; Teil 2, im Oktober 1983 zurückgezogen und durch die DIN 277, Teil 1 sowie die II. BV ersetzt. Auf die DIN 283, Teil 1, wird jedoch häufig Bezug genommen, da verschiedene Begriffsdefinitionen in keiner anderen Norm aufgeführt und deshalb weiterhin im Wohnungswesen unentbehrlich sind. Teilweise stimmen die neueren Definitionen in den Landesbauordnungen (LBO) und anderen gesetzlichen Vorschriften sowie in DIN 277 nicht überein.
4 Bundesministerium für Verkehr, Bau- und Wohnungswesen, Referat Öffentlichkeitsarbeit, Invalidenstraße 44, 10115 Berlin, www.bmvbw.de:

raummietrecht wird auf die Betriebskostenregelung des §27 II. BV und Anlage 3 Bezug genommen, im Fall des Erlasses der Betriebskostenverordnung nach §19 Abs. 2 WoFG auf diese (§556 BGB).

Beide Verordnungen gehen von den bis Ende 2003 geltenden Vorschriften der II. BV aus (§§42–44 in Bezug auf die Wohnflächenberechnung und §27 Abs. 1 und 2 mit Anlage 3 in Bezug auf die Betriebskosten); wesentliche Änderungen der materiellen Rechtslage haben sich nicht ergeben.

In der Wohnflächenverordnung fanden Veränderungen in den Bauweisen Berücksichtigung. Dies gilt insbesondere für die angesichts veränderter Bautechniken (Fertigbauweise, Verwendung von Fertigteilen) nicht mehr gerechtfertigte Verwendung von Rohbaumaßen mit einem pauschalen Putzabzug. Stattdessen wird auf das lichte Maß abgestellt. Dabei kann die Ermittlung der Grundfläche eines Raums mittels Ausmessung im fertiggestellten Wohnraum oder – dies ebenfalls mit Rücksicht auf die heutigen technischen Möglichkeiten – aufgrund einer Bauzeichnung erfolgen. Seit 1.1.2004 werden die Grundflächen von Balkonen, Loggien, Dachgärten und Terrassen in der Regel zu einem Viertel, höchstens jedoch zur Hälfte angerechnet. Ein Wahlrecht des Bauherrn, das eine frei wählbare Anrechnung bis zur Hälfte ermöglicht, entfällt, weil es für die soziale Wohnraumförderung nicht erforderlich ist. Weitere Änderungen beziehen sich auf die Berücksichtigung heute gebräuchlicher Begriffe. Insgesamt dienen die Änderungen und der neue Aufbau der Rechtsbereinigung der Erleichterung der Praxis.

Die Betriebskostenverordnung übernimmt im Wesentlichen die Regelungen aus der II. BV (vgl. §27 und die Anlage 3). Ausdrücklich in den Verordnungstext aufgenommen wurden in §2 die Eichkosten für Kalt- und Warmwasserzähler (Nr. 2) und Wärmezähler (Nr. 4 Buchstabe a), die Kosten für die Wartung von Gaseinzelfeuerstätten (Nr. 4 Buchstabe d), die Kosten des Betriebs von Müllkompressoren, Müllschluckern, Müllabsauganlagen sowie des Betriebs von Müllmengenerfassungsanlagen einschließlich der bei verursachungsgerechter Müllerfassung anfallenden Kosten der Berechnung und Aufteilung (Nr. 8), die Kosten der Elementarschadenversicherung (Nr. 13) sowie die Gebühren, die nach dem Urheberrechtsgesetz für die Kabelweitersendung entstehen (Nr. 15 Buchstabe a). Die übrigen Änderungen sind redaktioneller Art; dies gilt vor allem für die Klarstellung bei der Begriffsbestimmung der »sonstigen Betriebskosten« in §2 Nr. 17.

8 Anhang

Anlage 1	Verordnung über die Grundsätze für die Ermittlung der Verkehrswerte von Grundstücken (Immobilienwertermittlungsverordnung, ImmoWertV)
Anlage 2	Richtlinie zur Ermittlung des Sachwerts (Sachwertrichtlinie, SW-RL)
Anlage 3	Richtlinie zur Ermittlung des Ertragswerts (Ertragswertrichtlinie, EW-RL)
Anlage 4	Richtlinie zur Ermittlung des Vergleichswerts und des Bodenwerts (Vergleichswertrichtlinie, VW-RL)
Anlage 5	Richtlinien für die Ermittlung der Verkehrswerte (Marktwerte) von Grundstücken (Wertermittlungsrichtlinien 2006, WertR2006) – Auszug (Teil 1, ohne Anlagen)
Anlage 6	Beispielgutachten

Anlage 6, das Gutachten, ist anonymisiert, das heißt, die Angaben zum Eigentümer und zum Bewertungsobjekt sind frei erfunden. Anlagen sind nur enthalten, soweit sie für das Verständnis des Gutachtens unbedingt erforderlich sind.

Das Beispielgutachten kann Ihnen als Richtschnur und als Unterstützung bei Ihrer Arbeit dienen. Sie können das Gutachten als Basis für ein von Ihnen zu erstellendes Gutachten verwenden. Natürlich müssen Sie es für die eigene Bewertung entsprechend anpassen. Und: Es ersetzt nicht Ihren eigenen Denkprozess bei der Erstellung von Gutachten.

8.1 Anlage 1: Immobilienwertermittlungsverordnung (ImmoWertV)

Verordnung über die Grundsätze für die Ermittlung der Verkehrswerte von Grundstücken (Immobilienwertermittlungsverordnung – ImmoWertV)
ImmoWertV
Ausfertigungsdatum: 19.05.2010
Vollzitat:
»Immobilienwertermittlungsverordnung vom 19. Mai 2010 (BGBl. I S.639)«[1]

Eingangsformel
Auf Grund des §199 Absatz 1 des Baugesetzbuchs, der zuletzt durch Artikel 4 Nummer 4 Buchstabe a des Gesetzes vom 24. Dezember 2008 (BGBl. I S.3018) geändert worden ist, verordnet die Bundesregierung:

Inhaltsübersicht

Abschnitt 1
Anwendungsbereich, Begriffsbestimmungen und allgemeine Verfahrensgrundsätze

§1 Anwendungsbereich
§2 Grundlagen der Wertermittlung
§3 Wertermittlungsstichtag und allgemeine Wertverhältnisse
§4 Qualitätsstichtag und Grundstückszustand
§5 Entwicklungszustand
§6 Weitere Grundstücksmerkmale
§7 Ungewöhnliche oder persönliche Verhältnisse
§8 Ermittlung des Verkehrswerts

Abschnitt 2
Bodenrichtwerte und sonstige erforderliche Daten

§9 Grundlagen der Ermittlung
§10 Bodenrichtwerte
§11 Indexreihen
§12 Umrechnungskoeffizienten
§13 Vergleichsfaktoren für bebaute Grundstücke
§14 Marktanpassungsfaktoren, Liegenschaftszinssätze

---

1 Textnachweis ab: 1.7.2010

Abschnitt 3
Wertermittlungsverfahren

Unterabschnitt 1
Vergleichswertverfahren, Bodenwertermittlung
§ 15 Ermittlung des Vergleichswerts
§ 16 Ermittlung des Bodenwerts

Unterabschnitt 2
Ertragswertverfahren
§ 17 Ermittlung des Ertragswerts
§ 18 Reinertrag, Rohertrag
§ 19 Bewirtschaftungskosten
§ 20 Kapitalisierung und Abzinsung

Unterabschnitt 3
Sachwertverfahren
§ 21 Ermittlung des Sachwerts
§ 22 Herstellungskosten
§ 23 Alterswertminderung

Abschnitt 4
Schlussvorschrift

§ 24 Inkrafttreten und Außerkrafttreten

Anlage 1 (zu § 20) Barwertfaktoren für die Kapitalisierung

Anlage 2 (zu § 20) Barwertfaktoren für die Abzinsung

Abschnitt 1
Anwendungsbereich, Begriffsbestimmungen und allgemeine Verfahrensgrundsätze

§ 1 Anwendungsbereich
(1) Bei der Ermittlung der Verkehrswerte (Marktwerte) von Grundstücken, ihrer Bestandteile sowie ihres Zubehörs und bei der Ableitung der für die Wertermittlung erforderlichen Daten einschließlich der Bodenrichtwerte ist diese Verordnung anzuwenden.

(2) Die nachfolgenden Vorschriften sind auf grundstücksgleiche Rechte, Rechte an diesen und Rechte an Grundstücken sowie auf solche Wertermittlungsobjekte, für die kein Markt besteht, entsprechend anzuwenden. In diesen Fällen kann der Wert auf der Grundlage marktkonformer Modelle unter besonderer Berücksichtigung der wirtschaftlichen Vor- und Nachteile ermittelt werden.

§ 2 Grundlagen der Wertermittlung
Der Wertermittlung sind die allgemeinen Wertverhältnisse auf dem Grundstücksmarkt am Wertermittlungsstichtag (§ 3) und der Grundstückszustand am Qualitätsstichtag (§ 4) zugrunde zu legen.

Künftige Entwicklungen wie beispielsweise absehbare anderweitige Nutzungen (§ 4 Absatz 3 Nummer 1) sind zu berücksichtigen, wenn sie mit hinreichender Sicherheit auf Grund konkreter Tatsachen zu erwarten sind. In diesen Fällen ist auch die voraussichtliche Dauer bis zum Eintritt der rechtlichen und tatsächlichen Voraussetzungen für die Realisierbarkeit einer baulichen oder sonstigen Nutzung eines Grundstücks (Wartezeit) zu berücksichtigen.

§ 3 Wertermittlungsstichtag und allgemeine Wertverhältnisse
(1) Der Wertermittlungsstichtag ist der Zeitpunkt, auf den sich die Wertermittlung bezieht.

(2) Die allgemeinen Wertverhältnisse auf dem Grundstücksmarkt bestimmen sich nach der Gesamtheit der am Wertermittlungsstichtag für die Preisbildung von Grundstücken im gewöhnlichen Geschäftsverkehr (marktüblich) maßgebenden Umstände wie nach der allgemeinen Wirtschaftslage, den Verhältnissen am Kapitalmarkt sowie den wirtschaftlichen und demographischen Entwicklungen des Gebiets.

§ 4 Qualitätsstichtag und Grundstückszustand

(1) Der Qualitätsstichtag ist der Zeitpunkt, auf den sich der für die Wertermittlung maßgebliche Grundstückszustand bezieht. Er entspricht dem Wertermittlungsstichtag, es sei denn, dass aus rechtlichen oder sonstigen Gründen der Zustand des Grundstücks zu einem anderen Zeitpunkt maßgebend ist.

(2) Der Zustand eines Grundstücks bestimmt sich nach der Gesamtheit der verkehrswertbeeinflussenden rechtlichen Gegebenheiten und tatsächlichen Eigenschaften, der sonstigen Beschaffenheit und der Lage des Grundstücks (Grundstücksmerkmale). Zu den Grundstücksmerkmalen gehören insbesondere der Entwicklungszustand (§ 5), die Art und das Maß der baulichen oder sonstigen Nutzung (§ 6 Absatz 1), die wertbeeinflussenden Rechte und Belastungen (§ 6 Absatz 2), der abgabenrechtliche Zustand (§ 6 Absatz 3), die Lagemerkmale (§ 6 Absatz 4) und die weiteren Merkmale (§ 6 Absatz 5 und 6).

(3) Neben dem Entwicklungszustand (§ 5) ist bei der Wertermittlung insbesondere zu berücksichtigen, ob am Qualitätsstichtag
1. eine anderweitige Nutzung von Flächen absehbar ist,
2. Flächen auf Grund ihrer Vornutzung nur mit erheblich über dem Üblichen liegenden Aufwand einer baulichen oder sonstigen Nutzung zugeführt werden können,
3. Flächen von städtebaulichen Missständen oder erheblichen städtebaulichen Funktionsverlusten betroffen sind,
4. Flächen einer dauerhaften öffentlichen Zweckbestimmung unterliegen,
5. Flächen für bauliche Anlagen zur Erforschung, Entwicklung oder Nutzung von Erneuerbaren Energien bestimmt sind,
6. Flächen zum Ausgleich für Eingriffe in Natur und Landschaft genutzt werden oder ob sich auf Flächen gesetzlich geschützte Biotope befinden.

§ 5 Entwicklungszustand

(1) Flächen der Land- oder Forstwirtschaft sind Flächen, die, ohne Bauerwartungsland, Rohbauland oder baureifes Land zu sein, land- oder forstwirtschaftlich nutzbar sind.

(2) Bauerwartungsland sind Flächen, die nach ihren weiteren Grundstücksmerkmalen (§ 6), insbesondere dem Stand der Bauleitplanung und der sonstigen städtebaulichen Entwicklung des Gebiets, eine bauliche Nutzung auf Grund konkreter Tatsachen mit hinreichender Sicherheit erwarten lassen.

(3) Rohbauland sind Flächen, die nach den §§ 30, 33 und 34 des Baugesetzbuchs für eine bauliche Nutzung bestimmt sind, deren Erschließung aber noch nicht

gesichert ist oder die nach Lage, Form oder Größe für eine bauliche Nutzung unzureichend gestaltet sind.

(4) Baureifes Land sind Flächen, die nach öffentlich-rechtlichen Vorschriften und den tatsächlichen Gegebenheiten baulich nutzbar sind.

§ 6 Weitere Grundstücksmerkmale
(1) Art und Maß der baulichen oder sonstigen Nutzung ergeben sich in der Regel aus den für die planungsrechtliche Zulässigkeit von Vorhaben maßgeblichen §§ 30, 33 und 34 des Baugesetzbuchs und den sonstigen Vorschriften, die die Nutzbarkeit betreffen. Wird vom Maß der zulässigen Nutzung in der Umgebung regelmäßig abgewichen, ist die Nutzung maßgebend, die im gewöhnlichen Geschäftsverkehr zugrunde gelegt wird.

(2) Als wertbeeinflussende Rechte und Belastungen kommen insbesondere Dienstbarkeiten, Nutzungsrechte, Baulasten sowie wohnungs- und mietrechtliche Bindungen in Betracht.

(3) Für den abgabenrechtlichen Zustand des Grundstücks ist die Pflicht zur Entrichtung von nichtsteuerlichen Abgaben maßgebend.

(4) Lagemerkmale von Grundstücken sind insbesondere die Verkehrsanbindung, die Nachbarschaft, die Wohn- und Geschäftslage sowie die Umwelteinflüsse.

(5) Weitere Merkmale sind insbesondere die tatsächliche Nutzung, die Erträge, die Grundstücksgröße, der Grundstückszuschnitt und die Bodenbeschaffenheit wie beispielsweise Bodengüte, Eignung als Baugrund oder schädliche Bodenveränderungen. Bei bebauten Grundstücken sind dies zusätzlich insbesondere die Gebäudeart, die Bauweise und Baugestaltung, die Größe, Ausstattung und Qualität, der bauliche Zustand, die energetischen Eigenschaften, das Baujahr und die Restnutzungsdauer.

(6) Die Restnutzungsdauer ist die Zahl der Jahre, in denen die baulichen Anlagen bei ordnungsgemäßer Bewirtschaftung voraussichtlich noch wirtschaftlich genutzt werden können; durchgeführte Instandsetzungen oder Modernisierungen oder unterlassene Instandhaltungen oder andere Gegebenheiten können die Restnutzungsdauer verlängern oder verkürzen. Modernisierungen sind beispielsweise Maßnahmen, die eine wesentliche Verbesserung der Wohn- oder sonstigen Nutzungsverhältnisse oder wesentliche Einsparungen von Energie oder Wasser bewirken.

§ 7 Ungewöhnliche oder persönliche Verhältnisse

Zur Wertermittlung und zur Ableitung erforderlicher Daten für die Wertermittlung sind Kaufpreise und andere Daten wie Mieten und Bewirtschaftungskosten heranzuziehen, bei denen angenommen werden kann, dass sie nicht durch ungewöhnliche oder persönliche Verhältnisse beeinflusst worden sind. Eine Beeinflussung durch ungewöhnliche oder persönliche Verhältnisse kann angenommen werden, wenn Kaufpreise und andere Daten erheblich von den Kaufpreisen und anderen Daten in vergleichbaren Fällen abweichen.

§ 8 Ermittlung des Verkehrswerts

(1) Zur Wertermittlung sind das Vergleichswertverfahren (§ 15) einschließlich des Verfahrens zur Bodenwertermittlung (§ 16), das Ertragswertverfahren (§§ 17 bis 20), das Sachwertverfahren (§§ 21 bis 23) oder mehrere dieser Verfahren heranzuziehen. Die Verfahren sind nach der Art des Wertermittlungsobjekts unter Berücksichtigung der im gewöhnlichen Geschäftsverkehr bestehenden Gepflogenheiten und der sonstigen Umstände des Einzelfalls, insbesondere der zur Verfügung stehenden Daten, zu wählen; die Wahl ist zu begründen. Der Verkehrswert ist aus dem Ergebnis des oder der herangezogenen Verfahren unter Würdigung seines oder ihrer Aussagefähigkeit zu ermitteln.

(2) In den Wertermittlungsverfahren nach Absatz 1 sind regelmäßig in folgender Reihenfolge zu berücksichtigen:
1. die allgemeinen Wertverhältnisse auf dem Grundstücksmarkt (Marktanpassung),
2. die besonderen objektspezifischen Grundstücksmerkmale des zu bewertenden Grundstücks.

(3) Besondere objektspezifische Grundstücksmerkmale wie beispielsweise eine wirtschaftliche Überalterung, ein überdurchschnittlicher Erhaltungszustand, Baumängel oder Bauschäden sowie von den marktüblich erzielbaren Erträgen erheblich abweichende Erträge können, soweit dies dem gewöhnlichen Geschäftsverkehr entspricht, durch marktgerechte Zu- oder Abschläge oder in anderer geeigneter Weise berücksichtigt werden.

Abschnitt 2
Bodenrichtwerte und sonstige erforderliche Daten

§ 9 Grundlagen der Ermittlung
(1) Bodenrichtwerte (§ 10) und sonstige für die Wertermittlung erforderliche Daten sind insbesondere aus der Kaufpreissammlung (§ 193 Absatz 5 Satz 1 des Baugesetzbuchs) auf der Grundlage einer ausreichenden Zahl geeigneter Kaufpreise unter Berücksichtigung der allgemeinen Wertverhältnisse zu ermitteln. Zu den sonstigen erforderlichen Daten gehören insbesondere Indexreihen (§ 11), Umrechnungskoeffizienten (§ 12), Vergleichsfaktoren für bebaute Grundstücke (§ 13) sowie Marktanpassungsfaktoren und Liegenschaftszinssätze (§ 14).

(2) Kaufpreise solcher Grundstücke, die in ihren Grundstücksmerkmalen voneinander abweichen, sind im Sinne des Absatzes 1 Satz 1 nur geeignet, wenn die Abweichungen
1. in ihren Auswirkungen auf die Preise sich ausgleichen,
2. durch Zu- oder Abschläge oder
3. durch andere geeignete Verfahren berücksichtigt werden können.

§ 10 Bodenrichtwerte
(1) Bodenrichtwerte (§ 196 des Baugesetzbuchs) sind vorrangig im Vergleichswertverfahren (§ 15) zu ermitteln. Findet sich keine ausreichende Zahl von Vergleichspreisen, kann der Bodenrichtwert auch mit Hilfe deduktiver Verfahren oder in anderer geeigneter und nachvollziehbarer Weise ermittelt werden. Die Bodenrichtwerte sind als ein Betrag in Euro pro Quadratmeter Grundstücksfläche darzustellen.

(2) Von den wertbeeinflussenden Merkmalen des Bodenrichtwertgrundstücks sollen der Entwicklungszustand und die Art der Nutzung dargestellt werden. Zusätzlich sollen dargestellt werden:
1. bei landwirtschaftlich genutzten Flächen gegebenenfalls die Bodengüte als Acker- oder Grünlandzahl,
2. bei baureifem Land der erschließungsbeitragsrechtliche Zustand sowie je nach Wertrelevanz das Maß der baulichen Nutzung, die Grundstücksgröße, -tiefe oder -breite und
3. bei förmlich festgelegten Sanierungsgebieten (§ 142 des Baugesetzbuchs) und förmlich festgelegten Entwicklungsbereichen (§ 165 des Baugesetzbuchs) der Grundstückszustand, auf den sich der Bodenrichtwert bezieht; dabei ist entweder der Grundstückszustand vor Beginn der Maßnahme oder nach Abschluss der Maßnahme darzustellen.

Deckt der Bodenrichtwert verschiedene Nutzungsarten oder verschiedene Nutzungsmaße ab, sollen diese ebenfalls dargestellt werden.

(3) Die Bodenrichtwerte sind in automatisierter Form auf der Grundlage der amtlichen Geobasisdaten zu führen.

§ 11 Indexreihen
(1) Änderungen der allgemeinen Wertverhältnisse auf dem Grundstücksmarkt sollen mit Indexreihen erfasst werden.

(2) Indexreihen bestehen aus Indexzahlen, die sich aus dem durchschnittlichen Verhältnis der Preise eines Erhebungszeitraums zu den Preisen eines Basiszeitraums mit der Indexzahl 100 ergeben. Die Indexzahlen können auch auf bestimmte Zeitpunkte des Erhebungs- und Basiszeitraums bezogen werden.

(3) Die Indexzahlen werden für Grundstücke mit vergleichbaren Lage- und Nutzungsverhältnissen abgeleitet. Das Ergebnis eines Erhebungszeitraums kann in geeigneten Fällen durch Vergleich mit den Indexreihen anderer Bereiche und vorausgegangener Erhebungszeiträume geändert werden.

(4) Indexreihen können insbesondere abgeleitet werden für
1. Bodenpreise,
2. Preise für Eigentumswohnungen und
3. Preise für Einfamilienhäuser.

§ 12 Umrechnungskoeffizienten
Wertunterschiede von Grundstücken, die sich aus Abweichungen bestimmter Grundstücksmerkmale sonst gleichartiger Grundstücke ergeben, insbesondere aus dem unterschiedlichen Maß der baulichen Nutzung oder der Grundstücksgröße und -tiefe, sollen mit Hilfe von Umrechnungskoeffizienten (§ 193 Absatz 5 Satz 2 Nummer 3 des Baugesetzbuchs) erfasst werden.

§ 13 Vergleichsfaktoren für bebaute Grundstücke
Vergleichsfaktoren (§ 193 Absatz 5 Satz 2 Nummer 4 des Baugesetzbuchs) sollen der Ermittlung von Vergleichswerten für bebaute Grundstücke dienen. Sie sind auf den marktüblich erzielbaren jährlichen Ertrag (Ertragsfaktor) oder auf eine sonst geeignete Bezugseinheit, insbesondere auf eine Flächen- oder Raumeinheit der baulichen Anlage (Gebäudefaktor), zu beziehen.

§ 14 Marktanpassungsfaktoren, Liegenschaftszinssätze

(1) Mit Marktanpassungsfaktoren und Liegenschaftszinssätzen sollen die allgemeinen Wertverhältnisse auf dem Grundstücksmarkt erfasst werden, soweit diese nicht auf andere Weise zu berücksichtigen sind.

(2) Marktanpassungsfaktoren sind insbesondere
1. Faktoren zur Anpassung des Sachwerts, die aus dem Verhältnis geeigneter Kaufpreise zu entsprechenden Sachwerten abgeleitet werden (Sachwertfaktoren, § 193 Absatz 5 Satz 2 Nummer 2 des Baugesetzbuchs),
2. Faktoren zur Anpassung finanzmathematisch errechneter Werte von Erbbaurechten oder Erbbaugrundstücken, die aus dem Verhältnis geeigneter Kaufpreise zu den finanzmathematisch errechneten Werten von entsprechenden Erbbaurechten oder Erbbaugrundstücken abgeleitet werden (Erbbaurechts- oder Erbbaugrundstücksfaktoren).

(3) Die Liegenschaftszinssätze (Kapitalisierungszinssätze, § 193 Absatz 5 Satz 2 Nummer 1 des Baugesetzbuchs) sind die Zinssätze, mit denen Verkehrswerte von Grundstücken je nach Grundstücksart im Durchschnitt marktüblich verzinst werden. Sie sind auf der Grundlage geeigneter Kaufpreise und der ihnen entsprechenden Reinerträge für gleichartig bebaute und genutzte Grundstücke unter Berücksichtigung der Restnutzungsdauer der Gebäude nach den Grundsätzen des Ertragswertverfahrens (§§ 17 bis 20) abzuleiten.

Abschnitt 3
Wertermittlungsverfahren

Unterabschnitt 1
Vergleichswertverfahren, Bodenwertermittlung

§ 15 Ermittlung des Vergleichswerts
(1) Im Vergleichswertverfahren wird der Vergleichswert aus einer ausreichenden Zahl von Vergleichspreisen ermittelt. Für die Ableitung der Vergleichspreise sind die Kaufpreise solcher Grundstücke heranzuziehen, die mit dem zu bewertenden Grundstück hinreichend übereinstimmende Grundstücksmerkmale aufweisen. Finden sich in dem Gebiet, in dem das Grundstück gelegen ist, nicht genügend Vergleichspreise, können auch Vergleichspreise aus anderen vergleichbaren Gebieten herangezogen werden. Änderungen der allgemeinen Wertverhältnisse auf dem Grundstücksmarkt oder Abweichungen einzelner Grundstücksmerkmale sind in der Regel auf der Grundlage von Indexreihen oder Umrechnungskoeffizienten zu berücksichtigen.

(2) Bei bebauten Grundstücken können neben oder anstelle von Vergleichspreisen zur Ermittlung des Vergleichswerts geeignete Vergleichsfaktoren herangezogen werden. Der Vergleichswert ergibt sich dann durch Vervielfachung des jährlichen Ertrags oder der sonstigen Bezugseinheit des zu bewertenden Grundstücks mit dem Vergleichsfaktor. Vergleichsfaktoren sind geeignet, wenn die Grundstücksmerkmale der ihnen zugrunde gelegten Grundstücke hinreichend mit denen des zu bewertenden Grundstücks übereinstimmen.

§ 16 Ermittlung des Bodenwerts
(1) Der Wert des Bodens ist vorbehaltlich der Absätze 2 bis 4 ohne Berücksichtigung der vorhandenen baulichen Anlagen auf dem Grundstück vorrangig im Vergleichswertverfahren (§ 15) zu ermitteln. Dabei kann der Bodenwert auch auf der Grundlage geeigneter Bodenrichtwerte ermittelt werden. Bodenrichtwerte sind geeignet, wenn die Merkmale des zugrunde gelegten Richtwertgrundstücks hinreichend mit den Grundstücksmerkmalen des zu bewertenden Grundstücks übereinstimmen. § 15 Absatz 1 Satz 3 und 4 ist entsprechend anzuwenden.

(2) Vorhandene bauliche Anlagen auf einem Grundstück im Außenbereich (§ 35 des Baugesetzbuchs) sind bei der Ermittlung des Bodenwerts zu berücksichtigen, wenn sie rechtlich und wirtschaftlich weiterhin nutzbar sind.

(3) Ist alsbald mit einem Abriss von baulichen Anlagen zu rechnen, ist der Bodenwert um die üblichen Freilegungskosten zu mindern, soweit sie im gewöhnlichen Geschäftsverkehr berücksichtigt werden. Von einer alsbaldigen Freilegung kann ausgegangen werden, wenn
1. die baulichen Anlagen nicht mehr nutzbar sind oder
2. der nicht abgezinste Bodenwert ohne Berücksichtigung der Freilegungskosten den im Ertragswertverfahren (§§ 17 bis 20) ermittelten Ertragswert erreicht oder übersteigt.

(4) Ein erhebliches Abweichen der tatsächlichen von der nach § 6 Absatz 1 maßgeblichen Nutzung, wie insbesondere eine erhebliche Beeinträchtigung der Nutzbarkeit durch vorhandene bauliche Anlagen auf einem Grundstück, ist bei der Ermittlung des Bodenwerts zu berücksichtigen, soweit dies dem gewöhnlichen Geschäftsverkehr entspricht.

(5) Bei der Ermittlung der sanierungs- oder entwicklungsbedingten Bodenwerterhöhung zur Bemessung von Ausgleichsbeträgen nach § 154 Absatz 1 oder § 166 Absatz 3 Satz 4 des Baugesetzbuchs sind die Anfangs- und Endwerte auf denselben Zeitpunkt zu ermitteln.

Unterabschnitt 2
Ertragswertverfahren

§ 17 Ermittlung des Ertragswerts
(1) Im Ertragswertverfahren wird der Ertragswert auf der Grundlage marktüblich erzielbarer Erträge ermittelt. Soweit die Ertragsverhältnisse absehbar wesentlichen Veränderungen unterliegen oder wesentlich von den marktüblich erzielbaren Erträgen abweichen, kann der Ertragswert auch auf der Grundlage periodisch unterschiedlicher Erträge ermittelt werden.

(2) Im Ertragswertverfahren auf der Grundlage marktüblich erzielbarer Erträge wird der Ertragswert ermittelt
1. aus dem nach § 16 ermittelten Bodenwert und dem um den Betrag der angemessenen Verzinsung des Bodenwerts verminderten und sodann kapitalisierten Reinertrag (§ 18 Absatz 1); der Ermittlung des Bodenwertverzinsungsbetrags ist der für die Kapitalisierung nach § 20 maßgebliche Liegenschaftszinssatz zugrunde zu legen; bei der Ermittlung des Bodenwertverzinsungsbetrags sind selbständig nutzbare Teilflächen nicht zu berücksichtigen (allgemeines Ertragswertverfahren), oder
2. aus dem nach § 20 kapitalisierten Reinertrag (§ 18 Absatz 1) und dem nach § 16 ermittelten Bodenwert, der mit Ausnahme des Werts von selbständig

nutzbaren Teilflächen auf den Wertermittlungsstichtag nach § 20 abzuzinsen ist (vereinfachtes Ertragswertverfahren).

Eine selbständig nutzbare Teilfläche ist der Teil eines Grundstücks, der für die angemessene Nutzung der baulichen Anlagen nicht benötigt wird und selbständig genutzt oder verwertet werden kann.

(3) Im Ertragswertverfahren auf der Grundlage periodisch unterschiedlicher Erträge wird der Ertragswert ausden durch gesicherte Daten abgeleiteten periodisch erzielbaren Reinerträgen (§ 18 Absatz 1) innerhalb eines Betrachtungszeitraums und dem Restwert des Grundstücks am Ende des Betrachtungszeitraums ermittelt. Die periodischen Reinerträge sowie der Restwert des Grundstücks sind jeweils auf den Wertermittlungsstichtag nach § 20 abzuzinsen.

§ 18 Reinertrag, Rohertrag
(1) Der Reinertrag ergibt sich aus dem jährlichen Rohertrag abzüglich der Bewirtschaftungskosten (§ 19).

(2) Der Rohertrag ergibt sich aus den bei ordnungsgemäßer Bewirtschaftung und zulässiger Nutzung marktüblicherzielbaren Erträgen. Bei Anwendung des Ertragswertverfahrens auf der Grundlage periodisch unterschiedlicher Erträge ergibt sich der Rohertrag insbesondere aus den vertraglichen Vereinbarungen.

§ 19 Bewirtschaftungskosten
(1) Als Bewirtschaftungskosten sind die für eine ordnungsgemäße Bewirtschaftung und zulässige Nutzung marktüblich entstehenden jährlichen Aufwendungen zu berücksichtigen, die nicht durch Umlagen oder sonstige Kostenübernahmen gedeckt sind.

(2) Nach Absatz 1 berücksichtigungsfähige Bewirtschaftungskosten sind
1. die Verwaltungskosten; sie umfassen die Kosten der zur Verwaltung des Grundstücks erforderlichen Arbeitskräfte und Einrichtungen, die Kosten der Aufsicht, den Wert der vom Eigentümer persönlich geleisteten Verwaltungsarbeit sowie die Kosten der Geschäftsführung;
2. die Instandhaltungskosten; sie umfassen die Kosten, die infolge von Abnutzung oder Alterung zur Erhaltung des der Wertermittlung zugrunde gelegten Ertragsniveaus der baulichen Anlage während ihrer Restnutzungsdauer aufgewendet werden müssen;
3. das Mietausfallwagnis; es umfasst das Risiko von Ertragsminderungen, die durch uneinbringliche Rückstände von Mieten, Pachten und sonstigen Einnahmen oder durch vorübergehenden Leerstand von Raum entstehen,

Anhang

der zur Vermietung, Verpachtung oder sonstigen Nutzung bestimmt ist; es umfasst auch das Risiko von uneinbringlichen Kosten einer Rechtsverfolgung auf Zahlung, Aufhebung eines Mietverhältnisses oder Räumung;
4. die Betriebskosten.

Soweit sich die Bewirtschaftungskosten nicht ermitteln lassen, ist von Erfahrungssätzen auszugehen.

§ 20 Kapitalisierung und Abzinsung
Der Kapitalisierung und Abzinsung sind Barwertfaktoren zugrunde zu legen. Der jeweilige Barwertfaktor ist unter Berücksichtigung der Restnutzungsdauer (§ 6 Absatz 6 Satz 1) und des jeweiligen Liegenschaftszinssatzes (§ 14 Absatz 3) der Anlage 1 oder der Anlage 2 zu entnehmen oder nach der dort angegebenen Berechnungsvorschrift zu bestimmen.

Unterabschnitt 3
Sachwertverfahren

§ 21 Ermittlung des Sachwerts
(1) Im Sachwertverfahren wird der Sachwert des Grundstücks aus dem Sachwert der nutzbaren baulichen und sonstigen Anlagen sowie dem Bodenwert (§ 16) ermittelt; die allgemeinen Wertverhältnisse auf dem Grundstücksmarkt sind insbesondere durch die Anwendung von Sachwertfaktoren (§ 14 Absatz 2 Nummer 1) zu berücksichtigen.

(2) Der Sachwert der baulichen Anlagen (ohne Außenanlagen) ist ausgehend von den Herstellungskosten (§ 22) unter Berücksichtigung der Alterswertminderung (§ 23) zu ermitteln.

(3) Der Sachwert der baulichen Außenanlagen und der sonstigen Anlagen wird, soweit sie nicht vom Bodenwert miterfasst werden, nach Erfahrungssätzen oder nach den gewöhnlichen Herstellungskosten ermittelt. Die §§ 22 und 23 sind entsprechend anzuwenden.

§ 22 Herstellungskosten
(1) Zur Ermittlung der Herstellungskosten sind die gewöhnlichen Herstellungskosten je Flächen-, Raum- oder sonstiger Bezugseinheit (Normalherstellungskosten) mit der Anzahl der entsprechenden Bezugseinheiten der baulichen Anlagen zu vervielfachen.

(2) Normalherstellungskosten sind die Kosten, die marktüblich für die Neuerrichtung einer entsprechenden baulichen Anlage aufzuwenden wären. Mit diesen Kosten nicht erfasste einzelne Bauteile, Einrichtungen oder sonstige Vorrichtungen sind durch Zu- oder Abschläge zu berücksichtigen, soweit dies dem gewöhnlichen Geschäftsverkehr entspricht. Zu den Normalherstellungskosten gehören auch die üblicherweise entstehenden Baunebenkosten, insbesondere Kosten für Planung, Baudurchführung, behördliche Prüfungen und Genehmigungen. Ausnahmsweise können die Herstellungskosten der baulichen Anlagen nach den gewöhnlichen Herstellungskosten einzelner Bauleistungen (Einzelkosten) ermittelt werden.

(3) Normalherstellungskosten sind in der Regel mit Hilfe geeigneter Baupreisindexreihen an die Preisverhältnisse am Wertermittlungsstichtag anzupassen.

§ 23 Alterswertminderung

Die Alterswertminderung ist unter Berücksichtigung des Verhältnisses der Restnutzungsdauer (§ 6 Absatz 6 Satz 1) zur Gesamtnutzungsdauer der baulichen Anlagen zu ermitteln. Dabei ist in der Regel eine gleichmäßige Wertminderung zugrunde zu legen. Gesamtnutzungsdauer ist die bei ordnungsgemäßer Bewirtschaftung übliche wirtschaftliche Nutzungsdauer der baulichen Anlagen.

Anhang

Abschnitt 4
Schlussvorschrift

§ 24 Inkrafttreten und Außerkrafttreten
Diese Verordnung tritt am 1. Juli 2010 in Kraft. Gleichzeitig tritt die Wertermittlungsverordnung vom 6. Dezember 1988 (BGBl. I S. 2209), die durch Artikel 3 des Gesetzes vom 18. August 1997 (BGBl. I S. 2081) geändert worden ist, außer Kraft.

Schlussformel
Der Bundesrat hat zugestimmt.

Anlage 1 (zu § 20)
Barwertfaktoren für die Kapitalisierung

(Fundstelle: BGBl. I 2010, 645 – 648)

Restnutzungsdauer von ... Jahren	Zinssatz								
	1,0%	1,5%	2,0%	2,5%	3,0%	3,5%	4,0%	4,5%	5,0%
1	0,99	0,99	0,98	0,98	0,97	0,97	0,96	0,96	0,95
2	1,97	1,96	1,94	1,93	1,91	1,90	1,89	1,87	1,86
3	2,94	2,91	2,88	2,86	2,83	2,80	2,78	2,75	2,72
4	3,90	3,85	3,81	3,76	3,72	3,67	3,63	3,59	3,55
5	4,85	4,78	4,71	4,65	4,58	4,52	4,45	4,39	4,33
6	5,80	5,70	5,60	5,51	5,42	5,33	5,24	5,16	5,08
7	6,73	6,60	6,47	6,35	6,23	6,11	6,00	5,89	5,79
8	7,65	7,49	7,33	7,17	7,02	6,87	6,73	6,60	6,46
9	8,57	8,36	8,16	7,97	7,79	7,61	7,44	7,27	7,11
10	9,47	9,22	8,98	8,75	8,53	8,32	8,11	7,91	7,72
11	10,37	10,07	9,79	9,51	9,25	9,00	8,76	8,53	8,31
12	11,26	10,91	10,58	10,26	9,95	9,66	9,39	9,12	8,86
13	12,13	11,73	11,35	10,98	10,63	10,30	9,99	9,68	9,39
14	13,00	12,54	12,11	11,69	11,30	10,92	10,56	10,22	9,90
15	13,87	13,34	12,85	12,38	11,94	11,52	11,12	10,74	10,38

Anlage 1: Immobilienwertermittlungsverordnung (ImmoWertV) 8

Restnutzungsdauer von ... Jahren	Zinssatz								
	1,0%	1,5%	2,0%	2,5%	3,0%	3,5%	4,0%	4,5%	5,0%
16	14,72	14,13	13,58	13,06	12,56	12,09	11,65	11,23	10,84
17	15,56	14,91	14,29	13,71	13,17	12,65	12,17	11,71	11,27
18	16,40	15,67	14,99	14,35	13,75	13,19	12,66	12,16	11,69
19	17,23	16,43	15,68	14,98	14,32	13,71	13,13	12,59	12,09
20	18,05	17,17	16,35	15,59	14,88	14,21	13,59	13,01	12,46
21	18,86	17,90	17,01	16,18	15,42	14,70	14,03	13,40	12,82
22	19,66	18,62	17,66	16,77	15,94	15,17	14,45	13,78	13,16
23	20,46	19,33	18,29	17,33	16,44	15,62	14,86	14,15	13,49
24	21,24	20,03	18,91	17,88	16,94	16,06	15,25	14,50	13,80
25	22,02	20,72	19,52	18,42	17,41	16,48	15,62	14,83	14,09
26	22,80	21,40	20,12	18,95	17,88	16,89	15,98	15,15	14,38
27	23,56	22,07	20,71	19,46	18,33	17,29	16,33	15,45	14,64
28	24,32	22,73	21,28	19,96	18,76	17,67	16,66	15,74	14,90
29	25,07	23,38	21,84	20,45	19,19	18,04	16,98	16,02	15,14
30	25,81	24,02	22,40	20,93	19,60	18,39	17,29	16,29	15,37
31	26,54	24,65	22,94	21,40	20,00	18,74	17,59	16,54	15,59
32	27,27	25,27	23,47	21,85	20,39	19,07	17,87	16,79	15,80
33	27,99	25,88	23,99	22,29	20,77	19,39	18,15	17,02	16,00
34	28,70	26,48	24,50	22,72	21,13	19,70	18,41	17,25	16,19
35	29,41	27,08	25,00	23,15	21,49	20,00	18,66	17,46	16,37
36	30,11	27,66	25,49	23,56	21,83	20,29	18,91	17,67	16,55
37	30,80	28,24	25,97	23,96	22,17	20,57	19,14	17,86	16,71
38	31,48	28,81	26,44	24,35	22,49	20,84	19,37	18,05	16,87
39	32,16	29,36	26,90	24,73	22,81	21,10	19,58	18,23	17,02
40	32,83	29,92	27,36	25,10	23,11	21,36	19,79	18,40	17,16
41	33,50	30,46	27,80	25,47	23,41	21,60	19,99	18,57	17,29
42	34,16	30,99	28,23	25,82	23,70	21,83	20,19	18,72	17,42
43	34,81	31,52	28,66	26,17	23,98	22,06	20,37	18,87	17,55
44	35,46	32,04	29,08	26,50	24,25	22,28	20,55	19,02	17,66

Restnutzungsdauer von ... Jahren	Zinssatz								
	1,0%	1,5%	2,0%	2,5%	3,0%	3,5%	4,0%	4,5%	5,0%
45	36,09	32,55	29,49	26,83	24,52	22,50	20,72	19,16	17,77
46	36,73	33,06	29,89	27,15	24,78	22,70	20,88	19,29	17,88
47	37,35	33,55	30,29	27,47	25,02	22,90	21,04	19,41	17,98
48	37,97	34,04	30,67	27,77	25,27	23,09	21,20	19,54	18,08
49	38,59	34,52	31,05	28,07	25,50	23,28	21,34	19,65	18,17
50	39,20	35,00	31,42	28,36	25,73	23,46	21,48	19,76	18,26
51	39,80	35,47	31,79	28,65	25,95	23,63	21,62	19,87	18,34
52	40,39	35,93	32,14	28,92	26,17	23,80	21,75	19,97	18,42
53	40,98	36,38	32,50	29,19	26,37	23,96	21,87	20,07	18,49
54	41,57	36,83	32,84	29,46	26,58	24,11	21,99	20,16	18,57
55	42,15	37,27	33,17	29,71	26,77	24,26	22,11	20,25	18,63
56	42,72	37,71	33,50	29,96	26,97	24,41	22,22	20,33	18,70
57	43,29	38,13	33,83	30,21	27,15	24,55	22,33	20,41	18,76
58	43,85	38,56	34,15	30,45	27,33	24,69	22,43	20,49	18,82
59	44,40	38,97	34,46	30,68	27,51	24,82	22,53	20,57	18,88
60	44,96	39,38	34,76	30,91	27,68	24,94	22,62	20,64	18,93
61	45,50	39,78	35,06	31,13	27,84	25,07	22,71	20,71	18,98
62	46,04	40,18	35,35	31,35	28,00	25,19	22,80	20,77	19,03
63	46,57	40,57	35,64	31,56	28,16	25,30	22,89	20,83	19,08
64	47,10	40,96	35,92	31,76	28,31	25,41	22,97	20,89	19,12
65	47,63	41,34	36,20	31,96	28,45	25,52	23,05	20,95	19,16
66	48,15	41,71	36,47	32,16	28,60	25,62	23,12	21,01	19,20
67	48,66	42,08	36,73	32,35	28,73	25,72	23,19	21,06	19,24
68	49,17	42,44	36,99	32,54	28,87	25,82	23,26	21,11	19,28
69	49,67	42,80	37,25	32,72	29,00	25,91	23,33	21,16	19,31
70	50,17	43,15	37,50	32,90	29,12	26,00	23,39	21,20	19,34
71	50,66	43,50	37,74	33,07	29,25	26,09	23,46	21,25	19,37
72	51,15	43,84	37,98	33,24	29,37	26,17	23,52	21,29	19,40
73	51,63	44,18	38,22	33,40	29,48	26,25	23,57	21,33	19,43

Anlage 1: Immobilienwertermittlungsverordnung (ImmoWertV) 8

Restnutzungsdauer von ... Jahren	Zinssatz								
	1,0%	1,5%	2,0%	2,5%	3,0%	3,5%	4,0%	4,5%	5,0%
74	52,11	44,51	38,45	33,57	29,59	26,33	23,63	21,37	19,46
75	52,59	44,84	38,68	33,72	29,70	26,41	23,68	21,40	19,48
76	53,06	45,16	38,90	33,88	29,81	26,48	23,73	21,44	19,51
77	53,52	45,48	39,12	34,03	29,91	26,55	23,78	21,47	19,53
78	53,98	45,79	39,33	34,17	30,01	26,62	23,83	21,50	19,56
79	54,44	46,10	39,54	34,31	30,11	26,68	23,87	21,54	19,58
80	54,89	46,41	39,74	34,45	30,20	26,75	23,92	21,57	19,60
81	55,33	46,71	39,95	34,59	30,29	26,81	23,96	21,59	19,62
82	55,78	47,00	40,14	34,72	30,38	26,87	24,00	21,62	19,63
83	56,21	47,29	40,34	34,85	30,47	26,93	24,04	21,65	19,65
84	56,65	47,58	40,53	34,97	30,55	26,98	24,07	21,67	19,67
85	57,08	47,86	40,71	35,10	30,63	27,04	24,11	21,70	19,68
86	57,50	48,14	40,89	35,22	30,71	27,09	24,14	21,72	19,70
87	57,92	48,41	41,07	35,33	30,79	27,14	24,18	21,74	19,71
88	58,34	48,68	41,25	35,45	30,86	27,19	24,21	21,76	19,73
89	58,75	48,95	41,42	35,56	30,93	27,23	24,24	21,78	19,74
90	59,16	49,21	41,59	35,67	31,00	27,28	24,27	21,80	19,75
91	59,57	49,47	41,75	35,77	31,07	27,32	24,30	21,82	19,76
92	59,97	49,72	41,91	35,87	31,14	27,37	24,32	21,83	19,78
93	60,36	49,97	42,07	35,98	31,20	27,41	24,35	21,85	19,79
94	60,75	50,22	42,23	36,07	31,26	27,45	24,37	21,87	19,80
95	61,14	50,46	42,38	36,17	31,32	27,48	24,40	21,88	19,81
96	61,53	50,70	42,53	36,26	31,38	27,52	24,42	21,90	19,82
97	61,91	50,94	42,68	36,35	31,44	27,56	24,44	21,91	19,82
98	62,29	51,17	42,82	36,44	31,49	27,59	24,46	21,92	19,83
99	62,66	51,40	42,96	36,53	31,55	27,62	24,49	21,94	19,84
100	63,03	51,62	43,10	36,61	31,60	27,66	24,50	21,95	19,85

Restnutzungsdauer von ... Jahren	Zinssatz									
	5,5%	6,0%	6,5%	7,0%	7,5%	8,0%	8,5%	9,0%	9,5%	10%
1	0,95	0,94	0,94	0,93	0,93	0,93	0,92	0,92	0,91	0,91
2	1,85	1,83	1,82	1,81	1,80	1,78	1,77	1,76	1,75	1,74
3	2,70	2,67	2,65	2,62	2,60	2,58	2,55	2,53	2,51	2,49
4	3,51	3,47	3,43	3,39	3,35	3,31	3,28	3,24	3,20	3,17
5	4,27	4,21	4,16	4,10	4,05	3,99	3,94	3,89	3,84	3,79
6	5,00	4,92	4,84	4,77	4,69	4,62	4,55	4,49	4,42	4,36
7	5,68	5,58	5,48	5,39	5,30	5,21	5,12	5,03	4,95	4,87
8	6,33	6,21	6,09	5,97	5,86	5,75	5,64	5,53	5,43	5,33
9	6,95	6,80	6,66	6,52	6,38	6,25	6,12	6,00	5,88	5,76
10	7,54	7,36	7,19	7,02	6,86	6,71	6,56	6,42	6,28	6,14
11	8,09	7,89	7,69	7,50	7,32	7,14	6,97	6,81	6,65	6,50
12	8,62	8,38	8,16	7,94	7,74	7,54	7,34	7,16	6,98	6,81
13	9,12	8,85	8,60	8,36	8,13	7,90	7,69	7,49	7,29	7,10
14	9,59	9,29	9,01	8,75	8,49	8,24	8,01	7,79	7,57	7,37
15	10,04	9,71	9,40	9,11	8,83	8,56	8,30	8,06	7,83	7,61
16	10,46	10,11	9,77	9,45	9,14	8,85	8,58	8,31	8,06	7,82
17	10,86	10,48	10,11	9,76	9,43	9,12	8,83	8,54	8,28	8,02
18	11,25	10,83	10,43	10,06	9,71	9,37	9,06	8,76	8,47	8,20
19	11,61	11,16	10,73	10,34	9,96	9,60	9,27	8,95	8,65	8,36
20	11,95	11,47	11,02	10,59	10,19	9,82	9,46	9,13	8,81	8,51
21	12,28	11,76	11,28	10,84	10,41	10,02	9,64	9,29	8,96	8,65
22	12,58	12,04	11,54	11,06	10,62	10,20	9,81	9,44	9,10	8,77
23	12,88	12,30	11,77	11,27	10,81	10,37	9,96	9,58	9,22	8,88
24	13,15	12,55	11,99	11,47	10,98	10,53	10,10	9,71	9,33	8,98
25	13,41	12,78	12,20	11,65	11,15	10,67	10,23	9,82	9,44	9,08
26	13,66	13,00	12,39	11,83	11,30	10,81	10,35	9,93	9,53	9,16
27	13,90	13,21	12,57	11,99	11,44	10,94	10,46	10,03	9,62	9,24
28	14,12	13,41	12,75	12,14	11,57	11,05	10,57	10,12	9,70	9,31
29	14,33	13,59	12,91	12,28	11,70	11,16	10,66	10,20	9,77	9,37

Anlage 1: Immobilienwertermittlungsverordnung (ImmoWertV) 8

Restnutzungsdauer von ... Jahren	Zinssatz									
	5,5%	6,0%	6,5%	7,0%	7,5%	8,0%	8,5%	9,0%	9,5%	10%
30	14,53	13,76	13,06	12,41	11,81	11,26	10,75	10,27	9,83	9,43
31	14,72	13,93	13,20	12,53	11,92	11,35	10,83	10,34	9,89	9,48
32	14,90	14,08	13,33	12,65	12,02	11,43	10,90	10,41	9,95	9,53
33	15,08	14,23	13,46	12,75	12,11	11,51	10,97	10,46	10,00	9,57
34	15,24	14,37	13,58	12,85	12,19	11,59	11,03	10,52	10,05	9,61
35	15,39	14,50	13,69	12,95	12,27	11,65	11,09	10,57	10,09	9,64
36	15,54	14,62	13,79	13,04	12,35	11,72	11,14	10,61	10,13	9,68
37	15,67	14,74	13,89	13,12	12,42	11,78	11,19	10,65	10,16	9,71
38	15,80	14,85	13,98	13,19	12,48	11,83	11,23	10,69	10,19	9,73
39	15,93	14,95	14,06	13,26	12,54	11,88	11,28	10,73	10,22	9,76
40	16,05	15,05	14,15	13,33	12,59	11,92	11,31	10,76	10,25	9,78
41	16,16	15,14	14,22	13,39	12,65	11,97	11,35	10,79	10,27	9,80
42	16,26	15,22	14,29	13,45	12,69	12,01	11,38	10,81	10,29	9,82
43	16,36	15,31	14,36	13,51	12,74	12,04	11,41	10,84	10,31	9,83
44	16,46	15,38	14,42	13,56	12,78	12,08	11,44	10,86	10,33	9,85
45	16,55	15,46	14,48	13,61	12,82	12,11	11,47	10,88	10,35	9,86
46	16,63	15,52	14,54	13,65	12,85	12,14	11,49	10,90	10,36	9,88
47	16,71	15,59	14,59	13,69	12,89	12,16	11,51	10,92	10,38	9,89
48	16,79	15,65	14,64	13,73	12,92	12,19	11,53	10,93	10,39	9,90
49	16,86	15,71	14,68	13,77	12,95	12,21	11,55	10,95	10,40	9,91
50	16,93	15,76	14,72	13,80	12,97	12,23	11,57	10,96	10,41	9,91
51	17,00	15,81	14,76	13,83	13,00	12,25	11,58	10,97	10,42	9,92
52	17,06	15,86	14,80	13,86	13,02	12,27	11,60	10,99	10,43	9,93
53	17,12	15,91	14,84	13,89	13,04	12,29	11,61	11,00	10,44	9,94
54	17,17	15,95	14,87	13,92	13,06	12,30	11,62	11,01	10,45	9,94
55	17,23	15,99	14,90	13,94	13,08	12,32	11,63	11,01	10,45	9,95
56	17,28	16,03	14,93	13,96	13,10	12,33	11,64	11,02	10,46	9,95
57	17,32	16,06	14,96	13,98	13,12	12,34	11,65	11,03	10,47	9,96
58	17,37	16,10	14,99	14,00	13,13	12,36	11,66	11,04	10,47	9,96

Restnutzungsdauer von ... Jahren	Zinssatz									
	5,5%	6,0%	6,5%	7,0%	7,5%	8,0%	8,5%	9,0%	9,5%	10%
59	17,41	16,13	15,01	14,02	13,15	12,37	11,67	11,04	10,48	9,96
60	17,45	16,16	15,03	14,04	13,16	12,38	11,68	11,05	10,48	9,97
61	17,49	16,19	15,05	14,06	13,17	12,39	11,68	11,05	10,48	9,97
62	17,52	16,22	15,07	14,07	13,18	12,39	11,69	11,06	10,49	9,97
63	17,56	16,24	15,09	14,08	13,19	12,40	11,70	11,06	10,49	9,98
64	17,59	16,27	15,11	14,10	13,20	12,41	11,70	11,07	10,49	9,98
65	17,62	16,29	15,13	14,11	13,21	12,42	11,71	11,07	10,50	9,98
66	17,65	16,31	15,14	14,12	13,22	12,42	11,71	11,07	10,50	9,98
67	17,68	16,33	15,16	14,13	13,23	12,43	11,71	11,08	10,50	9,98
68	17,70	16,35	15,17	14,14	13,24	12,43	11,72	11,08	10,50	9,98
69	17,73	16,37	15,19	14,15	13,24	12,44	11,72	11,08	10,51	9,99
70	17,75	16,38	15,20	14,16	13,25	12,44	11,73	11,08	10,51	9,99
71	17,78	16,40	15,21	14,17	13,25	12,45	11,73	11,09	10,51	9,99
72	17,80	16,42	15,22	14,18	13,26	12,45	11,73	11,09	10,51	9,99
73	17,82	16,43	15,23	14,18	13,27	12,45	11,73	11,09	10,51	9,99
74	17,84	16,44	15,24	14,19	13,27	12,46	11,74	11,09	10,51	9,99
75	17,85	16,46	15,25	14,20	13,27	12,46	11,74	11,09	10,51	9,99
76	17,87	16,47	15,26	14,20	13,28	12,46	11,74	11,10	10,52	9,99
77	17,89	16,48	15,26	14,21	13,28	12,47	11,74	11,10	10,52	9,99
78	17,90	16,49	15,27	14,21	13,29	12,47	11,74	11,10	10,52	9,99
79	17,92	16,50	15,28	14,22	13,29	12,47	11,75	11,10	10,52	9,99
80	17,93	16,51	15,28	14,22	13,29	12,47	11,75	11,10	10,52	10,00
81	17,94	16,52	15,29	14,23	13,30	12,48	11,75	11,10	10,52	10,00
82	17,96	16,53	15,30	14,23	13,30	12,48	11,75	11,10	10,52	10,00
83	17,97	16,53	15,30	14,23	13,30	12,48	11,75	11,10	10,52	10,00
84	17,98	16,54	15,31	14,24	13,30	12,48	11,75	11,10	10,52	10,00
85	17,99	16,55	15,31	14,24	13,30	12,48	11,75	11,10	10,52	10,00
86	18,00	16,56	15,32	14,24	13,31	12,48	11,75	11,10	10,52	10,00
87	18,01	16,56	15,32	14,25	13,31	12,48	11,75	11,10	10,52	10,00

Anlage 1: Immobilienwertermittlungsverordnung (ImmoWertV)

Restnutzungsdauer von ... Jahren	Zinssatz									
	5,5%	6,0%	6,5%	7,0%	7,5%	8,0%	8,5%	9,0%	9,5%	10%
88	18,02	16,57	15,32	14,25	13,31	12,49	11,76	11,11	10,52	10,00
89	18,03	16,57	15,33	14,25	13,31	12,49	11,76	11,11	10,52	10,00
90	18,03	16,58	15,33	14,25	13,31	12,49	11,76	11,11	10,52	10,00
91	18,04	16,58	15,33	14,26	13,31	12,49	11,76	11,11	10,52	10,00
92	18,05	16,59	15,34	14,26	13,32	12,49	11,76	11,11	10,52	10,00
93	18,06	16,59	15,34	14,26	13,32	12,49	11,76	11,11	10,52	10,00
94	18,06	16,60	15,34	14,26	13,32	12,49	11,76	11,11	10,52	10,00
95	18,07	16,60	15,35	14,26	13,32	12,49	11,76	11,11	10,52	10,00
96	18,08	16,60	15,35	14,26	13,32	12,49	11,76	11,11	10,52	10,00
97	18,08	16,61	15,35	14,27	13,32	12,49	11,76	11,11	10,52	10,00
98	18,09	16,61	15,35	14,27	13,32	12,49	11,76	11,11	10,52	10,00
99	18,09	16,61	15,35	14,27	13,32	12,49	11,76	11,11	10,52	10,00
100	18,10	16,62	15,36	14,27	13,32	12,49	11,76	11,11	10,53	10,00

Berechnungsvorschrift für die der Tabelle nicht zu entnehmenden Barwertfaktoren für die Kapitalisierung

$$\text{Kapitalisierungsfaktor} = \frac{q^n - 1}{q^n \times (q-1)} \qquad q = 1 + \frac{p}{100}$$

p = Liegenschaftszinssatz
n = Restnutzungsdauer

Anlage 2 (zu § 20)
Barwertfaktoren für die Abzinsung

(Fundstelle: BGBl. I 2010, 649 – 652)

Restnutzungsdauer von ... Jahren	Zinssatz								
	1,0%	1,5%	2,0%	2,5%	3,0%	3,5%	4,0%	4,5%	5,0%
1	0,9901	0,9852	0,9804	0,9756	0,9709	0,9662	0,9615	0,9569	0,9524
2	0,9803	0,9707	0,9612	0,9518	0,9426	0,9335	0,9246	0,9157	0,9070
3	0,9706	0,9563	0,9423	0,9286	0,9151	0,9019	0,8890	0,8763	0,8638
4	0,9610	0,9422	0,9238	0,9060	0,8885	0,8714	0,8548	0,8386	0,8227
5	0,9515	0,9283	0,9057	0,8839	0,8626	0,8420	0,8219	0,8025	0,7835
6	0,9420	0,9145	0,8880	0,8623	0,8375	0,8135	0,7903	0,7679	0,7462
7	0,9327	0,9010	0,8706	0,8413	0,8131	0,7860	0,7599	0,7348	0,7107
8	0,9235	0,8877	0,8535	0,8207	0,7894	0,7594	0,7307	0,7032	0,6768
9	0,9143	0,8746	0,8368	0,8007	0,7664	0,7337	0,7026	0,6729	0,6446
10	0,9053	0,8617	0,8203	0,7812	0,7441	0,7089	0,6756	0,6439	0,6139
11	0,8963	0,8489	0,8043	0,7621	0,7224	0,6849	0,6496	0,6162	0,5847
12	0,8874	0,8364	0,7885	0,7436	0,7014	0,6618	0,6246	0,5897	0,5568
13	0,8787	0,8240	0,7730	0,7254	0,6810	0,6394	0,6006	0,5643	0,5303
14	0,8700	0,8118	0,7579	0,7077	0,6611	0,6178	0,5775	0,5400	0,5051
15	0,8613	0,7999	0,7430	0,6905	0,6419	0,5969	0,5553	0,5167	0,4810
16	0,8528	0,7880	0,7284	0,6736	0,6232	0,5767	0,5339	0,4945	0,4581
17	0,8444	0,7764	0,7142	0,6572	0,6050	0,5572	0,5134	0,4732	0,4363
18	0,8360	0,7649	0,7002	0,6412	0,5874	0,5384	0,4936	0,4528	0,4155
19	0,8277	0,7536	0,6864	0,6255	0,5703	0,5202	0,4746	0,4333	0,3957
20	0,8195	0,7425	0,6730	0,6103	0,5537	0,5026	0,4564	0,4146	0,3769
21	0,8114	0,7315	0,6598	0,5954	0,5375	0,4856	0,4388	0,3968	0,3589
22	0,8034	0,7207	0,6468	0,5809	0,5219	0,4692	0,4220	0,3797	0,3418
23	0,7954	0,7100	0,6342	0,5667	0,5067	0,4533	0,4057	0,3634	0,3256
24	0,7876	0,6995	0,6217	0,5529	0,4919	0,4380	0,3901	0,3477	0,3101
25	0,7798	0,6892	0,6095	0,5394	0,4776	0,4231	0,3751	0,3327	0,2953

Anlage 1: Immobilienwertermittlungsverordnung (ImmoWertV)

Restnutzungsdauer von ... Jahren	Zinssatz								
	1,0%	1,5%	2,0%	2,5%	3,0%	3,5%	4,0%	4,5%	5,0%
26	0,7720	0,6790	0,5976	0,5262	0,4637	0,4088	0,3607	0,3184	0,2812
27	0,7644	0,6690	0,5859	0,5134	0,4502	0,3950	0,3468	0,3047	0,2678
28	0,7568	0,6591	0,5744	0,5009	0,4371	0,3817	0,3335	0,2916	0,2551
29	0,7493	0,6494	0,5631	0,4887	0,4243	0,3687	0,3207	0,2790	0,2429
30	0,7419	0,6398	0,5521	0,4767	0,4120	0,3563	0,3083	0,2670	0,2314
31	0,7346	0,6303	0,5412	0,4651	0,4000	0,3442	0,2965	0,2555	0,2204
32	0,7273	0,6210	0,5306	0,4538	0,3883	0,3326	0,2851	0,2445	0,2099
33	0,7201	0,6118	0,5202	0,4427	0,3770	0,3213	0,2741	0,2340	0,1999
34	0,7130	0,6028	0,5100	0,4319	0,3660	0,3105	0,2636	0,2239	0,1904
35	0,7059	0,5939	0,5000	0,4214	0,3554	0,3000	0,2534	0,2143	0,1813
36	0,6989	0,5851	0,4902	0,4111	0,3450	0,2898	0,2437	0,2050	0,1727
37	0,6920	0,5764	0,4806	0,4011	0,3350	0,2800	0,2343	0,1962	0,1644
38	0,6852	0,5679	0,4712	0,3913	0,3252	0,2706	0,2253	0,1878	0,1566
39	0,6784	0,5595	0,4619	0,3817	0,3158	0,2614	0,2166	0,1797	0,1491
40	0,6717	0,5513	0,4529	0,3724	0,3066	0,2526	0,2083	0,1719	0,1420
41	0,6650	0,5431	0,4440	0,3633	0,2976	0,2440	0,2003	0,1645	0,1353
42	0,6584	0,5351	0,4353	0,3545	0,2890	0,2358	0,1926	0,1574	0,1288
43	0,6519	0,5272	0,4268	0,3458	0,2805	0,2278	0,1852	0,1507	0,1227
44	0,6454	0,5194	0,4184	0,3374	0,2724	0,2201	0,1780	0,1442	0,1169
45	0,6391	0,5117	0,4102	0,3292	0,2644	0,2127	0,1712	0,1380	0,1113
46	0,6327	0,5042	0,4022	0,3211	0,2567	0,2055	0,1646	0,1320	0,1060
47	0,6265	0,4967	0,3943	0,3133	0,2493	0,1985	0,1583	0,1263	0,1009
48	0,6203	0,4894	0,3865	0,3057	0,2420	0,1918	0,1522	0,1209	0,0961
49	0,6141	0,4821	0,3790	0,2982	0,2350	0,1853	0,1463	0,1157	0,0916
50	0,6080	0,4750	0,3715	0,2909	0,2281	0,1791	0,1407	0,1107	0,0872
51	0,6020	0,4680	0,3642	0,2838	0,2215	0,1730	0,1353	0,1059	0,0831
52	0,5961	0,4611	0,3571	0,2769	0,2150	0,1671	0,1301	0,1014	0,0791
53	0,5902	0,4543	0,3501	0,2702	0,2088	0,1615	0,1251	0,0970	0,0753
54	0,5843	0,4475	0,3432	0,2636	0,2027	0,1560	0,1203	0,0928	0,0717

Restnutzungsdauer von ... Jahren	Zinssatz								
	1,0%	1,5%	2,0%	2,5%	3,0%	3,5%	4,0%	4,5%	5,0%
55	0,5785	0,4409	0,3365	0,2572	0,1968	0,1508	0,1157	0,0888	0,0683
56	0,5728	0,4344	0,3299	0,2509	0,1910	0,1457	0,1112	0,0850	0,0651
57	0,5671	0,4280	0,3234	0,2448	0,1855	0,1407	0,1069	0,0814	0,0620
58	0,5615	0,4217	0,3171	0,2388	0,1801	0,1360	0,1028	0,0778	0,0590
59	0,5560	0,4154	0,3109	0,2330	0,1748	0,1314	0,0989	0,0745	0,0562
60	0,5504	0,4093	0,3048	0,2273	0,1697	0,1269	0,0951	0,0713	0,0535
61	0,5450	0,4032	0,2988	0,2217	0,1648	0,1226	0,0914	0,0682	0,0510
62	0,5396	0,3973	0,2929	0,2163	0,1600	0,1185	0,0879	0,0653	0,0486
63	0,5343	0,3914	0,2872	0,2111	0,1553	0,1145	0,0845	0,0625	0,0462
64	0,5290	0,3856	0,2816	0,2059	0,1508	0,1106	0,0813	0,0598	0,0440
65	0,5237	0,3799	0,2761	0,2009	0,1464	0,1069	0,0781	0,0572	0,0419
66	0,5185	0,3743	0,2706	0,1960	0,1421	0,1033	0,0751	0,0547	0,0399
67	0,5134	0,3688	0,2653	0,1912	0,1380	0,0998	0,0722	0,0524	0,0380
68	0,5083	0,3633	0,2601	0,1865	0,1340	0,0964	0,0695	0,0501	0,0362
69	0,5033	0,3580	0,2550	0,1820	0,1301	0,0931	0,0668	0,0480	0,0345
70	0,4983	0,3527	0,2500	0,1776	0,1263	0,0900	0,0642	0,0459	0,0329
71	0,4934	0,3475	0,2451	0,1732	0,1226	0,0869	0,0617	0,0439	0,0313
72	0,4885	0,3423	0,2403	0,1690	0,1190	0,0840	0,0594	0,0420	0,0298
73	0,4837	0,3373	0,2356	0,1649	0,1156	0,0812	0,0571	0,0402	0,0284
74	0,4789	0,3323	0,2310	0,1609	0,1122	0,0784	0,0549	0,0385	0,0270
75	0,4741	0,3274	0,2265	0,1569	0,1089	0,0758	0,0528	0,0368	0,0258
76	0,4694	0,3225	0,2220	0,1531	0,1058	0,0732	0,0508	0,0353	0,0245
77	0,4648	0,3178	0,2177	0,1494	0,1027	0,0707	0,0488	0,0337	0,0234
78	0,4602	0,3131	0,2134	0,1457	0,0997	0,0683	0,0469	0,0323	0,0222
79	0,4556	0,3084	0,2092	0,1422	0,0968	0,0660	0,0451	0,0309	0,0212
80	0,4511	0,3039	0,2051	0,1387	0,0940	0,0638	0,0434	0,0296	0,0202
81	0,4467	0,2994	0,2011	0,1353	0,0912	0,0616	0,0417	0,0283	0,0192
82	0,4422	0,2950	0,1971	0,1320	0,0886	0,0596	0,0401	0,0271	0,0183
83	0,4379	0,2906	0,1933	0,1288	0,0860	0,0575	0,0386	0,0259	0,0174

Anlage 1: Immobilienwertermittlungsverordnung (ImmoWertV)

Restnutzungsdauer von ... Jahren	Zinssatz								
	1,0%	1,5%	2,0%	2,5%	3,0%	3,5%	4,0%	4,5%	5,0%
84	0,4335	0,2863	0,1895	0,1257	0,0835	0,0556	0,0371	0,0248	0,0166
85	0,4292	0,2821	0,1858	0,1226	0,0811	0,0537	0,0357	0,0237	0,0158
86	0,4250	0,2779	0,1821	0,1196	0,0787	0,0519	0,0343	0,0227	0,0151
87	0,4208	0,2738	0,1786	0,1167	0,0764	0,0501	0,0330	0,0217	0,0143
88	0,4166	0,2698	0,1751	0,1138	0,0742	0,0484	0,0317	0,0208	0,0137
89	0,4125	0,2658	0,1716	0,1111	0,0720	0,0468	0,0305	0,0199	0,0130
90	0,4084	0,2619	0,1683	0,1084	0,0699	0,0452	0,0293	0,0190	0,0124
91	0,4043	0,2580	0,1650	0,1057	0,0679	0,0437	0,0282	0,0182	0,0118
92	0,4003	0,2542	0,1617	0,1031	0,0659	0,0422	0,0271	0,0174	0,0112
93	0,3964	0,2504	0,1586	0,1006	0,0640	0,0408	0,0261	0,0167	0,0107
94	0,3925	0,2467	0,1554	0,0982	0,0621	0,0394	0,0251	0,0160	0,0102
95	0,3886	0,2431	0,1524	0,0958	0,0603	0,0381	0,0241	0,0153	0,0097
96	0,3847	0,2395	0,1494	0,0934	0,0586	0,0368	0,0232	0,0146	0,0092
97	0,3809	0,2359	0,1465	0,0912	0,0569	0,0355	0,0223	0,0140	0,0088
98	0,3771	0,2324	0,1436	0,0889	0,0552	0,0343	0,0214	0,0134	0,0084
99	0,3734	0,2290	0,1408	0,0868	0,0536	0,0332	0,0206	0,0128	0,0080
100	0,3697	0,2256	0,1380	0,0846	0,0520	0,0321	0,0198	0,0123	0,0076

Restnutzungsdauer von ... Jahren	Zinssatz								
	5,5%	6,0%	6,5%	7,0%	7,5%	8,0%	8,5%	9,0%	9,5%	10%
1	0,9479	0,9434	0,9390	0,9346	0,9302	0,9259	0,9217	0,9174	0,9132	0,9091
2	0,8985	0,8900	0,8817	0,8734	0,8653	0,8573	0,8495	0,8417	0,8340	0,8264
3	0,8516	0,8396	0,8278	0,8163	0,8050	0,7938	0,7829	0,7722	0,7617	0,7513
4	0,8072	0,7921	0,7773	0,7629	0,7488	0,7350	0,7216	0,7084	0,6956	0,6830
5	0,7651	0,7473	0,7299	0,7130	0,6966	0,6806	0,6650	0,6499	0,6352	0,6209
6	0,7252	0,7050	0,6853	0,6663	0,6480	0,6302	0,6129	0,5963	0,5801	0,5645
7	0,6874	0,6651	0,6435	0,6227	0,6028	0,5835	0,5649	0,5470	0,5298	0,5132
8	0,6516	0,6274	0,6042	0,5820	0,5607	0,5403	0,5207	0,5019	0,4838	0,4665
9	0,6176	0,5919	0,5674	0,5439	0,5216	0,5002	0,4799	0,4604	0,4418	0,4241

Restnutzungsdauer von … Jahren	Zinssatz									
	5,5%	6,0%	6,5%	7,0%	7,5%	8,0%	8,5%	9,0%	9,5%	10%
10	0,5854	0,5584	0,5327	0,5083	0,4852	0,4632	0,4423	0,4224	0,4035	0,3855
11	0,5549	0,5268	0,5002	0,4751	0,4513	0,4289	0,4076	0,3875	0,3685	0,3505
12	0,5260	0,4970	0,4697	0,4440	0,4199	0,3971	0,3757	0,3555	0,3365	0,3186
13	0,4986	0,4688	0,4410	0,4150	0,3906	0,3677	0,3463	0,3262	0,3073	0,2897
14	0,4726	0,4423	0,4141	0,3878	0,3633	0,3405	0,3191	0,2992	0,2807	0,2633
15	0,4479	0,4173	0,3888	0,3624	0,3380	0,3152	0,2941	0,2745	0,2563	0,2394
16	0,4246	0,3936	0,3651	0,3387	0,3144	0,2919	0,2711	0,2519	0,2341	0,2176
17	0,4024	0,3714	0,3428	0,3166	0,2925	0,2703	0,2499	0,2311	0,2138	0,1978
18	0,3815	0,3503	0,3219	0,2959	0,2720	0,2502	0,2303	0,2120	0,1952	0,1799
19	0,3616	0,3305	0,3022	0,2765	0,2531	0,2317	0,2122	0,1945	0,1783	0,1635
20	0,3427	0,3118	0,2838	0,2584	0,2354	0,2145	0,1956	0,1784	0,1628	0,1486
21	0,3249	0,2942	0,2665	0,2415	0,2190	0,1987	0,1803	0,1637	0,1487	0,1351
22	0,3079	0,2775	0,2502	0,2257	0,2037	0,1839	0,1662	0,1502	0,1358	0,1228
23	0,2919	0,2618	0,2349	0,2109	0,1895	0,1703	0,1531	0,1378	0,1240	0,1117
24	0,2767	0,2470	0,2206	0,1971	0,1763	0,1577	0,1412	0,1264	0,1133	0,1015
25	0,2622	0,2330	0,2071	0,1842	0,1640	0,1460	0,1301	0,1160	0,1034	0,0923
26	0,2486	0,2198	0,1945	0,1722	0,1525	0,1352	0,1199	0,1064	0,0945	0,0839
27	0,2356	0,2074	0,1826	0,1609	0,1419	0,1252	0,1105	0,0976	0,0863	0,0763
28	0,2233	0,1956	0,1715	0,1504	0,1320	0,1159	0,1019	0,0895	0,0788	0,0693
29	0,2117	0,1846	0,1610	0,1406	0,1228	0,1073	0,0939	0,0822	0,0719	0,0630
30	0,2006	0,1741	0,1512	0,1314	0,1142	0,0994	0,0865	0,0754	0,0657	0,0573
31	0,1902	0,1643	0,1420	0,1228	0,1063	0,0920	0,0797	0,0691	0,0600	0,0521
32	0,1803	0,1550	0,1333	0,1147	0,0988	0,0852	0,0735	0,0634	0,0548	0,0474
33	0,1709	0,1462	0,1252	0,1072	0,0919	0,0789	0,0677	0,0582	0,0500	0,0431
34	0,1620	0,1379	0,1175	0,1002	0,0855	0,0730	0,0624	0,0534	0,0457	0,0391
35	0,1535	0,1301	0,1103	0,0937	0,0796	0,0676	0,0575	0,0490	0,0417	0,0356
36	0,1455	0,1227	0,1036	0,0875	0,0740	0,0626	0,0530	0,0449	0,0381	0,0323
37	0,1379	0,1158	0,0973	0,0818	0,0688	0,0580	0,0489	0,0412	0,0348	0,0294
38	0,1307	0,1092	0,0914	0,0765	0,0640	0,0537	0,0450	0,0378	0,0318	0,0267

Anlage 1: Immobilienwertermittlungsverordnung (ImmoWertV) 8

Restnutzungsdauer von ... Jahren	Zinssatz									
	5,5%	6,0%	6,5%	7,0%	7,5%	8,0%	8,5%	9,0%	9,5%	10%
39	0,1239	0,1031	0,0858	0,0715	0,0596	0,0497	0,0415	0,0347	0,0290	0,0243
40	0,1175	0,0972	0,0805	0,0668	0,0554	0,0460	0,0383	0,0318	0,0265	0,0221
41	0,1113	0,0917	0,0756	0,0624	0,0516	0,0426	0,0353	0,0292	0,0242	0,0201
42	0,1055	0,0865	0,0710	0,0583	0,0480	0,0395	0,0325	0,0268	0,0221	0,0183
43	0,1000	0,0816	0,0667	0,0545	0,0446	0,0365	0,0300	0,0246	0,0202	0,0166
44	0,0948	0,0770	0,0626	0,0509	0,0415	0,0338	0,0276	0,0226	0,0184	0,0151
45	0,0899	0,0727	0,0588	0,0476	0,0386	0,0313	0,0254	0,0207	0,0168	0,0137
46	0,0852	0,0685	0,0552	0,0445	0,0359	0,0290	0,0235	0,0190	0,0154	0,0125
47	0,0807	0,0647	0,0518	0,0416	0,0334	0,0269	0,0216	0,0174	0,0140	0,0113
48	0,0765	0,0610	0,0487	0,0389	0,0311	0,0249	0,0199	0,0160	0,0128	0,0103
49	0,0725	0,0575	0,0457	0,0363	0,0289	0,0230	0,0184	0,0147	0,0117	0,0094
50	0,0688	0,0543	0,0429	0,0339	0,0269	0,0213	0,0169	0,0134	0,0107	0,0085
51	0,0652	0,0512	0,0403	0,0317	0,0250	0,0197	0,0156	0,0123	0,0098	0,0077
52	0,0618	0,0483	0,0378	0,0297	0,0233	0,0183	0,0144	0,0113	0,0089	0,0070
53	0,0586	0,0456	0,0355	0,0277	0,0216	0,0169	0,0133	0,0104	0,0081	0,0064
54	0,0555	0,0430	0,0334	0,0259	0,0201	0,0157	0,0122	0,0095	0,0074	0,0058
55	0,0526	0,0406	0,0313	0,0242	0,0187	0,0145	0,0113	0,0087	0,0068	0,0053
56	0,0499	0,0383	0,0294	0,0226	0,0174	0,0134	0,0104	0,0080	0,0062	0,0048
57	0,0473	0,0361	0,0276	0,0211	0,0162	0,0124	0,0096	0,0074	0,0057	0,0044
58	0,0448	0,0341	0,0259	0,0198	0,0151	0,0115	0,0088	0,0067	0,0052	0,0040
59	0,0425	0,0321	0,0243	0,0185	0,0140	0,0107	0,0081	0,0062	0,0047	0,0036
60	0,0403	0,0303	0,0229	0,0173	0,0130	0,0099	0,0075	0,0057	0,0043	0,0033
61	0,0382	0,0286	0,0215	0,0161	0,0121	0,0091	0,0069	0,0052	0,0039	0,0030
62	0,0362	0,0270	0,0202	0,0151	0,0113	0,0085	0,0064	0,0048	0,0036	0,0027
63	0,0343	0,0255	0,0189	0,0141	0,0105	0,0078	0,0059	0,0044	0,0033	0,0025
64	0,0325	0,0240	0,0178	0,0132	0,0098	0,0073	0,0054	0,0040	0,0030	0,0022
65	0,0308	0,0227	0,0167	0,0123	0,0091	0,0067	0,0050	0,0037	0,0027	0,0020
66	0,0292	0,0214	0,0157	0,0115	0,0085	0,0062	0,0046	0,0034	0,0025	0,0019
67	0,0277	0,0202	0,0147	0,0107	0,0079	0,0058	0,0042	0,0031	0,0023	0,0017

Restnutzungsdauer von ... Jahren	Zinssatz									
	5,5%	6,0%	6,5%	7,0%	7,5%	8,0%	8,5%	9,0%	9,5%	10%
68	0,0262	0,0190	0,0138	0,0100	0,0073	0,0053	0,0039	0,0029	0,0021	0,0015
69	0,0249	0,0179	0,0130	0,0094	0,0068	0,0049	0,0036	0,0026	0,0019	0,0014
70	0,0236	0,0169	0,0122	0,0088	0,0063	0,0046	0,0033	0,0024	0,0017	0,0013
71	0,0223	0,0160	0,0114	0,0082	0,0059	0,0042	0,0031	0,0022	0,0016	0,0012
72	0,0212	0,0151	0,0107	0,0077	0,0055	0,0039	0,0028	0,0020	0,0015	0,0010
73	0,0201	0,0142	0,0101	0,0072	0,0051	0,0036	0,0026	0,0019	0,0013	0,0010
74	0,0190	0,0134	0,0095	0,0067	0,0047	0,0034	0,0024	0,0017	0,0012	0,0009
75	0,0180	0,0126	0,0089	0,0063	0,0044	0,0031	0,0022	0,0016	0,0011	0,0008
76	0,0171	0,0119	0,0083	0,0058	0,0041	0,0029	0,0020	0,0014	0,0010	0,0007
77	0,0162	0,0113	0,0078	0,0055	0,0038	0,0027	0,0019	0,0013	0,0009	0,0006
78	0,0154	0,0106	0,0074	0,0051	0,0035	0,0025	0,0017	0,0012	0,0008	0,0006
79	0,0146	0,0100	0,0069	0,0048	0,0033	0,0023	0,0016	0,0011	0,0008	0,0005
80	0,0138	0,0095	0,0065	0,0045	0,0031	0,0021	0,0015	0,0010	0,0007	0,0005
81	0,0131	0,0089	0,0061	0,0042	0,0029	0,0020	0,0013	0,0009	0,0006	0,0004
82	0,0124	0,0084	0,0057	0,0039	0,0027	0,0018	0,0012	0,0009	0,0006	0,0004
83	0,0118	0,0079	0,0054	0,0036	0,0025	0,0017	0,0011	0,0008	0,0005	0,0004
84	0,0111	0,0075	0,0050	0,0034	0,0023	0,0016	0,0011	0,0007	0,0005	0,0003
85	0,0106	0,0071	0,0047	0,0032	0,0021	0,0014	0,0010	0,0007	0,0004	0,0003
86	0,0100	0,0067	0,0044	0,0030	0,0020	0,0013	0,0009	0,0006	0,0004	0,0003
87	0,0095	0,0063	0,0042	0,0028	0,0019	0,0012	0,0008	0,0006	0,0004	0,0003
88	0,0090	0,0059	0,0039	0,0026	0,0017	0,0011	0,0008	0,0005	0,0003	0,0002
89	0,0085	0,0056	0,0037	0,0024	0,0016	0,0011	0,0007	0,0005	0,0003	0,0002
90	0,0081	0,0053	0,0035	0,0023	0,0015	0,0010	0,0006	0,0004	0,0003	0,0002
91	0,0077	0,0050	0,0032	0,0021	0,0014	0,0009	0,0006	0,0004	0,0003	0,0002
92	0,0073	0,0047	0,0030	0,0020	0,0013	0,0008	0,0006	0,0004	0,0002	0,0002
93	0,0069	0,0044	0,0029	0,0019	0,0012	0,0008	0,0005	0,0003	0,0002	0,0001
94	0,0065	0,0042	0,0027	0,0017	0,0011	0,0007	0,0005	0,0003	0,0002	0,0001
95	0,0062	0,0039	0,0025	0,0016	0,0010	0,0007	0,0004	0,0003	0,0002	0,0001
96	0,0059	0,0037	0,0024	0,0015	0,0010	0,0006	0,0004	0,0003	0,0002	0,0001

Anlage 1: Immobilienwertermittlungsverordnung (ImmoWertV) 8

Restnutzungsdauer von ... Jahren	Zinssatz									
	5,5%	6,0%	6,5%	7,0%	7,5%	8,0%	8,5%	9,0%	9,5%	10%
97	0,0056	0,0035	0,0022	0,0014	0,0009	0,0006	0,0004	0,0002	0,0002	0,0001
98	0,0053	0,0033	0,0021	0,0013	0,0008	0,0005	0,0003	0,0002	0,0001	0,0001
99	0,0050	0,0031	0,0020	0,0012	0,0008	0,0005	0,0003	0,0002	0,0001	0,0001
100	0,0047	0,0029	0,0018	0,0012	0,0007	0,0005	0,0003	0,0002	0,0001	0,0001

Berechnungsvorschrift für die der Tabelle nicht zu entnehmenden Barwertfaktoren für die Kapitalisierung

Abzinsungsfaktor = $q^n = \dfrac{1}{q^n}$ $q = 1 + \dfrac{p}{100}$

p = Liegenschaftszinssatz

n = Restnutzungsdauer

8.2 Anlage 2: Richtlinien zur Ermittlung des Sachwerts (Sachwertrichtlinie, SW-RL)

Bekanntmachung
der Richtlinie zur Ermittlung des Sachwerts
(Sachwertrichtlinie – SW-RL)

Vom 5. September 2012
Nachstehende Richtlinie wird hiermit bekannt gemacht (Anhang).
Berlin, den 5. September 2012
SW 11 – 4124.4/2
Der Bundesminister für Verkehr, Bau und Stadtentwicklung
In Vertretung Rainer Bomba

Inhaltsübersicht

1 Zweck und Anwendungsbereich
2 Allgemeines
3 Verfahrensgang
4 Vorläufiger Sachwert
    4.1 Herstellungskosten der baulichen Anlagen (ohne Außenanlagen)
        4.1.1 Normalherstellungskosten 2010 – NHK 2010
            4.1.1.1 Allgemeines
            4.1.1.2 Gebäudestandard
            4.1.1.3 Korrekturfaktoren
            4.1.1.4 Brutto-Grundfläche
            4.1.1.5 Nutzbarkeit von Dachgeschossen bei freistehenden Ein- und Zweifamilienhäusern, Doppelhäusern und Reihenhäusern
            4.1.1.6 Teilweiser Ausbau des Dachgeschosses bzw. teilweise Unterkellerung
            4.1.1.7 Bei der BGF-Berechnung nicht erfasste Bauteile
        4.1.2 Baupreisindex
    4.2 Bauliche Außenanlagen und sonstige Anlagen
    4.3 Lineare Alterswertminderung
        4.3.1 Gesamtnutzungsdauer
        4.3.2 Wirtschaftliche Restnutzungsdauer
    4.4 Bodenwert
5 Marktanpassung – Sachwertfaktoren

Anlage 2: Richtlinien zur Ermittlung des Sachwerts (Sachwertrichtlinie, SW-RL)

6 Besondere objektspezifische Grundstücksmerkmale
    6.1 Besondere Ertragsverhältnisse
    6.2 Baumängel und Bauschäden
    6.3 Wirtschaftliche Überalterung
    6.4 Überdurchschnittlicher Erhaltungszustand
    6.5 Freilegungskosten
    6.6 Bodenverunreinigungen
    6.7 Grundstücksbezogene Rechte und Belastungen
7 Verkehrswert (Marktwert)

Anlage 1 Normalherstellungskosten 2010 (NHK 2010)
Anlage 2 Beschreibung der Gebäudestandards
Anlage 3 Orientierungswerte für die übliche Gesamtnutzungsdauer bei ordnungsgemäßer Instandhaltung
Anlage 4 Modell zur Ableitung der wirtschaftlichen Restnutzungsdauer für Wohngebäude unter Berücksichtigung von Modernisierungen
Anlage 5 Modellparameter für die Ermittlung des Sachwertfaktors

1 Zweck und Anwendungsbereich

(1) Diese Richtlinie gibt Hinweise für die Ermittlung des Sachwerts nach den §§ 21 bis 23 der Immobilienwertermittlungsverordnung (ImmoWertV) vom 19. Mai 2010 (BGBl. I S. 639). Ihre Anwendung soll die Ermittlung des Sach- bzw. Verkehrswerts von Grundstücken nach einheitlichen und marktgerechten Grundsätzen sicherstellen. Diese Hinweise gelten auch für die Ableitung der Sachwertfaktoren (vgl. Nummer 5).

(2) Bei der Ermittlung des Sachwerts ist der Grundsatz der Modellkonformität zu beachten. Dies gilt insbesondere in den Fällen, in denen Sachwertfaktoren zur Anwendung kommen, die auf einer von dieser Richtlinie abweichenden Datengrundlage beruhen.

(3) Die Richtlinie ersetzt die Nummern 1.5.5 Absatz 4, 3.1.3, 3.6 bis 3.6.2 sowie die Anlagen 4, 6, 7 und 8 der Wertermittlungsrichtlinien 2006 (WertR 2006) vom 1. März 2006 (BAnz. Nr. 108a vom 10. Juni 2006, BAnz. S. 4798).

(4) Die Richtlinie wurde von einer Arbeitsgruppe aus Vertretern des Bundesministeriums für Verkehr, Bau und Stadtentwicklung, der für das Gutachterausschusswesen zuständigen Ministerien der Länder sowie der Bundesvereinigung der Kommunalen Spitzenverbände erarbeitet und wird allen in der Grundstückswertermittlung Tätigen zur Anwendung empfohlen.

2 Allgemeines

(1) Das Sachwertverfahren ist in den §§ 21 bis 23 ImmoWertV geregelt. Ergänzend sind die allgemeinen Verfahrensgrundsätze (§§ 1 bis 8 ImmoWertV) heranzuziehen, um den Verkehrswert des Wertermittlungsobjekts zu ermitteln. Das Sachwertverfahren kann in der Verkehrswertermittlung dann zur Anwendung kommen, wenn im gewöhnlichen Geschäftsverkehr (marktüblich) der Sachwert und nicht die Erzielung von Erträgen für die Preisbildung ausschlaggebend ist, insbesondere bei selbstgenutzten Ein- und Zweifamilienhäusern. Das Sachwertverfahren kann auch zur Überprüfung anderer Verfahrensergebnisse in Betracht kommen.

(2) Nicht anzuwenden ist das Sachwertverfahren auf Wertermittlungsobjekte, die nicht mehr wirtschaftlich nutzbar sind (§ 21 Absatz 1 ImmoWertV), z. B. auf abbruchreife oder funktionslose bauliche Anlagen oder Teile von diesen. Wirtschaftlich nutzbar sind nur solche baulichen und sonstigen Anlagen, die eine wirtschaftliche Restnutzungsdauer aufweisen (vgl. Nummer 4.3.2).

3 Verfahrensgang

(1) Im Sachwertverfahren ist
- der Sachwert der baulichen Anlagen (ohne Außenanlagen) ausgehend von den Herstellungskosten unter Berücksichtigung der Alterswertminderung zu ermitteln (§ 21 Absatz 2 ImmoWertV);
- der Sachwert der baulichen Außenanlagen und der sonstigen Anlagen nach Erfahrungssätzen oder nach gewöhnlichen Herstellungskosten (ggf. unter Berücksichtigung der Alterswertminderung, § 21 Absatz 3 ImmoWertV) zu ermitteln, soweit sie nicht als besondere objektspezifische Grundstücksmerkmale zu berücksichtigen sind (vgl. Nummer 6);
- der Bodenwert nach § 16 ImmoWertV vorrangig im Vergleichswertverfahren zu ermitteln; dabei kann auf geeignete Bodenrichtwerte zurückgegriffen werden. Selbstständig nutzbare Teilflächen sind gesondert zu berücksichtigen.

(2) Die Summe aus den Sachwerten der baulichen Anlagen einschließlich der baulichen Außenanlagen, der sonstigen Anlagen und des Bodenwerts ergibt einen vorläufigen Sachwert des Grundstücks,
- der an die allgemeinen Wertverhältnisse auf dem Grundstücksmarkt anzupassen ist (marktangepasster vorläufiger Sachwert); die Marktanpassung ist in der Regel durch Multiplikation mit dem zutreffenden Sachwertfaktor (§ 8 Absatz 2 Nummer 1, § 14 Absatz 2 Nummer 1 ImmoWertV) vorzunehmen und

- bei dem nach der Marktanpassung ggf. besondere objektspezifische Grundstücksmerkmale z.B. mit Zu- oder Abschlägen zu berücksichtigen sind (§ 8 Absatz 2 Nummer 2, Absatz 3 ImmoWertV),

um zum Sachwert des Grundstücks zu gelangen.

(3) Damit ergibt sich folgendes Ablaufschema:

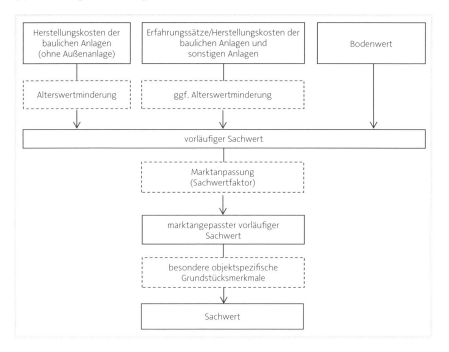

4 Vorläufiger Sachwert

4.1 Herstellungskosten der baulichen Anlagen (ohne Außenanlagen)

(1) Zur Ermittlung des Sachwerts der baulichen Anlagen (ohne Außenanlagen) ist von den Herstellungskosten auszugehen, die unter Beachtung wirtschaftlicher Gesichtspunkte für die Errichtung eines dem Wertermittlungsobjekt in vergleichbarer Weise nutzbaren Neubaus am Wertermittlungsstichtag (ggf. unter Berücksichtigung abweichender Qualitäten am Qualitätsstichtag) unter Zugrundelegung neuzeitlicher, wirtschaftlicher Bauweisen aufzuwenden wären, und nicht von Rekonstruktionskosten.

(2) Der Ermittlung der Herstellungskosten eines Gebäudes können zu Grunde gelegt werden:

- vorrangig die Normalherstellungskosten 2010 (NHK 2010, siehe Anlage 1), das heißt die gewöhnlichen Herstellungskosten, die für die jeweilige Gebäudeart unter Berücksichtigung des Gebäudestandards je Flächeneinheit angegeben sind;
- soweit die entsprechende Gebäudeart in den NHK 2010 nicht erfasst ist, geeignete andere Datensammlungen;
- ausnahmsweise Einzelkosten, das heißt die gewöhnlichen Herstellungskosten einzelner Bauleistungen.

(3) Bei der Ermittlung des Flächen- oder ggf. des Rauminhalts sind die den Herstellungskosten zu Grunde gelegten Berechnungsvorschriften anzuwenden.

4.1.1 Normalherstellungskosten 2010 — NHK 2010

4.1.1.1 Allgemeines

(1) Die NHK 2010 enthalten neben den Kostenkennwerten weitere Angaben zu der jeweiligen Gebäudeart, wie Angaben zur Höhe der eingerechneten Baunebenkosten, teilweise Korrekturfaktoren sowie teilweise weitergehende Erläuterungen.

(2) Es ist der Kostenkennwert zu Grunde zu legen, der dem Wertermittlungsobjekt nach Gebäudeart und Gebäudestandard hinreichend entspricht. Sind Gebäude nachhaltig umgenutzt worden, so ist bei der Zuordnung zu einem Kostenkennwert auf die aktuelle Nutzung abzustellen. Hat ein Gebäude in Teilbereichen erheblich voneinander abweichende Standardmerkmale oder unterschiedliche Nutzungen, kann es sinnvoll sein, die Herstellungskosten getrennt nach Teilbereichen zu ermitteln (vgl. z. B. Nummer 4.1.1.6).

(3) Die Kostenkennwerte der NHK 2010 sind in Euro/m² Brutto-Grundfläche (EUR/m² BGF) angegeben. Sie erfassen die Kostengruppen 300 und 400 der DIN 276-11:2006. In ihnen sind die Umsatzsteuer und die üblichen Baunebenkosten (Kostengruppen 730 und 771 der DIN 276) eingerechnet. Sie sind bezogen auf den Kostenstand des Jahres 2010 (Jahresdurchschnitt).

4.1.1.2 Gebäudestandard

(1) Die NHK 2010 unterscheiden bei den einzelnen Gebäudearten zwischen verschiedenen Standardstufen. Das Wertermittlungsobjekt ist dementsprechend auf der Grundlage seiner Standardmerkmale zu qualifizieren.

(2) Die Einordnung zu einer Standardstufe ist insbesondere abhängig vom Stand der technischen Entwicklung und den bestehenden rechtlichen Anforderungen am Wertermittlungsstichtag. Sie hat unter Berücksichtigung der für das jeweilige Wertermittlungsobjekt am Wertermittlungsstichtag relevanten Marktverhältnisse zu erfolgen. Dafür sind die Qualität der verwandten Materialien und der Bauausführung, die energetischen Eigenschaften sowie solche Standardmerkmale, die für die jeweilige Nutzungs- und Gebäudeart besonders relevant sind, wie z.B. Schallschutz oder Aufzugsanlagen in Mehrfamilienhäusern von Bedeutung. Bei den freistehenden Ein- und Zweifamilienhäusern, Doppelhäusern und Reihenhäusern (Gebäudearten Nummer 1.01 bis 3.33) enthalten die NHK 2010 zwei weitere Standardstufen (1 und 2) mit Kostenkennwerten für Gebäude, deren Standardmerkmale zwar nicht mehr zeitgemäß sind, aber dennoch eine zweckentsprechende Nutzung des Gebäudes erlauben. Bei den übrigen Gebäudearten ist bei nicht mehr zeitgemäßen Standardmerkmalen ein entsprechender Abschlag sachverständig vorzunehmen.

(3) Zur Orientierung und Modellbeschreibung enthält die Anlage 2 eine Beschreibung der Standardmerkmale zum Bezugsjahr der NHK 2010 einschließlich eines Anwendungsbeispiels für die Ermittlung der Kostenkennwerte für freistehende Ein- und Zweifamilienhäuser, Doppelhäuser und Reihenhäuser. Die Beschreibung ist beispielhaft und kann nicht alle in der Praxis vorkommenden Standardmerkmale beschreiben. Alle wertrelevanten Standardmerkmale eines Objektes, auch wenn sie nicht in der Tabelle beschrieben sind, sind sachverständig einzustufen.

4.1.1.3 Korrekturfaktoren

In den NHK 2010 sind teilweise Korrekturfaktoren angegeben, die eine Anpassung des jeweiligen Kostenkennwerts wegen der speziellen Merkmale des Bewertungsobjekts erlauben.

4.1.1.4 Brutto-Grundfläche

(1) Die Kostenkennwerte der NHK 2010 beziehen sich auf den Quadratmeter Brutto-Grundfläche (BGF). Die BGF ist die Summe der bezogen auf die jeweilige Gebäudeart marktüblich nutzbaren Grundflächen aller Grundrissebenen eines Bauwerks.

(2) In Anlehnung an die DIN 277-1:2005-02 sind bei den Grundflächen folgende Bereiche zu unterscheiden:

Anhang

Bereich a: überdeckt und allseitig in voller Höhe umschlossen,
Bereich b: überdeckt, jedoch nicht allseitig in voller Höhe umschlossen,
Bereich c: nicht überdeckt.

Für die Anwendung der NHK 2010 sind im Rahmen der Ermittlung der BGF nur die Grundflächen der Bereiche a und b zu Grunde zu legen. Balkone, auch wenn sie überdeckt sind, sind dem Bereich c zuzuordnen (vgl. Abbildung 1).

(3) Für die Ermittlung der BGF sind die äußeren Maße der Bauteile einschließlich Bekleidung, z.B. Putz und Außenschalen mehrschaliger Wandkonstruktionen, in Höhe der Bodenbelagsoberkanten anzusetzen.

(4) Nicht zur BGF gehören z.B. Flächen von Spitzböden (vgl. Nummer 4.1.1.5 Absatz 3) und Kriechkellern, Flächen, die ausschließlich der Wartung, Inspektion und Instandsetzung von Baukonstruktionen und technischen Anlagen dienen sowie Flächen unter konstruktiven Hohlräumen, z.B. über abgehängten Decken.

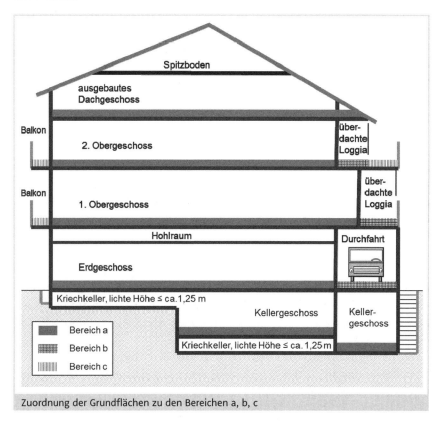

Zuordnung der Grundflächen zu den Bereichen a, b, c

Anlage 2: Richtlinien zur Ermittlung des Sachwerts (Sachwertrichtlinie, SW-RL) 8

(5) Bei den freistehenden Ein- und Zweifamilienhäusern, Doppelhäusern und Reihenhäusern der NHK 2010 erfolgt u. a. eine Unterteilung in Gebäudearten mit ausgebautem bzw. nicht ausgebautem Dachgeschoss (vgl. Absatz 6) und Gebäudearten mit Flachdach bzw. flach geneigtem Dach (vgl. Absatz 7), wobei für eine Einordnung zu der entsprechenden Gebäudeart die Anrechenbarkeit ihrer Grundflächen entscheidend ist.

(6) Entscheidend für die Anrechenbarkeit der Grundflächen in Dachgeschossen ist ihre Nutzbarkeit. Dabei genügt es nach dieser Richtlinie auch, dass nur eine untergeordnete Nutzung (vgl. DIN 277-2:2005-02), wie z.B. als Lager- und Abstellräume, Räume für betriebstechnische Anlagen möglich ist (eingeschränkte Nutzbarkeit). Als nutzbar können Dachgeschosse ab einer lichten Höhe von ca. 1,25 m behandelt werden, soweit sie begehbar sind. Eine Begehbarkeit setzt eine feste Decke und die Zugänglichkeit voraus.

(7) Bei Gebäuden mit Flachdach bzw. flach geneigtem Dach ist auf Grund der Dachkonstruktion eine Dachgeschossnutzung nicht möglich, sodass eine Anrechnung der Grundfläche des Dachgeschosses bei der Berechnung der BGF nicht vorzunehmen ist.

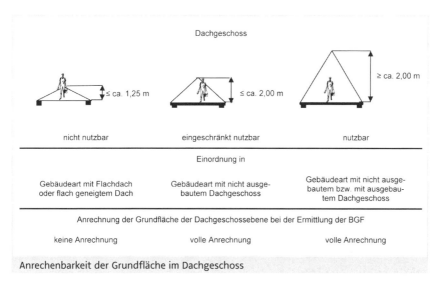

Anrechenbarkeit der Grundfläche im Dachgeschoss

4.1.1.5 Nutzbarkeit von Dachgeschossen bei freistehenden Ein- und Zweifamilienhäusern, Doppelhäusern und Reihenhäusern

(1) Trotz gleicher BGF können sich bei freistehenden Ein- und Zweifamilienhäusern, Doppelhäusern und Reihenhäusern mit ausgebauten bzw. nicht ausgebauten Dachgeschossen Unterschiede hinsichtlich des Grades der wirt-

225

schaftlichen Nutzbarkeit des Dachgeschosses ergeben, die insbesondere auf Unterschieden der Dachkonstruktion, der Gebäudegeometrie und der Giebelhöhe beruhen können.

(2) Bei Gebäuden mit nicht ausgebautem Dachgeschoss ist zu unterscheiden zwischen
- Gebäuden mit Dachgeschossen, die nur eine eingeschränkte Nutzung zulassen (nicht ausbaufähig) und
- Gebäuden mit Dachgeschossen, die für die Hauptnutzung »Wohnen« ausbaubar sind.

Im Fall einer nur eingeschränkten Nutzbarkeit des Dachgeschosses (nicht ausbaufähig) ist in der Regel ein Abschlag vom Kostenkennwert für die Gebäudeart mit nicht ausgebautem Dachgeschoss anzusetzen. Die Höhe des Abschlags ist zu begründen.

(3) Bei Gebäuden mit ausgebautem Dachgeschoss bestimmt sich der Grad der wirtschaftlichen Nutzbarkeit des Dachgeschosses insbesondere nach der vorhandenen Wohnfläche. Diese ist im Wesentlichen abhängig von Dachneigung, Giebelbreite und Drempelhöhe. Deshalb ist z. B. zu prüfen, ob im Dachgeschoss ein Drempel vorhanden ist. Ein fehlender Drempel verringert die Wohnfläche und ist deshalb in der Regel wertmindernd zu berücksichtigen. Ein ausgebauter Spitzboden (zusätzliche Ebene im Dachgeschoss) ist durch Zuschläge zu berücksichtigen. Die Höhe des entsprechenden Abschlags bzw. Zuschlags ist zu begründen.

4.1.1.6 Teilweiser Ausbau des Dachgeschosses bzw. teilweise Unterkellerung

Ein teilweiser Ausbau des Dachgeschosses bzw. eine teilweise Unterkellerung können durch anteilige Heranziehung der jeweiligen Kostenkennwerte für die verschiedenen Gebäudearten berücksichtigt werden (Mischkalkulation).

Beispiel 1

Mischkalkulation zur Ermittlung des Kostenkennwerts bei teilweiser Unterkellerung

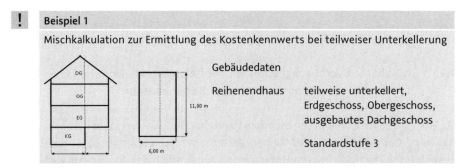

Gebäudedaten

Reihenendhaus — teilweise unterkellert, Erdgeschoss, Obergeschoss, ausgebautes Dachgeschoss

Standardstufe 3

Anlage 2: Richtlinien zur Ermittlung des Sachwerts (Sachwertrichtlinie, SW-RL) 8

Gebäudeart und Kostenkennwert der NHK 2010

Gebäudeart unterkellert	2.11	785 EUR/m² BGF	Gebäudeart nicht unterkellert	2.31	865 EUR/m² BGF
unterkellerter Gebäudeteil			nicht unterkellerter Gebäudeteil		
Grundfläche: 3,3 m x 11 m = 36,3 m²			Grundfläche: 2,7 m x 11 m = 29,7 m²		
BGF: 4 Ebenen x 36,3 m² = 145,2 m²			BGF: 3 Ebenen x 29,7 m² = 89,1 m²		

145,2 m² BGF x 785 EUR/m² BGF + 89,1 m² BGF x 865 EUR/m² BGF = 191 053 EUR
Herstellungskosten: 190 000 EUR

Beispiel 2 !

Mischkalkulation zur Ermittlung des Kostenkennwerts eines nicht unterkellerten Anbaus

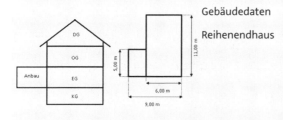

Gebäudedaten

Reihenendhaus   unterkellert, Erdgeschoss, Obergeschoss, ausgebautes Dachgeschoss

nicht unterkellerter Anbau

Standardstufe 3

Gebäudeart und Kostenkennwert der NHK 2010

Gebäudeart unterkellert	2.11	785 EUR/m² BGF	Gebäudeart nicht unterkellert, Flachdach	2.23	105 EUR/m² BGF
Gebäude (ohne Anbau)			Anbau		
Grundfläche: 6 m x 11 m = 66 m²			Grundfläche/BGF: 3 m x 5 m = 15 m²		
BGF: 4 Ebenen x 66 m² = 264 m²					

264 m² BGF x 785 EUR/m² BGF + 15 m² BGF x 1 105 EUR/m² BGF = 223 815 EUR
Herstellungskosten: 225 000 EUR

4.1.1.7 Bei der BGF-Berechnung nicht erfasste Bauteile

Werthaltige, bei der BGF-Berechnung nicht erfasste Bauteile, wie z.B. Dachgauben, Balkone und Vordächer sind in Ansatz zu bringen. Soweit diese Bauteile erheblich vom Üblichen abweichen, ist ggf. ihr Werteinfluss als besonderes objektspezifisches Grundstücksmerkmal nach der Marktanpassung zu berücksichtigen.

Anhang

4.1.2 Baupreisindex

(1) Die aus den Kostenkennwerten der NHK 2010 ermittelten Herstellungskosten sind auf den Wertermittlungsstichtag zu beziehen. Hierzu ist der für den Wertermittlungsstichtag aktuelle und für die jeweilige Gebäudeart zutreffende Preisindex für die Bauwirtschaft des Statistischen Bundesamtes (Baupreisindex) mit dem entsprechenden Basisjahr zu verwenden. Mit der Verwendung des Baupreisindex wird auch eine ggf. erfolgte Umsatzsteueränderung berücksichtigt.

(2) Eine Abweichung des Basisjahres des Baupreisindex vom Basisjahr der NHK 2010 ist zu berücksichtigen.

> **Beispiel 3**
> Berücksichtigung der Abweichung des Basisjahres des Baupreisindex vom Basisjahr der NHK 2010
> Die Kostenkennwerte der NHK 2010 liegen auf der Preisbasis 2010 vor, der für den Wertermittlungsstichtag veröffentlichte Baupreisindex des Statistischen Bundesamtes basiert auf der Preisbasis 2005. Eine direkte Anwendung des Baupreisindex ist damit nicht möglich.
> Daten des Beispiels:
> Freistehendes Einfamilienhaus
>
> | | |
> |---|---|
> | 15. Juli 2011 | Wertermittlungsstichtag |
> | 1 005 EUR/m² BGF | Kostenkennwert aus den Tabellen der NHK 2010 Gebäudeart 1.01, Standardstufe 4; Basisjahr der NHK 2010 = 2010 |
> | 113,7 | durchschnittlicher Baupreisindex des Statistischen Bundesamtes für das Jahr 2010 für Einfamiliengebäude; Basisjahr = 2005 |
> | 116,5 | Baupreisindex des Statistischen Bundesamtes zum Wertermittlungsstichtag 15. Juli 2011 für Einfamiliengebäude; Basisjahr = 2005 |
>
> $$\frac{\text{Index zum Wertminderungsstichtag 15. Juli 2011 (Basisjahr 2005 = 100)}}{\text{durchschnittlicher Index für das Jahr 2010 (Basisjahr 2005 = 100)}}$$
> × 1 005 EUR m² BGF = × 1 005 EUR m² BGF = 1029,75 EUR m² BGF ≈ 1 030 EUR m² BGF

4.2 Bauliche Außenanlagen und sonstige Anlagen

(1) Zu den baulichen Außenanlagen zählen z. B. befestigte Wege und Plätze, Ver- und Entsorgungseinrichtungen auf dem Grundstück und Einfriedungen. Zu den sonstigen Anlagen zählen insbesondere Gartenanlagen.

Anlage 2: Richtlinien zur Ermittlung des Sachwerts (Sachwertrichtlinie, SW-RL)

(2) Soweit wertrelevant und nicht anderweitig erfasst, sind die Sachwerte der für die jeweilige Gebäudeart üblichen baulichen Außenanlagen und sonstigen Anlagen nach Erfahrungssätzen oder nach den gewöhnlichen Herstellungskosten zu ermitteln. Werden die gewöhnlichen Herstellungskosten zu Grunde gelegt, ist eine Alterswertminderung anzusetzen, wobei sich die Restnutzungsdauer in der Regel an der Restnutzungsdauer der baulichen Anlage orientiert.

Soweit diese Anlagen erheblich vom Üblichen abweichen, ist ggf. ihr Werteinfluss als besonderes objektspezifisches Grundstücksmerkmal nach der Marktanpassung zu berücksichtigen.

4.3 Lineare Alterswertminderung

(1) Die auf der Grundlage der NHK 2010 unter Berücksichtigung der entsprechenden Korrekturfaktoren und mit Hilfe des Baupreisindexes auf den Wertermittlungsstichtag bezogenen Herstellungskosten entsprechen denen eines neu errichteten Gebäudes gleicher Gebäudeart.

(2) Soweit es sich nicht um einen Neubau handelt, müssen diese Herstellungskosten unter Berücksichtigung des Verhältnisses der wirtschaftlichen Restnutzungsdauer (vgl. Nummer 4.3.2) zur Gesamtnutzungsdauer (vgl. Nummer 4.3.1) des Gebäudes gemindert werden (Alterswertminderung). Dabei wird der für die jeweilige Gebäudeart angesetzten Gesamtnutzungsdauer die ggf. durch Instandsetzung oder Modernisierungen verlängerte oder durch unterlassene Instandhaltung oder andere Gegebenheiten verkürzte Restnutzungsdauer gegenübergestellt.

(3) Die Alterswertminderung wird in einem Prozentsatz der Gebäudeherstellungskosten ausgedrückt und nach folgender Formel berechnet:

$$\text{Alterswertminderung in \%} = \frac{\text{Gesamtnutzungsdauer} - \text{Restnutzungsdauer}}{\text{Gesamtnutzungsdauer}} \times 100$$

Beispiel 4
Ermittlung der Alterswertminderung
Gesamtnutzungsdauer: 80 Jahre, Restnutzungsdauer: 50 Jahre

$$\frac{80 \text{ Jahre} - 50 \text{ Jahre}}{80 \text{ Jahre}} \times 100 = 38\%$$

Anhang

4.3.1 Gesamtnutzungsdauer

Die anzusetzende Gesamtnutzungsdauer ist eine Modellgröße. Anlage 3 enthält hierzu Orientierungswerte, die die Gebäudeart berücksichtigen.

4.3.2 Wirtschaftliche Restnutzungsdauer

(1) Die Restnutzungsdauer wird grundsätzlich aus dem Unterschiedsbetrag zwischen Gesamtnutzungsdauer und dem Alter des Gebäudes am Wertermittlungsstichtag ermittelt. Das Ergebnis ist daraufhin zu prüfen, ob es dem Zeitraum entspricht, in dem das Gebäude bei ordnungsgemäßer Bewirtschaftung voraussichtlich noch wirtschaftlich genutzt werden kann (wirtschaftliche Restnutzungsdauer), wobei die rechtliche Zulässigkeit der angesetzten Nutzung vorausgesetzt wird.

(2) Für Gebäude, die modernisiert wurden, kann von einer entsprechend längeren wirtschaftlichen (modifizierten) Restnutzungsdauer ausgegangen werden. Für die Ermittlung der wirtschaftlichen Restnutzungsdauer bei Wohngebäuden kann auf das in Anlage 4 beschriebene Modell zurückgegriffen werden, mit dem ggf. durchgeführte Modernisierungen berücksichtigt werden können. Eine unterlassene Instandhaltung (§ 6 Absatz 6 ImmoWertV) wird in der Regel als Bauschaden (vgl. Nummer 6.2) berücksichtigt. In gravierenden Fällen verringert sich die wirtschaftliche Restnutzungsdauer. Die längere oder verringerte wirtschaftliche Restnutzungsdauer verändert nicht die Gesamtnutzungsdauer des Gebäudes.

4.4 Bodenwert

Zur Ermittlung des Bodenwerts wird auf die Richtlinie zur Ermittlung des Vergleichswerts einschließlich der Ermittlung des Bodenwerts[1] verwiesen.

5 Marktanpassung – Sachwertfaktoren

(1) Zur Berücksichtigung der Lage auf dem Grundstücksmarkt einschließlich der regionalen Baupreisverhältnisse ist der im Wesentlichen nur kostenorientierte vorläufige Sachwert an die allgemeinen Wertverhältnisse auf dem örtlichen Grundstücksmarkt anzupassen. Hierzu ist der vorläufige Sachwert mit dem zutreffenden Sachwertfaktor zu multiplizieren, der aus dem Verhältnis geeigneter Kaufpreise zu entsprechenden vorläufigen Sachwerten ermittelt

---

1   Die genannte Richtlinie ist zum Zeitpunkt der Herausgabe der vorliegenden Richtlinie noch in Erarbeitung.

wird (§ 14 Absatz 2 Nummer 1 ImmoWertV). In Abhängigkeit von den maßgeblichen Verhältnissen am örtlichen Grundstücksmarkt kann auch ein relativ hoher oder niedriger Sachwertfaktor sachgerecht sein. Kann vom Gutachterausschuss kein zutreffender Sachwertfaktor zur Verfügung gestellt werden, können hilfsweise Sachwertfaktoren aus vergleichbaren Gebieten herangezogen oder ausnahmsweise die Marktanpassung unter Berücksichtigung der regionalen Marktverhältnisse sachverständig geschätzt werden; in diesen Fällen ist die Marktanpassung besonders zu begründen.

(2) Sachwertfaktoren werden von den Gutachterausschüssen für Grundstückswerte auf der Grundlage von Kaufpreisen von für die jeweilige Gebäudeart typischen Grundstücken ermittelt. Dabei sind die Einflüsse besonderer objektspezifischer Grundstücksmerkmale zu eliminieren. Die wesentlichen Modellparameter für die Ermittlung des Sachwertfaktors enthält Anlage 5. Bei der Veröffentlichung der Sachwertfaktoren sind mindestens die in Anlage 5 aufgeführten Modellparameter und der Umfang der zu Grunde liegenden Daten darzustellen.

(3) Bei der Anwendung der Sachwertfaktoren sind die verwendete Ableitungsmethode und die zu Grunde gelegten Daten zu beachten, um die Modellkonformität sicherzustellen. Dabei ist insbesondere zu beachten, dass die Sachwertfaktoren nur auf solche Wertanteile angewandt werden dürfen, die ihrer Ermittlungsgrundlage hinreichend entsprechen. Die nicht von dem angewandten Sachwertfaktor abgedeckten Wertanteile sind als besondere objektspezifische Grundstücksmerkmale nach der Marktanpassung zu berücksichtigen.

6 Besondere objektspezifische Grundstücksmerkmale

(1) Besondere objektspezifische Grundstücksmerkmale (vgl. insbesondere die Nummern 6.1 bis 6.7) sind wertbeeinflussende Umstände des einzelnen Wertermittlungsobjekts, die erheblich vom Üblichen abweichen und denen der Grundstücksmarkt einen eigenständigen Werteinfluss beimisst. Soweit sie im bisherigen Verfahren noch nicht erfasst und berücksichtigt wurden, sind sie durch Zu- oder Abschläge regelmäßig nach der Marktanpassung gesondert zu berücksichtigen (§ 8 Absatz 2 und 3 ImmoWertV).

(2) Die Ermittlung der Werterhöhung bzw. Wertminderung hat marktgerecht zu erfolgen und ist zu begründen. Werden zusätzlich weitere Wertermittlungsverfahren durchgeführt, sind die besonderen objektspezifischen Grundstücksmerkmale, soweit möglich, in allen Verfahren identisch anzusetzen.

Anhang

6.1 Besondere Ertragsverhältnisse

Weist das Wertermittlungsobjekt vom Üblichen erheblich abweichende Erträge auf, ist dieser Umstand wertmindernd oder werterhöhend zu berücksichtigen. Die Wertminderung bzw. Werterhöhung ist nach den Grundsätzen des Ertragswertverfahrens zu ermitteln.

6.2 Baumängel und Bauschäden

Wertminderungen auf Grund von Baumängeln und/oder Bauschäden können
- durch Abschläge nach Erfahrungswerten,
- unter Zugrundelegung von Bauteiltabellen oder
- auf der Grundlage von Schadensbeseitigungskosten

berücksichtigt werden. Ein Abzug der vollen Schadensbeseitigungskosten kommt nur in Betracht, wenn der Schaden unverzüglich beseitigt werden muss. Dabei ist ggf. ein Vorteilsausgleich (»neu für alt«) vorzunehmen.

6.3 Wirtschaftliche Überalterung

Ausnahmsweise kommt zusätzlich zum Ansatz der Alterswertminderung ein Abschlag wegen wirtschaftlicher Überalterung in Betracht, wenn das Bewertungsobjekt nur noch eingeschränkt verwendungsfähig bzw. marktgängig ist. Anhaltspunkte für eine wirtschaftliche Überalterung sind z.B. erhebliche Ausstattungsmängel, unzweckmäßige Gebäudegrundrisse und eine unzweckmäßige Anordnung der Gebäude auf dem Grundstück.

6.4 Überdurchschnittlicher Erhaltungszustand

Ausnahmsweise kommt ein Zuschlag wegen überdurchschnittlichen Erhaltungszustands in Betracht, wenn sich das Bewertungsobjekt in einem besonders gepflegten Zustand befindet. In Abgrenzung zur Modernisierung handelt es sich hier um über das übliche Maß hinausgehende Instandhaltungsmaßnahmen, die in ihrer Gesamtheit zwar das Erscheinungsbild des Bewertungsobjekts überdurchschnittlich positiv beeinflussen, jedoch keine Erhöhung der Restnutzungsdauer bewirken.

6.5 Freilegungskosten

Bei Freilegungs-, Teilabriss- und Sicherungsmaßnahmen, die bei wirtschaftlicher Betrachtungsweise erforderlich sind und noch nicht bei der Ermittlung des Bodenwerts berücksichtigt wurden, sind ggf.

- die anfallenden Kosten,
- die Verwertungserlöse für abgängige Bauteile und
- die ersparten Baukosten durch die Verwendung vorhandener Bauteile

zu berücksichtigen.

6.6 Bodenverunreinigungen

(1) Bodenverunreinigungen können vorliegen bei schädlichen Bodenveränderungen, Verdachtsflächen, Altlasten und altlastenverdächtigen Flächen.

(2) Die Wertminderung von entsprechenden Grundstücken kann in Anlehnung an die Kosten ermittelt werden, die für eine Sanierung, Sicherungsmaßnahmen, Bodenuntersuchungen oder andere geeignete Maßnahmen zur Gefahrenabwehr erforderlich sind.

(3) Der Umfang des hierfür erforderlichen Aufwands hat sich an der baurechtlich zulässigen bzw. marktüblichen Nutzung des Grundstücks zu orientieren (vgl. §4 Absatz 4 des Bundesbodenschutzgesetzes – BBodSchG).

6.7 Grundstücksbezogene Rechte und Belastungen

Hinsichtlich der Ermittlung der Auswirkungen von grundstücksbezogenen Rechten und Belastungen wird auf Nummer 4 des Zweiten Teils der WertR 2006 verwiesen.

7 Verkehrswert (Marktwert)

Der ermittelte Sachwert (marktangepasster Sachwert unter Berücksichtigung besonderer objektspezifischer Grundstücksmerkmale) entspricht in der Regel dem Verkehrswert. Liegen aus zusätzlich angewandten Wertermittlungsverfahren abweichende Ergebnisse vor, so sind diese nach §8 Absatz 1 Satz 3 ImmoWertV bei der Ermittlung des Verkehrswerts entsprechend ihrer Aussagefähigkeit und unter Beachtung der Lage auf dem Grundstücksmarkt zu würdigen.

Anhang

Anlage 1:
Normalherstellungskosten 2010

NHK 2010

Kostenkennwerte für die Kostengruppen 300 und 400 in Euro/m² Brutto-Grundfläche einschließlich Baunebenkosten und Umsatzsteuer

Kostenstand 2010

Inhaltsübersicht

1. freistehende Ein- und Zweifamilienhäuser
2. Doppel- und Reihenendhäuser
3. Reihenmittelhäuser
4. Mehrfamilienhäuser
5. Wohnhäuser mit Mischnutzung, Banken/Geschäftshäuser
6. Bürogebäude
7. Gemeindezentren, Saalbauten/Veranstaltungsgebäude
8. Kindergärten, Schulen
9. Wohnheime, Alten-/Pflegeheime
10. Krankenhäuser, Tageskliniken
11. Beherbergungsstätten, Verpflegungseinrichtungen
12. Sporthallen, Freizeitbäder/Heilbäder
13. Verbrauchermärkte, Kauf-/Warenhäuser, Autohäuser
14. Garagen
15. Betriebs-/Werkstätten, Produktionsgebäude
16. Lagergebäude
17. Sonstige Gebäude
    - 17.1 Museen
    - 17.2 Theater
    - 17.3 Sakralbauten
    - 17.4 Friedhofsgebäude
18. Landwirtschaftliche Betriebsgebäude
    - 18.1 Reithallen, Pferdeställe
        - 18.1.1 Reithallen
        - 18.1.2 Pferdeställe
    - 18.2 Rinderställe, Melkhäuser
        - 18.2.1 Kälberställe
        - 18.2.2 Jungvieh-/Mastbullen-/Milchviehställe ohne Melkstand und Warteraum

Anlage 2: Richtlinien zur Ermittlung des Sachwerts (Sachwertrichtlinie, SW-RL)

- 18.2.3 Milchviehställe mit Melkstand und Milchlager
- 18.2.4 Melkhäuser mit Milchlager und Nebenräumen als Einzelgebäude ohne Warteraum und Selektion
- 18.3 Schweineställe
    - 18.3.1 Ferkelaufzuchtställe
    - 18.3.2 Mastschweineställe
    - 18.3.3 Zuchtschweineställe, Deck-/Warte-/Abferkelbereich
    - 18.3.4 Abferkelstall als Einzelgebäude
- 18.4 Geflügelställe
    - 18.4.1 Mastgeflügel, Bodenhaltung (Hähnchen, Puten, Gänse)
    - 18.4.2 Legehennen, Bodenhaltung
    - 18.4.3 Legehennen, Volierenhaltung
    - 18.4.4 Legehennen, Kleingruppenhaltung, ausgestalteter Käfig
- 18.5 Landwirtschaftliche Mehrzweckhallen
- 18.6 Außenanlagen zu allen landwirtschaftlichen Betriebsgebäuden

Anhang

1 – 3 freistehende Ein- und Zweifamilienhäuser, Doppelhäuser, Reihenhäuser[2]

Keller-, Erdgeschoss

Standardstufe		Dachgeschoss voll ausgebaut						Dachgeschoss nicht ausgebaut						Flachdach oder flach geneigtes Dach				
		1	2	3	4	5		1	2	3	4	5		1	2	3	4	5
freistehende Einfamilienhäuser[3]	1.01	655	725	835	1 005	1 260	1.02	545	605	695	840	1 050	1.03	705	785	900	1 085	1 360
Doppel- und Reihenendhäuser	2.01	615	685	785	945	1 180	2.02	515	570	655	790	985	2.03	665	735	845	1 020	1 275
Reihenmittelhäuser	3.01	575	640	735	885	1 105	3.02	480	535	615	740	925	3.03	620	690	795	955	1 195

Keller-, Erd-, Obergeschoss

Standardstufe		Dachgeschoss voll ausgebaut						Dachgeschoss nicht ausgebaut						Flachdach oder flach geneigtes Dach				
		1	2	3	4	5		1	2	3	4	5		1	2	3	4	5
freistehende Einfamilienhäuser[3]	1.11	655	725	835	1 005	1 260	1.12	570	635	730	880	1 100	1.13	665	740	850	1 025	1 285
Doppel- und Reihenendhäuser	2.11	615	685	785	945	1 180	2.12	535	595	685	825	1 035	2.13	625	695	800	965	1 205
Reihenmittelhäuser	3.11	575	640	735	885	1 105	3.12	505	560	640	775	965	3.13	585	650	750	905	1 130

Erdgeschoss, nicht unterkellert

Standardstufe		Dachgeschoss voll ausgebaut						Dachgeschoss nicht ausgebaut						Flachdach oder flach geneigtes Dach				
		1	2	3	4	5		1	2	3	4	5		1	2	3	4	5
freistehende Einfamilienhäuser[3]	1.21	790	875	1 005	1 215	1 515	1.22	585	650	745	900	1 125	1.23	920	1 025	1 180	1 420	1 775
Doppel- und Reihenendhäuser	2.21	740	825	945	1 140	1 425	2.22	550	610	700	845	1 055	2.23	865	965	1 105	1 335	1 670
Reihenmittelhäuser	3.21	695	770	885	1 065	1 335	3.22	515	570	655	790	990	3.23	810	900	1 035	1 250	1 560

Erd-, Obergeschoss, nicht unterkellert

Standardstufe		Dachgeschoss voll ausgebaut						Dachgeschoss nicht ausgebaut						Flachdach oder flach geneigtes Dach				
		1	2	3	4	5		1	2	3	4	5		1	2	3	4	5
freistehende Einfamilienhäuser[3]	1.31	720	800	920	1 105	1 385	1.32	620	690	790	955	1 190	1.33	785	870	1 000	1 205	1 510
Doppel- und Reihenendhäuser	2.31	675	750	865	1 040	1 300	2.32	580	645	745	895	1 120	2.33	735	820	940	1 135	1 415
Reihenmittelhäuser	3.31	635	705	810	975	1 215	3.32	545	605	695	840	1 050	3.33	690	765	880	1 060	1 325

[2] einschließlich Baunebenkosten in Höhe von 17 %
[3] Korrekturfaktor für freistehende Zweifamilienhäuser: 1,05

Anlage 2: Richtlinien zur Ermittlung des Sachwerts (Sachwertrichtlinie, SW-RL)

4 Mehrfamilienhäuser[4]

		Standardstufe		
		3	4	5
4.1	Mehrfamilienhäuser[5, 6] mit bis zu 6 WE	825	985	1 190
4.2	Mehrfamilienhäuser[5, 6] mit 7 bis 20 WE	765	915	1 105
4.3	Mehrfamilienhäuser[5, 6] mit mehr als 20 WE	755	900	1 090

[4] einschließlich Baunebenkosten in Höhe von	Gebäudeart 4.1 – 4.3	19 %
[5] Korrekturfaktoren für die Wohnungsgröße	ca. 35 m² WF/WE ca. 50 m² WF/WE ca. 135 m² WF/WE	= 1,10 = 1,00 = 0,85
[6] Korrekturfaktoren für die Grundrissart	Einspänner Zweispänner Dreispänner Vierspänner	= 1,05 = 1,00 = 0,97 = 0,95

5 Wohnhäuser mit Mischnutzung, Banken/Geschäftshäuser[7]

		Standardstufe		
		3	4	5
5.1	Wohnhäuser mit Mischnutzung[8, 9, 10]	860	1 085	1 375
5.2	Banken und Geschäftshäuser mit Wohnungen[11]	890	1 375	1 720
5.3	Banken und Geschäftshäuser ohne Wohnungen	930	1 520	1 900

[7] einschließlich Baunebenkosten in Höhe von	Gebäudeart 5.1	18 %
[8] Korrekturfaktoren für die Wohnungsgröße	ca. 35 m2 WF/WE ca. 50 m2 WF/WE ca. 135 m2 WF/WE	= 1,10 = 1,00 = 0,85
[9] Korrekturfaktoren für die Grundrissart	Einspänner Zweispänner Dreispänner Vierspänner	= 1,05 = 1,00 = 0,97 = 0,95

[10] Wohnhäuser mit Mischnutzung sind Gebäude mit überwiegend Wohnnutzung und einem geringen gewerblichen Anteil. Anteil der Wohnfläche ca. 75 %. Bei deutlich abweichenden Nutzungsanteilen ist eine Ermittlung durch Gebäudemix sinnvoll.

[11] Geschäftshäuser sind Gebäude mit überwiegend gewerblicher Nutzung und einem geringen Wohnanteil. Anteil der Wohnfläche ca. 20 bis 25 %.

Anhang

6 Bürogebäude[12]

		Standardstufe		
		3	4	5
6.1	Bürogebäude, Massivbau	1 040	1 685	1 900
6.2	Bürogebäude, Stahlbetonskelettbau	1 175	1 840	2 090

[12] einschließlich Baunebenkosten in Höhe von	Gebäudeart 6.1 – 6.2	18 %

7 Gemeindezentren, Saalbauten/Veranstaltungsgebäude[13]

		Standardstufe		
		3	4	5
7.1	Gemeindezentren	1 130	1 425	1 905
7.2	Saalbauten/Veranstaltungsgebäude	1 355	1 595	2 085

[13] einschließlich Baunebenkosten in Höhe von	Gebäudeart 7.1 – 7.2	18 %

8 Kindergärten, Schulen[14]

		Standardstufe		
		3	4	5
8.1	Kindergärten	1 300	1 495	1 900
8.2	Allgemeinbildende Schulen, Berufsbildende Schulen	1 450	1 670	2 120
8.3	Sonderschulen	1 585	1 820	2 315

[14] einschließlich Baunebenkosten in Höhe von	Gebäudeart 8.1	20 %
	Gebäudeart 8.2	21 %
	Gebäudeart 8.3	17 %

Anlage 2: Richtlinien zur Ermittlung des Sachwerts (Sachwertrichtlinie, SW-RL) 8

9 Wohnheime, Alten-/Pflegeheime[15]

		Standardstufe		
		3	4	5
9.1	Wohnheime/Internate	1 000	1 225	1 425
9.2	Alten-/Pflegeheime	1 170	1 435	1 665

[15] einschließlich Baunebenkosten in Höhe von	Gebäudeart 9.1 – 9.2	18 %

10 Krankenhäuser, Tageskliniken[16]

		Standardstufe		
		3	4	5
10.1	Krankenhäuser/Kliniken	1 720	2 080	2 765
10.2	Tageskliniken/Ärztehäuser	1 585	1 945	2 255

[16] einschließlich Baunebenkosten in Höhe von	Gebäudeart 10.1 – 10.2	21 %

11 Beherbergungsstätten, Verpflegungseinrichtungen[17]

		Standardstufe		
		3	4	5
11.1	Hotels	1 385	1 805	2 595

[17] einschließlich Baunebenkosten in Höhe von	Gebäudeart 11.1	21 %

12 Sporthallen, Freizeitbäder/Heilbäder[18]

		Standardstufe		
		3	4	5
12.1	Sporthallen (Einfeldhallen)	1 320	1 670	1 955
12.2	Sporthallen (Dreifeldhallen/Mehrzweckhallen)	1 490	1 775	2 070
12.3	Tennishallen	1 010	1 190	1 555

Anhang

		Standardstufe		
		3	4	5
12.4	Freizeitbäder/Heilbäder	2 450	2 985	3 840

[18] einschließlich Baunebenkosten in Höhe von	Gebäudeart 12.1 + 12.3	17%
	Gebäudeart 12.2	19%
	Gebäudeart 12.4	24%

13 Verbrauchermärkte, Kauf-/Warenhäuser, Autohäuser[19]

		Standardstufe		
		3	4	5
13.1	Verbrauchermärkte	720	870	1 020
13.2	Kauf-/Warenhäuser	1 320	1 585	1 850
13.3	Autohäuser ohne Werkstatt	940	1 240	1 480

[19] einschließlich Baunebenkosten in Höhe von	Gebäudeart 13.1	16%
	Gebäudeart 13.2	22%
	Gebäudeart 13.3	21%

14 Garagen[20]

		Standardstufe		
		3	4	5
14.1	Einzelgaragen/Mehrfachgaragen[21]	245	485	780
14.2	Hochgaragen	480	655	780
14.3	Tiefgaragen	560	715	850
14.4	Nutzfahrzeuggaragen	530	680	810

[20] einschließlich Baunebenkosten in Höhe von	Gebäudeart 14.1	12%
	Gebäudeart 14.2	15%
	Gebäudeart 14.4	13%

[21] Standardstufe 3: Fertiggaragen;
Standardstufe 4: Garagen in Massivbauweise;
Standardstufe 5: individuelle Garagen in Massivbauweise mit besonderen Ausführungen wie Ziegeldach, Gründach, Bodenbeläge, Fliesen o. Ä., Wasser, Abwasser und Heizung

Anlage 2: Richtlinien zur Ermittlung des Sachwerts (Sachwertrichtlinie, SW-RL)

15 Betriebs-/Werkstätten, Produktionsgebäude[22]

		Standardstufe		
		3	4	5
15.1	Betriebs-/Werkstätten, eingeschossig	970	1 165	1 430
15.2	Betriebs-/Werkstätten, mehrgeschossig, ohne Hallenanteil	910	1 090	1 340
15.3	Betriebs-/Werkstätten, mehrgeschossig, hoher Hallenanteil	620	860	1 070
15.4	Industrielle Produktionsgebäude, Massivbauweise	950	1 155	1 440
15.5	Industrielle Produktionsgebäude, überwiegend Skelettbauweise	700	965	1 260

[22] einschließlich Baunebenkosten in Höhe von	Gebäudeart 15.1 – 15.4	19%
	Gebäudeart 15.5	18%

16 Lagergebäude[23]

		Standardstufe		
		3	4	5
16.1	Lagergebäude ohne Mischnutzung, Kaltlager	350	490	640
16.2	Lagergebäude mit bis zu 25% Mischnutzung[24]	550	690	880
16.3	Lagergebäude mit mehr als 25% Mischnutzung[24]	890	1 095	1 340

[23] einschließlich Baunebenkosten in Höhe von	Gebäudeart 16.1	16%
	Gebäudeart 16.2	17%
	Gebäudeart 16.3	18%

[24] Lagergebäude mit Mischnutzung sind Gebäude mit einem überwiegenden Anteil an Lagernutzung und einem geringeren Anteil an anderen Nutzungen wie Büro, Sozialräume, Ausstellungs- oder Verkaufsflächen etc.

17 Sonstige Gebäude[25]

		Standardstufe		
		3	4	5
17.1	Museen	1 880	2 295	2 670
17.2	Theater	2 070	2 625	3 680
17.3	Sakralbauten	1 510	2 060	2 335
17.4	Friedhofsgebäude	1 320	1 490	1 720

[25] einschließlich Baunebenkosten in Höhe von	Gebäudeart 17.1	18 %
	Gebäudeart 17.2	22 %
	Gebäudeart 17.3	16 %
	Gebäudeart 17.4	19 %

18 Landwirtschaftliche Betriebsgebäude

18.1 Reithallen, Pferdeställe

18.1.1 Reithallen

	Standardstufe		
	3	4	5
300 Bauwerk – Baukonstruktion	215	235	280
400 Bauwerk – Technische Anlagen	20	25	30
Bauwerk	235	260	310
einschließlich Baunebenkosten in Höhe von	12 %		
Traufhöhe	5,00 m		
BGF/Nutzeinheit	–		
Korrekturfaktoren	Gebäudegröße BGF		
	500 m² 1,20		
	1 000 m² 1,00		
	1 500 m² 0,90		

Anlage 2: Richtlinien zur Ermittlung des Sachwerts (Sachwertrichtlinie, SW-RL) 8

18.1.2 Pferdeställe

	Standardstufe		
	3	4	5
300 Bauwerk – Baukonstruktion	310	450	535
400 Bauwerk – Technische Anlagen	55	70	90
Bauwerk	365	520	625
einschließlich Baunebenkosten in Höhe von	12 %		
Traufhöhe	3,50 m		
BGF/Nutzeinheit	15,00 – 20,00 m²/Tier		
Korrekturfaktoren	Gebäudegröße BGF 250 m² 1,20 500 m² 1,00 750 m² 0,90		

18.2 Rinderställe, Melkhäuser

18.2.1 Kälberställe

	Standardstufe		
	3	4	5
300 Bauwerk – Baukonstruktion	335	375	455
400 Bauwerk – Technische Anlagen	145	165	195
Bauwerk	480	540	650
einschließlich Baunebenkosten in Höhe von	12 %		
Traufhöhe	3,00 m		
BGF/Nutzeinheit	4,00 – 4,50 m²/Tier		
Korrekturfaktoren	Gebäudegröße BGF Unterbau 100 m² 1,20 Güllekanäle (Tiefe 1,00 m) 1,20 150 m² 1,00 ohne Güllekanäle 1,00 200 m² 0,90 Güllelagerraum (Tiefe 2,00 m) 1,40		

Anhang

18.2.2 Jungvieh-/Mastbullen-/Milchviehställe ohne Melkstand und Warteraum

	Standardstufe		
	3	4	5
300 Bauwerk – Baukonstruktion	235	260	310
400 Bauwerk – Technische Anlagen	55	65	80
Bauwerk	290	325	390
einschließlich Baunebenkosten in Höhe von	12 %		
Traufhöhe	3,00 m		
BGF/Nutzeinheit	4,00 m²/Tier		
Korrekturfaktoren	Gebäudegröße BGF	Unterbau	
	500 m² 1,20 1 000 m² 1,00 0 500 m² 0,90	Güllekanäle (Tiefe 1,00 m) 1,20 ohne Güllekanäle 1,00 Güllelagerraum (Tiefe 2,00 m) 1,40	

18.2.3 Milchviehställe mit Melkstand und Milchlager

	Standardstufe		
	3	4	5
300 Bauwerk – Baukonstruktion	225	255	310
400 Bauwerk – Technische Anlagen	100	110	130
Bauwerk	325	365	440
einschließlich Baunebenkosten in Höhe von	12 %		
Traufhöhe	3,00 m		
BGF/Nutzeinheit	4,00 m²/Tier		
Korrekturfaktoren	Gebäudegröße BGF	Unterbau	
	1 000 m² 1,20 1 500 m² 1,00 2 000 m² 0,90	Güllekanäle (Tiefe 1,00 m) 1,20 ohne Güllekanäle 1,00 Güllelagerraum (Tiefe 2,00 m) 1,40	

18.2.4 Melkhäuser mit Milchlager und Nebenräumen als Einzelgebäude ohne Warteraum und Selektion

	Standardstufe		
	3	4	5
300 Bauwerk – Baukonstruktion	700	780	935
400 Bauwerk – Technische Anlagen	470	520	625
Bauwerk	1 170	1 300	1 560
einschließlich Baunebenkosten in Höhe von	12 %		
Traufhöhe	3,00 m		
BGF/Nutzeinheit	–		
Korrekturfaktoren	Gebäudegröße BGF 100 m² 1,20 100 m² 1,00 250 m² 0,90		

18.3 Schweineställe

18.3.1 Ferkelaufzuchtställe

	Standardstufe		
	3	4	5
300 Bauwerk – Baukonstruktion	300	330	395
400 Bauwerk – Technische Anlagen	155	175	215
Bauwerk	455	505	610
einschließlich Baunebenkosten in Höhe von	12 %		
Traufhöhe	3,00 m		
BGF/Nutzeinheit	0,45 – 0,65 m²/Tier		

Anhang

Korrekturfaktoren	Standardstufe		
	3	4	5
	Gebäudegröße BGF	Unterbau	
	400 m² 1,20 600 m² 1,00 800 m² 0,90	Güllekanäle (Tiefe 1,00 m) 1,10 ohne Güllekanäle 1,00 Güllelagerraum (Tiefe 2,00 m) 1,20	

18.3.2 Mastschweineställe

	Standardstufe		
	3	4	5
300 Bauwerk – Baukonstruktion	290	325	400
400 Bauwerk – Technische Anlagen	125	145	170
Bauwerk	415	470	570
einschließlich Baunebenkosten in Höhe von	12 %		
Traufhöhe	3,00 m		
BGF/Nutzeinheit	0,90 – 1,30 m²/Tier		
Korrekturfaktoren	Gebäudegröße BGF	Unterbau	
	750 m² 1,20 1 250 m² 1,00 2 000 m² 0,90	Güllekanäle (Tiefe 1,00 m) 1,10 ohne Güllekanäle 1,00 Güllelagerraum (Tiefe 2,00 m) 1,20	

18.3.3 Zuchtschweineställe, Deck-/Warte-/Abferkelbereich

	Standardstufe		
	3	4	5
300 Bauwerk – Baukonstruktion	305	340	405
400 Bauwerk – Technische Anlagen	165	180	220
Bauwerk	470	520	625

Anlage 2: Richtlinien zur Ermittlung des Sachwerts (Sachwertrichtlinie, SW-RL) 8

	Standardstufe		
	3	4	5
einschließlich Baunebenkosten in Höhe von	12%		
Traufhöhe	3,00 m		
BGF/Nutzeinheit	4,50 – 5,00 m²/Tier		
Korrekturfaktoren	Gebäudegröße BGF 750 m² 1,20 1 250 m² 1,00 2 000 m² 0,90	Unterbau Güllekanäle (Tiefe 1,00 m) 1,10 ohne Güllekanäle 1,00 Güllelagerraum (Tiefe 2,00 m) 1,20	

18.3.4 Abferkelstall als Einzelgebäude

	Standardstufe		
	3	4	5
300 Bauwerk – Baukonstruktion	320	350	420
400 Bauwerk – Technische Anlagen	205	235	280
Bauwerk	525	585	700
einschließlich Baunebenkosten in Höhe von	12%		
Traufhöhe	3,00 m		
BGF/Nutzeinheit	6,30 – 6,50 m²/Tier		
Korrekturfaktoren	Gebäudegröße BGF 200 m² 1,20 400 m² 1,00 600 m² 0,90	Unterbau Güllekanäle (Tiefe 0,60 m) 1,10 ohne Güllekanäle 1,00	

Anhang

18.4 Geflügelställe

18.4.1 Mastgeflügel, Bodenhaltung (Hähnchen, Puten, Gänse)

	Standardstufe		
	3	4	5
300 Bauwerk – Baukonstruktion	210	235	280
400 Bauwerk – Technische Anlagen	50	55	70
Bauwerk	260	290	350
einschließlich Baunebenkosten in Höhe von	12%		
Traufhöhe	3,00 m		
BGF/Nutzeinheit	0,05 – 0,06 m²/Tier		
Korrekturfaktoren	Gebäudegröße BGF 1 000 m² 1,20 1 900 m² 1,00 3 800 m² 090		

18.4.2 Legehennen, Bodenhaltung

	Standardstufe		
	3	4	5
300 Bauwerk – Baukonstruktion	290	325	390
400 Bauwerk – Technische Anlagen	130	145	170
Bauwerk	420	470	560
einschließlich Baunebenkosten in Höhe von	12%		
Traufhöhe	3,00 m		
BGF/Nutzeinheit	0,05 – 0,20 m²/Tier		
Korrekturfaktoren	Gebäudegröße BGF Unterbau 1 000 m² 1,20 Kotgrube (Tiefe 1,00 m) 1,10 2 500 m² 1,00 3 500 m² 0,90		

18.4.3 Legehennen, Volierenhaltung

	Standardstufe		
	3	4	5
300 Bauwerk – Baukonstruktion	335	370	445
400 Bauwerk – Technische Anlagen	275	305	365
Bauwerk	610	675	810
einschließlich Baunebenkosten in Höhe von	12 %		
Traufhöhe	3,00 m		
BGF/Nutzeinheit	0,07 – 0,10 m^2/Tier		
Korrekturfaktoren	Gebäudegröße BGF 500 m^2 1,20 1 600 m^2 1,00 2 200 m^2 0,90		

18.4.4 Legehennen, Kleingruppenhaltung, ausgestalteter Käfig

	Standardstufe		
	3	4	5
300 Bauwerk – Baukonstruktion	340	370	450
400 Bauwerk – Technische Anlagen	335	370	445
Bauwerk	675	740	895
einschließlich Baunebenkosten in Höhe von	12 %		
Traufhöhe	3,00 m		
BGF/Nutzeinheit	0,05 – 0,07 m^2/Tier		
Korrekturfaktoren	Gebäudegröße BGF 500 m^2 1,20 1 200 m^2 1,00 1 500 m^2 0,90		

18.5 Landwirtschaftliche Mehrzweckhallen

	Standardstufe		
	3	4	5
300 Bauwerk – Baukonstruktion	230	255	330
400 Bauwerk – Technische Anlagen	15	15	20
Bauwerk	245	270	350
einschließlich Baunebenkosten in Höhe von	12%		
Traufhöhe	5,00 m		
BGF/Nutzeinheit	–		
Korrekturfaktoren	Gebäudegröße BGF	Unterbau	
	250 m² 1,20	Remise (ohne Betonboden) 0,80	
	800 m² 1,00		
	1 500 m² 0,90		

18.6 Außenanlagen zu allen landwirtschaftlichen Betriebsgebäuden

Raufutter-Fahrsilo	60 – 100 EUR/m³ Nutzraum
Kraftfutter-Hochsilo	170 – 350 EUR/m³ Nutzraum
Fertigfutter-Hochsilo	170 – 350 EUR/m³ Nutzraum
Mistlager	60 – 100 EUR/m³ Nutzraum
Beton-Güllebehälter	30 – 60 EUR/m³ Nutzraum
Waschplatz (4,00 x 5,00 m) mit Kontrollschacht und Ölabscheider	4 000 – 5 000 EUR/Stck. 80 – 100 EUR/m²
Vordach am Hauptdach angeschleppt	40 – 50 EUR/m²
Hofbefestigung aus Beton-Verbundsteinen	
Laufhof für Rinder	70 – 100 EUR/m² Nutzraum
Auslauf mit Spaltenboden	150 – 220 EUR/m² Nutzraum
Auslauf, Wintergarten für Geflügel	100 – 120 EUR/m² Nutzraum
Schüttwände bis 3,00 m Höhe	100 – 125 EUR/m²

Anlage 2:
Beschreibung der Gebäudestandards

Inhaltsübersicht

Tabelle 1	Freistehende Ein- und Zweifamilienhäuser, Doppelhäuser und Reihenhäuser
	Anwendungsbeispiel für Tabelle 1
Tabelle 2	Mehrfamilienhäuser, Wohnhäuser mit Mischnutzung
Tabelle 3	Bürogebäude, Banken, Geschäftshäuser
Tabelle 4	Gemeindezentren, Saalbauten/Veranstaltungsgebäude, Kindergärten, Schulen
Tabelle 5	Wohnheime, Alten-/Pflegeheime, Krankenhäuser, Tageskliniken, Beherbergungsstätten, Verpflegungseinrichtungen
Tabelle 6	Sporthallen, Freizeitbäder/Heilbäder
Tabelle 7	Verbrauchermärkte, Kauf-/Warenhäuser, Autohäuser
Tabelle 8	Garagen
Tabelle 9	Betriebs-/Werkstätten, Produktionsgebäude, Lagergebäude
Tabelle 10	Reithallen
Tabelle 11	Pferdeställe
Tabelle 12	Rinderställe und Melkhäuser
Tabelle 13	Schweineställe
Tabelle 14	Geflügelställe
Tabelle 15	Landwirtschaftliche Mehrzweckhallen

Anhang

	Standardstufe					Wägungsanteil
	1	2	3	4	5	
Außenwände	Holzfachwerk, Ziegelmauerwerk; Fugenglattstrich, Putz, Verkleidung mit Faserzementplatten, Bitumenschindeln oder einfachen Kunststoffplatten; kein oder deutlich nicht zeitgemäßer Wärmeschutz (vor ca. 1980)	ein-/zweischaliges Mauerwerk, z. B. Gitterziegel oder Hohlblocksteine; verputzt und gestrichen oder Holzverkleidung; nicht zeitgemäßer Wärmeschutz (vor ca. 1995)	ein-/zweischaliges Mauerwerk, z. B. aus Leichtziegeln, Kalksandsteinen, Gasbetonsteinen; Edelputz; Wärmedämmverbundsystem oder Wärmedämmputz (nach ca. 1995)	Verblendmauerwerk, zweischalig, hinterlüftet, Vorhangfassade (z. B. Naturschiefer); Wärmedämmung (nach ca. 2005)	aufwendig gestaltete Fassaden mit konstruktiver Gliederung (Säulenstellungen, Erker etc.), Sichtbeton-Fertigteile, Natursteinfassade, Elemente aus Kupfer-/Eloxalblech, mehrgeschossige Glasfassaden; Dämmung im Passivhausstandard	23
Dach	Dachpappe, Faserzementplatten/Wellplatten; keine bis geringe Dachdämmung	einfache Betondachsteine oder Tondachziegel, Bitumenschindeln; nicht zeitgemäße Dachdämmung (vor ca. 1995)	Faserzement-Schindeln, beschichtete Betondachsteine und Tondachziegel, Folienabdichtung; Rinnen und Fallrohre aus Zinkblech; Dachdämmung (nach ca. 1995)	glasierte Tondachziegel, Flachdachausbildung tlw. als Dachterrassen; Konstruktion in Brettschichtholz, schweres Massivflachdach; besondere Dachformen, z. B. Mansarden-, Walmdach; Aufsparrendämmung, überdurchschnittliche Dämmung (nach ca. 2005)	hochwertige Eindeckung z. B. aus Schiefer oder Kupfer, Dachbegrünung, befahrbares Flachdach; aufwendig gegliederte Dachlandschaft, sichtbare Bogendachkonstruktionen; Rinnen und Fallrohre aus Kupfer; Dämmung im Passivhausstandard	15

Anlage 2: Richtlinien zur Ermittlung des Sachwerts (Sachwertrichtlinie, SW-RL)

	Standardstufe					Wägungs-anteil
	1	2	3	4	5	
Fenster und Außen-türen	Einfachverglasung; einfache Holztüren	Zweifachverglasung (vor ca. 1995); Haustür mit nicht zeitgemäßem Wärmeschutz (vor ca. 1995)	Zweifachverglasung (nach ca. 1995), Rollläden (manuell); Haustür mit zeitgemäßem Wärmeschutz (nach ca. 1995)	Dreifachverglasung, Sonnenschutzglas, aufwendigere Rahmen, Rollläden (elektr.); höherwertige Türanlage z. B. mit Seitenteil, besonderer Einbruchschutz	große feststehende Fensterflächen, Spezialverglasung (Schall- und Sonnenschutz); Außentüren in hochwertigen Materialien	11
Innen-wände und -türen	Fachwerkwände, einfache Putze/Lehmputze, einfache Kalkanstriche; Füllungstüren, gestrichen, mit einfachen Beschlägen ohne Dichtungen	massive tragende Innenwände, nicht tragende Wände in Leichtbauweise (z. B. Holzständerwände mit Gipskarton), Gipsdielen; leichte Türen, Stahlzargen	nicht tragende Innenwände in massiver Ausführung bzw. mit Dämmmaterial gefüllte Ständerkonstruktionen; schwere Türen, Holzzargen	Sichtmauerwerk, Wandvertäfelungen (Holzpaneele) Massivholztüren, Schiebetürelemente, Glastüren, strukturierte Türblätter	gestaltete Wandabläufe (z. B. Pfeilervorlagen, abgesetzte oder geschwungene Wandpartien); Vertäfelungen (Edelholz, Metall), Akustikputz, Brandschutzverkleidung; raumhohe aufwendige Türelemente	11
Decken-konstruktionen und Treppen	Holzbalkendecken ohne Füllung, Spalierputz; Weichholztreppen in einfacher Art und Ausführung; kein Trittschallschutz	Holzbalkendecken mit Füllung, Kappendecken; Stahl- oder Hartholztreppen in einfacher Art und Ausführung	Beton- und Holzbalkendecken mit Trittund Luftschallschutz (z. B. schwimmender Estrich); geradläufige Treppen aus Stahlbeton oder Stahl, Harfentreppe, Trittschallschutz	Decken mit größerer Spannweite, Deckenverkleidung (Holzpaneele/Kassetten); gewendelte Treppen aus Stahlbeton oder Stahl, Hartholztreppenanlage in besserer Art und Ausführung	Decken mit großen Spannweiten, gegliedert, Deckenvertäfelungen (Edelholz, Metall); breite Stahlbeton-, Metall- oder Hartholztreppenanlage mit hochwertigem Geländer	11

	Standardstufe					Wägungs-anteil
	1	2	3	4	5	
Fußböden	ohne Belag	Linoleum-, Teppich-, Laminat- und PVC-Böden einfacher Art und Ausführung	Linoleum-, Teppich-, Laminat- und PVC-Böden besserer Art und Ausführung, Fliesen, Kunststeinplatten	Natursteinplatten, Fertigparkett, hochwertige Fliesen, Terrazzobelag, hochwertige Massivholzböden auf gedämmter Unterkonstruktion	hochwertiges Parkett, hochwertige Natursteinplatten, hochwertige Edelholzböden auf gedämmter Unterkonstruktion	5
Sanitäreinrichtungen	einfaches Bad mit Stand-WC, Installation auf Putz, Ölfarbenanstrich, einfache PVC-Bodenbeläge	1 Bad mit WC, Dusche oder Badewanne; einfache Wand- und Bodenfliesen, teilweise gefliest	1 Bad mit WC, Dusche und Badewanne, Gäste-WC; Wand- und Bodenfliesen, raumhoch gefliest	1 – 2 Bäder mit tlw. zwei Waschbecken, tlw. Bidet/Urinal, Gäste-WC, bodengleiche Dusche; Wand- und Bodenfliesen; jeweils in gehobener Qualität	mehrere großzügige, hochwertige Bäder, Gäste-WC; hochwertige Wand- und Bodenplatten (oberflächenstrukturiert, Einzel- und Flächendekors)	9
Heizung	Einzelöfen, Schwerkraftheizung	Fern- oder Zentralheizung, einfache Warmluftheizung, einzelne Gasau-Benwandthermen, Nachtstromspeicher-, Fußbodenheizung (vor ca. 1995)	elektronisch gesteuerte Fern- oder Zentralheizung, Niedertemperatur- oder Brennwertkessel	Fußbodenheizung, Solarkollektoren für Warmwassererzeugung, zusätzlicher Kaminanschluss	Solarkollektoren für Warmwassererzeugung und Heizung, Blockheizkraftwerk, Wärmepumpe, Hybrid-Systeme; aufwendige zusätzliche Kaminanlage	9

Anlage 2: Richtlinien zur Ermittlung des Sachwerts (Sachwertrichtlinie, SW-RL)

	Standardstufe					Wägungs-anteil
	1	2	3	4	5	
Sonstige technische Ausstattung	sehr wenige Steckdosen, Schalter und Sicherungen, kein Fehlerstromschutzschalter (FI-Schalter), Leitungen teilweise auf Putz	wenige Steckdosen, Schalter und Sicherungen	zeitgemäße Anzahl an Steckdosen und Lichtauslässen, Zählerschrank (ab ca. 1985) mit Unterverteilung und Kippsicherungen	zahlreiche Steckdosen und Lichtauslässe, hochwertige Abdeckungen, dezentrale Lüftung mit Wärmetauscher, mehrere LAN- und Fernsehanschlüsse	Video- und zentrale Alarmanlage, zentrale Lüftung mit Wärmetauscher, Klimaanlage, Bussystem	6

Tab. 1: **Beschreibung der Gebäudestandards für freistehende Ein- und Zweifamilienhäuser, Doppelhäuser und Reihenhäuser** Die Beschreibung der Gebäudestandards ist beispielhaft und dient der Orientierung. Sie kann nicht alle in der Praxis auftretenden Standardmerkmale aufführen. Merkmale, die die Tabelle nicht beschreibt, sind zusätzlich sachverständig zu berücksichtigen. Es müssen nicht alle aufgeführten Merkmale zutreffen. Die in der Tabelle angegebenen Jahreszahlen beziehen sich auf die im jeweiligen Zeitraum gültigen Wärmeschutzanforderungen; in Bezug auf das konkrete Bewertungsobjekt ist zu prüfen, ob von diesen Wärmeschutzanforderungen abgewichen wird. Die Beschreibung der Gebäudestandards basiert auf dem Bezugsjahr der NHK (Jahr 2010).

Anhang

Anwendungsbeispiel für Tabelle 1

Einfamilienhaus freistehend;

Gebäudeart: 1.01

Keller-, Erdgeschoss, ausgebautes Dachgeschoss

Nach sachverständiger Würdigung werden den in Tabelle 1 angegebenen Standardmerkmalen die zutreffenden Standardstufen zugeordnet. Eine Mehrfachnennung ist möglich, wenn die verwendeten Bauteile Merkmale mehrerer Standardstufen aufweisen, z.B. im Bereich Fußboden 50% Teppichbelag und 50% Parkett.

	Standardstufe					Wägungsanteil
	1	2	3	4	5	
Außenwände			1			23
Dächer			0,5	0,5		15
Außentüren und Fenster				1		11
Innenwände und -türen			0,5	0,5		11
Deckenkonstruktion und Treppen				1		11
Fußböden			0,5	0,5		5
Sanitäreinrichtung	1					9
Heizung			0,6	0,4		9
Sonstige technische Ausstattung	0,5	0,5				6
Kostenkennwerte für Gebäudeart 1.01:	655 EUR/ m^2 BGF	725 EUR/ m^2 BGF	835 EUR/ m^2 BGF	1 005 EUR/ m^2 BGF	1 260 EUR/ m^2 BGF	

Außenwände	1 x 23% x 835 EUR/m^2 BGF =	192 EUR/m^2 BGF
Dächer	0,5 x 15% x 835 EUR/m^2 BGF + 0,5 x 15% x 1 005 EUR/m^2 BGF =	138 EUR/m^2 BGF
Außentüren und Fenster	1 x 11% x 1 005 EUR/m^2 BGF =	111 EUR/m^2 BGF

Anlage 2: Richtlinien zur Ermittlung des Sachwerts (Sachwertrichtlinie, SW-RL)

Innenwände	0,5 x 11% x 835 EUR/m² BGF + 0,5 x 11% x 1 005 EUR/m² BGF =	101 EUR/m² BGF
Deckenkonstruktion und Treppen	1 x 11% x 1 005 EUR/m² BGF =	111 EUR/m² BGF
Fußböden	0,5 x 5% x 835 EUR/m² BGF + 0,5 x 5% x 1 005 EUR/m² BGF =	46 EUR/m² BGF
Sanitäreinrichtungen	1 x 9% x 655 EUR/m² BGF =	59 EUR/m² BGF
Heizung	0,6 x 9% x 835 EUR/m² BGF + 0,4 x 9% x 1 005 EUR/m² BGF =	81 EUR/m² BGF
Sonstige technische Ausstattung	0,5 x 6% x 655 EUR/m² BGF + 0,5 x 6% x 725 EUR/m² BGF =	41 EUR/m² BGF
	Kostenkennwert (Summe)	880 EUR/m² BGF

Tabelle 2: Beschreibung der Gebäudestandards für Mehrfamilienhäuser, Wohnhäuser mit Mischnutzung

Die Beschreibung der Gebäudestandards ist beispielhaft und dient der Orientierung. Sie kann nicht alle in der Praxis auftretenden Standardmerkmale aufführen. Merkmale, die die Tabelle nicht beschreibt, sind zusätzlich sachverständig zu berücksichtigen. Es müssen nicht alle aufgeführten Merkmale zutreffen. Die in der Tabelle angegebenen Jahreszahlen beziehen sich auf die im jeweiligen Zeitraum gültigen Wärmeschutzanforderungen; in Bezug auf das konkrete Bewertungsobjekt ist zu prüfen, ob von diesen Wärmeschutzanforderungen abgewichen wird. Die Beschreibung der Gebäudestandards basiert auf dem Bezugsjahr der NHK (Jahr 2010). Bei nicht mehr zeitgemäßen Standardmerkmalen ist ein Abschlag sachverständig vorzunehmen.

	Standardstufe		
	3	4	5
Außenwände	ein-/zweischaliges Mauerwerk, z.B. aus Leichtziegeln, Kalksandsteinen, Gasbetonsteinen; Edelputz; Wärmedämmverbundsystem oder Wärmedämmputz (nach ca. 1995)	Verblendmauerwerk, zweischalig, hinterlüftet, Vorhangfassade (z.B. Naturschiefer); Wärmedämmung (nach ca. 2005)	aufwendig gestaltete Fassaden mit konstruktiver Gliederung (Säulenstellungen, Erker etc.), Sichtbeton-Fertigteile, Natursteinfassade, Elemente aus Kupfer-/Eloxalblech, mehrgeschossige Glasfassaden; hochwertigste Dämmung

	Standardstufe		
	3	4	5
Dach	Faserzement-Schindeln, beschichtete Betondachsteine und Tondachziegel, Folienabdichtung; Dachdämmung (nach ca. 1995)	glasierte Tondachziegel; Flachdachausbildung tlw. als Dachterrasse; Konstruktion in Brettschichtholz, schweres Massivflachdach; besondere Dachform, z.B. Mansarden-, Walmdach; Aufsparrendämmung, überdurchschnittliche Dämmung (nach ca. 2005)	hochwertige Eindeckung z.B. aus Schiefer oder Kupfer, Dachbegrünung, befahrbares Flachdach; stark überdurchschnittliche Dämmung
Fenster und Außentüren	Zweifachverglasung (nach ca. 1995), Rollläden (manuell); Haustür mit zeitgemäßem Wärmeschutz (nach ca. 1995)	Dreifachverglasung, Sonnenschutzglas, aufwendigere Rahmen, Rollläden (elektr.); höherwertige Türanlagen z.B. mit Seitenteil, besonderer Einbruchschutz	große feststehende Fensterflächen, Spezialverglasung (Schall- und Sonnenschutz); Außentüren in hochwertigen Materialien
Innenwände und -türen	nicht tragende Innenwände in massiver Ausführung bzw. mit Dämmmaterial gefüllte Ständerkonstruktionen; schwere Türen	Sichtmauerwerk; Massivholztüren, Schiebetürelemente, Glastüren, strukturierte Türblätter	gestaltete Wandabläufe (z.B. Pfeilervorlagen, abgesetzte oder geschwungene Wandpartien); Brandschutzverkleidung; raumhohe aufwendige Türelemente
Deckenkonstruktion	Betondecken mit Tritt- und Luftschallschutz (z.B. schwimmender Estrich); einfacher Putz	zusätzlich Deckenverkleidung	Deckenvertäfelungen (Edelholz, Metall)

Anlage 2: Richtlinien zur Ermittlung des Sachwerts (Sachwertrichtlinie, SW-RL)

	Standardstufe		
	3	4	5
Fußböden	Linoleum-, Teppich-, Laminat- und PVC-Böden besserer Art und Ausführung, Fliesen, Kunststeinplatten	Natursteinplatten, Fertigparkett, hochwertige Fliesen, Terrazzobelag, hochwertige Massivholzböden auf gedämmter Unterkonstruktion	hochwertiges Parkett, hochwertige Natursteinplatten, hochwertige Edelholzböden auf gedämmter Unterkonstruktion
Sanitäreinrichtungen	1 Bad mit WC je Wohneinheit; Dusche und Badewanne; Wand- und Bodenfliesen, raumhoch gefliest	1 bis 2 Bäder je Wohneinheit mit tlw. zwei Waschbecken, tlw. Bidet/Urinal, Gäste-WC, bodengleiche Dusche; Wand- und Bodenfliesen jeweils in gehobener Qualität	2 und mehr Bäder je Wohneinheit; hochwertige Wand- und Bodenplatten (oberflächenstrukturiert, Einzel- und Flächendekors)
Heizung	elektronisch gesteuerte Fern- oder Zentralheizung, Niedertemperatur- oder Brennwertkessel	Fußbodenheizung, Solarkollektoren für Warmwassererzeugung	Solarkollektoren für Warmwassererzeugung und Heizung, Blockheizkraftwerk, Wärmepumpe, Hybrid-Systeme
Sonstige technische Ausstattung	zeitgemäße Anzahl an Steckdosen und Lichtauslässen; Zählerschrank (ab ca. 1985) mit Unterverteilung und Kippsicherungen	zahlreiche Steckdosen und Lichtauslässe, hochwertige Abdeckungen, dezentrale Lüftung mit Wärmetauscher, mehrere LAN- und Fernsehanschlüsse, Personenaufzugsanlagen	Video- und zentrale Alarmanlage, zentrale Lüftung mit Wärmetauscher, Klimaanlage; Bussystem; aufwendige Personenaufzugsanlagen

Tabelle 3: Beschreibung der Gebäudestandards für Bürogebäude, Banken, Geschäftshäuser

Die Beschreibung der Gebäudestandards ist beispielhaft und dient der Orientierung. Sie kann nicht alle in der Praxis auftretenden Standardmerkmale aufführen. Merkmale, die die Tabelle nicht beschreibt, sind zusätzlich sachverständig zu berücksichtigen. Es müssen nicht alle aufgeführten Merkmale zutreffen. Die in der Tabelle angegebenen Jahreszahlen beziehen sich auf die im jeweiligen Zeitraum gültigen Wärmeschutzanforderungen; in Bezug auf das konkrete Bewertungsobjekt ist zu prüfen, ob von diesen Wärmeschutzanforderungen abgewichen wird. Die Beschreibung der Gebäudestandards basiert auf dem Bezugsjahr der NHK (Jahr 2010). Bei nicht mehr zeitgemäßen Standardmerkmalen ist ein Abschlag sachverständig vorzunehmen.

	Standardstufe		
	3	4	5
Außenwände	ein-/zweischaliges Mauerwerk, z.B. aus Leichtziegeln, Kalksandsteinen, Gasbetonsteinen; Edelputz; Wärmedämmverbundsystem oder Wärmedämmputz (nach ca. 1995)	Verblendmauerwerk, zweischalig, hinterlüftet, Vorhangfassade (z.B. Naturschiefer); Wärmedämmung (nach ca. 2005)	aufwendig gestaltete Fassaden mit konstruktiver Gliederung (Säulenstellungen, Erker etc.), Sichtbeton-Fertigteile, Natursteinfassade, Elemente aus Kupfer-/Eloxalblech, mehrgeschossige Glasfassaden; stark überdurchschnittliche Dämmung
Dach	Faserzement-Schindeln, beschichtete Betondachsteine und Tondachziegel, Folienabdichtung; Dachdämmung (nach ca. 1995)	glasierte Tondachziegel; schweres Massivflachdach; besondere Dachform, überdurchschnittliche Dämmung (nach ca. 2005)	hochwertige Eindeckung z.B. aus Schiefer oder Kupfer, Dachbegrünung, befahrbares Flachdach; aufwendig gegliederte Dachlandschaft; stark überdurchschnittliche Dämmung
Fenster und Außentüren	Zweifachverglasung (nach ca. 1995)	Dreifachverglasung, Sonnenschutzglas, aufwendigere Rahmen, höherwertige Türanlagen	große feststehende Fensterflächen, Spezialverglasung (Schall- und Sonnenschutz); Außentüren in hochwertigen Materialien; Automatiktüren

Anlage 2: Richtlinien zur Ermittlung des Sachwerts (Sachwertrichtlinie, SW-RL)

	Standardstufe		
	3	4	5
Innenwände und -türen	nicht tragende Innenwände in massiver Ausführung; schwere Türen	Sichtmauerwerk; Massivholztüren, Schiebetürelemente, Innenwände für flexible Raumkonzepte (größere statische Spannweite der Decken)	gestaltete Wandabläufe (z.B. Pfeilervorlagen, abgesetzte oder geschwungene Wandpartien); Wände aus großformatigen Glaselementen, Akustikputz, tlw. Automatiktüren; rollstuhlgerechte Bedienung
Deckenkonstruktion	Betondecken mit Tritt- und Luftschallschutz; einfacher Putz; abgehängte Decken	höherwertig abgehängte Decken	Deckenvertäfelungen (Edelholz, Metall)
Fußböden	Linoleum- oder Teppich-Böden besserer Art und Ausführung, Fliesen, Kunststeinplatten	Natursteinplatten, Fertigparkett, hochwertige Fliesen, Terrazzobelag, hochwertige Massivholzböden auf gedämmter Unterkonstruktion	hochwertiges Parkett, hochwertige Natursteinplatten, hochwertige Edelholzböden auf gedämmter Unterkonstruktion
Sanitäreinrichtungen	ausreichende Anzahl von Toilettenräumen in Standard-Ausführung	Toilettenräume in gehobenem Standard	großzügige Toilettenanlagen jeweils mit Sanitäreinrichtung in gehobener Qualität
Heizung	elektronisch gesteuerte Fern- oder Zentralheizung, Niedertemperatur- oder Brennwertkessel	Fußbodenheizung, Solarkollektoren für Warmwassererzeugung	Solarkollektoren für Warmwassererzeugung und Heizung, Blockheizkraftwerk, Wärmepumpe, Hybrid-Systeme; Klimaanlage

	Standardstufe		
	3	4	5
Sonstige technische Ausstattung	zeitgemäße Anzahl an Steckdosen und Lichtauslässen; Zählerschrank (ab ca. 1985) mit Unterverteilung und Kippsicherungen; Kabelkanäle; Blitzschutz	zahlreiche Steckdosen und Lichtauslässe; hochwertige Abdeckungen, hochwertige Beleuchtung; Doppelboden mit Bodentanks zur Verkabelung; ausreichende Anzahl von LAN-Anschlüssen; dezentrale Lüftung mit Wärmetauscher, Messverfahren von Verbrauch, Regelung von Raumtemperatur und Raumfeuchte, Sonnenschutzsteuerung; elektronische Zugangskontrolle; Personenaufzugsanlagen	Video- und zentrale Alarmanlage, zentrale Lüftung mit Wärmetauscher, Klimaanlage; Bussystem; aufwendige Personenaufzugsanlagen

Tabelle 4: Beschreibung der Gebäudestandards für Gemeindezentren, Saalbauten/Veranstaltungsgebäude, Kindergärten, Schulen

Die Beschreibung der Gebäudestandards ist beispielhaft und dient der Orientierung. Sie kann nicht alle in der Praxis auftretenden Standardmerkmale aufführen. Merkmale, die die Tabelle nicht beschreibt, sind zusätzlich sachverständig zu berücksichtigen. Es müssen nicht alle aufgeführten Merkmale zutreffen. Die in der Tabelle angegebenen Jahreszahlen beziehen sich auf die im jeweiligen Zeitraum gültigen Wärmeschutzanforderungen; in Bezug auf das konkrete Bewertungsobjekt ist zu prüfen, ob von diesen Wärmeschutzanforderungen abgewichen wird. Die Beschreibung der Gebäudestandards basiert auf dem Bezugsjahr der NHK (Jahr 2010). Bei nicht mehr zeitgemäßen Standardmerkmalen ist ein Abschlag sachverständig vorzunehmen.

Anlage 2: Richtlinien zur Ermittlung des Sachwerts (Sachwertrichtlinie, SW-RL)

	Standardstufe		
	3	4	5
Außenwände	ein-/zweischalige Konstruktion; Wärmedämmverbundsystem oder Wärmedämmputz (nach ca. 1995)	Verblendmauerwerk, zweischalig, hinterlüftet; Vorhangfassade (z. B. Naturschiefer); Wärmedämmung (nach ca. 2005)	aufwendig gestaltete Fassaden mit konstruktiver Gliederung (Säulenstellungen, Erker etc.), Sichtbeton-Fertigteile, Natursteinfassade, Elemente aus Kupfer-/Eloxalblech, mehrgeschossige Glasfassaden; stark überdurchschnittliche Dämmung
Dach	Faserzement-Schindeln, beschichtete Betondachsteine und Tondachziegel, Folienabdichtung; Dachdämmung (nach ca. 1995)	glasierte Tondachziegel; besondere Dachform; Dämmung (nach ca. 2005)	hochwertige Eindeckung z. B. aus Schiefer oder Kupfer, Dachbegrünung, befahrbares Flachdach; aufwendig gegliederte Dachlandschaft; stark überdurchschnittliche Dämmung
Fenster und Außentüren	Zweifachverglasung (nach ca. 1995)	Dreifachverglasung, Sonnenschutzglas, aufwendigere Rahmen, höherwertige Türanlagen	große feststehende Fensterflächen, Spezialverglasung (Schall- und Sonnenschutz); Außentüren in hochwertigen Materialien
Innenwände und -türen	nicht tragende Innenwände in massiver Ausführung bzw. mit Dämmmaterial gefüllte Ständerkonstruktionen; schwere und große Türen	Sichtmauerwerk, Massivholztüren, Schiebetürelemente, Glastüren	gestaltete Wandabläufe (z. B. Pfeilervorlagen, abgesetzte oder geschwungene Wandpartien); Vertäfelungen (Edelholz, Metall), Akustikputz, raumhohe aufwendige Türelemente; tlw. Automatiktüren; rollstuhlgerechte Bedienung

	Standardstufe		
	3	4	5
Deckenkonstruktion	Betondecken mit Tritt- und Luftschallschutz; einfacher Putz; abgehängte Decken	Decken mit großen Spannweiten, Deckenverkleidung	Decken mit größeren Spannweiten
Fußböden	Linoleum- oder Teppich-Böden besserer Art und Ausführung, Fliesen, Kunststeinplatten	Natursteinplatten, hochwertige Fliesen, Terrazzobelag, hochwertige Massivholzböden auf gedämmter Unterkonstruktion	hochwertiges Parkett, hochwertige Natursteinplatten, hochwertige Edelholzböden auf gedämmter Unterkonstruktion
Sanitäreinrichtungen	ausreichende Anzahl von Toilettenräumen in Standard-Ausführung	Toilettenräume in gehobenem Standard	großzügige Toilettenanlagen jeweils mit Sanitäreinrichtung in gehobener Qualität
Heizung	elektronisch gesteuerte Fern- oder Zentralheizung, Niedertemperatur- oder Brennwertkessel	Solarkollektoren für Warmwassererzeugung; Fußbodenheizung	Solarkollektoren für Warmwassererzeugung und Heizung, Blockheizkraftwerk, Wärmepumpe, Hybrid-Systeme; Klimaanlage

	Standardstufe		
	3	4	5
Sonstige technische Ausstattung	zeitgemäße Anzahl an Steckdosen und Lichtauslässen; Zählerschrank (ab ca. 1985) mit Unterverteilung und Kippsicherungen; Kabelkanäle; Blitzschutz	zahlreiche Steckdosen und Lichtauslässe; hochwertige Abdeckungen, hochwertige Beleuchtung; Doppelboden mit Bodentanks zur Verkabelung; ausreichende Anzahl von LAN-Anschlüssen; dezentrale Lüftung mit Wärmetauscher, Messverfahren von Raumtemperatur, Raumfeuchte, Verbrauch, Einzelraumregelung, Sonnenschutzsteuerung; elektronische Zugangskontrolle; Personenaufzugsanlagen	Video- und zentrale Alarmanlage, zentrale Lüftung mit Wärmetauscher, Klimaanlage; Bussystem

Tabelle 5: Beschreibung der Gebäudestandards für Wohnheime, Alten-/Pflegeheime, Krankenhäuser, Tageskliniken, Beherbergungsstätten, Verpflegungseinrichtungen

Die Beschreibung der Gebäudestandards ist beispielhaft und dient der Orientierung. Sie kann nicht alle in der Praxis auftretenden Standardmerkmale aufführen. Merkmale, die die Tabelle nicht beschreibt, sind zusätzlich sachverständig zu berücksichtigen. Es müssen nicht alle aufgeführten Merkmale zutreffen. Die in der Tabelle angegebenen Jahreszahlen beziehen sich auf die im jeweiligen Zeitraum gültigen Wärmeschutzanforderungen; in Bezug auf das konkrete Bewertungsobjekt ist zu prüfen, ob von diesen Wärmeschutzanforderungen abgewichen wird. Die Beschreibung der Gebäudestandards basiert auf dem Bezugsjahr der NHK (Jahr 2010). Bei nicht mehr zeitgemäßen Standardmerkmalen ist ein Abschlag sachverständig vorzunehmen.

	Standardstufe		
	3	4	5
Außenwände	ein-/zweischalige Konstruktion; Wärmedämmverbundsystem oder Wärmedämmputz (nach ca. 1995)	Verblendmauerwerk, zweischalig, hinterlüftet; Vorhangfassade (z. B. Naturschiefer); Wärmedämmung (nach ca. 2005)	aufwendig gestaltete Fassaden mit konstruktiver Gliederung (Säulenstellungen, Erker etc.), Sichtbeton-Fertigteile, Natursteinfassade, Elemente aus Kupfer-/Eloxalblech, mehrgeschossige Glasfassaden; hochwertigste Dämmung
Dach	Faserzement-Schindeln, beschichtete Betondachsteine und Tondachziegel, Folienabdichtung; Dachdämmung (nach ca. 1995)	glasierte Tondachziegel; besondere Dachform; überdurchschnittliche Dämmung (nach ca. 2005)	hochwertige Eindeckung z.B. aus Schiefer oder Kupfer, Dachbegrünung, befahrbares Flachdach; aufwendig gegliederte Dachlandschaft; sichtbare; hochwertigste Dämmung
Fenster und Außentüren	Zweifachverglasung (nach ca. 1995); nur Wohnheime, Altenheime, Pflegeheime, Krankenhäuser und Tageskliniken: Automatik-Eingangstüren	Dreifachverglasung, Sonnenschutzglas, aufwendigere Rahmen, höherwertige Türanlagen; nur Beherbergungsstätten und Verpflegungseinrichtungen: Automatik-Eingangstüren	große feststehende Fensterflächen, Spezialverglasung (Schall- und Sonnenschutz)
Innenwände und -türen	nicht tragende Innenwände in massiver Ausführung bzw. mit Dämmmaterial gefüllte Ständerkonstruktionen; schwere Türen; nur Wohnheime, Altenheime, Pflegeheime, Krankenhäuser und Tageskliniken: Automatik- Flurzwischentüren; rollstuhlgerechte Bedienung	Sichtmauerwerk; nur Beherbergungsstätten und Verpflegungseinrichtungen: Automatik-Flurzwischentüren; rollstuhlgerechte Bedienung	gestaltete Wandabläufe (z. B. Pfeilervorlagen, abgesetzte oder geschwungene Wandpartien); Akustikputz, raumhohe aufwendige Türelemente

Anlage 2: Richtlinien zur Ermittlung des Sachwerts (Sachwertrichtlinie, SW-RL)

	Standardstufe		
	3	4	5
Deckenkonstruktion	Betondecken mit Tritt- und Luftschallschutz; Deckenverkleidung, einfacher Putz	Decken mit großen Spannweiten, Deckenverkleidung	Decken mit größeren Spannweiten; hochwertige breite Stahlbeton-, Metalltreppenanlage mit hochwertigem Geländer
Fußböden	Linoleum- oder PVC-Böden besserer Art und Ausführung, Fliesen, Kunststeinplatten	Natursteinplatten, hochwertige Fliesen, Terrazzobelag, hochwertige Massivholzböden auf gedämmter Unterkonstruktion	hochwertiges Parkett, hochwertige Natursteinplatten, hochwertige Edelholzböden auf gedämmter Unterkonstruktion
Sanitäreinrichtungen	mehrere WCs und Duschbäder je Geschoss; Waschbecken im Raum	je Raum ein Duschbad mit WC; nur Wohnheime, Altenheime, Pflegeheime, Krankenhäuser und Tageskliniken: behindertengerecht	je Raum ein Duschbad mit WC in guter Ausstattung; nur Wohnheime, Altenheime, Pflegeheime, Krankenhäuser und Tageskliniken: behindertengerecht
Heizung	elektronisch gesteuerte Fern- oder Zentralheizung, Niedertemperatur- oder Brennwertkessel	Solarkollektoren für Warmwassererzeugung	Solarkollektoren für Warmwassererzeugung und Heizung, Blockheizkraftwerk, Wärmepumpe, Hybrid-Systeme; Klimaanlage
Sonstige technische Ausstattung	zeitgemäße Anzahl an Steckdosen und Lichtauslässen; Blitzschutz; Personenaufzugsanlagen	zahlreiche Steckdosen und Lichtauslässe; hochwertige Abdeckungen; dezentrale Lüftung mit Wärmetauscher; mehrere LAN- und Fernsehanschlüsse	Video- und zentrale Alarmanlage, zentrale Lüftung mit Wärmetauscher, Klimaanlage; Bussystem; aufwendige Aufzugsanlagen

Tabelle 6: Beschreibung der Gebäudestandards für Sporthallen, Freizeitbäder/Heilbäder

Die Beschreibung der Gebäudestandards ist beispielhaft und dient der Orientierung. Sie kann nicht alle in der Praxis auftretenden Standardmerkmale aufführen. Merkmale, die die Tabelle nicht beschreibt, sind zusätzlich sachverständig zu berücksichtigen. Es müssen nicht alle aufgeführten Merkmale zutreffen. Die in der Tabelle angegebenen Jahreszahlen beziehen sich auf die im jeweiligen Zeitraum gültigen Wärmeschutzanforderungen; in Bezug auf das konkrete Bewertungsobjekt ist zu prüfen, ob von diesen Wärmeschutzanforderungen abgewichen wird. Die Beschreibung der Gebäudestandards basiert auf dem Bezugsjahr der NHK (Jahr 2010). Bei nicht mehr zeitgemäßen Standardmerkmalen ist ein Abschlag sachverständig vorzunehmen.

	Standardstufe		
	3	4	5
Außenwände	ein-/zweischalige Konstruktion; Wärmedämmverbundsystem oder Wärmedämmputz (nach ca. 1995)	Verblendmauerwerk, zweischalig, hinterlüftet; Vorhangfassade (z.B. Naturschiefer); Wärmedämmung (nach ca. 2005)	aufwendig gestaltete Fassaden mit konstruktiver Gliederung (Säulenstellungen, Erker etc.), Sichtbeton-Fertigteile, Natursteinfassade, Elemente aus Kupfer-/Eloxalblech, mehrgeschossige Glasfassaden; hochwertigste Dämmung
Dach	Faserzement-Schindeln, beschichtete Betondachsteine und Tondachziegel, Folienabdichtung; Dachdämmung (nach ca. 1995)	glasierte Tondachziegel; besondere Dachform; überdurchschnittliche Dämmung (nach ca. 2005)	hochwertige Eindeckung z.B. aus Schiefer oder Kupfer, Dachbegrünung; aufwendig gegliederte Dachlandschaft; sichtbare Bogendachkonstruktionen; hochwertigste Dämmung
Fenster und Außentüren	Zweifachverglasung (nach ca. 1995)	Dreifachverglasung, Sonnenschutzglas, aufwendigere Rahmen, höherwertige Türanlagen	große feststehende Fensterflächen, Spezialverglasung (Schall- und Sonnenschutz); Automatik-Eingangstüren
Innenwände und -türen	nicht tragende Innenwände in massiver Ausführung bzw. mit Dämmmaterial gefüllte Ständerkonstruktionen; schwere Türen	Sichtmauerwerk; rollstuhlgerechte Bedienung	gestaltete Wandabläufe (z.B. Pfeilervorlagen, abgesetzte oder geschwungene Wandpartien); Akustikputz, raumhohe aufwendige Türelemente

	Standardstufe		
	3	4	5
Deckenkonstruktion	Betondecken	Decken mit großen Spannweiten	Decken mit größeren Spannweiten; hochwertige breite Stahlbeton-, Metalltreppenanlage mit hochwertigem Geländer
Fußböden	nur Sporthallen: Beton, Asphaltbeton, Estrich oder Gussasphalt auf Beton; Teppichbelag, PVC; nur Freizeitbäder/Heilbäder: Fliesenbelag	nur Sporthallen: hochwertigere flächenstatische Fußbodenkonstruktion, Spezialteppich mit Gummigranulatauflage; hochwertigerer Schwingboden	nur Sporthallen: hochwertigste flächenstatische Fußbodenkonstruktion, Spezialteppich mit Gummigranulatauflage; hochwertigster Schwingboden; nur Freizeitbäder/Heilbäder: hochwertiger Fliesenbelag und Natursteinboden
Sanitäreinrichtungen	wenige Toilettenräume und Duschräume bzw. Waschräume	ausreichende Anzahl von Toilettenräumen und Duschräumen in besserer Qualität	großzügige Toilettenanlagen und Duschräume mit Sanitäreinrichtung in gehobener Qualität
Heizung	elektronisch gesteuerte Fern- oder Zentralheizung, Niedertemperatur- oder Brennwertkessel	Fußbodenheizung; Solarkollektoren für Warmwassererzeugung	Solarkollektoren für Warmwassererzeugung und Heizung, Blockheizkraftwerk, Wärmepumpe, Hybrid-Systeme
Sonstige technische Ausstattung	zeitgemäße Anzahl an Steckdosen und Lichtauslässen; Blitzschutz	zahlreiche Steckdosen und Lichtauslässe; hochwertige Abdeckungen; Lüftung mit Wärmetauscher	Video- und zentrale Alarmanlage; Klimaanlage; Bussystem

Tabelle 7: Beschreibung der Gebäudestandards für Verbrauchermärkte, Kauf-/Warenhäuser, Autohäuser

Die Beschreibung der Gebäudestandards ist beispielhaft und dient der Orientierung. Sie kann nicht alle in der Praxis auftretenden Standardmerkmale aufführen. Merkmale, die die Tabelle nicht beschreibt, sind zusätzlich sachverständig zu berücksichtigen. Es müssen nicht alle aufgeführten Merkmale zutreffen. Die in der Tabelle angegebenen Jahreszahlen beziehen sich auf die im jeweiligen Zeitraum gültigen Wärmeschutzanforderungen; in Bezug auf das konkrete Bewertungsobjekt ist zu prüfen, ob von diesen Wärmeschutzanforderungen abgewichen wird. Die Beschreibung der Gebäudestandards basiert auf dem Bezugsjahr der NHK (Jahr 2010). Bei nicht mehr zeitgemäßen Standardmerkmalen ist ein Abschlag sachverständig vorzunehmen.

	Standardstufe		
	3	4	5
Außenwände	ein-/zweischalige Konstruktion; Wärmedämmverbundsystem oder Wärmedämmputz (nach ca. 1995)	Verblendmauerwerk, zweischalig, hinterlüftet; Vorhangfassade (z.B. Naturschiefer); Wärmedämmung (nach ca. 2005)	aufwendig gestaltete Fassaden mit konstruktiver Gliederung (Säulenstellungen, Erker etc.), Sichtbeton-Fertigteile, Natursteinfassade, Elemente aus Kupfer-/Eloxalblech, mehrgeschossige Glasfassaden; hochwertigste Dämmung
Dach	Faserzement-Schindeln, beschichtete Betondachsteine und Tondachziegel, Folienabdichtung; Rinnen und Fallrohre aus Zinkblech; Dachdämmung (nach ca. 1995)	glasierte Tondachziegel; besondere Dachform; überdurchschnittliche Dämmung (nach ca. 2005)	hochwertige Eindeckung z.B. aus Schiefer oder Kupfer, Dachbegrünung; aufwendig gegliederte Dachlandschaft; hochwertigste Dämmung
Fenster und Außentüren	Zweifachverglasung (nach ca. 1995)	Dreifachverglasung, Sonnenschutzglas, aufwendigere Rahmen, höherwertige Türanlagen	große feststehende Fensterflächen, Spezialverglasung (Schall- und Sonnenschutz); Außentüren in hochwertigen Materialien

Anlage 2: Richtlinien zur Ermittlung des Sachwerts (Sachwertrichtlinie, SW-RL)

	Standardstufe		
	3	4	5
Innenwände und -türen	nicht tragende Innenwände in massiver Ausführung bzw. mit Dämmmaterial gefüllte Ständerkonstruktionen; schwere Türen	Sichtmauerwerk	gestaltete Wandabläufe (z.B. Pfeilervorlagen, abgesetzte oder geschwungene Wandpartien); Akustikputz, raumhohe aufwendige Türelemente, rollstuhlgerechte Bedienung, Automatiktüren
Deckenkonstruktion	Betondecken mit Tritt- und Luftschallschutz, einfacher Putz, Deckenverkleidung	Decken mit großen Spannweiten	Decken mit größeren Spannweiten, Deckenvertäfelungen (Edelholz, Metall)
Fußböden	Linoleum- oder Teppich-Böden besserer Art und Ausführung; Fliesen, Kunststeinplatten	Natursteinplatten, Fertigparkett, hochwertige Fliesen, Terrazobelag, hochwertige Massivholzböden auf gedämmter Unterkonstruktion	hochwertiges Parkett, hochwertige Natursteinplatten, hochwertige Edelholzböden auf gedämmter Unterkonstruktion
Sanitäreinrichtungen	Toilettenräume	ausreichende Anzahl von Toilettenräumen, jeweils in gehobenem Standard	großzügige Toilettenanlagen mit Sanitäreinrichtung in gehobener Qualität
Heizung	elektronisch gesteuerte Fern- oder Zentralheizung, Niedertemperatur- oder Brennwertkessel	Fußbodenheizung; Solarkollektoren für Warmwassererzeugung	Solarkollektoren für Warmwassererzeugung und Heizung, Blockheizkraftwerk, Wärmepumpe, Hybrid-Systeme; Klimaanlage

Anhang

	Standardstufe		
	3	4	5
Sonstige technische Ausstattung	zeitgemäße Anzahl an Steckdosen und Lichtauslässen, Zählerschrank (ab 1985) mit Unterverteilung und Kippsicherungen; Kabelkanäle; Blitzschutz; Personenaufzugsanlagen	zahlreiche Steckdosen und Lichtauslässe; hochwertige Abdeckungen, hochwertige Beleuchtung; Doppelboden mit Bodentanks zur Verkabelung, ausreichende Anzahl von LAN-Anschlüssen; dezentrale Lüftung mit Wärmetauscher, Messverfahren von Raumtemperatur, Raumfeuchte, Verbrauch, Einzelraumregelung, Sonnenschutzsteuerung	Video- und zentrale Alarmanlage; zentrale Lüftung mit Wärmetauscher, Klimaanlage, Bussystem; Doppelboden mit Bodentanks zur Verkabelung; aufwendigere Aufzugsanlagen

Tabelle 8: Beschreibung der Gebäudestandards für Garagen

Die Beschreibung der Gebäudestandards ist beispielhaft und dient der Orientierung. Sie kann nicht alle in der Praxis auftretenden Standardmerkmale aufführen. Merkmale, die die Tabelle nicht beschreibt, sind zusätzlich sachverständig zu berücksichtigen. Es müssen nicht alle aufgeführten Merkmale zutreffen. Die Beschreibung der Gebäudestandards basiert auf dem Bezugsjahr der NHK (Jahr 2010). Bei nicht mehr zeitgemäßen Standardmerkmalen ist ein Abschlag sachverständig vorzunehmen.

	Standardstufe		
	3	4	5
Außenwände	offene Konstruktion	einschalige Konstruktion	aufwendig gestaltete Fassaden mit konstruktiver Gliederung (Säulenstellungen, Erker etc.)
Konstruktion	Stahl- und Betonfertigteile	überwiegend Betonfertigteile; große stützenfreie Spannweiten	größere stützenfreie Spannweiten
Dach	Flachdach, Folienabdichtung	Flachdachausbildung; Wärmedämmung	befahrbares Flachdach (Parkdeck)

Anlage 2: Richtlinien zur Ermittlung des Sachwerts (Sachwertrichtlinie, SW-RL)   8

	Standardstufe		
	3	4	5
Fenster und Außentüren	einfache Metallgitter	begrünte Metallgitter, Glasbausteine	Außentüren in hochwertigen Materialien
Fußböden	Beton	Estrich, Gussasphalt	beschichteter Beton oder Estrichboden
Sonstige technische Ausstattung	Strom- und Wasseranschluss; Löschwasseranlage; Treppenhaus; Brandmelder	Sprinkleranlage; Rufanlagen; Rauch- und Wärmeabzugsanlagen; mechanische Be- und Entlüftungsanlagen; Parksysteme für zwei PKW übereinander; Personenaufzugsanlagen	Video- und zentrale Alarmanlage; Beschallung; Parksysteme für drei oder mehr PKW übereinander; aufwendigere Aufzugsanlagen

Tabelle 9: Beschreibung der Gebäudestandards für Betriebs-/Werkstätten, Produktionsgebäude, Lagergebäude

Die Beschreibung der Gebäudestandards ist beispielhaft und dient der Orientierung. Sie kann nicht alle in der Praxis auftretenden Standardmerkmale aufführen. Merkmale, die die Tabelle nicht beschreibt, sind zusätzlich sachverständig zu berücksichtigen. Es müssen nicht alle aufgeführten Merkmale zutreffen. Die in der Tabelle angegebenen Jahreszahlen beziehen sich auf die im jeweiligen Zeitraum gültigen Wärmeschutzanforderungen; in Bezug auf das konkrete Bewertungsobjekt ist zu prüfen, ob von diesen Wärmeschutzanforderungen abgewichen wird. Die Beschreibung der Gebäudestandards basiert auf dem Bezugsjahr der NHK (Jahr 2010). Bei nicht mehr zeitgemäßen Standardmerkmalen ist ein Abschlag sachverständig vorzunehmen.

	Standardstufe		
	3	4	5
Außenwände	ein-/zweischaliges Mauerwerk, z. B. aus Leichtziegeln, Kalksandsteinen, Gasbetonsteinen; Edelputz; gedämmte Metall-Sandwichelemente; Wärmedämmverbundsystem oder Wärmedämmputz (nach ca. 1995)	Verblendmauerwerk, zweischalig, hinterlüftet; Vorhangfassade (z. B. Naturschiefer); Wärmedämmung (nach ca. 2005)	Sichtbeton-Fertigteile; Natursteinfassade, Elemente aus Kupfer-/Eloxalblech; mehrgeschossige Glasfassaden; hochwertigste Dämmung

	Standardstufe		
	3	4	5
Konstruktion	Stahl- und Betonfertigteile	überwiegend Betonfertigteile; große stützenfreie Spannweiten; hohe Deckenhöhen; hohe Belastbarkeit der Decken und Böden	größere stützenfreie Spannweiten; hohe Deckenhöhen; höhere Belastbarkeit der Decken und Böden
Dach	Faserzement-Schindeln, beschichtete Betondachsteine und Tondachziegel, Folienabdichtung; Dachdämmung (nach ca. 1995)	schweres Massivflachdach; besondere Dachform; überdurchschnittliche Dämmung (nach ca. 2005)	hochwertige Eindeckung z. B. aus Schiefer oder Kupfer; hochwertigste Dämmung
Fenster und Außentüren	Zweifachverglasung (nach ca. 1995)	Dreifachverglasung, Sonnenschutzglas, aufwendigere Rahmen, höherwertige Türanlagen	große feststehende Fensterflächen, Spezialverglasung (Schall- und Sonnenschutz); Außentüren in hochwertigen Materialien
Innenwände und -türen	Anstrich	tlw. gefliest, Sichtmauerwerk; Schiebetürelemente, Glastüren	überwiegend gefliest; Sichtmauerwerk; gestaltete Wandabläufe
Fußböden	Beton	Estrich, Gussasphalt	beschichteter Beton oder Estrichboden; Betonwerkstein, Verbundpflaster
Sanitäreinrichtungen	einfache und wenige Toilettenräume	ausreichende Anzahl von Toilettenräumen	großzügige Toilettenanlagen
Heizung	elektronisch gesteuerte Fern- oder Zentralheizung, Niedertemperatur- oder Brennwertkessel	Fußbodenheizung; Solarkollektoren für Warmwassererzeugung; zusätzlicher Kaminanschluss	Solarkollektoren für Warmwassererzeugung und Heizung, Blockheizkraftwerk, Wärmepumpe, Hybrid-Systeme; aufwendige zusätzliche Kaminanlage

Anlage 2: Richtlinien zur Ermittlung des Sachwerts (Sachwertrichtlinie, SW-RL)

	Standardstufe		
	3	4	5
Sonstige technische Ausstattung	zeitgemäße Anzahl an Steckdosen und Lichtauslässen; Blitzschutz; Teeküchen	zahlreiche Steckdosen und Lichtauslässe; hochwertige Abdeckungen; Kabelkanäle; dezentrale Lüftung mit Wärmetauscher; kleinere Einbauküchen mit Kochgelegenheit, Aufenthaltsräume; Aufzugsanlagen	Video- und zentrale Alarmanlage; zentrale Lüftung mit Wärmetauscher, Klimaanlage; Bussystem; Küchen, Kantinen; aufwendigere Aufzugsanlagen

Tabelle 10: Beschreibung der Gebäudestandards für Reithallen

Die Beschreibung der Gebäudestandards ist beispielhaft und dient der Orientierung. Sie kann nicht alle in der Praxis auftretenden Standardmerkmale aufführen. Merkmale, die die Tabelle nicht beschreibt, sind zusätzlich sachverständig zu berücksichtigen. Es müssen nicht alle aufgeführten Merkmale zutreffen. Die Beschreibung der Gebäudestandards basiert auf dem Bezugsjahr der NHK (Jahr 2010). Bei nicht mehr zeitgemäßen Standardmerkmalen ist ein Abschlag sachverständig vorzunehmen.

	Standardstufe		
	3	4	5
Außenwände	Holzfachwerkwand; Holzstützen, Vollholz; Brettschalung oder Profilblech auf Holz-Unterkonstruktion	Kalksandstein- oder Ziegel-Mauerwerk; Metallstützen, Profil; Holz-Blockbohlen zwischen Stützen, Wärmedämmverbundsystem, Putz	Betonwand, Fertigteile, mehrschichtig; Stahlbetonstützen, Fertigteil; Kalksandstein-Vormauerung oder Klinkerverblendung mit Dämmung
Dach	Holzkonstruktionen, Nagelbrettbinder; Bitumenwellplatten, Profilblech	Stahlrahmen mit Holzpfetten; Faserzementwellplatten; Hartschaumplatten	Brettschichtholzbinder; Betondachsteine oder Dachziegel; Dämmung mit Profilholz oder Paneelen

	Standardstufe		
	3	4	5
Fenster und Außentüren bzw. -tore	Lichtplatten aus Kunststoff, Holz-Brettertüren	Kunststofffenster, Windnetze aus Kunststoff, Jalousien mit Motorantrieb	Türen und Tore mehrschichtig mit Wärmedämmung, Holzfenster, hoher Fensteranteil
Innenwände	keine	tragende bzw. nicht tragende Innenwände aus Holz; Anstrich	tragende bzw. nicht tragende Innenwände als Mauerwerk; Sperrholz, Gipskarton, Fliesen
Deckenkonstruktion	keine	Holzkonstruktionen über Nebenräumen; Hartschaumplatten	Stahlbetonplatten über Nebenräumen; Dämmung mit Profilholz oder Paneelen
Fußböden	Tragschicht: Schotter, Trennschicht: Vlies, Tretschicht: Sand	zusätzlich/alternativ: Tragschicht: Schotter, Trennschicht: Kunststoffgewebe, Tretschicht: Sand und Holzspäne	Estrich auf Dämmung, Fliesen oder Linoleum in Nebenräumen; zusätzlich/alternativ: Tragschicht: Schotter, Trennschicht: Kunststoffplatten, Tretschicht: Sand und Textilflocken, Betonplatte im Bereich der Nebenräume
baukonstruktive Einbauten	Reithallenbande aus Nadelholz zur Abgrenzung der Reitfläche	zusätzlich/alternativ: Vollholztafeln fest eingebaut	zusätzlich/alternativ: Vollholztafeln, Fertigteile zum Versetzen
Abwasser-, Wasser-, Gasanlagen	Regenwasserableitung	zusätzlich/alternativ: Abwasserleitungen, Sanitärobjekte (einfache Qualität)	zusätzlich/alternativ: Sanitärobjekte (gehobene Qualität)
Wärmeversorgungsanlagen	keine	Raumheizflächen in Nebenräumen, Anschluss an Heizsystem	zusätzlich/alternativ: Heizkessel

	Standardstufe		
	3	4	5
lufttechnische Anlagen	keine	Firstentlüftung	Be- und Entlüftungsanlage
Starkstrom-Anlage	Leitungen, Schalter, Dosen, Langfeldleuchten	zusätzlich/alternativ: Sicherungen und Verteilerschrank	zusätzlich/alternativ: Metall-Dampfleuchten
nutzungsspezifische Anlagen	keine	Reitbodenbewässerung (einfache Ausführung)	Reitbodenbewässerung (komfortable Ausführung)

Tabelle 11: Beschreibung der Gebäudestandards für Pferdeställe

Die Beschreibung der Gebäudestandards ist beispielhaft und dient der Orientierung. Sie kann nicht alle in der Praxis auftretenden Standardmerkmale aufführen. Merkmale, die die Tabelle nicht beschreibt, sind zusätzlich sachverständig zu berücksichtigen. Es müssen nicht alle aufgeführten Merkmale zutreffen. Die Beschreibung der Gebäudestandards basiert auf dem Bezugsjahr der NHK (Jahr 2010). Bei nicht mehr zeitgemäßen Standardmerkmalen ist ein Abschlag sachverständig vorzunehmen.

	Standardstufe		
	3	4	5
Außenwände	Holzfachwerkwand; Holzstützen, Vollholz; Brettschalung oder Profilblech auf Holz-Unterkonstruktion	Kalksandstein- oder Ziegel-Mauerwerk; Metallstützen, Profil; Holz-Blockbohlen zwischen Stützen, Wärmedämmverbundsystem, Putz	Betonwand, Fertigteile, mehrschichtig; Stahlbetonstützen, Fertigteil; Kalksandstein-Vormauerung oder Klinkerverblendung mit Dämmung
Dach	Holzkonstruktionen, Vollholzbalken, Nagelbrettbinder; Bitumenwellplatten, Profilblech	Stahlrahmen mit Holzpfetten; Faserzementwellplatten; Hartschaumplatten	Brettschichtholzbinder; Betondachsteine oder Dachziegel; Dämmung mit Profilholz oder Paneelen
Fenster und Außentüren bzw. -tore	Lichtplatten aus Kunststoff, Holz-Brettertüren	Kunststofffenster, Windnetze aus Kunststoff, Jalousien mit Motorantrieb	Türen und Tore mehrschichtig mit Wärmedämmung, Holzfenster, hoher Fensteranteil

	Standardstufe		
	3	4	5
Innenwände	keine	tragende bzw. nicht tragende Innenwände aus Holz; Anstrich	tragende bzw. nicht tragende Innenwände als Mauerwerk; Sperrholz, Gipskarton, Fliesen
Deckenkonstruktion	keine	Holzkonstruktionen über Nebenräumen; Hartschaumplatten	Stahlbetonplatten über Nebenräumen; Dämmung mit Profilholz oder Paneelen
Fußböden	Beton-Verbundpflaster in Stallgassen, Stahlbetonplatte im Tierbereich	zusätzlich/alternativ: Stahlbetonplatte; Anstrich, Gummimatten im Tierbereich	zusätzlich/alternativ: Stahlbetonplatte als Stallprofil mit versetzten Ebenen; Nutzestrich auf Dämmung, Anstrich oder Fliesen in Nebenräumen, Kautschuk im Tierbereich
baukonstruktive Einbauten	Fütterung: Futtertrog	PVC Fütterung: Krippenschalen aus Polyesterbeton	Fütterung: Krippenschalen aus Steinzeug
Abwasser-, Wasser-, Gasanlagen	Regenwasserableitung, Wasserleitung	zusätzlich/alternativ: Abwasserleitungen, Sanitärobjekte (einfache Qualität) in Nebenräumen	zusätzlich/alternativ: Sanitärobjekte (gehobene Qualität), Gasanschluss
Wärmeversorgungsanlagen	keine	Elektroheizung in Sattelkammer	zusätzlich/alternativ: Raumheizflächen, Heizkessel
lufttechnische Anlagen	keine	Firstentlüftung	Be- und Entlüftungsanlage
Starkstrom-Anlage	Leitungen, Schalter, Dosen, Langfeldleuchten	zusätzlich/alternativ: Sicherungen und Verteilerschrank	zusätzlich/alternativ: Metall-Dampfleuchten

Anlage 2: Richtlinien zur Ermittlung des Sachwerts (Sachwertrichtlinie, SW-RL)

	Standardstufe		
	3	4	5
nutzungsspezifische Anlagen	Aufstallung: Boxentrennwände aus Holz, Anbindevorrichtungen; Fütterung: Tränken, Futterraufen	Aufstallung: zusätzlich/alternativ: Boxentrennwände: Hartholz/Metall; Fütterung: zusätzlich/alternativ: Fressgitter, Futterautomaten, Rollraufe mit elektr. Steuerung	Aufstallung: zusätzlich/alternativ: Komfort-Pferdeboxen, Pferde-Solarium; Fütterung: zusätzlich/alternativ: Futter-Abrufstationen für Rau- und Kraftfutter mit elektr. Tiererkennung und Selektion, automatische Futterzuteilung für Boxenställe

Tabelle 12: Beschreibung der Gebäudestandards für Rinderställe und Melkhäuser

Die Beschreibung der Gebäudestandards ist beispielhaft und dient der Orientierung. Sie kann nicht alle in der Praxis auftretenden Standardmerkmale aufführen. Merkmale, die die Tabelle nicht beschreibt, sind zusätzlich sachverständig zu berücksichtigen. Es müssen nicht alle aufgeführten Merkmale zutreffen. Die Beschreibung der Gebäudestandards basiert auf dem Bezugsjahr der NHK (Jahr 2010). Bei nicht mehr zeitgemäßen Standardmerkmalen ist ein Abschlag sachverständig vorzunehmen.

	Standardstufe		
	3	4	5
Außenwände	Holzfachwerkwand; Holzstützen, Vollholz; Brettschalung oder Profilblech auf Holz-Unterkonstruktion	Kalksandstein- oder Ziegel-Mauerwerk; Metallstützen, Profil; Holz-Blockbohlen zwischen Stützen	Betonwand, Fertigteile, mehrschichtig; Stahlbetonstützen, Fertigteil; Klinkerverblendung
Dach	Holzkonstruktionen, Vollholzbalken, Nagelbrettbinder; Bitumenwellplatten, Profilblech	Stahlrahmen mit Holzpfetten; Faserzementwellplatten; Hartschaumplatten	Brettschichtholzbinder; Betondachsteine oder Dachziegel; Dämmung mit Profilholz oder Paneelen

	Standardstufe		
	3	4	5
Fenster und Außentüren bzw.-tore	Lichtplatten aus Kunststoff	Kunststofffenster, Windnetze aus Kunststoff, Jalousien mit Motorantrieb	Türen und Tore mehrschichtig mit Wärmedämmung, Holzfenster, hoher Fensteranteil
Innenwände	keine	tragende bzw. nicht tragende Innenwände aus Holz; Anstrich	tragende bzw. nicht tragende Innenwände als Mauerwerk; Sperrholz, Putz, Fliesen
Deckenkonstruktion	keine	Holzkonstruktionen über Nebenräumen; Hartschaumplatten	Stahlbetonplatten über Nebenräumen; Dämmung mit Profilholz oder Paneele
Fußböden	Stahlbetonplatten	zusätzlich/alternativ: Stahlbetonplatte mit Oberflächenprofil, Rautenmuster; Epoxidharzbeschichtung am Fressplatz, Liegematten im Tierbereich	zusätzlich/alternativ: Stahlbetonplatte als Stallprofil mit versetzten Ebenen; Estrich auf dem Futtertisch, Liegematratzen im Tierbereich, Gussasphalt oder Gummiauflage
baukonstruktive Einbauten	Aufstallung: Beton-Spaltenboden, Einzelbalken	Aufstallung: Beton-Spaltenboden, Flächenelemente; Krippenschalen aus Polyesterbeton; Güllerohre vom Stall zum Außenbehälter	Aufstallung: Spaltenboden mit Gummiauflage, Gussroste über Treibmistkanal; Krippenschalen aus Steinzeug; zusätzlich/alternativ: Spülleitungen für Einzelkanäle
Abwasser-, Wasser-, Gasanlagen	Regenwasserableitung, Wasserleitung	zusätzlich/alternativ: Abwasserleitungen, Sanitärobjekte (einfache Qualität) in Nebenräumen	zusätzlich/alternativ: Sanitärobjekte (gehobene Qualität), Gasanschluss
Wärme-, Versorgungsanlagen	keine	Elektroheizung im Melkstand	zusätzlich/alternativ: Raumheizflächen, Heizkessel

	Standardstufe		
	3	4	5
lufttechnische Anlagen	keine	Firstentlüftung	Be- und Entlüftungsanlage
Starkstrom-Anlage	Leitungen, Schalter, Dosen, Langfeldleuchten	zusätzlich/alternativ: Sicherungen und Verteilerschrank	zusätzlich/alternativ: Metall-Dampfleuchten
nutzungsspezifische Anlagen	Aufstallung: Fressgitter, Liegeboxenbügel, Kälberboxen, Abtrennungen aus Holz, Kurzstandanbindung; Fütterung: Selbsttränke, Balltränke; Entmistung: keine Technik (Schlepper); Tierproduktentnahme: Fischgrätenmelkstand, Melkanlage, Maschinensatz, Milchkühltank, Kühlaggregat, Wärmerückgewinnung	Aufstallung: zusätzlich/alternativ: Einrichtungen aus verz. Stahlrohren; Fütterung: Tränkewanne mit Schwimmer, Tränkeautomat für Kälber; Entmistung: Faltschieber mit Seilzug und Antrieb, Tauchschneidpumpe, Rührmixer; Tierproduktentnahme: zusätzlich/alternativ: Milchflussgesteuerte Anrüst- und Abschaltautomatik	Aufstallung: zusätzlich/alternativ: Komfortboxen; Fütterung: Edelstahl-Kipptränke, computergesteuerte Kraftfutteranlage mit Tiererkennung; Entmistung: Schubstangenentmistung; Tierproduktentnahme: zusätzlich/alternativ: Melkstand-Schnellaustrieb, Tandem- oder Karussellmelkstand, Automatisches Melksystem (Roboter)

Tabelle 13: Beschreibung der Gebäudestandards für Schweineställe

Die Beschreibung der Gebäudestandards ist beispielhaft und dient der Orientierung. Sie kann nicht alle in der Praxis auftretenden Standardmerkmale aufführen. Merkmale, die die Tabelle nicht beschreibt, sind zusätzlich sachverständig zu berücksichtigen. Es müssen nicht alle aufgeführten Merkmale zutreffen. Die Beschreibung der Gebäudestandards basiert auf dem Bezugsjahr der NHK (Jahr 2010). Bei nicht mehr zeitgemäßen Standardmerkmalen ist ein Abschlag sachverständig vorzunehmen.

Anhang

	Standardstufe		
	3	4	5
Außenwände	Holzfachwerkwand; Holzstützen, Vollholz; Brettschalung oder Profilblech auf Holz-Unterkonstruktion	Kalksandstein- oder Ziegel-Mauerwerk; Metallstützen, Profil; Holz-Blockbohlen zwischen Stützen, Beton-Schalungsteine mit Putz	Betonwand, Fertigteile, mehrschichtig; Stahlbetonstützen, Fertigteil; Kalksandstein-Vormauerung oder Klinkerverblendung mit Dämmung
Dach	Holzkonstruktionen, Vollholzbalken, Nagelbrettbinder; Bitumenwellplatten, Profilblech	Stahlrahmen mit Holzpfetten; Faserzementwellplatten; Hartschaumplatten	Brettschichtholzbinder; Betondachsteine oder Dachziegel; Dämmung, Kunststoffplatten, Paneele
Fenster und Außentüren bzw. -tore	Lichtplatten aus Kunststoff	Kunststofffenster, Windnetze aus Kunststoff, Jalousien mit Motorantrieb, Metalltüren	Türen und Tore mehrschichtig mit Wärmedämmung, Holzfenster, hoher Fensteranteil
Innenwände	keine Innenwände	tragende Innenwände aus Mauerwerk, Putz und Anstrich; nichttragende Innenwände aus Kunststoff-Paneelen mit Anstrich	tragende Innenwände als Betonwand, Fertigteile, Anstrich; nichttragende Innenwände aus Mauerwerk, Putz und Anstrich; Sperrholz, Putz, Fliesen
Deckenkonstruktion	keine Decke	Holzkonstruktionen über Nebenräumen; Hartschaumplatten	Stahlbetonplatten über Nebenräumen; Dämmung mit Profilholz oder Paneele
Fußböden	Stahlbetonplatten	Stahlbetonplatte; Verbundestrich	zusätzlich/alternativ: Stahlbetonplatte als Stallprofil mit versetzten Ebenen; Stallbodenplatten mit Dämmung, Fliesen auf Estrich in Nebenräumen

Anlage 2: Richtlinien zur Ermittlung des Sachwerts (Sachwertrichtlinie, SW-RL)

	Standardstufe		
	3	4	5
baukonstruktive Einbauten	Fütterung: Tröge aus Polyesterbeton	Aufstallung: Beton-Spaltenboden, Flächenelemente; Fütterung: Tröge aus Polyesterbeton; Entmistung: Güllerohre vom Stall zum Außenbehälter, Absperrschieber in Güllekanälen	Aufstallung: Gussroste in Sauenställen, Kunststoffroste in Ferkelställen; Fütterung: Tröge aus Steinzeug; Entmistung: zusätzlich/alternativ: Spülleitungen für Einzelkanäle
Abwasser-, Wasser-, Gasanlagen	Regenwasserableitung, Wasserleitung	zusätzlich/alternativ: Abwasserleitungen, Sanitärobjekte (einfache Qualität) in Nebenräumen	zusätzlich/alternativ: Sanitärobjekte (gehobene Qualität), Gasanschluss
Wärmeversorgungsanlagen	Warmluftgebläse, Elt.-Anschluss	Raumheizflächen oder Twin- bzw. Delta-Heizungsrohre, Anschluss an vorh. Heizsystem	zusätzlich/alternativ: Warmwasser-Fußbodenheizung, Heizkessel mit Gasbefeuerung, Wärmerückgewinnung aus Stallluft
lufttechnische Anlagen	Zuluftklappen, Lüftungsfirst	Be- und Entlüftungsanlage im Unterdruckverfahren; Zuluftkanäle oder Rieseldecke; Einzelabsaugung, Abluftkanäle, Ventilatoren	zusätzlich/alternativ: Gleichdrucklüftung, Zentralabsaugung, Luftwäscher
Starkstrom-Anlage	Leitungen, Schalter, Dosen, Langfeldleuchten	zusätzlich/alternativ: Sicherungen und Verteilerschrank	zusätzlich/alternativ: Metall-Dampfleuchten

Anhang

	Standardstufe		
	3	4	5
nutzungs-spezifische Anlagen	Aufstallung: Buchtenabtrennungen aus Kunststoff-Paneelen, Pfosten und Beschläge aus verz. Stahl, Abferkelbuchten, Selbstfang-Kastenstände für Sauen; Fütterung: Trockenfutterautomaten, Tränkenippel	Aufstallung: zusätzlich/alternativ: Pfosten und Beschläge aus V2A, Ruhekisten, Betteneinrichtungen; Fütterung: zusätzlich/alternativ: Transportrohre, Drahtseilförderer, Rohrbreiautomaten mit Dosierung; Entmistung: Tauchschneidpumpe, Rührmixer	Aufstallung: zusätzlich/alternativ: Sortierschleuse; Fütterung: zusätzlich/alternativ: Flüssigfütterungsanlage mit Mixbehälter, Sensorsteuerung, Fütterungscomputer, Abrufstation, Tiererkennung, Selektion; Entmistung: Schubstangenentmistung

Tabelle 14: Beschreibung der Gebäudestandards für Geflügelställe

Die Beschreibung der Gebäudestandards ist beispielhaft und dient der Orientierung. Sie kann nicht alle in der Praxis auftretenden Standardmerkmale aufführen. Merkmale, die die Tabelle nicht beschreibt, sind zusätzlich sachverständig zu berücksichtigen. Es müssen nicht alle aufgeführten Merkmale zutreffen. Die Beschreibung der Gebäudestandards basiert auf dem Bezugsjahr der NHK (Jahr 2010). Bei nicht mehr zeitgemäßen Standardmerkmalen ist ein Abschlag sachverständig vorzunehmen.

	Standardstufe		
	3	4	5
Außenwände	Holzfachwerkwand; Holzstützen, Vollholz; Brettschalung oder Profilblech auf Holz-Unterkonstruktion	Kalksandstein- oder Ziegel-Mauerwerk, Metallstützen, Profil, Metall-Sandwichelemente mit Hartschaumdämmung	Betonwand, Fertigteile, mehrschichtig, Stahlbetonstützen, Fertigteil, Klinkerverblendung
Dach	Holzkonstruktionen, Vollholzbalken, Nagelbrettbinder; Bitumenwellplatten, Profilblech	Stahlrahmen mit Holzpfetten; Faserzementwellplatten; Hartschaumplatten	Brettschichtholzbinder; Betondachsteine oder Dachziegel; Dämmung, Profilholz oder Paneele

Anlage 2: Richtlinien zur Ermittlung des Sachwerts (Sachwertrichtlinie, SW-RL)

	Standardstufe		
	3	4	5
Fenster und Außentüren bzw. -tore	Lichtplatten aus Kunststoff, Holz-Brettertüren	Kunststofffenster, Windnetze aus Kunststoff, Jalousien mit Motorantrieb	Türen und Tore mehrschichtig mit Wärmedämmung, Holzfenster, hoher Fensteranteil
Innenwände	keine	tragende bzw. nicht tragende Innenwände aus Holz; Anstrich	tragende bzw. nicht tragende Innenwände als Mauerwerk; Profilblech, Plantafeln, Putz
Deckenkonstruktion	keine	Holzkonstruktionen über Nebenräumen; Hartschaumplatten	Stahlbetonplatten über Nebenräumen; Dämmung, Profilblech oder Paneele
Fußböden	Stahlbetonplatten	zusätzlich/alternativ: Oberfläche maschinell geglättet; Estrich mit Anstrich (Eierverpackung)	zusätzlich/alternativ: Stallprofil mit versetzten Ebenen, Estrich mit Fliesen (Eierverpackung)
Abwasser-, Wasser-, Gasanlagen	Regenwasserableitung, Wasserleitung	zusätzlich/alternativ: Abwasserleitungen, Sanitärobjekte (einfache Qualität) in Nebenräumen	zusätzlich/alternativ: Sanitärobjekte (gehobene Qualität), Gasanschluss
Wärmeversorgungsanlagen	Warmluftgebläse, Elt.-Anschluss	zusätzlich/alternativ: Raumheizflächen oder Twin- bzw. Delta-Heizungsrohre, Heizkessel	zusätzlich: Wärmerückgewinnung aus Stallluft
lufttechnische Anlagen	Fristentlüftung	Be- und Entlüftungsanlage im Unterdruckverfahren; Zuluftklappen, Abluftkamine, Ventilatoren	zusätzlich/alternativ: Gleichdrucklüftung, Zentralabsaugung, Luftwäscher
Starkstrom-Anlage	Leitungen, Schalter, Dosen, Langfeldleuchten	zusätzlich/alternativ: Sicherungen und Verteilerschrank	zusätzlich/alternativ: Metall-Dampfleuchten

	Standardstufe		
	3	4	5
nutzungs-spezifische Anlagen	Aufstallung: Geflügelwaage	Aufstallung: zusätzlich/alternativ: Kotroste, Sitzstangen, Legenester; Fütterung: Vollautomatische Kettenfütterung, Strang-Tränkeanlage, Nippeltränken; Entmistung: Kotbandentmistung; Tierproduktentnahme: Eier-Sammelband	Aufstallung: zusätzlich/alternativ: Etagensystem (Voliere, Kleingruppe); Entmistung: zusätzlich/alternativ: Entmistungsbänder mit Belüftung; Tierproduktentnahme: zusätzlich/alternativ: Sortieranlage, Verpackung

Tabelle 15: Beschreibung der Gebäudestandards für landwirtschaftliche Mehrzweckhallen

Die Beschreibung der Gebäudestandards ist beispielhaft und dient der Orientierung. Sie kann nicht alle in der Praxis auftretenden Standardmerkmale aufführen. Merkmale, die die Tabelle nicht beschreibt, sind zusätzlich sachverständig zu berücksichtigen. Es müssen nicht alle aufgeführten Merkmale zutreffen. Die Beschreibung der Gebäudestandards basiert auf dem Bezugsjahr der NHK (Jahr 2010). Bei nicht mehr zeitgemäßen Standardmerkmalen ist ein Abschlag sachverständig vorzunehmen.

	Standardstufe		
	3	4	5
Außenwände	Holzfachwerkwand; Holzstützen, Vollholz; Brettschalung oder Profilblech auf Holz-Unterkonstruktion	Kalksandstein- oder Ziegel-Mauerwerk; Metallstützen, Profil; Holz-Blockbohlen zwischen Stützen, Wärmedämmverbundsystem, Putz	Betonwand, Fertigteile, mehrschichtig; Stahlbetonstützen, Fertigteil; Kalksandstein-Vormauerung oder Klinkerverblendung mit Dämmung
Dach	Holzkonstruktionen, Vollholzbalken, Nagelbrettbinder; Bitumenwellplatten, Profilblech	Stahlrahmen mit Holzpfetten; Faserzementwellplatten; Hartschaumplatten	Brettschichtholzbinder; Betondachsteine oder Dachziegel; Dämmung, Profilholz oder Paneele

Anlage 2: Richtlinien zur Ermittlung des Sachwerts (Sachwertrichtlinie, SW-RL)

	Standardstufe		
	3	4	5
Fenster und Außentüren bzw. -tore	Lichtplatten aus Kunststoff, Holztore	Kunststofffenster, Metall-Sektionaltore	Türen und Tore mehrschichtig mit Wärmedämmung, Holzfenster, hoher Fensteranteil
Innenwände	keine	tragende bzw. nicht tragende Innenwände aus Holz; Anstrich	tragende bzw. nicht-tragende Innenwände als Mauerwerk; Sperrholz, Gipskarton, Fliesen
Deckenkonstruktion	keine	Holzkonstruktionen über Nebenräumen; Hartschaumplatten	Stahlbetonplatten über Nebenräumen; Dämmung, Profilholz oder Paneele
Fußböden	Beton-Verbundsteinpflaster	zusätzlich/alternativ: Stahlbetonplatte	zusätzlich/alternativ: Oberfläche maschinell geglättet; Anstrich
Abwasser-, Wasser-, Gasanlagen	Regenwasserableitung	zusätzlich/alternativ: Abwasserleitungen, Sanitärobjekte (einfache Qualität) in Nebenräumen	zusätzlich/alternativ: Sanitärobjekte (gehobene Qualität), Gasanschluss
Wärmeversorgungsanlagen	keine	Raumheizflächen in Nebenräumen, Anschluss an Heizsystem	zusätzlich/alternativ: Heizkessel
lufttechnische Anlagen	keine	Firstentlüftung	Be- und Entlüftungsanlage
Starkstrom-Anlage	Leitungen, Schalter, Dosen, Langfeldleuchten	zusätzlich/alternativ: Sicherungen und Verteilerschrank	zusätzlich/alternativ: Metall-Dampfleuchten
nutzungsspezifische Anlagen	keine	Schüttwände aus Holz zwischen Stahlstützen, Trocknungsanlage für Getreide	Schüttwände aus Beton-Fertigteilen

Anlage 3

Orientierungswerte für die übliche Gesamtnutzungsdauer bei ordnungsgemäßer Instandhaltung

Je nach Situation auf dem Grundstücksmarkt ist die anzusetzende Gesamtnutzungsdauer sachverständig zu bestimmen und zu begründen.

Freistehende Ein- und Zweifamilienhäuser, Doppelhäuser, Reihenhäuser		
	Standardstufe 1	60 Jahre
	Standardstufe 2	65 Jahre
	Standardstufe 3	70 Jahre
	Standardstufe 4	75 Jahre
	Standardstufe 5	80 Jahre
Mehrfamilienhäuser		70 Jahre +/−10
Wohnhäuser mit Mischnutzung		70 Jahre +/−10
Geschäftshäuser		60 Jahre +/−10
Bürogebäude, Banken		60 Jahre +/−10
Gemeindezentren, Saalbauten/Veranstaltungsgebäude		40 Jahre +/−10
Kindergärten, Schulen		50 Jahre +/−10
Wohnheime, Alten-/Pflegeheime		50 Jahre +/−10
Krankenhäuser, Tageskliniken		40 Jahre +/−10
Beherbergungsstätten, Verpflegungseinrichtungen		40 Jahre +/−10
Sporthallen, Freizeitbäder/Heilbäder		40 Jahre +/−10
Verbrauchermärkte, Autohäuser		30 Jahre +/−10
Kauf-/Warenhäuser		50 Jahre +/−10
Einzelgaragen		60 Jahre +/−10
Tief- und Hochgaragen als Einzelbauwerk		40 Jahre +/−10
Betriebs-/Werkstätten, Produktionsgebäude		40 Jahre +/−10
Lager-/Versandgebäude		40 Jahre +/−10
Landwirtschaftliche Betriebsgebäude		30 Jahre +/−10

Anlage 4

Modell zur Ableitung der wirtschaftlichen Restnutzungsdauer für Wohngebäude[2] unter Berücksichtigung von Modernisierungen

Das Modell dient der Orientierung zur Berücksichtigung von Modernisierungsmaßnahmen. Es ersetzt nicht die erforderliche sachverständige Würdigung des Einzelfalls.

1 Punktetabelle zur Ermittlung des Modernisierungsgrades

Aus der Summe der Punkte für die jeweils zum Bewertungsstichtag oder kurz zuvor durchgeführten Maßnahmen ergibt sich der Modernisierungsgrad.

Liegen die Maßnahmen weiter zurück, ist zu prüfen, ob nicht ein geringerer als der maximale Tabellenwert anzusetzen ist. Sofern nicht modernisierte Bauelemente noch zeitgemäßen Ansprüchen genügen, sind entsprechende Punkte zu vergeben.

Modernisierungselemente	max. Punkte
Dacherneuerung inklusive Verbesserung der Wärmedämmung	4
Modernisierung der Fenster und Außentüren	2
Modernisierung der Leitungssysteme (Strom, Gas, Wasser, Abwasser)	2
Modernisierung der Heizungsanlage	2
Wärmedämmung der Außenwände	4
Modernisierung von Bädern	2
Modernisierung des Innenausbaus, z.B. Decken, Fußböden, Treppen	2
Wesentliche Verbesserung der Grundrissgestaltung	2

Entsprechend der jeweils ermittelten Gesamtpunktzahl ist der Modernisierungsgrad sachverständig zu ermitteln. Hierfür gibt die folgende Tabelle Anhaltspunkte.

---

2 Das Modell kann analog auch bei der Bewertung von Verwaltungs-, Büro- und Geschäftsgebäuden Anwendung finden.

Anhang

Modernisierungsgrad		
≤ 1 Punkt	=	nicht modernisiert
4 Punkte	=	kleine Modernisierungen im Rahmen der Instandhaltung
8 Punkte	=	mittlerer Modernisierungsgrad
13 Punkte	=	überwiegend modernisiert
≥ 18 Punkte	=	umfassend modernisiert

2 Tabellen zur Ermittlung der modifizierten Restnutzungsdauer
In den nachfolgenden Tabellen sind in Abhängigkeit von der üblichen Gesamtnutzungsdauer, dem Gebäudealter und dem ermittelten Modernisierungsgrad für Gesamtnutzungsdauern von 30 bis 80 Jahren modifizierte Restnutzungsdauern angegeben. Die Tabellenwerte sind auf die volle Jahreszahl gerundet worden.

Den Tabellenwerten liegt ein theoretischer Modellansatz zu Grunde. Das Modell geht davon aus, dass die Restnutzungsdauer auf maximal 70% der jeweiligen Gesamtnutzungsdauer gestreckt und nach der Formel

$$a \times \frac{100}{GND} \times Alter^2 - b \times Alter + c \times \frac{GND}{100}$$

mit den nachfolgenden Werten für a, b und c berechnet wird.

Modernisierungsgrad	a	b	c	ab einem relativen Alter [%] von*
≤ 1 Punkt	0,0125	2,625	152,50	60
4 Punkte	0,0073	1,577	11,33	40
8 Punkte	0,0050	1,100	100,00	20
13 Punkte	0,0033	0,735	95,28	15
≥ 18 Punkte	0,0020	0,440	94,20	10

* Die Spalte gibt das Alter an, von dem an die Formeln anwendbar sind. Das relative Alter berechnet sich aus Alter/GND x 100.

Bei kernsanierten Objekten kann die Restnutzungsdauer bis zu 90% der jeweiligen Gesamtnutzungsdauer betragen.

Anlage 2: Richtlinien zur Ermittlung des Sachwerts (Sachwertrichtlinie, SW-RL)

2.1 Modifizierte Restnutzungsdauer bei einer üblichen Gesamtnutzungsdauer von 80 Jahren

Gebäude-alter	Modernisierungsgrad				
	≤ 1 Punkt	4 Punkte	8 Punkte	13 Punkte	≥ 18 Punkte
	modifizierte Restnutzungsdauer				
0	80	80	80	80	80
5	75	75	75	75	75
10	70	70	70	70	71
15	65	65	65	66	69
20	60	60	61	63	68
25	55	55	56	60	66
30	50	50	53	58	64
35	45	45	49	56	63
40	40	41	46	53	62
45	35	37	43	52	61
50	30	33	41	50	60
55	25	30	38	48	59
60	21	27	37	47	58
65	17	25	35	46	57
70	15	23	34	45	57
75	13	22	33	44	56
≥ 80	12	21	32	44	56

Anhang

2.2 Modifizierte Restnutzungsdauer bei einer üblichen Gesamtnutzungsdauer von 75 Jahren

Gebäude-alter	Modernisierungsgrad				
	≤ 1 Punkt	4 Punkte	8 Punkte	13 Punkte	≥ 18 Punkte
	modifizierte Restnutzungsdauer				
0	75	75	75	75	75
5	70	70	70	70	70
10	65	65	65	65	67
15	60	60	60	61	65
20	55	55	56	59	63
25	50	50	52	56	61
30	45	45	48	53	60
35	40	40	45	51	59
40	35	36	42	49	57
45	30	32	39	47	56
50	25	29	37	46	55
55	20	26	35	44	55
60	17	24	33	43	54
65	14	22	32	42	53
70	12	21	31	42	53
≥ 75	11	20	30	41	53

2.3 Modifizierte Restnutzungsdauer bei einer üblichen Gesamtnutzungsdauer von 70 Jahren

Gebäude-alter	Modernisierungsgrad				
	≤ 1 Punkt	4 Punkte	8 Punkte	13 Punkte	≥ 18 Punkte
	modifizierte Restnutzungsdauer				
0	70	70	70	70	70
5	65	65	65	65	65
10	60	60	60	60	62

Gebäude-alter	Modernisierungsgrad				
	≤ 1 Punkt	4 Punkte	8 Punkte	13 Punkte	≥ 18 Punkte
	modifizierte Restnutzungsdauer				
15	55	55	55	57	60
20	50	50	51	54	58
25	45	45	47	51	57
30	40	40	43	49	55
35	35	36	40	47	54
40	30	32	37	45	53
45	25	28	35	43	52
50	20	25	33	42	51
55	16	23	31	41	50
60	14	21	30	40	50
65	12	19	29	39	49
≥ 70	11	19	28	38	49

2.4 Modifizierte Restnutzungsdauer bei einer üblichen Gesamtnutzungsdauer von 65 Jahren

Gebäude-alter	Modernisierungsgrad				
	≤ 1 Punkt	4 Punkte	8 Punkte	13 Punkte	≥ 18 Punkte
	modifizierte Restnutzungsdauer				
0	65	65	65	65	65
5	60	60	60	60	60
10	55	55	55	55	57
15	50	50	50	52	55
20	45	45	46	49	54
25	40	40	42	47	52
30	35	35	39	44	51
35	30	31	36	42	50
40	25	27	33	41	49

Anhang

Gebäude-alter	Modernisierungsgrad				
	≤ 1 Punkt	4 Punkte	8 Punkte	13 Punkte	≥ 18 Punkte
	modifizierte Restnutzungsdauer				
45	20	24	31	39	48
50	16	22	29	38	47
55	13	20	28	37	46
60	11	18	27	36	46
≥ 65	10	17	26	36	46

2.5 Modifizierte Restnutzungsdauer bei einer üblichen Gesamtnutzungsdauer von 60 Jahren

Gebäude-alter	Modernisierungsgrad				
	≤ 1 Punkt	4 Punkte	8 Punkte	13 Punkte	≥ 18 Punkte
	modifizierte Restnutzungsdauer				
0	60	60	60	60	60
5	55	55	55	55	55
10	50	50	50	50	52
15	45	45	45	47	51
20	40	40	41	45	49
25	35	35	38	42	48
30	30	30	35	40	46
35	25	27	32	38	45
40	20	23	29	37	44
45	16	20	27	35	43
50	12	18	26	34	43
55	10	17	25	33	42
≥ 60	9	16	24	33	42

Anlage 2: Richtlinien zur Ermittlung des Sachwerts (Sachwertrichtlinie, SW-RL)

2.6 Modifizierte Restnutzungsdauer bei einer üblichen Gesamtnutzungsdauer von 50 Jahren Gebäudealter

Gebäude-alter	Modernisierungsgrad				
	≤ 1 Punkt	4 Punkte	8 Punkte	13 Punkte	≥ 18 Punkte
	modifizierte Restnutzungsdauer				
0	50	50	50	50	50
5	45	45	45	45	45
10	40	40	40	41	43
15	35	35	36	38	41
20	30	30	32	36	40
25	25	25	29	33	39
30	20	21	26	32	38
35	15	18	24	30	37
40	11	16	22	29	36
45	9	14	21	28	35
≥ 50	8	13	20	27	35

2.7 Modifizierte Restnutzungsdauer bei einer üblichen Gesamtnutzungsdauer von 40 Jahren

Gebäude-alter	Modernisierungsgrad				
	≤ 1 Punkt	4 Punkte	8 Punkte	13 Punkte	≥ 18 Punkte
	modifizierte Restnutzungsdauer				
0	40	40	40	40	40
5	35	35	35	35	36
10	30	30	30	32	34
15	25	25	26	29	32
20	20	20	23	27	31
25	15	17	20	25	30
30	10	14	18	23	29
35	7	12	17	22	28
≥ 40	6	11	16	22	28

2.8 Modifizierte Restnutzungsdauer bei einer üblichen Gesamtnutzungsdauer von 30 Jahren

Gebäude-alter	Modernisierungsgrad				
	≤ 1 Punkt	4 Punkte	8 Punkte	13 Punkte	≥ 18 Punkte
	modifizierte Restnutzungsdauer				
0	30	30	30	30	30
5	25	25	25	25	26
10	20	20	21	22	25
15	15	15	17	20	23
20	10	12	15	18	22
25	6	9	13	17	21
≥ 30	5	8	12	16	21

Anlage 5

Modellparameter für die Ermittlung des Sachwertfaktors
Sachwertfaktoren werden aus dem Verhältnis geeigneter, um die besonderen objektspezifischen Grundstücksmerkmale bereinigter Kaufpreise zu den entsprechenden vorläufigen Sachwerten abgeleitet.

Das Modell für die Ableitung der Sachwertfaktoren sowie die wesentlichen Modellparameter sind zu beschreiben.

Anlage 2: Richtlinien zur Ermittlung des Sachwerts (Sachwertrichtlinie, SW-RL)

Normalherstellungskosten	NHK 2010 (Anlage 1 SW-RL)
Gebäudebaujahrsklassen	keine
Gebäudestandard	nach Standardmerkmalen und Standardstufen (Anlage 2 SW-RL)
Baunebenkosten	in den NHK 2010 enthalten
Korrekturfaktoren für das Land und die Ortsgröße (z.B. Regionalfaktor)	keine
Bezugsmaßstab	Brutto-Grundfläche
Baupreisindex	Preisindex für die Bauwirtschaft des Statistischen Bundesamtes
Baujahr	ursprüngliches Baujahr
Gesamtnutzungsdauer	nach Anlage 3 SW-RL
Restnutzungsdauer	Gesamtnutzungsdauer abzüglich Alter; ggf. modifizierte Restnutzungsdauer; bei Modernisierungsmaßnahmen Verlängerung der Restnutzungsdauer nach Anlage 4 SW-RL
Alterswertminderung	linear
Wertansatz für bauliche Außenanlagen, sonstige Anlagen	kein gesonderter Ansatz – Anlagen sind im üblichen Umfang im Sachwert enthalten oder Pauschaler Ansatz in Höhe von ...
Wertansatz für bei der BGF-Berechnung nicht erfasste Bauteile	kein gesonderter Ansatz – Bauteile sind im üblichen Umfang im Sachwert enthalten oder Pauschaler Ansatz in Höhe von ...
Besondere objektspezifische Grundstücksmerkmale	keine oder entsprechende Kaufpreisbereinigung
Bodenwert	ungedämpft, zutreffender Bodenrichtwert ggf. angepasst an die Merkmale des Einzelobjekts
Grundstücksfläche	marktübliche, objektbezogene Grundstücksgröße

8.3 Anlage 3: Richtlinie zur Ermittlung des Ertragswerts (Ertragswertrichtlinie, EW-RL)

Bekanntmachung

Richtlinie zur Ermittlung des Ertragswerts

(Ertragswertrichtlinie – EW-RL)
Vom 12. November 2015

Nachstehende Richtlinie wird hiermit bekannt gemacht (Anhang).

Berlin, den 12. November 2015

Die Bundesministerin

für Umwelt, Naturschutz, Bau und Reaktorsicherheit

In Vertretung

Gunther Adler

Inhaltsübersicht
1 Zweck und Anwendungsbereich
2 Allgemeines
3 Verfahrensvarianten
4 Verfahrensgang
    4.1 Allgemeines Ertragswertverfahren
    4.2 Vereinfachtes Ertragswertverfahren
    4.3 Periodisches Ertragswertverfahren
    4.4 Ablaufschema für die verschiedenen Varianten des Ertragswertverfahrens
5 Reinertrag, Rohertrag
6 Bewirtschaftungskosten
    6.1 Verwaltungskosten
    6.2 Instandhaltungskosten
    6.3 Mietausfallwagnis
    6.4 Betriebskosten
7 Liegenschaftszinssatz
8 Bodenwert

Anlage 3: Richtlinie zur Ermittlung des Ertragswerts (Ertragswertrichtlinie, EW-RL)

9   Wirtschaftliche Restnutzungsdauer
10 Barwertfaktoren
11 Besondere objektspezifische Grundstücksmerkmale
    11.1   Besondere Ertragsverhältnisse
    11.2   Baumängel und Bauschäden
    11.3   Wirtschaftliche Überalterung
    11.4   Überdurchschnittlicher Erhaltungszustand
    11.5   Freilegungskosten
    11.6   Bodenverunreinigungen
    11.7   Grundstücksbezogene Rechte und Belastungen
12 Verkehrswert (Marktwert)

Anlage 1:   Modellwerte für Bewirtschaftungskosten
Anlage 2:   Modellparameter für die Ermittlung des Liegenschaftszinssatzes und Angaben zur Stichprobe und Auswertung
Anlage 3:   Beispielrechnungen

1 Zweck und Anwendungsbereich

(1) Diese Richtlinie gibt Hinweise für die Ermittlung des Ertragswerts nach den §§ 17 bis 20 der Immobilienwertermittlungsverordnung (ImmoWertV) vom 19. Mai 2010 (BGBl. I S. 639). Ihre Anwendung soll die Ermittlung des Ertrags- bzw. Verkehrswerts von Grundstücken nach einheitlichen und marktgerechten Grundsätzen sicherstellen. Diese Hinweise gelten auch für die Ableitung der Liegenschaftszinssätze (vgl. Nummer 7). Die Richtlinie ersetzt die Nummern 1.5.5 Absatz 3, 3.1.2, 3.5 bis 3.5.8 sowie die Anlagen 3, 5, 9a und 9b der Wertermittlungsrichtlinien 2006 (WertR 2006) vom 1. März 2006 (BAnz. Nr. 108a vom 10. Juni 2006, BAnz. S. 4798).

(2) Die Richtlinie wurde von einer Arbeitsgruppe aus Vertretern des Bundesministeriums für Umwelt, Naturschutz, Bau und Reaktorsicherheit, der für das Gutachterausschusswesen zuständigen Ministerien der Länder sowie der Bundesvereinigung der Kommunalen Spitzenverbände erarbeitet und wird allen in der Grundstückswertermittlung Tätigen zur Anwendung empfohlen.

2 Allgemeines

(1) Das Ertragswertverfahren ist in den §§ 17 bis 20 ImmoWertV geregelt. Ergänzend sind die allgemeinen Verfahrensgrundsätze (§§ 1 bis 8 ImmoWertV) sowie die §§ 9 und 14 ImmoWertV heranzuziehen, um den Verkehrswert des Wertermittlungsobjekts zu ermitteln.

(2) Das Ertragswertverfahren kann in der Verkehrswertermittlung insbesondere zur Anwendung kommen, wenn im gewöhnlichen Geschäftsverkehr

(marktüblich) die Erzielung von Erträgen für die Preisbildung ausschlaggebend ist, z.B. bei Mietwohngrundstücken, Wohnungseigentum und gewerblich genutzten Immobilien. Voraussetzung für die Anwendung des Ertragswertverfahrens ist, dass geeignete Daten, wie z.B. marktüblich erzielbare Erträge und Liegenschaftszinssätze zur Verfügung stehen. Das Ertragswertverfahren kann auch zur Überprüfung der Ergebnisse anderer Wertermittlungsverfahren in Betracht kommen.

(3) Bei der Ermittlung des Ertragswerts ist der Grundsatz der Modellkonformität zu beachten. Dies gilt insbesondere bei der Anwendung von Liegenschaftszinssätzen bezüglich der ihnen zu Grunde liegenden Modellparameter (vgl. Anlage 2).

3 Verfahrensvarianten

(1) Für die Ermittlung des Ertragswerts stehen folgende Verfahrensvarianten zur Verfügung:
- das allgemeine Ertragswertverfahren auf der Grundlage marktüblich erzielbarer Erträge unter modellhafter Aufspaltung in einen Boden- und Gebäudewertanteil (§ 17 Absatz 2 Satz 1 Nummer 1 ImmoWertV) oder
- das vereinfachte Ertragswertverfahren auf der Grundlage marktüblich erzielbarer Erträge und des abgezinsten Bodenwerts (§ 17 Absatz 2 Satz 1 Nummer 2 ImmoWertV) oder
- das periodische Ertragswertverfahren auf der Grundlage periodisch unterschiedlicher Erträge und des abgezinsten Restwerts des Grundstücks (§ 17 Absatz 3 ImmoWertV).

(2) Bei gleichen Ausgangsdaten führen die genannten Verfahrensvarianten zu gleichen Ertragswerten (vgl. Anlage 3, Beispielrechnungen 1 und 2).

4 Verfahrensgang

Der vorläufige Ertragswert wird auf der Grundlage des Rohertrags und des Bodenwerts ermittelt, wobei selbstständig nutzbare Teilflächen (§ 17 Absatz 2 Satz 2 ImmoWertV; vgl. Nummer 9 Absatz 3 VW-RL[1]) gesondert zu berücksichtigen sind. Der vorläufige Ertragswert ist gegebenenfalls
- an die Marktlage anzupassen (vgl. Nummer 12 Absatz 1) und
- um den Werteinfluss der besonderen objektspezifischen Grundstücksmerkmale (vgl. Nummer 11) zu korrigieren,

um den Ertragswert des Grundstücks zu ermitteln.

---

[1] Richtlinie zur Ermittlung des Vergleichswerts und des Bodenwerts (Vergleichswertrichtlinie – VW-RL) vom 20. März 2014 (BAnz AT 11.04.2014 B3).

Anlage 3: Richtlinie zur Ermittlung des Ertragswerts (Ertragswertrichtlinie, EW-RL)

4.1 Allgemeines Ertragswertverfahren

(1) Im allgemeinen Ertragswertverfahren wird der vorläufige Ertragswert
- aus dem kapitalisierten jährlichen Reinertrag zum Wertermittlungsstichtag, der vorab um den Verzinsungsbetrag des Bodenwerts (Bodenwertverzinsungsbetrag) vermindert wurde, zuzüglich
- des Bodenwerts

ermittelt (vgl. Anlage 3 Beispielrechnung 1). Der Ermittlung des Bodenwertverzinsungsbetrags und der Kapitalisierung des jährlichen Reinertrags ist jeweils derselbe Liegenschaftszinssatz (vgl. Nummer 7) zu Grunde zu legen. Die Kapitalisierungsdauer entspricht der wirtschaftlichen Restnutzungsdauer (vgl. Nummer 9) der baulichen Anlagen.

(2) Die Formel für das allgemeine Ertragswertverfahren lautet:

vEW = (RE − BW × LZ) × KF + BW

wobei $KF = \dfrac{q^n - 1}{q^n \times (q - 1)}$

q = 1 + LZ

wobei $LZ = \dfrac{p}{100}$

vEW = vorläufiger Ertragswert
RE = jährlicher Reinertrag
BW = Bodenwert ohne selbstständig nutzbare Teilflächen
LZ = Liegenschaftszinssatz
KF = Kapitalisierungsfaktor (Barwertfaktor; Nummer 10 und Anlage 1 ImmoWertV)
n = wirtschaftliche Restnutzungsdauer
p = Zinsfuß

4.2 Vereinfachtes Ertragswertverfahren

(1) Im vereinfachten Ertragswertverfahren wird der vorläufige Ertragswert
- aus dem kapitalisierten jährlichen Reinertrag zum Wertermittlungsstichtag zuzüglich
- des über die wirtschaftliche Restnutzungsdauer (vgl. Nummer 9) der baulichen Anlagen abgezinsten Bodenwerts

ermittelt (vgl. Anlage 3 Beispielrechnung 2.2). Der Kapitalisierung des jährlichen Reinertrags und der Abzinsung des Bodenwerts ist jeweils derselbe Liegenschaftszinssatz (vgl. Nummer 7) zu Grunde zu legen. Die Kapitalisierungsdauer bzw. Abzinsungsdauer entspricht der wirtschaftlichen Restnutzungsdauer der baulichen Anlagen.

(2) Die Formel für das vereinfachte Ertragswertverfahren lautet:

vEW = RE x KF + BW × AF

wobei $KF = \dfrac{q^n - 1}{q^n \times (q - 1)}$

q = 1 + LZ

wobei $AF = q^{-n}$

wobei $LZ = \dfrac{p}{100}$

vEW = vorläufiger Ertragswert
RE = jährlicher Reinertrag
KF = Kapitalisierungsfaktor (Barwertfaktor; Nummer 10 und Anlage 1 ImmoWertV)
AF = Abzinsungsfaktor (Barwertfaktor; Nummer 10 und Anlage 2 ImmoWertV)
BW = Bodenwert ohne selbstständig nutzbare Teilfläche
LZ = Liegenschaftszinssatz
n = wirtschaftliche Restnutzungsdauer
p = Zinsfuß

4.3 Periodisches Ertragswertverfahren

(1) Im periodischen Ertragswertverfahren kann der vorläufige Ertragswert in der Regel
- aus der Summe der auf den Wertermittlungsstichtag abgezinsten Reinerträge der Perioden innerhalb des Betrachtungszeitraums zuzüglich
- des über den Betrachtungszeitraum abgezinsten Restwerts des Grundstücks

ermittelt (vgl. Anlage 3 Beispielrechnung 2) werden. Das periodische Ertragswertverfahren kann insbesondere Anwendung finden (§17 Absatz 1 Satz 2 ImmoWertV), wenn die Ertragsverhältnisse des Wertermittlungsobjekts im Betrachtungszeitraum mit hinreichender Sicherheit aufgrund konkreter Tatsachen (vgl. §2 Satz 2 ImmoWertV)
- wesentlichen Änderungen unterliegen (z.B. qualitative Änderungen der Immobilie),
- wesentlich von den marktüblichen Erträgen (z.B. bei Staffelmietverträgen) abweichen oder
- starken Schwankungen unterliegen.

Anlage 3: Richtlinie zur Ermittlung des Ertragswerts (Ertragswertrichtlinie, EW-RL)

(2) Der Betrachtungszeitraum, für den die periodisch unterschiedlichen Erträge (vgl. Nummer 5 Absatz 6) ermittelt werden, soll so gewählt werden, dass die Höhe der im Betrachtungszeitraum anfallenden Erträge mit hinreichender Sicherheit ermittelt werden kann (in der Regel bis zu 10 Jahre). Ein wichtiges Kriterium für die Festlegung des Betrachtungszeitraums ist die Laufzeit der Miet- bzw. Pachtverträge. Der Abzinsung ist der Liegenschaftszinssatz (vgl. Nummer 7) zu Grunde zu legen.

(3) Der Restwert des Grundstücks kann in der Regel ermittelt werden
- aus dem Barwert des Reinertrags der Restperiode zuzüglich
- des Bodenwerts, der über die Restperiode abgezinst wurde.

Die Restperiode ist die um den Betrachtungszeitraum reduzierte wirtschaftliche Restnutzungsdauer (vgl. Nummer 9). Bei der Ermittlung des Reinertrags der Restperiode, z.B. im vereinfachten Ertragswertverfahren, ist der am Wertermittlungsstichtag marktüblich erzielbare Rohertrag zu Grunde zu legen. Entsprechendes gilt auch für den Ansatz der Bewirtschaftungskosten. Die Kapitalisierung erfolgt über die Dauer der Restperiode. Der Kapitalisierung und der Abzinsung ist jeweils derselbe Liegenschaftszinssatz (vgl. Nummer 7) zu Grunde zu legen.

(4) Die Formel für das periodische Ertragswertverfahren lautet:

$vEW = RE_1 \times AF_1 + RE_2 \times AF_2 + RE_3 \times AF_3 + \ldots RE_i \times AF_i + RW \times AF_b$

$RW = RE_R \times KF_R + BW \times AF_R$

wobei $AF^{1\ldots b} = q^{-1\ldots -b}$

wobei $AF_b = q^{-b}$

wobei $AF_R = q^{-(n-b)}$

$q = 1 + LZ$

wobei $LZ = \dfrac{p}{100}$

vEW = vorläufiger Ertragswert
RE_i = Reinerträge der einzelnen Perioden innerhalb des Betrachtungszeitraums
RE_R = Reinertrag der Restperiode
RW = Restwert des Grundstücks (hier ermittelt im vereinfachten Ertragswertverfahren)

BW = Bodenwert ohne selbstständig nutzbare Teilfläche
LZ = Liegenschaftszinssatz
AF_i = Abzinsungsfaktor (Barwertfaktor; Nummer 10 und Anlage 2 ImmoWertV) für die einzelnen Perioden innerhalb des Betrachtungszeitraums
AF_b = Abzinsungsfaktor (Barwertfaktor; Nummer 10 und Anlage 2 ImmoWertV) für den Betrachtungszeitraum
AF_R = Abzinsungsfaktor (Barwertfaktor; Nummer 10 und Anlage 2 ImmoWertV) für die Restperiode
KF_R = Kapitalisierungsfaktor (Barwertfaktor; Nummer 10 und Anlage 1 ImmoWertV) für die Restperiode (Restperiode = n − b)
i = Periode (z. B. 1 Jahr) innerhalb des Betrachtungszeitraums
p = Zinsfuß
n = wirtschaftliche Restnutzungsdauer
b = Dauer des Betrachtungszeitraums

Anlage 3: Richtlinie zur Ermittlung des Ertragswerts (Ertragswertrichtlinie, EW-RL)

4.4 Ablaufschema für die verschiedenen Varianten des Ertragswertverfahrens

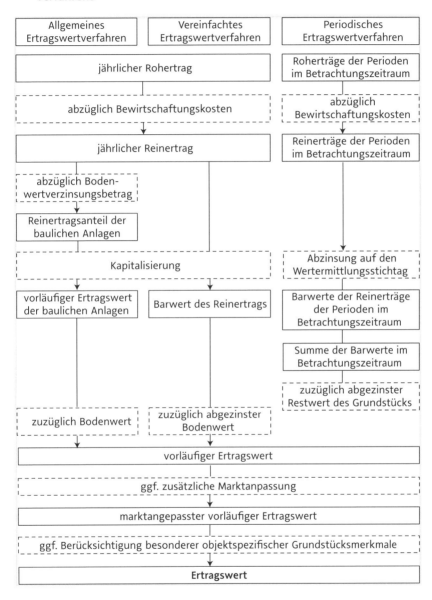

5 Reinertrag, Rohertrag

(1) Der jährliche Reinertrag wird aus dem jährlichen Rohertrag abzüglich der Bewirtschaftungskosten ermittelt (§ 18 Absatz 1 ImmoWertV).

(2) Mit dem Rohertrag sind in der Regel auch die Werteinflüsse der baulichen Außenanlagen und sonstigen Anlagen erfasst.

(3) Für die Bemessung des Rohertrags sind sowohl die tatsächlich erzielten als auch die marktüblich erzielbaren Erträge zu ermitteln. Zu diesem Zweck sind die bestehenden Miet- und Pachtverhältnisse mit ihren wesentlichen Vertragsdaten darzustellen und sachverständig zu würdigen. Ertragsbestandteile für Inventar, Zubehör u. ä. werden gegebenenfalls als besondere objektspezifische Grundstücksmerkmale berücksichtigt. Für selbstgenutzte Flächen und bei vorübergehendem Leerstand (vgl. Nummer 6.3 Absatz 1) sind die am Wertermittlungsstichtag marktüblich erzielbaren Erträge anzusetzen.

(4) Marktüblich erzielbare Erträge sind die nach den Marktverhältnissen am Wertermittlungsstichtag für die jeweilige Nutzung vergleichbaren, durchschnittlich erzielten Erträge. Anhaltspunkte für die Marktüblichkeit von Erträgen vergleichbar genutzter Grundstücke liefern z. B. geeignete Mietspiegel oder Mietpreisübersichten.

(5) Für das allgemeine und das vereinfachte Ertragswertverfahren gilt:
- Der Rohertrag (§ 18 Absatz 2 Satz 1 ImmoWertV) umfasst alle bei ordnungsgemäßer Bewirtschaftung und zulässiger Nutzung marktüblich erzielbaren Erträge aus dem Grundstück.
- Weichen die tatsächlich erzielten Erträge erheblich von den marktüblich erzielbaren Erträgen ab, ist der vorläufige Ertragswert auf der Grundlage der marktüblich erzielbaren Erträge zu ermitteln. Diese Abweichung ist als besonderes objektspezifisches Grundstücksmerkmal zu berücksichtigen. Möglichkeiten der Anpassung der Erträge sind zu berücksichtigen. Erhebliche Abweichungen können sich z. B. auf Grund wohnungs-, vertrags- oder mietrechtlicher Bindungen ergeben oder bei vorhandenen Baumängeln bzw. Bauschäden oder bei Erträgen aus Werbeträgern, Mobilfunkmasten u. ä. vorliegen.

(6) Für das periodische Ertragswertverfahren gilt:
- Der Rohertrag umfasst alle innerhalb des Betrachtungszeitraums mit hinreichender Sicherheit zu erwartenden tatsächlichen Erträge, die sich insbesondere aus den vertraglichen Vereinbarungen ergeben.
- Endet ein Miet- bzw. Pachtvertrag innerhalb des Betrachtungszeitraums, so sind in den verbleibenden Perioden bis zum Ende des Betrachtungs-

zeitraums für diese Einheiten die am Wertermittlungsstichtag marktüblich erzielbaren Erträge anzusetzen.
- Für die Ermittlung des Restwerts, z.B. im vereinfachten Ertragswertverfahren, sind als Rohertrag die am Wertermittlungsstichtag marktüblich erzielbaren Erträge anzusetzen.

6 Bewirtschaftungskosten

(1) Als Bewirtschaftungskosten sind die für eine ordnungsgemäße Bewirtschaftung und zulässige Nutzung entstehenden regelmäßigen Aufwendungen zu berücksichtigen, die nicht durch Umlagen oder sonstige Kostenübernahmen gedeckt sind. Dies sind die Verwaltungskosten, die Instandhaltungskosten, das Mietausfallwagnis und die Betriebskosten.

(2) Als Bewirtschaftungskosten sind dieselben Kosten anzusetzen, die bei der Ableitung des Liegenschaftszinssatzes verwendet wurden.

(3) Wenn erhebliche Abweichungen von den Bewirtschaftungskosten des Absatzes 2 vorliegen, ist der vorläufige Ertragswert auf der Grundlage der Bewirtschaftungskosten des Absatzes 2 zu ermitteln und diese erhebliche Abweichung in der Regel als besonderes objektspezifisches Grundstücksmerkmal zu berücksichtigen (vgl. Nummer 11.1).

6.1 Verwaltungskosten

Verwaltungskosten umfassen insbesondere die Kosten der zur Verwaltung des Grundstücks erforderlichen Arbeitskräfte und Einrichtungen, die Kosten der Aufsicht und die Kosten der Geschäftsführung sowie den Gegenwert der von Eigentümerseite persönlich geleisteten Verwaltungsarbeit.

6.2 Instandhaltungskosten

(1) Instandhaltungskosten sind Kosten, die im Rahmen einer ordnungsgemäßen Bewirtschaftung infolge Abnutzung oder Alterung zur Erhaltung des der Wertermittlung zu Grunde gelegten Ertragsniveaus der baulichen Anlagen während ihrer wirtschaftlichen Restnutzungsdauer marktüblich aufgewendet werden müssen. Die Instandhaltungskosten umfassen sowohl die für die laufende Unterhaltung als auch die für die Erneuerung einzelner baulicher Teile aufzuwendenden Kosten und sind hinsichtlich der Höhe mit ihrem langjährigen Mittel zu berücksichtigen. Zur Instandhaltung gehören grundsätzlich auch die Schönheitsreparaturen. Sie sind jedoch nur dann anzusetzen, wenn sie vom Eigentümer zu tragen sind.

(2) Nicht zu den Instandhaltungskosten zählen Modernisierungskosten und solche Kosten, die z.B. auf Grund unterlassener Instandhaltung (vgl. Num-

mer 11.2) erforderlich sind. Modernisierungen sind u.a. bauliche Maßnahmen, die den Gebrauchswert der baulichen Anlagen wesentlich erhöhen, die allgemeinen Wohn- bzw. Arbeitsverhältnisse wesentlich verbessern oder eine wesentliche Einsparung von Energie oder Wasser bewirken (§ 6 Absatz 6 Satz 2 Immo-WertV). Zur Berücksichtigung der Modernisierung im Rahmen der Wertermittlung vgl. Nummer 9.

6.3 Mietausfallwagnis

(1) Das Mietausfallwagnis ist das Risiko einer Ertragsminderung, die durch uneinbringliche Zahlungsrückstände von Mieten, Pachten und sonstigen Einnahmen oder durch vorübergehenden Leerstand entsteht. Es umfasst auch die durch uneinbringliche Zahlungsrückstände oder bei vorübergehendem Leerstand anfallenden, vom Eigentümer zusätzlich zu tragenden Bewirtschaftungskosten sowie die Kosten einer Rechtsverfolgung auf Zahlung, Aufhebung eines Mietverhältnisses oder Räumung.

(2) Dauerhafter, struktureller Leerstand wird nicht vom Mietausfallwagnis erfasst. Dieser ist als besonderes objektspezifisches Grundstücksmerkmal zu berücksichtigen (vgl. Nummer 11.1).

6.4 Betriebskosten

Betriebskosten sind grundstücksbezogene Kosten, Abgaben und regelmäßige Aufwendungen, die für den bestimmungsgemäßen Gebrauch des Grundstücks anfallen. Diese sind nur zu berücksichtigen, soweit sie nicht vom Eigentümer umgelegt werden können. Eine Aufstellung der umlagefähigen Betriebskosten für Wohnraum enthält § 2 der Betriebskostenverordnung[2].

7 Liegenschaftszinssatz

(1) Die Erwartungen der Marktteilnehmer hinsichtlich der Entwicklung der allgemeinen Ertrags- und Wertverhältnisse auf dem Grundstücksmarkt werden mit dem Liegenschaftszinssatz erfasst. Die Verwendung des angemessenen und nutzungstypischen Liegenschaftszinssatzes (§ 14 Absatz 1 und 3 Immo-WertV) dient insbesondere der Marktanpassung.

(2) Liegenschaftszinssätze werden auf der Grundlage geeigneter Kaufpreise von für die jeweilige Nutzungsart typischen gleichartig bebauten und genutzten Grundstücken und den ihnen entsprechenden Reinerträgen (vgl. Nummer 5 Absatz 1) unter Berücksichtigung der wirtschaftlichen Restnutzungs-

---

2 Verordnung über die Aufstellung von Betriebskosten (Betriebskostenverordnung – BetrKV) vom 25. November 2003 (BGBl. I S. 2346, 2347), die durch Artikel 4 des Gesetzes vom 3. Mai 2012 (BGBl. I S. 958) geändert worden ist.

dauer ermittelt. Dabei sind die Kaufpreise um die Werteinflüsse besonderer objektspezifischer Grundstücksmerkmale zu bereinigen. Bei der Ermittlung des Reinertrags sind vorrangig die Bewirtschaftungskosten nach Anlage 1 zu verwenden. Die wirtschaftliche Restnutzungsdauer (§ 6 Absatz 6 ImmoWertV) ist vorrangig nach Nummer 4.3.2 SW-RL[3] in Verbindung mit Nummer 4.3.1 SW-RL zu bestimmen. Die wesentlichen Modellparameter für die Ermittlung von Liegenschaftszinssätzen enthält Anlage 2. Bei der Veröffentlichung der Liegenschaftszinssätze sind mindestens die in Anlage 2 aufgeführten Modellparameter sowie der Umfang und die Qualität der zu Grunde liegenden Daten darzustellen.

(3) Im Rahmen der Ertragswertermittlung ist der angemessene nutzungstypische Liegenschaftszinssatz zu verwenden.

Hierbei gelten folgende Grundsätze:
1. Vorrangig sind die vom örtlichen Gutachterausschuss für Grundstückswerte ermittelten und veröffentlichten Liegenschaftszinssätze heranzuziehen.
2. Wird vom Gutachterausschuss für das Wertermittlungsobjekt kein geeigneter Liegenschaftszinssatz zur Verfügung gestellt, können Liegenschaftszinssätze aus vergleichbaren Gebieten verwendet werden, sofern Abweichungen in den regionalen und allgemeinen Marktverhältnissen marktgerecht berücksichtigt werden können.
3. Stehen keine geeigneten Liegenschaftszinssätze nach Nummer 1 oder Nummer 2 zur Verfügung, kann der Liegenschaftszinssatz unter Berücksichtigung der regionalen Marktverhältnisse sachverständig geschätzt werden. Dabei können auch Liegenschaftszinssätze aus anderen Quellen berücksichtigt werden, wenn sie hinsichtlich Aktualität und Repräsentativität den für die jeweilige Grundstücksart maßgeblichen Grundstücksmarkt zutreffend abbilden und ihre Ableitung ausreichend nachvollziehbar dargelegt ist. In diesen Fällen ist der Liegenschaftszinssatz besonders, d.h. über das allgemeine Begründungserfordernis hinaus, zu begründen.

(4) Insbesondere bei Anwendung des periodischen Ertragswertverfahrens ist der auf der Grundlage marktüblicher Erträge ermittelte Liegenschaftszinssatz auf seine Anwendbarkeit zu prüfen und gegebenenfalls sachverständig anzupassen.

---

[3] Richtlinie zur Ermittlung des Sachwerts (Sachwertrichtlinie – SW-RL) vom 5. September 2012 (BAnz AT 18.10.2012 B1).

(5) Um bei Anwendung des Liegenschaftszinssatzes die Modellkonformität sicherzustellen, sind das verwendete Ableitungsmodell und die zu Grunde gelegten Daten zu beachten. Dabei darf der Liegenschaftszinssatz nur auf solche Wertanteile des Wertermittlungsobjekts angewandt werden, die auch der Ermittlung des Liegenschaftszinssatzes zu Grunde lagen. Die nicht von dem angewandten Liegenschaftszinssatz erfassten Wertanteile sind als besondere objektspezifische Grundstücksmerkmale nach der Marktanpassung zu berücksichtigen, soweit dies marktüblich ist.

8 Bodenwert

(1) Zur Ermittlung des Bodenwerts wird auf §16 ImmoWertV und auf die Vergleichswertrichtlinie (VW-RL) verwiesen.

(2) Bei zu erwartenden (§2 Satz 2 ImmoWertV), am Wertermittlungsstichtag aber noch nicht erhobenen Beiträgen und Abgaben (z.B. Erschließungsbeitrag) ist der maßgebliche Bodenwert grundsätzlich nach dem beitrags- und abgabenfreien Zustand zu ermitteln. Der Werteinfluss dieses besonderen objektspezifischen Grundstücksmerkmals ist durch die gegebenenfalls abgezinste Beitrags- oder Abgabenschuld zu berücksichtigen.

(3) Bei Vorliegen einer selbstständig nutzbaren Teilfläche (vgl. Nummer 9 Absatz 3 VW-RL) ist im Rahmen der Ermittlung des Ertragswerts als maßgeblicher Bodenwert der Bodenwert ohne die selbstständig nutzbare Teilfläche anzusetzen. Der Wert der selbstständig nutzbaren Teilfläche ist gesondert zu berücksichtigen (vgl. Anlage 3 Beispiel 3). Eine selbstständig nutzbare Teilfläche ist der Teil eines Grundstücks, der für die angemessene Nutzung der baulichen Anlagen nicht benötigt wird und selbstständig genutzt oder verwertet werden kann.

(4) Im Rahmen der Anwendung des Ertragswertverfahrens kann sich ein Hinweis auf ein Liquidationsobjekt (vgl. Nummer 9.2.2.1 Absatz 2 VW-RL) ergeben, wenn der Bodenwertverzinsungsbetrag den Reinertrag erreicht oder übersteigt bzw. wenn der nicht abgezinste Bodenwert für eine planungsrechtlich zulässige Nutzung ohne Berücksichtigung der Freilegungskosten den vorläufigen Ertragswert erreicht oder übersteigt (vgl. Anlage 3 Beispiel 4).

9 Wirtschaftliche Restnutzungsdauer

(1) Die wirtschaftliche Restnutzungsdauer ist nach dem Modell zu bestimmen, das bei der Ableitung des Liegenschaftszinssatzes verwendet wurde.

(2) Bei Grundstücken mit mehreren Gebäuden unterschiedlicher Restnutzungsdauer, die eine wirtschaftliche Einheit bilden, sowie bei Gebäuden mit

Bauteilen, die eine deutlich voneinander abweichende Restnutzungsdauer aufweisen, bestimmt sich die maßgebliche wirtschaftliche Restnutzungsdauer nicht zwingend nach dem Gebäude mit der kürzesten Restnutzungsdauer. Sie ist nach wirtschaftlichen Gesichtspunkten unter Einbeziehung der Möglichkeit der Modernisierung wirtschaftlich verbrauchter Gebäude und Bauteile zu bestimmen.

10 Barwertfaktoren

Die Barwertfaktoren für die Kapitalisierung und Abzinsung sind den entsprechenden Anlagen 1 und 2 ImmoWertV unter Berücksichtigung der wirtschaftlichen Restnutzungsdauer der baulichen Anlagen (vgl. Nummer 9) und des angemessenen, nutzungstypischen Liegenschaftszinssatzes (vgl. Nummer 7) zu entnehmen oder nach folgenden Formeln zu berechnen:

– Kapitalisierungsfaktor (Barwertfaktor für die Kapitalisierung)

$$KF = \frac{q^n - 1}{q^n \times (q - 1)} = \frac{1}{q^n} \times \frac{q^n - 1}{q - 1}$$

q = 1 + LZ

wobei $LZ = \frac{p}{100}$

LZ = Liegenschaftszinssatz
n = wirtschaftliche Restnutzungsdauer
p = Zinsfuß

– Abzinsungsfaktor (Barwertfaktor für die Abzinsung):

$$AF = q^{-n} = \frac{1}{q^n}$$

q = 1 + LZ

wobei $LZ = \frac{p}{100}$

LZ = Liegenschaftszinssatz
n = wirtschaftliche Restnutzungsdauer
p = Zinsfuß

11 Besondere objektspezifische Grundstücksmerkmale

(1) Besondere objektspezifische Grundstücksmerkmale (vgl. beispielhaft die Nummern 11.1 bis 11.7) sind vom Üblichen erheblich abweichende Merkmale des einzelnen Wertermittlungsobjekts. Die besonderen objektspezifischen

Grundstücksmerkmale sind durch Zu- oder Abschläge nach der Marktanpassung gesondert zu berücksichtigen (§8 Absatz 2 und Absatz 3 ImmoWertV), wenn
- ihnen der Grundstücksmarkt einen eigenständigen Werteinfluss beimisst und
- sie im bisherigen Verfahren noch nicht erfasst und berücksichtigt wurden.

(2) Die Ermittlung der Werterhöhung bzw. Wertminderung hat
- marktgerecht zu erfolgen und
- ist zu begründen.

(3) Werden zusätzlich weitere Wertermittlungsverfahren angewandt, sind die besonderen objektspezifischen Grundstücksmerkmale – soweit möglich – in allen Verfahren identisch anzusetzen.

11.1 Besondere Ertragsverhältnisse

(1) Erhebliche Abweichungen von den marktüblich erzielbaren Erträgen sind im allgemeinen und im vereinfachten Ertragswertverfahren wertmindernd oder werterhöhend zu berücksichtigen. Die Wertminderung bzw. Werterhöhung ist nach den Grundsätzen des Ertragswertverfahrens zu ermitteln (vgl. Anlage 3 Beispiel 1).

(2) Bei dauerhaftem, strukturellem Leerstand sind auch die weiterhin anfallenden, sonst üblicherweise vom Mieter zu tragenden Bewirtschaftungskosten zu berücksichtigen.

11.2 Baumängel und Bauschäden

Wertminderungen auf Grund von Baumängeln, Bauschäden oder unterlassener Instandhaltung können
- nach Erfahrungswerten,
- unter Zugrundelegung von Bauteiltabellen oder
- unter Berücksichtigung der Schadensbeseitigungskosten

ermittelt werden. Ein Abzug der vollen Schadensbeseitigungskosten kommt nur in Betracht, wenn der Schaden unverzüglich beseitigt werden muss. Dabei ist gegebenenfalls ein Vorteilsausgleich (»neu für alt«) vorzunehmen.

11.3 Wirtschaftliche Überalterung

Ausnahmsweise kommt ein Abschlag wegen wirtschaftlicher Überalterung in Betracht, wenn das Wertermittlungsobjekt nur noch eingeschränkt verwendungsfähig bzw. marktgängig ist. Anhaltspunkte für eine wirtschaftliche Überalterung sind z.B. erhebliche Ausstattungsmängel, unzweckmäßige Gebäudegrundrisse oder eine unzweckmäßige Anordnung der Gebäude auf dem Grundstück.

11.4 Überdurchschnittlicher Erhaltungszustand

Ausnahmsweise kommt ein Zuschlag wegen eines überdurchschnittlichen Erhaltungszustands in Betracht, wenn sich das Wertermittlungsobjekt in einem besonders gepflegten Zustand befindet. In Abgrenzung zur Modernisierung handelt es sich hier um über das übliche Maß hinausgehende Instandhaltungsmaßnahmen, die in ihrer Gesamtheit zwar das Erscheinungsbild des Wertermittlungsobjekts überdurchschnittlich positiv beeinflussen, jedoch keine Verlängerung der Restnutzungsdauer bewirken.

11.5 Freilegungsmaßnahmen

Wertminderungen bei Freilegungs-, Teilabbruch- oder Sicherungsmaßnahmen, die bei wirtschaftlicher Betrachtungsweise erforderlich sind, sind gegebenenfalls unter Berücksichtigung
- der anfallenden Kosten,
- der Verwertungserlöse für abgängige Bauteile und
- der ersparten Baukosten durch die Verwendung vorhandener Bauteile

zu ermitteln.

11.6 Bodenverunreinigungen

(1) Bodenverunreinigungen können vorliegen bei schädlichen Bodenveränderungen, Verdachtsflächen, Altlasten und altlastenverdächtigen Flächen.

(2) Die Wertminderung von entsprechenden Grundstücken kann unter Berücksichtigung der Kosten ermittelt werden, die für Bodenuntersuchungen, Sicherungs-, Sanierungs- oder andere geeignete Maßnahmen zur Gefahrenabwehr erforderlich sind.

(3) Der hierfür erforderliche Aufwand hat sich an der baurechtlich zulässigen bzw. marktüblichen Nutzung des Grundstücks zu orientieren (§ 4 Absatz 4 des Bundes-Bodenschutzgesetzes[4]).

11.7 Grundstücksbezogene Rechte und Belastungen

Hinsichtlich der Ermittlung der Auswirkungen von grundstücksbezogenen Rechten und Belastungen wird auf Nummer 4 des Zweiten Teils WertR 2006 verwiesen.

---

4 Bundes-Bodenschutzgesetz vom 17. März 1998 (BGBl. I S. 502), das zuletzt durch Artikel 101 der Verordnung vom 31. August 2015 (BGBl. I S. 1474) geändert worden ist.

12 Verkehrswert (Marktwert)

(1) Die Lage auf dem Grundstücksmarkt findet bei Anwendung des Ertragswertverfahrens (§§ 17 bis 20 ImmoWertV) insbesondere dadurch Berücksichtigung, dass die Ertragsverhältnisse und der Liegenschaftszinssatz marktüblich angesetzt werden. Eine zusätzliche Marktanpassung ist daher in der Regel nicht notwendig, kann jedoch erforderlich sein, wenn der verwendete Liegenschaftszinssatz oder die sonstigen Daten die Marktverhältnisse für das Wertermittlungsobjekt nicht detailliert oder aktuell genug wiedergeben. In diesen Fällen sind auf Grund ergänzender Analysen und sachverständiger Würdigung Zu- oder Abschläge vorzunehmen. Eine zusätzliche Marktanpassung ist besonders zu begründen.

(2) Der Ertragswert ergibt sich aus dem marktangepassten vorläufigen Ertragswert und der gegebenenfalls erforderlichen Berücksichtigung besonderer objektspezifischer Grundstücksmerkmale. Der Ertragswert entspricht in der Regel dem Verkehrswert und ist wie gegebenenfalls auch die aus zusätzlich angewandten Wertermittlungsverfahren abweichenden Ergebnisse nach § 8 Absatz 1 Satz 3 ImmoWertV bei der Ermittlung des Verkehrswerts entsprechend seiner oder ihrer Aussagefähigkeit zu würdigen.

Anlage 1

Modellwerte für Bewirtschaftungskosten

Stand: 1. Januar 2015

Mit den nachstehenden Angaben sollen plausible und für die Gutachterausschüsse handhabbare Modellwerte für Bewirtschaftungskosten vorgegeben werden, um die Auswertung der Kaufpreise und die Ermittlung der Liegenschaftszinssätze nach einheitlichen Standards zu ermöglichen.

1 Bewirtschaftungskosten für Wohnnutzung

Grundlage der nachstehend genannten Werte sind die entsprechenden, überwiegend auch von der Praxis verwendeten, Angaben in der Zweiten Berechnungsverordnung (II. BV)[5] mit folgenden Abweichungen:

- Verzicht auf Differenzierung der Werte für die Instandhaltungskosten nach der Bezugsfertigkeit (vgl. Nummer 1 Buchstabe b),
- jährliche Anpassung und anschließende Rundung der Werte (vgl. Nummer 3).

a) Verwaltungskosten (vgl. § 26 Absatz 2 und 3 und § 41 Absatz 2 II. BV)

280 Euro	jährlich je Wohnung bzw. je Wohngebäude bei Ein- und Zweifamilienhäusern
335 Euro	jährlich je Eigentumswohnung
37 Euro	jährlich je Garagen- oder Einstellplatz

Die vorstehend genannten Werte gelten für das Jahr 2015. Für abweichende Wertermittlungsstichtage sind sie künftig wie unter Nummer 3 dargestellt zu modifizieren.

b) Instandhaltungskosten (vgl. § 28 Absatz 2 Nummer 2 und Absatz 5 II. BV)

Zur Vermeidung von Wertsprüngen, insbesondere bei den Übergängen der in § 28 II. BV genannten Werte, wird für die Instandhaltungskosten nur der Wert für Wohnungen, deren Bezugsfertigkeit am Ende des Kalenderjahres mindestens 22 Jahre zurückliegt, übernommen. Eine darüber hinausgehende Differenzierung erfolgt nicht. Mit dem Ansatz einer wirtschaftlichen Restnutzungsdauer wird eine übliche, das heißt von jedem wirtschaftlich handelnden

---

5 Zweite Berechnungsverordnung in der Fassung der Bekanntmachung vom 12. Oktober 1990 (BGBl. I S. 2178), die zuletzt durch Artikel 78 Absatz 2 des Gesetzes vom 23. November 2007 (BGBl. I S. 2614) geändert worden ist.

Anhang

Grundstückseigentümer vorgenommene Instandhaltung unterstellt, die den Bestand und die wirtschaftliche Nutzung des Gebäudes für diesen Zeitraum sicherstellt.

11 Euro	jährlich je Quadratmeter Wohnfläche, wenn die Schönheitsreparaturen[9] von den Mietern getragen werden
83 Euro	jährlich je Garagen- oder Einstellplatz einschließlich der Kosten für Schönheitsreparaturen

Die vorstehend genannten Beträge gelten für das Jahr 2015. Für abweichende Wertermittlungsstichtage sind sie künftig wie unter Nummer 3 dargestellt zu modifizieren.

c) Mietausfallwagnis (vgl. § 29 II. BV)

2 vom Hundert	des marktüblich erzielbaren Rohertrags bei Wohnnutzung

2 Bewirtschaftungskosten für gewerbliche Nutzung

a) Verwaltungskosten

3 vom Hundert	des marktüblich erzielbaren Rohertrags bei reiner und gemischter gewerblicher Nutzung

b) Instandhaltungskosten

Den Instandhaltungskosten für gewerbliche Nutzung wird jeweils der Vomhundertsatz der Instandhaltungskosten für Wohnnutzung zugrunde gelegt.

100 vom Hundert	für gewerbliche Nutzung wie z. B. Büros, Praxen, Geschäfte und vergleichbare Nutzungen bzw. gewerblich genutzte Objekte mit vergleichbaren Baukosten, wenn der Vermieter die Instandhaltung für »Dach und Fach« trägt

---

[6] Im Hinblick auf die Frage, ob der Mieter die Schönheitsreparaturen zu tragen hat, wird auf die Urteile des Bundesgerichtshofs vom 18. März 2015 (VIII ZR 185/14; VIII ZR 242/13; VIII ZR 21/13) zur Unwirksamkeit formularmäßiger Quotenabgeltungsklauseln hingewiesen.

Anlage 3: Richtlinie zur Ermittlung des Ertragswerts (Ertragswertrichtlinie, EW-RL)

50 vom Hundert	für gewerbliche Nutzung wie z.B. SB-Verbrauchermärkte und vergleichbare Nutzungen bzw. gewerblich genutzte Objekte mit vergleichbaren Baukosten, wenn der Vermieter die Instandhaltung für »Dach und Fach« trägt
30 vom Hundert	für gewerbliche Nutzung wie z.B. Lager-, Logistik- und Produktionshallen und vergleichbare Nutzungen bzw. gewerblich genutzte Objekte mit vergleichbaren Baukosten, wenn der Vermieter die Instandhaltung für »Dach und Fach« trägt

c) Mietausfallwagnis

Der hier für die gewerbliche Nutzung angegebene Modellwert für das Mietausfallwagnis entspricht dem bereits durch die langjährige Praxis akzeptierten Wert.

4 vom Hundert	des marktüblich erzielbaren Rohertrags bei reiner und gemischter gewerblicher Nutzung

3 Jährliche Anpassung

Zur Vermeidung von Wertsprüngen durch die in §26 Absatz 4 und §28 Absatz 5a II. BV vorgeschriebene dreijährige Anpassung soll eine jährliche Wertfortschreibung vorgenommen werden. Die Werte sind danach sachverständig zu runden.

Diese Wertfortschreibung erfolgt mit dem Prozentsatz, um den sich der vom Statistischen Bundesamt festgestellte Verbraucherpreisindex für Deutschland für den Monat Oktober 2001 (die Angaben in der II. BV beziehen sich auf das Jahr 2002) gegenüber demjenigen für den Monat Oktober des Jahres, das dem Stichtag der Ermittlung des Liegenschaftszinssatzes vorausgeht, erhöht oder verringert hat.

Beispielrechnung:

Das nachstehende Beispiel zeigt ausgehend von den Werten für das Jahr 2002 die Berechnungsmethodik für die Ermittlung der jährlichen Verwaltungskosten je Wohnung im Jahr 2015. Entsprechend zu verfahren ist bei der Ermittlung der übrigen Kostenarten.

Anhang

jährliche Verwaltungskosten je Wohnung im Jahr 2002

(vgl. §26 Absatz 2 II. BV) 230,00 €
Verbraucherpreisindex Oktober 2001 (2010 = 100) 87,5
Verbraucherpreisindex Oktober 2014 (2010 = 100) 106,7

Verwaltungskosten 2015

$$= \textit{Verwaltungskosten } 2002 \times \frac{\textit{Index Oktober } 2014}{\textit{Index Oktober } 2001}$$

$$= 230,00 \text{ €} \times \frac{106,7}{87,5} = 280,47 \text{ €}$$

Für die Verwendung in der Wertermittlung werden die
Verwaltungskosten kaufmännisch auf 1 Euro gerundet.   280,00 €

Anlage 3: Richtlinie zur Ermittlung des Ertragswerts (Ertragswertrichtlinie, EW-RL)   **8**

Anlage 2

Modellparameter für die Ermittlung des Liegenschaftszinssatzes und Angaben zur Stichprobe und Auswertung

Liegenschaftszinssätze werden auf der Grundlage geeigneter Reinerträge und entsprechender, gegebenenfalls um die Werteinflüsse von besonderen objektspezifischen Grundstücksmerkmalen bereinigter Kaufpreise abgeleitet.

Das Modell für die Ableitung der Liegenschaftszinssätze sowie die wesentlichen Modellparameter und Kennzeichen der Stichprobe und Auswertung sind nachvollziehbar zu beschreiben.

Wesentliche Modellparameter	Erläuterungen
Grundstücksart	z. B. Mietwohngrundstücke
Rohertrag	z. B. marktüblich erzielbarer Ertrag (u. a. Mieten aus Mietspiegeln bzw. gewerblichen Mietpreisübersichten oder Vergleichsmieten)
Wohn- bzw. Nutzflächen	z. B. nach geprüften Angaben oder überschlägig berechnet oder Wohnflächenverordnung oder Nutzflächen nach DIN 277 oder gif[10]-Richtlinie zur Berechnung der Mietfläche für gewerblichen Raum MF/G 2012 oder gif-Richtlinie zur Berechnung der Verkaufsfläche im Einzelhandel MF/V 2012; auf Konformität mit verwendetem Mietspiegel oder Ähnlichem achten
Bewirtschaftungskosten	z. B. nach Anlage 1 EW-RL
Gesamtnutzungsdauer	z. B. nach Anlage 3 SW-RL
wirtschaftliche Restnutzungsdauer	z. B. entsprechend Nummer 4.3.2 und Anlage 4 SW-RL sowie Nummer 9 Absatz 2 EW-RL
Wertansatz für bauliche Außenanlagen, sonstige Anlagen	kein gesonderter Ansatz – Anlagen sind im üblichen Umfang im Ertragswert enthalten
Besondere objektspezifische Grundstücksmerkmale (boG)	nur Kaufpreise ohne boG bzw. Kaufpreise wurden um boG bereinigt
Bodenwert	z. B. Bodenrichtwert gegebenenfalls angepasst an die Merkmale des Einzelobjekts
Grundstücksfläche	entsprechend § 17 ImmoWertV und Nummer 9 Absatz 3 VW-RL

---

7   gif — Gesellschaft für Immobilienwirtschaftliche Forschung e.V.

Wesentliche Modellparameter	Erläuterungen
Angaben zur Stichprobe und Auswertung	Erläuterungen
Anzahl der ausgewerteten Kauffälle	gegebenenfalls mit einem Hinweis auf Behandlung von Ausreißern
Zeitraum der Abschlüsse der ausgewerteten Kauffälle	
Räumlicher Bereich der Kauffälle	z.B. für das Gebiet einer Gemeinde oder für einen bestimmten Bodenrichtwertbereich (Bodenwertniveau)
Kenngrößen	z.B. statistische Kenngrößen, Spannen und durchschnittliche Werte der Wohn- bzw. Nutzfläche, Erträge, Restnutzungsdauer

Anlage 3

Beispielrechnungen

Für die Beispielrechnungen 1 und 2 wurden folgende Annahmen getroffen:
1. Vertragliche Vereinbarungen:
   - im 1. Jahr wird die marktüblich erzielbare Nettokaltmiete gezahlt,
   - vom 2. bis zum 5. Jahr erfolgt eine jährliche Mietanpassung in Höhe von 5%,
   - vom 6. bis zum 10. Jahr wird die Miete in der im 5. Jahr erreichten Höhe gezahlt und
   - ab dem 11. Jahr wird die Zahlung der marktüblich erzielbaren Miete vereinbart.
2. In der Beispielrechnung wird davon ausgegangen, dass die Bewirtschaftungskosten innerhalb des Betrachtungszeitraums in gleichbleibender Höhe anfallen. Die Ermittlung des Ansatzes der Bewirtschaftungskosten erfolgt ausgehend vom marktüblich erzielbaren Rohertrag des 1. Jahres.
3. Die im 1. Jahr als marktüblich erzielbar angesehene Miete wird als Ansatz für die Ermittlung des Restwerts genommen.

Ausgangsdaten für die Beispiele 1 und 2

jährlicher marktüblich erzielbarer Rohertrag im 1. Jahr		240 000 €
vertraglich vereinbarte jährliche Mietanpassung vom 2. bis 5. Jahr		5%
jährlicher Rohertrag im 6. bis 10. Jahr		291 721,50 €
jährlicher Rohertrag ab dem 11. Jahr		240 000 €
jährliche Bewirtschaftungskosten gesamt		34 800 €
bestehend aus:	Verwaltungskosten	12 000 €
	Instandhaltungskosten	10 800 €
	Mietausfallwagnis	12 000 €
Bodenwert		250 000 €
Liegenschaftszinssatz		6,5%
wirtschaftliche Restnutzungsdauer		40 Jahre

Anhang

Beispiel 1: Ermittlung des Ertragswerts bei Anwendung des allgemeinen bzw. des vereinfachten Ertragswertverfahrens (Nummer 4.1, Nummer 4.2)

		allgemeines Ertragswertverfahren		vereinfachtes Ertragswertverfahren
jährlicher marktüblicher Rohertrag		240 000 €		240 000 €
Bewirtschaftungskosten	−	34 800 €	−	34 800 €
jährlicher Reinertrag		205 200 €		205 200 €
Anteil des Bodenwerts am Reinertrag (Bodenwertverzinsungsbetrag) 6,5 % von 250 000 €	−	16 250 €		
Reinertragsanteil der baulichen Anlagen		188 950 €		
Kapitalisierungsfaktor (40 Jahre, 6,5 %)	×	14,15	×	14,15
Barwert des Reinertrags				2 903 580 €
Ertragswert der baulichen Anlagen		2 673 642 €		
Bodenwert ohne Berücksichtigung der selbstständig nutzbaren Teilfläche	+	250 000 €		250 000 €
Abzinsungsfaktor (40 Jahre, 6,5 %)			×	0,0805
Bodenwert abgezinst			+	20 125 €
vorläufiger Ertragswert		2 923 642 €*		2 923 705 €*
zusätzliche Marktanpassung	+/−	0	+/−	0
marktangepasster vorläufiger Ertragswert		2 923 642 €*		2 923 705 €*
besondere objektspezifische Grundstücksmerkmale (boG) Ermittlung siehe unten		255 000		255 000
Summe		3 178 642 €*		3 178 705 €*
Ertragswert		3 180 000 €		3 180 000 €

* Die Abweichung der Ergebnisse der Verfahrensvarianten beruht auf Rundungen insbesondere der Barwertfaktoren für die Kapitalisierung bzw. Abzinsung.

Anlage 3: Richtlinie zur Ermittlung des Ertragswerts (Ertragswertrichtlinie, EW-RL) 8

Werteinfluss der besonderen objektspezifischen Grundstücksmerkmale (boG) für Beispielrechnung 1; hier Abweichung von den marktüblichen Erträgen

	jährlicher Rohertrag	jährliche Bewirtschaftungskosten	jährlicher Reinertrag	Abweichung zum marktüblichen Reinertrag	Abzinsungsfaktor	abgezinste Abweichungen
1. Jahr	240 000,00 €	34 800,00 €	205 200,00 €	0		
2. Jahr	252 000,00 €	34 800,00 €	217 200,00 €	12 000,00 €	0,8817	10 580,40 €
3. Jahr	264 600,00 €	34 800,00 €	229 800,00 €	24 600,00 €	0,8278	20 363,88 €
4. Jahr	277 830,00 €	34 800,00 €	243 030,00 €	37 830,00 €	0,7773	29 405,26 €
5. Jahr	291 721,50 €	34 800,00 €	256 921,50 €	51 721,50 €	0,7299	37 751,52 €
6. Jahr	291 721,50 €	34 800,00 €	256 921,50 €	51 721,50 €	0,6853	35 444,74 €
7. Jahr	291 721,50 €	34 800,00 €	256 921,50 €	51 721,50 €	0,6435	33 282,79 €
8. Jahr	291 721,50 €	34 800,00 €	256 921,50 €	51 721,50 €	0,6042	31 250,13 €
9. Jahr	291 721,50 €	34 800,00 €	256 921,50 €	51 721,50 €	0,5674	29 346,78 €
10. Jahr	291 721,50 €	34 800,00 €	256 921,50 €	51 721,50 €	0,5327	27 552,04 €
Summe (boG)						254 977,54 €
Werteinfluss der besonderen objektspezifischen Grundstücksmerkmale (boG)						255 000,00 €

Beispiel 2: Ermittlung des Ertragswerts bei Anwendung des periodischen Ertragswertverfahrens (Nummer 4.3)

2.1 Ermittlung der Summe der Barwerte im Betrachtungszeitraum

	jährlicher Rohertrag	jährliche Bewirtschaftungskosten	jährlicher Reinertrag	Abzinsungsfaktor	Barwerte der Reinerträge der Periode
1. Jahr	240 000,00 €	34 800,00 €	205 200,00 €	0,9390	192 682,80 €
2. Jahr	252 000,00 €	34 800,00 €	217 200,00 €	0,8817	191 505,24 €
3. Jahr	264 600,00 €	34 800,00 €	229 800,00 €	0,8278	190 228,44 €
4. Jahr	277 830,00 €	34 800,00 €	243 030,00 €	0,7773	188 907,22 €
5. Jahr	291 721,50 €	34 800,00 €	256 921,50 €	0,7299	187 527,00 €
6. Jahr	291 721,50 €	34 800,00 €	256 921,50 €	0,6853	176 068,30 €

Anhang

7. Jahr	291 721,50 €	34 800,00 €	256 921,50 €	0,6435	165 328,99 €
8. Jahr	291 721,50 €	34 800,00 €	256 921,50 €	0,6042	155 231,97 €
9. Jahr	291 721,50 €	34 800,00 €	256 921,50 €	0,5674	145 777,26 €
10. Jahr	291 721,50 €	34 800,00 €	256 921,50 €	0,5327	136 862,08 €
Summe der Barwerte im Betrachtungszeitraum					1 730 119,30 €

2.2 Ermittlung des abgezinsten Restwerts, hier unter Anwendung des vereinfachten Ertragswertverfahrens (Nummer 4.2)

jährlicher marktüblicher Rohertrag ab dem 11. Jahr		240 000 €
Bewirtschaftungskosten	−	34 800 €
jährlicher Reinertrag ab dem 11. Jahr		205 200 €
Kapitalisierungsfaktor (30 Jahre, 6,5 %)	×	13,06
Barwert des Reinertrags der Restperiode		2 679 912 €
Bodenwert		250 000 €
Abzinsungsfaktor (30 Jahre, 6,5 %)	×	0,1512
abgezinster Bodenwert	+	37 800 €
Restwert		2 717 712 €
Abzinsungsfaktor (10 Jahre, 6,5 %)	×	0,5327
abgezinster Restwert des Grundstücks		1 447 725 €

2.3 Ermittlung des Ertragswerts

Summe der Barwerte im Betrachtungszeitraum		1 730 119 €
abgezinster Restwert des Grundstücks	+	1 447 725 €

Anlage 3: Richtlinie zur Ermittlung des Ertragswerts (Ertragswertrichtlinie, EW-RL) **8**

Vorläufiger Ertragswert	3 177 844 €*
Zusätzliche Marktanpassung	0
besondere objektspezifische Grundstücksmerkmale (boG)	0
Ertragswert	3 180 000 €

Ausgangsdaten für Beispiel 3

jährlicher Reinertrag	15 000 €
Bodenwert ohne selbstständig nutzbare Teilfläche	100 000 €
Wert der selbstständig nutzbaren Teilfläche	40 000 €
Liegenschaftszinssatz	6,0 %
wirtschaftliche Restnutzungsdauer	50 Jahre

Beispiel 3:
sachgerechte Berücksichtigung einer selbstständig nutzbaren Teilfläche (Nummer 8 Absatz 3)

		allgemeines Ertragswertverfahren		vereinfachtes Ertragswertverfahren
jährlicher Reinertrag		15 000 €		15 000 €
Anteil des Bodenwerts am Reinertrag (Bodenwertverzinsungsbetrag) 6,0 % von 100 000 €	−	6 000 €		
Reinertragsanteil der baulichen Anlagen		9 000 €		
Kapitalisierungsfaktor (50 Jahre, 6,0 %)	×	15,76	×	15,76
Barwert des Reinertrags				236 400 €
Ertragswert der baulichen Anlagen		141 840 €		
Bodenwert ohne Berücksichtigung der selbstständig nutzbaren Teilfläche	+	100 000 €		100 000 €

Anhang

Abzinsungsfaktor (50 Jahre, 6,0%)			×	0,0543
Bodenwert abgezinst			+	5430 €
vorläufiger Ertragswert		241 840 €*		241 830 €*
zusätzliche Marktanpassung		0		0
marktangepasster vorläufiger Ertragswert		241 840 €*		241 830 €*
Wert der selbstständig nutzbaren Teilfläche	+	40 000	+	40 000
Summe		281 840 €*		281 830 €*
Ertragswert		280 000 €		280 000 €

* Die Abweichung der Ergebnisse der Verfahrensvarianten beruht auf Rundungen insbesondere der Barwertfaktoren für die Kapitalisierung bzw. Abzinsung.

Ausgangsdaten für Beispiel 4

jährlicher Reinertrag	20 000 €
Bodenwert ohne selbstständig nutzbare Teilfläche	480 000 €
Liegenschaftszinssatz	7,0%
wirtschaftliche Restnutzungsdauer	5 Jahre

Anlage 3: Richtlinie zur Ermittlung des Ertragswerts (Ertragswertrichtlinie, EW-RL)   8

Beispiel 4:
Hinweis auf ein Liquidationsobjekt im allgemeinen und im vereinfachten Ertragswertverfahren (Nummer 8 Absatz 4)

	allgemeines Ertragswertverfahren		vereinfachtes Ertragswertverfahren
jährlicher Reinertrag	20 000 €		20 000 €
Anteil des Bodenwerts am Reinertrag (Bodenwertverzinsungsbetrag) 7,0 % von 480 000 €	− 33 600 €		
Reinertragsanteil der baulichen Anlagen	−13 600 €[11]		
Kapitalisierungsfaktor (50 Jahre, 6,0 %)	× 4,10	×	4,10
Barwert des Reinertrags			82 000 €
Ertragswert der baulichen Anlagen	− 55 760 €		
Bodenwert ohne Berücksichtigung von Freilegungskosten	+ 480 000 €		480 000 €
Abzinsungsfaktor (5 Jahre, 7,0 %)			× 0,713
Bodenwert abgezinst		+	342 240 €
Summe	424 240 €		424 240 €
vorläufiger Ertragswert	425 000 €		425 000 €

Ergebnis:
Bei beiden Verfahrensvarianten zeigt sich:

Der nicht abgezinste Bodenwert (ohne Berücksichtigung der Freilegungskosten) in Höhe von 480 000 € liegt über dem ermittelten vorläufigen Ertragswert in Höhe von 425 000 €.

Für das allgemeine Ertragswertverfahren zeigt sich darüber hinaus:

Der Bodenwertverzinsungsbetrag in Höhe von 33 600 € liegt über dem Reinertrag in Höhe von 20 000 €.

---

8   In der Praxis ist der negative Reinertragsanteil der baulichen Anlagen bereits ein Hinweis auf ein Liquidationsobjekt. Aus methodischen Gründen wird jedoch die Beispielrechnung weitergerechnet.

8.4 Anlage 4: Richtlinie zur Ermittlung des Vergleichswerts und des Bodenwerts (Vergleichswertrichtlinie, VW-RL)

Bekanntmachung

Richtlinie zur Ermittlung des Vergleichswerts und des Bodenwerts

(Vergleichswertrichtlinie – VW-RL)
Vom 20. März 2014

Nachstehende Richtlinie wird hiermit bekannt gemacht (Anhang).

Berlin, den 20. März 2014

SW 11 – 4124.4/3

Die Bundesministerin

für Umwelt, Naturschutz, Bau und Reaktorsicherheit

In Vertretung

Jochen Flasbarth

Inhaltsverzeichnis
1 Zweck und Anwendungsbereich
2 Allgemeines
3 Vergleichspreise
4 Ableitung von Vergleichspreisen
    4.1 Herkunft der Kaufpreise und Daten
    4.2 Anpassung wegen besonderer objektspezifischer Grundstücksmerkmale
    4.3 Anpassung wegen abweichender wertbeeinflussender Grundstücksmerkmale
        4.3.1 Beitrags- und abgabenrechtlicher Zustand
        4.3.2 Maß der baulichen Nutzung
        4.3.3 Grundstücksgröße und weitere Grundstücksmerkmale
    4.4 Anpassung wegen abweichender allgemeiner Wertverhältnisse
5 Ungewöhnliche oder persönliche Verhältnisse
6 Vergleichsfaktoren
7 Ermittlung des Vergleichswerts

8 Besondere objektspezifische Grundstücksmerkmale
    8.1   Besondere Ertragsverhältnisse
    8.2   Baumängel und Bauschäden
    8.3   Wirtschaftliche Überalterung
    8.4   Überdurchschnittlicher Erhaltungszustand
    8.5   Freilegungskosten
    8.6   Bodenverunreinigungen
    8.7   Grundstücksbezogene Rechte und Belastungen
9 Bodenwertermittlung
    9.1   Bodenwert unbebauter Grundstücke gemäß §5 Absatz 1 bis 3 ImmoWertV
    9.2   Bodenwert bebauter Grundstücke
        9.2.1   Bebaute Grundstücke im Außenbereich
        9.2.2   Abweichen der tatsächlichen von der maßgeblichen Nutzung
        9.2.2.1   Unterausnutzung, Liquidationsobjekte
        9.2.2.2   Überausnutzung
10 Verkehrswert (Marktwert)

Anlage 1: Umrechnungskoeffizienten zur Berücksichtigung abweichender wertrelevanter Geschossflächenzahlen beim Bodenwert von Mehrfamilienhausgrundstücken
Anlage 2: Umrechnungskoeffizienten zur Berücksichtigung abweichender Grundstücksgrößen beim Bodenwert von Ein- und Zweifamilienhausgrundstücken
Anlage 3: Wesentliche Modellparameter für die Ableitung von Vergleichspreisen und die Ermittlung des vorläufigen Vergleichswerts
Anlage 4: Wesentliche Modellparameter für die Ableitung von Vergleichsfaktoren
Anlage 5: Beispielrechnungen zu Nummer 9

1 Zweck und Anwendungsbereich

(1) Diese Richtlinie gibt Hinweise für die Ermittlung des Vergleichswerts und des Bodenwerts nach den §§ 15 und 16 der Immobilienwertermittlungsverordnung (ImmoWertV) vom 19. Mai 2010 (BGBl. I S. 639). Ihre Anwendung soll die Ermittlung des Vergleichs- bzw. Verkehrswerts von bebauten Grundstücken bzw. des Bodenwerts bebauter und unbebauter Grundstücke nach einheitlichen und marktgerechten Grundsätzen sicherstellen. Die Richtlinie ersetzt das Kapitel 2.3 und Nummer 1.5.5 Absatz 2, die Nummern 3.1.1, 3.1.4.2, 3.4 sowie die Anlage 11 der Wertermittlungsrichtlinien 2006 (WertR 2006) vom 1. März 2006 (BAnz. Nr. 108a vom 10. Juni 2006; S. 4798).

(2) Die Richtlinie wurde von einer Arbeitsgruppe aus Vertretern des Bundesministeriums für Umwelt, Naturschutz, Bau und Reaktorsicherheit, der für das Gutachterausschusswesen zuständigen Ministerien der Länder sowie der Bundesvereinigung der kommunalen Spitzenverbände erarbeitet und wird allen in der Grundstückswertermittlung Tätigen zur Anwendung empfohlen.

2 Allgemeines

(1) Die Ermittlung des Vergleichswerts und des Bodenwerts ist in den §§ 15 und 16 ImmoWertV geregelt. Ergänzend sind die allgemeinen Verfahrensgrundsätze (§§ 1 bis 8 ImmoWertV) heranzuziehen, um den Verkehrswert des Wertermittlungsobjekts zu ermitteln.

(2) Voraussetzung für die Anwendung des Vergleichswertverfahrens bei bebauten und unbebauten Grundstücken ist, dass eine ausreichende Anzahl von geeigneten Kaufpreisen oder ein geeigneter Vergleichsfaktor bzw. Bodenrichtwert oder sonstige geeignete Daten für eine statistische Auswertung vorliegen. Die Hinweise in dieser Richtlinie beziehen sich nur auf die Verwendung geeigneter Kaufpreise bzw. geeigneter Vergleichsfaktoren und Bodenrichtwerte. Sie sind bei Verwendung sonstiger geeigneter Daten (Marktindikatoren) analog anzuwenden.

(3) Das Vergleichswertverfahren kann auch zur Überprüfung der Ergebnisse anderer Wertermittlungsverfahren in Betracht kommen.

(4) Bei der Ermittlung des Vergleichswerts ist der Grundsatz der Modellkonformität zu beachten. Dies gilt sowohl für die bei der Anpassung von Kaufpreisen verwendeten Daten als auch für die Anwendung von Vergleichsfaktoren bzw. Bodenrichtwerten.

3 Vergleichspreise

(1) Vergleichspreise sind geeignete Kaufpreise, die – soweit erforderlich – angepasst wurden und in die Ermittlung eines Vergleichswerts einfließen. Kaufpreise bebauter oder unbebauter Grundstücke sind geeignet, wenn die wertbeeinflussenden Grundstücksmerkmale (§§ 5 und 6 ImmoWertV) mit dem Wertermittlungsobjekt und die Vertragszeitpunkte mit dem Wertermittlungsstichtag hinreichend übereinstimmen (Vergleichsgrundstücke). Kaufpreise, die durch ungewöhnliche oder persönliche Verhältnisse beeinflusst sind, sind ungeeignet, wenn sie erheblich von den Kaufpreisen in vergleichbaren Fällen abweichen (§ 7 ImmoWertV).

(2) Eine hinreichende Übereinstimmung mit dem Wertermittlungsobjekt liegt vor, wenn die Vergleichsgrundstücke hinsichtlich ihrer wertbeeinflussenden

Grundstücksmerkmale nur solche Abweichungen aufweisen, die unerheblich sind oder deren Auswirkungen auf die Kaufpreise in sachgerechter Weise berücksichtigt werden können. Hierfür sind insbesondere ihre Lage, ihr Entwicklungszustand, die Art und das Maß der baulichen oder sonstigen Nutzbarkeit, die Bodenbeschaffenheit, die Größe, die Grundstücksgestalt und der beitrags- und abgabenrechtliche Zustand sowie bei bebauten Grundstücken auch die Gebäudeart, der bauliche Zustand, die Wohn- oder Nutzfläche, die energetischen Eigenschaften, das Baujahr und die Restnutzungsdauer zu beurteilen. Für die Abweichungen der Kaufpreise vom Wertermittlungsstichtag gilt Satz 1 entsprechend.

4 Ableitung von Vergleichspreisen

(1) Zur Ableitung von Vergleichspreisen sind die Kaufpreise auf wertbeeinflussende Abweichungen der Grundstücksmerkmale und Änderungen der allgemeinen Wertverhältnisse (§3 Absatz 2 ImmoWertV) gegenüber dem Wertermittlungsobjekt bzw. dem Wertermittlungsstichtag zu prüfen und gegebenenfalls anzupassen. Zur Anpassung der Kaufpreise sind geeignete Daten zu verwenden (z. B. Umrechnungskoeffizienten, Indexreihen – vgl. die §§9 ff. ImmoWertV).

(2) Die Auswahlkriterien für die Kaufpreise und die vorgenommenen Anpassungen sind darzustellen und zu begründen. Die verwendeten Kaufpreise und die zur Anpassung verwendeten Daten sind mit Quellenangaben aufzuführen. Wesentliche Modellparameter für die Ableitung von Vergleichspreisen enthält Anlage 3.

4.1 Herkunft der Kaufpreise und Daten

(1) Zur Ableitung von Vergleichspreisen sind geeignete Kaufpreise und Daten (vgl. Nummer 3 Absatz 1) vorrangig aus den Kaufpreissammlungen der Gutachterausschüsse für Grundstückswerte zu verwenden. Steht keine ausreichende Anzahl geeigneter Kaufpreise bzw. stehen keine zur Anpassung der Kaufpreise geeigneten Daten aus dem Gebiet, in dem das zu bewertende Grundstück liegt, zur Verfügung, können geeignete Kaufpreise bzw. Daten aus anderen vergleichbaren Gebieten verwendet werden, sofern etwaige Abweichungen in den regionalen und allgemeinen Marktverhältnissen marktgerecht berücksichtigt werden können.

(2) Geeignete Kaufpreise oder Daten (vgl. Nummer 3 Absatz 1) aus anderen Quellen sollen verwendet werden, wenn sie hinsichtlich Aktualität, Vollständigkeit der Beschreibung der Vergleichsgrundstücke und Repräsentativität den maßgeblichen Grundstücksmarkt zutreffend abbilden.

4.2 Anpassung wegen besonderer objektspezifischer Grundstücksmerkmale

Die Kaufpreise sind vor ihrer Verwendung auf Einflüsse von besonderen objektspezifischen Grundstücksmerkmalen (§ 8 Absatz 3 ImmoWertV) zu prüfen und gegebenenfalls anzupassen. Lässt sich der Einfluss besonderer objektspezifischer Grundstücksmerkmale nicht hinreichend sicher bestimmen, können die entsprechenden Kaufpreise nicht verwendet werden. Zu den besonderen objektspezifischen Grundstücksmerkmalen gehören z. B. Dienstbarkeiten, erhebliche Baumängel und Bauschäden (vgl. Nummer 8).

4.3 Anpassung wegen abweichender wertbeeinflussender Grundstücksmerkmale

(1) Wertbeeinflussende Abweichungen der Grundstücksmerkmale des Vergleichsgrundstücks gegenüber denen des Wertermittlungsobjekts sind in der Regel mit Hilfe geeigneter Umrechnungskoeffizienten (§ 12 ImmoWertV) zu berücksichtigen, es sei denn, die Grundstücksmerkmale weichen so stark voneinander ab, dass eine Verwendung der Umrechnungskoeffizienten nicht sachgerecht ist.

(2) Umrechnungskoeffizienten sind geeignet, wenn sie für einen für das Wertermittlungsobjekt zutreffenden sachlichen und regionalen Teilmarkt ermittelt wurden. Stehen keine Umrechnungskoeffizienten aus dem Gebiet zur Verfügung, können auch Umrechnungskoeffizienten aus vergleichbaren Gebieten verwendet werden, für die eine gleichartige Entwicklung vorliegt. Das Ableitungsmodell und die Datengrundlage müssen bekannt sein.

(3) Hilfsweise kann nach sachverständiger Würdigung eine Anpassung mittels marktgerechter Zu- oder Abschläge vorgenommen werden.

(4) Werden mehrere Anpassungen erforderlich, sind eventuelle Überschneidungen der unterschiedlichen Einflüsse zu beachten; eine Doppelberücksichtigung ist zu vermeiden.

4.3.1 Beitrags- und abgabenrechtlicher Zustand

Die Kaufpreise sind gegebenenfalls an den beitrags- und abgabenrechtlichen Zustand (§ 6 Absatz 3 ImmoWertV) des Wertermittlungsobjekts marktgerecht anzupassen. Zu- oder Abschläge sind, soweit dies marktüblich ist, nach der Höhe des zu erwartenden Beitrags oder der Abgabe (z. B. Erschließungsbeitrag), gegebenenfalls unter Berücksichtigung einer angemessenen Abzinsung, zu bemessen.

4.3.2 Maß der baulichen Nutzung

(1) Zur Berücksichtigung von Abweichungen des Maßes der baulichen Nutzung der Vergleichsgrundstücke gegenüber dem Wertermittlungsobjekt sind in der Regel Umrechnungskoeffizienten auf der Grundlage der wertrelevanten Geschossflächenzahl (WGFZ) zu verwenden. Dies bedeutet, dass die Flächen von Aufenthaltsräumen auch in anderen als Vollgeschossen einschließlich der zu ihnen gehörenden Treppenräume und ihrer Umfassungswände mitzurechnen sind (vgl. Nummer 6 Absatz 6 BRW-RL[1]). Insbesondere in Geschäftslagen kann die Abhängigkeit des Bodenwerts von den höherwertig genutzten Flächen (z.B. ebenerdige Läden) erheblich größer sein, als die Abhängigkeit von der WGFZ. In diesen Lagen ist zu prüfen, ob eine sachgerechte Anpassung der Kaufpreise unter Verwendung der Mieten erfolgen kann.

(2) Hilfsweise ist nach sachverständiger Würdigung eine Anpassung mittels der in Anlage 1 enthaltenen Umrechnungskoeffizienten vorzunehmen. Bleiben die Ergebnisse danach unplausibel, können die Umrechnungskoeffizienten nicht verwendet werden.

4.3.3 Grundstücksgröße und weitere Grundstücksmerkmale

(1) Zur Berücksichtigung von Abweichungen der Grundstücksgröße der Vergleichsgrundstücke gegenüber dem Wertermittlungsobjekt sind in der Regel Umrechnungskoeffizienten zu verwenden, soweit dieser Wertunterschied nicht bereits durch die WGFZ-Anpassung (vgl. Nummer 4.3.2) oder in sonstiger Weise (z.B. nach Nummer 9 Absatz 3) berücksichtigt wurde.

(2) Für eine Anpassung mittels der in Anlage 2 enthaltenen Umrechnungskoeffizienten gilt Nummer 4.3.2 Absatz 2 entsprechend.

(3) Sonstige wertbeeinflussende Abweichungen bei den Grundstücksmerkmalen der Vergleichsgrundstücke gegenüber dem Wertermittlungsobjekt, z.B. hinsichtlich:
- Lage (Klassifizierung, Stadtteil, Ecklage),
- Grundstückstiefe,
- Grundstücksbreite,
- Grundstückszuschnitt,
- Anbauart (freistehend, Doppelhaushälfte, Reihenend- bzw. Reihenmittelhaus),
- Baujahr,

---

1 Richtlinie zur Ermittlung von Bodenrichtwerten (Bodenrichtwertrichtlinie – BRW-RL) vom 11. Januar 2011 (BAnz. S.597)

- Ausstattung (Klassifizierung oder Einzelmerkmale),
- Wohnfläche, Anzahl der Wohnungen,
- Acker- und Grünlandzahl,
- Verpachtung, Vermietung

sind mit geeigneten Umrechnungskoeffizienten oder nach sachverständiger Würdigung mit Zu- oder Abschlägen zu berücksichtigen.

4.4 Anpassung wegen abweichender allgemeiner Wertverhältnisse

(1) Bei einer Änderung der allgemeinen Wertverhältnisse sind die Kaufpreise in der Regel mit Hilfe geeigneter Indexreihen (§ 11 ImmoWertV) an die Wertverhältnisse am Wertermittlungsstichtag anzupassen.

(2) Indexreihen sind geeignet, wenn sie für einen für das Wertermittlungsobjekt zutreffenden sachlichen und regionalen Teilmarkt ermittelt wurden. Stehen keine Indexreihen aus dem Gebiet zur Verfügung, können auch Indexreihen aus vergleichbaren Gebieten verwendet werden, für die eine gleichartige Entwicklung vorliegt. Das Ableitungsmodell und die Datengrundlage müssen bekannt sein.

5 Ungewöhnliche oder persönliche Verhältnisse

Kaufpreise, die nach der Anpassung erhebliche Abweichungen von Kaufpreisen in vergleichbaren Fällen aufweisen, können durch ungewöhnliche oder persönliche Verhältnisse beeinflusst worden sein und bleiben in diesem Fall unberücksichtigt (§7 ImmoWertV). Eine Beeinflussung durch ungewöhnliche oder persönliche Verhältnisse kann in der Regel angenommen werden, wenn ein angepasster Kaufpreis mittels statistischer Verfahren als Ausreißer erkannt wird.

6 Vergleichsfaktoren

(1) Vergleichsfaktoren (§ 13 ImmoWertV) sind durchschnittliche, auf eine geeignete Einheit bezogene Werte für Grundstücke mit bestimmten wertbeeinflussenden Grundstücksmerkmalen (Normobjekte). Geeignete Bezugseinheiten können z.B. der marktüblich erzielbare jährliche Ertrag (Ertragsfaktor) oder eine Flächen- oder Raumeinheit der baulichen Anlagen (Gebäudefaktor) sein.

(2) Vergleichsfaktoren werden für einzelne Grundstücksarten und gegebenenfalls Grundstücksteilmärkte aus einer ausreichenden Anzahl von Vergleichspreisen abgeleitet. Zur Ableitung von Vergleichsfaktoren sind geeignete statistische Verfahren heranzuziehen.

(3) Vergleichsfaktoren sind für die Ermittlung des vorläufigen Vergleichswerts geeignet, wenn sie für einen mit dem Wertermittlungsobjekt vergleichbaren regional und sachlich abgegrenzten Teilmarkt abgeleitet wurden und die wertbeeinflussenden Grundstücksmerkmale des Normobjekts dargestellt sind.

(4) Zur Ermittlung des vorläufigen Vergleichswerts sind die wertbeeinflussenden Unterschiede zwischen den Grundstücksmerkmalen des Normobjekts und des Wertermittlungsobjekts sowie die Unterschiede zwischen den allgemeinen Wertverhältnissen am Stichtag des Vergleichsfaktors und dem Wertermittlungsstichtag mit Hilfe geeigneter Umrechnungskoeffizienten bzw. geeigneter Indexreihen oder in anderer sachgerechter Weise z.B. mit Hilfe einer geeigneten mehrdimensionalen Schätzfunktion zu berücksichtigen (angepasster Vergleichsfaktor); Nummer 4 gilt entsprechend.

(5) Das Ableitungsmodell und die Datengrundlage für die Ableitung der Vergleichsfaktoren sind anzugeben. Eine Zusammenstellung wesentlicher Modellparameter für die Ableitung von Vergleichsfaktoren enthält Anlage 4. Für die Herkunft und Auswahl von Vergleichsfaktoren gilt Nummer 4.1 entsprechend.

7 Ermittlung des Vergleichswerts

(1) Der vorläufige Vergleichswert kann ermittelt werden
- aus dem (gegebenenfalls gewichteten) Mittel einer ausreichenden Anzahl von Vergleichspreisen; die erforderliche Anzahl von Vergleichspreisen ist insbesondere unter Berücksichtigung statistischer Anforderungen sachverständig zu bestimmen; eine vorgenommene Gewichtung ist zu begründen; soweit fachlich sinnvoll, ist die Güte des Mittelwerts statistisch zu belegen;
- durch Multiplikation des angepassten Vergleichsfaktors (vgl. Nummer 6 Absatz 4) bzw. Bodenrichtwerts mit der Bezugsgröße des Wertermittlungsobjekts.

(2) Eine zusätzliche Marktanpassung ist nicht erforderlich, soweit die Vergleichspreise oder der Vergleichsfaktor die Marktlage bereits hinreichend berücksichtigen. Ist auf Grund ergänzender Analysen und sachverständiger Würdigung eine zusätzliche Marktanpassung erforderlich, ist diese durch Zu- oder Abschläge vorzunehmen und zu begründen.

(3) Der Vergleichswert ergibt sich aus dem marktangepassten vorläufigen Vergleichswert und der gegebenenfalls erforderlichen Berücksichtigung besonderer objektspezifischer Grundstücksmerkmale des Wertermittlungsobjekts (vgl. Nummer 8).

Anlage 4: Vergleichswertrichtlinie (VW-RL)

(4) Damit ergibt sich folgendes Ablaufschema:

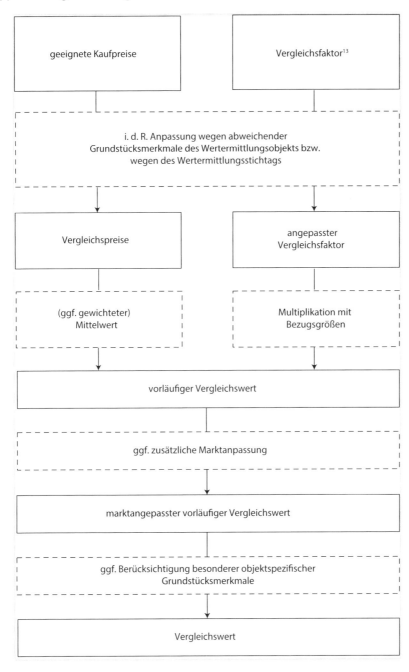

2   Bodenrichtwert im Rahmen der Bodenwertermittlung

8 Besondere objektspezifische Grundstücksmerkmale

(1) Besondere objektspezifische Grundstücksmerkmale (vgl. insbesondere die Nummern 8.1 bis 8.7) sind vom Üblichen erheblich abweichende Merkmale des einzelnen Wertermittlungsobjekts. Soweit ihnen der Grundstücksmarkt einen eigenständigen Werteinfluss beimisst und sie im bisherigen Verfahren noch nicht erfasst und berücksichtigt wurden, sind sie durch Zu- oder Abschläge nach der Marktanpassung gesondert zu berücksichtigen (§ 8 Absatz 2 und Absatz 3 ImmoWertV).

(2) Die Ermittlung der Werterhöhung bzw. Wertminderung hat marktgerecht zu erfolgen und ist zu begründen. Werden zusätzlich weitere Wertermittlungsverfahren angewandt, sind die besonderen objektspezifischen Grundstücksmerkmale – soweit möglich – in allen Verfahren identisch anzusetzen.

8.1 Besondere Ertragsverhältnisse

Von den marktüblich erzielbaren Erträgen erheblich abweichende Erträge des Wertermittlungsobjekts sind wertmindernd oder werterhöhend zu berücksichtigen. Die Wertminderung bzw. Werterhöhung ist nach den Grundsätzen des Ertragswertverfahrens zu ermitteln.

8.2 Baumängel und Bauschäden

Wertminderungen auf Grund von Baumängeln oder Bauschäden können
- durch Abschläge nach Erfahrungswerten,
- unter Zugrundelegung von Bauteiltabellen oder
- auf der Grundlage von Schadensbeseitigungskosten

berücksichtigt werden. Ein Abzug der vollen Schadensbeseitigungskosten kommt nur in Betracht, wenn der Schaden unverzüglich beseitigt werden muss. Dabei ist gegebenenfalls ein Vorteilsausgleich (»neu für alt«) vorzunehmen.

8.3 Wirtschaftliche Überalterung

Ausnahmsweise kommt ein Abschlag wegen wirtschaftlicher Überalterung in Betracht, wenn das Wertermittlungsobjekt nur noch eingeschränkt verwendungsfähig bzw. marktgängig ist. Anhaltspunkte für eine wirtschaftliche Überalterung sind z. B. erhebliche Ausstattungsmängel, unzweckmäßige Gebäudegrundrisse oder eine unzweckmäßige Anordnung der Gebäude auf dem Grundstück.

8.4 Überdurchschnittlicher Erhaltungszustand

Ausnahmsweise kommt ein Zuschlag wegen eines überdurchschnittlichen Erhaltungszustands in Betracht, wenn sich das Wertermittlungsobjekt in einem besonders gepflegten Zustand befindet. In Abgrenzung zur Modernisierung handelt es sich hier um über das übliche Maß hinausgehende Instandhaltungsmaßnahmen, die in ihrer Gesamtheit zwar das Erscheinungsbild des Wertermittlungsobjekts überdurchschnittlich positiv beeinflussen, jedoch keine Erhöhung der Restnutzungsdauer bewirken.

8.5 Freilegungskosten
Bei Freilegungs-, Teilabbruch- und Sicherungsmaßnahmen, die bei wirtschaftlicher Betrachtungsweise erforderlich sind, sind gegebenenfalls
- die anfallenden Kosten,
- die Verwertungserlöse für abgängige Bauteile und
- die ersparten Baukosten durch die Verwendung vorhandener Bauteile

zu berücksichtigen.

8.6 Bodenverunreinigungen
(1) Bodenverunreinigungen können vorliegen bei schädlichen Bodenveränderungen, Verdachtsflächen, Altlasten und altlastenverdächtigen Flächen.

(2) Die Wertminderung von entsprechenden Grundstücken kann in Anlehnung an die Kosten ermittelt werden, die für Bodenuntersuchungen, Sicherungs-, Sanierungs- oder andere geeignete Maßnahmen zur Gefahrenabwehr erforderlich sind.

(3) Der hierfür erforderliche Aufwand hat sich an der baurechtlich zulässigen bzw. marktüblichen Nutzung des Grundstücks zu orientieren (§ 4 Absatz 4 des Bundesbodenschutzgesetzes[3]).

8.7 Grundstücksbezogene Rechte und Belastungen
Hinsichtlich der Ermittlung der Auswirkungen von grundstücksbezogenen Rechten und Belastungen wird auf Nummer 4 des Zweiten Teils der WertR 2006 verwiesen.

9 Bodenwertermittlung
(1) Nach § 16 Absatz 1 Satz 1 ImmoWertV ist der Bodenwert vorrangig im Vergleichswertverfahren zu ermitteln. Die vorstehenden Hinweise gelten damit auch für die Bodenwertermittlung. Bei der Bodenwertermittlung können neben oder an Stelle von Vergleichspreisen geeignete Bodenrichtwerte verwendet werden (§ 16 Absatz 1 Satz 2 ImmoWertV). Bodenrichtwerte sind geeignet, wenn die Grundstücksmerkmale der zugrunde gelegten Bodenrichtwert-

---

[3] Vom 17. März 1998 (BGBl. I S. 502), zuletzt geändert durch Artikel 5 Absatz 30 des Gesetzes vom 24. Februar 2012 (BGBl. I S. 212)

grundstücke mit den Grundstücksmerkmalen des Wertermittlungsobjekts sowie die allgemeinen Wertverhältnisse am Stichtag der Bodenrichtwerte und am Wertermittlungsstichtag hinreichend übereinstimmen (vgl. Nummer 3). Wertbeeinflussende Unterschiede zwischen den Grundstücksmerkmalen der Bodenrichtwertgrundstücke und des Wertermittlungsobjekts sowie den allgemeinen Wertverhältnissen am Stichtag der Bodenrichtwerte und am Wertermittlungsstichtag sind durch geeignete Umrechnungskoeffizienten bzw. geeignete Indexreihen oder in anderer sachgerechter Weise zu berücksichtigen (vgl. Nummer 4).

(2) Steht keine ausreichende Anzahl von Vergleichspreisen oder stehen keine geeigneten Bodenrichtwerte zur Verfügung (vgl. Nummer 4.1), kann der Bodenwert auch mit Hilfe deduktiver Verfahren oder in anderer geeigneter und nachvollziehbarer Weise ermittelt werden. Bei der Wahl des herangezogenen Verfahrens sind die im gewöhnlichen Geschäftsverkehr bestehenden Gepflogenheiten und die sonstigen Umstände des Einzelfalls, insbesondere die zur Verfügung stehenden Daten, zu berücksichtigen; die Wahl ist zu begründen.

(3) Insbesondere bei größeren Grundstücken ist zu prüfen, ob wirtschaftlich selbstständig genutzte oder nutzbare Teilflächen oder unterschiedliche Grundstücksqualitäten vorliegen. Der Bodenwert solcher Teilflächen ist getrennt zu ermitteln.

9.1 Bodenwert unbebauter Grundstücke gemäß §5 Absatz 1 bis 3 ImmoWertV

(1) Bei der Bodenwertermittlung für Flächen der Land- bzw. Forstwirtschaft nach §5 Absatz 1 ImmoWertV können die LandR[4] bzw. die WaldR[5] in der jeweils aktuellen Fassung zur Wertermittlung ergänzend hinzugezogen werden.

(2) Soweit für die Bodenwertermittlung von Bauerwartungs- oder Rohbauland keine Vergleichspreise oder geeigneten Bodenrichtwerte vorliegen, kann der vorläufige Vergleichswert im deduktiven Verfahren ausgehend vom Bodenwert für entsprechendes baureifes Land durch einen marktgerechten Abzug der kalkulierten Kosten der Baureifmachung unter Berücksichtigung der

---

4 Richtlinien für die Ermittlung des Verkehrswertes landwirtschaftlicher Grundstücke und Betriebe, anderer Substanzverluste (Wertminderung) und sonstiger Vermögensnachteile (Entschädigungsrichtlinien Landwirtschaft – LandR 78) vom 28. Juli 1978 (BAnz. Nr. 181 vom 26. September 1978) zuletzt geändert durch Erlass des Bundesministeriums der Finanzen vom 4. Februar 1997

5 Richtlinien für die Ermittlung und Prüfung des Verkehrswertes von Waldflächen und für Nebenentschädigungen (Waldwertermittlungsrichtlinien 2000 – WaldR 2000) vom 23. Juli 2000 (BAnz. Nr. 168a vom 6. September 2000)

Wartezeit (§ 2 Satz 3 ImmoWertV) oder in sonstiger geeigneter und nachvollziehbarer Weise ermittelt werden.

9.2 Bodenwert bebauter Grundstücke

Bei bebauten Grundstücken ist der Bodenwert zu ermitteln, der sich ergeben würde, wenn das Grundstück unbebaut wäre (§ 16 Absatz 1 Satz 1 ImmoWertV). In den nachfolgend genannten Fällen kann die tatsächliche bauliche Nutzung ausnahmsweise den Bodenwert beeinflussen.

9.2.1 Bebaute Grundstücke im Außenbereich

Bebaute Grundstücke im Außenbereich (§ 16 Absatz 2 ImmoWertV), deren bauliche Anlagen rechtlich und wirtschaftlich weiterhin nutzbar sind, haben in der Regel einen höheren Bodenwert als unbebaute Grundstücke im Außenbereich. Der Bodenwert derartiger Grundstücke kann auf der Grundlage des Bodenwerts vergleichbarer baureifer Grundstücke benachbarter Baugebiete unter Berücksichtigung wertbeeinflussender Grundstücksmerkmale wie der Entfernung zur Ortslage, besonderer Lagemerkmale, der Erschließungssituation, eingeschränkter Nutzungsänderungs- bzw. Erweiterungsmöglichkeiten oder der Grundstücksgröße ermittelt werden.

9.2.2 Abweichen der tatsächlichen von der maßgeblichen Nutzung

Weicht die tatsächliche Nutzung des Grundstücks hinsichtlich Art und Maß erheblich von der maßgeblichen, das heißt der planungsrechtlich zulässigen (§ 6 Absatz 1 Satz 1 ImmoWertV) oder der lagetypischen (§ 6 Absatz 1 Satz 2 ImmoWertV) Nutzung ab, ist dies im Bodenwert zu berücksichtigen, soweit dies dem gewöhnlichen Geschäftsverkehr entspricht (§ 16 Absatz 4 ImmoWertV).

9.2.2.1 Unterausnutzung, Liquidationsobjekte

(1) Im Fall einer erheblichen Unterausnutzung ist eine Anpassung der Bebauung oder Nutzung bzw. eine alsbaldige Freilegung des Grundstücks zu prüfen. Ist eine Anpassung durch z.B. An- bzw. Aufbauten oder Modernisierung und/oder Instandsetzung oder Umnutzung wirtschaftlich vorteilhaft, ergibt sich in der Regel kein Einfluss auf den Bodenwert.

(2) Kann die Unterausnutzung nicht behoben werden und sind die baulichen Anlagen nicht mehr nachhaltig wirtschaftlich nutzbar (Liquidationsobjekte), ist von einem alsbaldigen Abbruch der aufstehenden Gebäude auszugehen, soweit dies rechtlich zulässig ist. In diesem Fall ist der Bodenwert um die ortsüblichen Freilegungskosten zu mindern, soweit dies marktgerecht ist (§ 16 Absatz 3 ImmoWertV).

(3) Ist insbesondere aus rechtlichen oder wirtschaftlichen Gründen mit der Freilegung erst zu einem späteren Zeitpunkt zu rechnen (aufgeschobene Freilegung), ist bei der Wertermittlung von dem sich unter Berücksichtigung der tatsächlichen Nutzung ergebenden Bodenwert (nutzungsabhängiger Bodenwert) auszugehen. Der Wertvorteil, der sich aus der zukünftigen maßgeblichen Nutzbarkeit ergibt, ist als besonderes objektspezifisches Grundstücksmerkmal zu berücksichtigen, soweit dies marktgerecht ist. Der Wertvorteil ergibt sich aus der abgezinsten Differenz zwischen dem maßgeblichen Bodenwert und dem nutzungsabhängigen Bodenwert. Die Freilegungskosten sind über die Dauer der Unterausnutzung abzuzinsen und als besonderes objektspezifisches Grundstücksmerkmal zu berücksichtigen, soweit dies marktgerecht ist (vgl. Anlage 5 Beispiele 1 bis 3).

(4) Ist insbesondere aus rechtlichen oder sonstigen Gründen auch langfristig nicht mit einer Freilegung zu rechnen (z. B. wegen Denkmalschutzes), ist der sich unter Berücksichtigung der tatsächlichen Nutzung ergebende Bodenwert (nutzungsabhängiger Bodenwert) anzusetzen.

9.2.2.2 Überausnutzung
Im Fall einer erheblichen Überausnutzung ist sinngemäß nach Nummer 9.2.2.1 zu verfahren. Dabei ist insbesondere zu prüfen, ob die Überausnutzung nur für einen vorübergehenden Zeitraum oder auf Dauer vorliegt. In diesen Fällen ist entsprechend der Nummer 9.2.2.1 Absatz 3 und 4 zu verfahren.

10 Verkehrswert (Marktwert)
Der Vergleichswert entspricht in der Regel dem Verkehrswert. Liegen aus zusätzlich angewandten Wertermittlungsverfahren abweichende Ergebnisse vor, so sind diese nach §8 Absatz 1 Satz 3 ImmoWertV bei der Ermittlung des Verkehrswerts entsprechend ihrer Aussagefähigkeit und unter Beachtung der Lage auf dem Grundstücksmarkt zu würdigen.

Anlage 1

Umrechnungskoeffizienten zur Berücksichtigung abweichender wertrelevanter Geschossflächenzahlen beim Bodenwert von Mehrfamilienhausgrundstücken[6]

Diese Umrechnungskoeffizienten können nach sachverständiger Würdigung verwendet werden, wenn keine nach Nummer 4.3 Absatz 2 geeigneten Umrechnungskoeffizienten vorliegen.

Beschreibung des statistischen Modells für die Ableitung der Umrechnungskoeffizienten

abhängige Variable (Zielgröße)	Kaufpreis in €/m² (PREI), erschließungsbeitrags- und kostenerstattungsbetragsfrei
unabhängige Variablen (Einflussgrößen)	Bodenrichtwert in €/m² (BRW) für das veräußerte Grundstück zum Kaufzeitpunkt, erschließungsbeitrags- und kostenerstattungsbetragsfrei; wertrelevante Geschossflächenzahl (WGFZ)

Beschreibung der Stichproben

In Abhängigkeit vom Bodenrichtwertniveau ergeben sich unterschiedliche Regressionsfunktionen, die in drei Modellen abgebildet werden. Die Umrechnungskoeffizienten für die Zwischenstufen der Bodenrichtwerte sind durch Interpolation und Funktionsglättung abgeleitet worden.

Zeitraum der Stichproben aller Modelle	2003 bis 2012	
Modelle	Modell $_{unter\ 300}$	: Bodenrichtwerte unter 300 €/m²
	Modell $_{200\ bis\ 400}$	: Bodenrichtwerte von 200 bis 400 €/m²
	Modell $_{300\ und\ mehr}$	: Bodenrichtwerte 300 €/m² und höher
Bodenrichtwertbereiche	Modell $_{unter\ 300}$	: 80 bis 300 €/m² (Median = rd. 200 €/m²)
	Modell $_{200\ bis\ 400}$	: 200 bis 400 €/m² (Median = rd. 290 €/m²)
	Modell $_{300\ und\ mehr}$	: 310 bis 650 €/m² (Median = rd. 410 €/m²)

---

[6] Eine ausführliche Darstellung der Ableitung der Umrechnungskoeffizienten enthält der Abschlussbericht »Ableitung von bundesweit anwendbaren Umrechnungskoeffizienten« unter www.bmub.de

Anhang

Anzahl der Kauffälle	Modell $_{\text{unter 300}}$	: 885
	Modell $_{\text{200 bis 400}}$	: 915
	Modell $_{\text{300 und mehr}}$	: 800
Bestimmtheitsmaße	Modell $_{\text{unter 300}}$	: 0,75
	Modell $_{\text{200 bis 400}}$	: 0,45
	Modell $_{\text{300 und mehr}}$	: 0,53

Funktionsgleichungen

Modell $_{\text{unter 300}}$	ln (PREI) = 0,304 + 0,951 × ln (BRW) + 0,138 × ln (WGFZ)
Modell $_{\text{200 bis 400}}$	ln (PREI) = 0,382 + 0,943 × ln (BRW) + 0,357 × ln (WGFZ)
Modell $_{\text{300 und mehr}}$	ln (PREI) = 0,710 + 0,885 × ln (BRW) + 0,520 × ln (WGFZ)

Umrechnungskoeffizienten (UK)

Für Bodenrichtwerte zwischen den Bodenrichtwertintervallen können die Umrechnungskoeffizienten durch lineare Interpolation ermittelt werden. Über den tabellarisch aufgeführten Gültigkeitsbereich hinaus ist eine Extrapolation der Umrechnungskoeffizienten nicht sachgerecht.

Boden-richt-wert in EUR/m²	Wertrelevante Geschossflächenzahl (WGFZ)													
	0,4	0,6	0,8	1,0	1,2	1,4	1,6	1,8	2,0	2,2	2,4	2,6	2,8	3,0
200	0,88	0,93	0,97	1,00	1,03	1,05	1,07	1,08	1,10	1,11				
250	0,79	0,88	0,94	1,00	1,05	1,09	1,13	1,17	1,20	1,23	1,26			
300	0,71	0,83	0,92	1,00	1,07	1,13	1,19	1,24	1,29	1,34	1,38	1,43		
350		0,80	0,91	1,00	1,08	1,16	1,23	1,30	1,36	1,42	1,47	1,52	1,58	
400		0,77	0,89	1,00	1,10	1,18	1,27	1,35	1,42	1,49	1,56	1,62	1,68	
450			0,88	1,00	1,11	1,21	1,31	1,40	1,48	1,57	1,64	1,72	1,79	1,86
500			0,87	1,00	1,12	1,24	1,34	1,45	1,55	1,64	1,82	1,82	1,90	1,98

Beispielrechnung

Gegeben	Bodenrichtwert: 380 €/m² bei einer WGFZ von 1,2
	WGFZ des Wertermittlungsobjekts: 1,6
Gesucht	an die WGFZ des Wertermittlungsobjekts angepasster Bodenwert
Lösung	UK für WGFZ 1,2 = 1,09
	UK für WGFZ 1,6 = 1,25
	$380\ \text{€}/m^2 \times \dfrac{1{,}25}{1{,}09} = \text{rd.}\ 436\ \text{€}/m^2$

Anlage 2

Umrechnungskoeffizienten zur Berücksichtigung abweichender Grundstücksgrößen beim Bodenwert von Ein- und Zweifamilienhausgrundstücken[7]

Diese Umrechnungskoeffizienten können nach sachverständiger Würdigung verwendet werden, wenn keine nach Nummer 4.3 Absatz 2 geeigneten Umrechnungskoeffizienten vorliegen.

Beschreibung des statistischen Modells für die Ableitung der Umrechnungskoeffizienten

abhängige Variable (Zielgröße)	Kaufpreis in €/m² (PREI), erschließungsbeitrags- und kostenerstattungsbetragsfrei
unabhängige Variablen (Einflussgrößen)	Bodenrichtwert in €/m² (BRW) für das veräußerte Grundstück zum Kaufzeitpunkt, erschließungsbeitrags- und kostenerstattungsbetragsfrei; Grundstücksgröße des veräußerten Grundstücks (FLAC)

Beschreibung der Stichprobe

Die Analyse der Stichprobe hat eine signifikante Abhängigkeit des Kaufpreises von der Grundstücksgröße ab einer Grundstücksgröße von 500 m² ergeben. Die Umrechnungskoeffizienten sind aus dem Regressionsmodell abgeleitet worden.

---

[7] Eine ausführliche Darstellung der Ableitung der Umrechnungskoeffizienten enthält der Abschlussbericht »Ableitung von bundesweit anwendbaren Umrechnungskoeffizienten« unter www.bmub.de

Anhang

Zeitraum der Stichprobe	2005 bis 2012
Anzahl der Kauffälle	27 000
Bodenrichtwertbereich	30 bis 300 €/m²
Bestimmtheitsmaß	0,95

Funktionsgleichung

Regressionsmodell	ln (PREI) = 0,542 + 1,005 × ln (BRW) − 0,089 × ln (FLAC)

Umrechnungskoeffizienten (UK)

Die Umrechnungskoeffizienten können nur innerhalb einer Bodenrichtwertspanne von 30 bis 300 €/m² verwendet werden. Für Grundstücksflächen zwischen den angegebenen Intervallen können die Umrechnungskoeffizienten durch lineare Interpolation ermittelt werden.

Über den tabellarisch aufgeführten Gültigkeitsbereich hinaus ist eine Extrapolation der Umrechnungskoeffizienten nicht sachgerecht.

	Grundstücksfläche in m²						
	500	600	700	800	900	1 000	1 100	1 200
Umrechnungskoeffizienten	1,03	1,02	1,00	0,99	0,98	0,97	0,96	0,96

Beispielrechnung

Gegeben	Bodenrichtwert: 150 €/m² bei einer Grundstücksgröße von 900 m²
	Grundstücksgröße des Wertermittlungsobjekts: 600 m²
Gesucht	an die Grundstücksgröße des Wertermittlungsobjekts angepasster Bodenwert
Lösung	UK für Grundstücksgröße 900 m² = 0,98
	UK für Grundstücksgröße 600 m² = 1,02
	$150 \ € / m^2 \times \dfrac{1,02}{0,98} = rd. 156 \ € / m^2$

Anlage 3

Wesentliche Modellparameter für die Ableitung von Vergleichspreisen und die Ermittlung des vorläufigen Vergleichswerts

wesentliche Modellparameter	Erläuterungen
Datengrundlage	Herkunft der Kaufpreise, z.B. Kaufpreise aus der Kaufpreissammlung des Gutachterausschusses für Grundstückswerte (Bezeichnung), regional, landesweit, Anzahl der Kaufpreise
Auswahlkriterien	Grundstücksmerkmale, z.B. Gebäudeart (z.B. Einfamilienhaus), Grundstücksart (z.B. unbebautes Grundstück), Grundstücksnutzung (z.B. Ackerland), Lage (z.B. Stadtteil, Ort), Grundstücksgröße (von ... bis ...), Jahre, aus denen die Kaufpreise stammen
Ausschlusskriterien	z.B. besondere Vertragsvereinbarungen, Zahlungsweise, übernommene Vorleistungen
besondere objektspezifische Grundstücksmerkmale	keine bzw. Kaufpreise wurden bereinigt wegen ...
zur Anpassung verwendete Daten einschließlich Quellenangabe	z.B. Umrechnungskoeffizienten für die WGFZ des Gutachterausschusses für Grundstückswerte (Bezeichnung)
Ermittlungsmethode für den vorläufigen Vergleichswert	z.B. Mittelwert, gewichteter Mittelwert, Median
Aussagen zur Qualität	z.B. Angabe der Standardabweichung, Beurteilung der Aussagekraft der Vergleichspreise

Anlage 4

Wesentliche Modellparameter für die Ableitung von Vergleichsfaktoren

wesentliche Modellparameter	Erläuterungen
Datengrundlage	Herkunft der Kaufpreise, z.B. Kaufpreise aus der Kaufpreissammlung des Gutachterausschusses für Grundstückswerte (Bezeichnung), Beschreibung der Stichprobe

wesentliche Modellparameter	Erläuterungen
zeitlicher Bezug des Vergleichsfaktors	z. B. Stichtag auf den der Vergleichsfaktor/die Schätzfunktion bezogen ist
Bezugsgröße	z. B. €/m² Wohnfläche
Berechnungsgrundlagen	z. B. Flächenberechnung nach der Wohnflächenverordnung[19] (Balkone usw. sind zu einem Viertel zu berücksichtigen)
wertrelevante Grundstücksmerkmale des Normobjekts	z. B. Gebäudeart (z. B. Einfamilienhaus), Grundstücksart (z. B. unbebautes Grundstück), Grundstücksnutzung (z. B. Ackerland), Lage (z. B. Stadtteil, Ort), Grundstücksgröße
Bodenwert	enthalten oder
	Abzug des Bodenwerts vom Kaufpreis, wobei der Bodenwert z. B. auf der Grundlage des Bodenrichtwerts ermittelt wurde
besondere objektspezifische Grundstücksmerkmale	keine bzw. Kaufpreise wurden bereinigt wegen …
sachlicher und räumlicher Anwendungsbereich	z. B. Angabe der Spannen und des Mittelwerts für den der Vergleichsfaktor gilt
	z. B. Durchschnittswert für das gesamte Stadtgebiet
	z. B. Anwendungsbereich nur für Baujahre von … bis …
zur Anpassung an die Grundstücksmerkmale des Wertermittlungsobjekts zu verwendende Indexreihen und Umrechnungskoeffizienten	z. B. Umrechnungskoeffizienten für die WGFZ des Gutachterausschusses für Grundstückswerte (Bezeichnung)
Ableitungsmethode	z. B. Regressionsanalyse, Mittelwert
Aussagen zur Qualität	z. B. Angabe der Standardabweichung, Beurteilung der Aussagekraft

---

8 Wohnflächenverordnung vom 25. November 2003 (BGBl. I S. 2346)

Anlage 5

Beispielrechnungen zu Nummer 9 der Vergleichswertrichtlinie
Ausgangsdaten für die Beispiele 1 bis 3

maßgeblicher Bodenwert	480 000 €
(baureif, ohne Berücksichtigung von Freilegungskosten)	
bei einer WGFZ von 2,4	370 000 €
nutzungsabhängiger Bodenwert	
(baureif, ohne Berücksichtigung von Freilegungskosten)	
bei einer tatsächlichen WGFZ von 1,5	
Freilegungskosten sowie sonstiger Aufwand (z.B. für Erschließung usw.)	60 000 €
jährlicher Reinertrag	45 000 €
Liegenschaftszinssatz	5,0 %
Zinssatz zur Abzinsung der Freilegungskosten und des sonstigen Aufwands	5,5 %
wirtschaftliche Restnutzungsdauer	8 Jahre
Barwertfaktor für die Kapitalisierung	6,46
(Kapitalisierungsfaktor)	
Barwertfaktor für die Abzinsung	0,6768
(Abzinsungsfaktor)	
Barwertfaktor für die Abzinsung der Freilegungskosten und des sonstigen Aufwands	0,6516
(Abzinsungsfaktor)	
Sachwert der baulichen Anlagen einschließlich der baulichen Außenanlagen und sonstigen Anlagen	320 000 €
Sachwertfaktor	0,8

Anhang

Beispiel 1:

Berücksichtigung der Unterausnutzung und der Freilegungskosten als besondere objektspezifische Grundstücksmerkmale im Ertragswertverfahren

	allgemeines Ertragswertverfahren	vereinfachtes Ertragswertverfahren
jährlicher Reinertrag	45 000 €	45 000 €
Anteil des Bodenwerts am Reinertrag (Bodenwertverzinsungsbetrag) 5,0 % von 370 000 € (nutzungsabhängiger Bodenwert)	− 18 500 €	
Reinertragsanteil der baulichen Anlagen	26 500 €	
Kapitalisierungsfaktor	× 6,46	× 6,46
Barwert des Reinertrags		290 700 €
Ertragswert der baulichen Anlagen	171 190 €	
nutzungsabhängiger Bodenwert	+ 370 000 €	370 000 €
Abzinsungsfaktor		× 0,6768
nutzungsabhängiger Bodenwert abgezinst		+ 5430 €
marktangepasster vorläufiger Ertragswert	541 190 €*	541 116 €*
besondere objektspezifische Grundstücksmerkmale Ermittlung Beispiel 3		
abgezinster Wertvorteil aufgrund der künftigen Nutzbarkeit	+ 74 000 €	+ 74 000 €
abgezinste Freilegungskosten sowie sonstiger Aufwand	− 39 000 €	39 000 €
Summe	576 190 €*	576 116 €*
Ertragswert	580 000 €	580 000 €

* Die Abweichung der Ergebnisse der Verfahrensvarianten beruht auf Rundungen der Barwertfaktoren für die Kapitalisierung bzw. Abzinsung

Beispiel 2:

Berücksichtigung der Unterausnutzung und der Freilegungskosten als besondere objektspezifische Grundstücksmerkmale

Sachwert der baulichen Anlagen einschließlich der baulichen Außenanlagen und sonstigen Anlagen		320 000 €
nutzungsabhängiger Bodenwert	+	370 000 €
vorläufiger Sachwert		**690 000 €**
Sachwertfaktor	×	0,8
marktangepasster vorläufiger Sachwert		**552 000 €**
besondere objektspezifische Grundstücksmerkmale Ermittlung siehe Beispiel 3		
abgezinster Wertvorteil aufgrund der künftigen Nutzbarkeit	+	74 000 €
abgezinste Freilegungskosten sowie sonstiger Aufwand	−	39 000 €
Summe		587 000 €
Sachwert		**590 000 €**

Beispiel 3:

Ermittlung des Wertvorteils bzw. der Freilegungskosten für die Beispiele 1 und 2

maßgeblicher Bodenwert		480 000 €
nutzungsabhängiger Bodenwert	−	370 000 €
Abweichung		**110 000 €**
Abzinsungsfaktor	×	0,6768
Ergebnis		**74 448 €**
abgezinster Wertvorteil aufgrund der künftigen Nutzbarkeit		74 000 €

Anhang

Freilegungskosten sowie sonstiger Aufwand		60 000 €
Abzinsungsfaktor	×	0,6516
Ergebnis		39 096 €
abgezinste Freilegungskosten sowie sonstiger Aufwand		**39 000 €**

8.5 Anlage 5: Richtlinien für die Ermittlung der Verkehrswerte (Marktwerte) von Grundstücken (Wertermittlungsrichtlinien – WertR 2006)

(Auszug, Teil 1, ohne Anlagen)
Fundstelle: GABl. 2007, S. 242

Inhaltsverzeichnis
Erster Teil

Allgemeine Richtlinien
1 Vorbemerkung
    1.1   Gesetzliche Regelungen und andere Vorschriften
    1.2   Gutachtenerstellung und Verwendung der Anlagen 1 und 2
    1.3   Definition des Verkehrswerts (Marktwert)
    1.4   Gegenstand der Wertermittlung
    1.5   Grundlagen der Wertermittlung
        1.5.1   Stichtag für die allgemeinen Wertverhältnisse und den maßgeblichen Grundstückszustand (Nr. 0.4 der Anlage 1 bzw. Nr. 0.7 der Anlage 2)
        1.5.2   Zustand – Allgemeines
        1.5.3   Allgemeine Wertverhältnisse
        1.5.4   Ungewöhnliche oder persönliche Verhältnisse
        1.5.5   Allgemeines zu den Wertermittlungsverfahren
2 Wertermittlung unbebauter Grundstücke (Anlage1)
    2.1   Allgemeine Angaben (Nr. 0 der Anlage 1)
    2.2   Grund- und Bodenbeschreibung (Nr. 1.0 der Anlage 1)
        2.2.1   Entwicklungszustand (Nr. 1.0.1 der Anlage 1)
        2.2.1.1   Land- oder forstwirtschaftliche Flächen (§ 4 Abs. 1 WertV)
        2.2.1.2   Bauerwartungsland (§ 4 Abs. 2 WertV)
        2.2.1.3   Rohbauland (§ 4 Abs. 3 WertV)
        2.2.1.4   Baureifes Land (§ 4 Abs. 4 WertV)
        2.2.2   Art und Maß der baulichen Nutzung (Nr. 1.0.2 der Anlage 1)
        2.2.3   Grundstücksbezogene Rechte und Belastungen (Nr. 1.0.3 der Anlage 1)
        2.2.4   Beitrags- und abgabenrechtlicher Zustand insbesondere Erschließungszustand (Nr. 1.0.4 der Anlage 1)
        2.2.5   Wartezeit (Nr. 1.0.5 Der Anlage 1)
        2.2.6   Bodenbeschaffenheit und tatsächliche Eigenschaften (Nr. 1.0.6 der Anlage 1)
        2.2.7   Lage (Nr. 1.0.7 der Anlage 1)

2.3 Ermittlung des Bodenwerts (Nr. 1.1 der Anlage 1)
    2.3.1 Grundlagen (Nr. 1.1.1 der Anlage 1)
    2.3.2 Vergleichspreise (Nr. 1.1.1.1 der Anlage 1)
    2.3.3 Bodenrichtwerte (Nr. 1.1.1.2 der Anlage 1)
    2.3.4 Berücksichtigung von Abweichungen (Nr. 1.1.2 der Anlage 1)
        2.3.4.1 Allgemeines
        2.3.4.2 Wertverhältnis von gleichartigen Grundstücken bei unterschiedlichem Maß der baulichen Nutzung (Geschossflächenzahl zu Geschossflächenzahl – GFZ : GFZ)
        2.3.4.3 Form und Größe der Grundstücke
        2.3.4.4 Beitrags- und abgabenrechtlicher Zustand
        2.3.4.5 Bodenschätze
        2.3.4.6 Bodenverunreinigungen (Kontamination)
    2.3.5 Auswirkungen grundstücksbezogener Rechte und Belastungen (Nr. 1.1.3 der Anlage 1)
2.4 Bodenwert – Verkehrswert (Nr. 1.1.6 der Anlage 1)

3 Wertermittlung bebauter Grundstücke (Anlage 2)
3.1 Wahl des Wertermittlungsverfahrens
    3.1.1 Vergleichswertverfahren
    3.1.2 Ertragswertverfahren
        3.1.2.1 Allgemeines
        3.1.2.2 Ertragswertverfahren bei Gemeinbedarfsgrundstücken
    3.1.3 Sachwertverfahren
    3.1.4 Wahl des Verfahrens für Sonderfälle
        3.1.4.1 Grundstücke mit Entwicklungspotenzial
        3.1.4.2 Liquidationswertverfahren
3.2 Allgemeine Angaben (Nr. 0 der Anlage 2)
3.3 Wertermittlung (Nr. 1 der Anlage 2)
    3.3.1 Grund- und Bodenbeschreibung (Nr. 1.0.1 der Anlage 2)
    3.3.2 Baubeschreibung (Nr. 1.0.2 der Anlage 2)
    3.3.3 Bodenwert (Nr. 1.1 der Anlage 2)
3.4 Vergleichswert (Nr. 1.2 der Anlage 2)
3.5 Ertragswert (Nr. 1.3 der Anlage 2)
    3.5.1 Rohertrag (Nr. 1.3.1 der Anlage 2)
    3.5.2 Bewirtschaftungskosten (Nr. 1.3.2 der Anlage 2)
        3.5.2.1 Abschreibung
        3.5.2.2 Betriebskosten (Nr. 0.8.2.1 der Anlage 2)
        3.5.2.3 Verwaltungskosten (Nr. 0.8.2.2 der Anlage 2)
        3.5.2.4 Instandhaltungskosten (Nr. 0.8.2.3 der Anlage 2)
        3.5.2.5 Mietausfallwagnis (Nr. 0.8.2.4 der Anlage 2)
    3.5.3 Reinertrag (Nr. 1.3.3 der Anlage 2)

3.5.4 Liegenschaftszinssatz (Nr. 1.3.0.2 der Anlage 2)
3.5.5 Bodenwert und Bodenwertverzinsungsbetrag (Nr. 1.3.4 der Anlage 2)
3.5.6 Gesamtnutzungsdauer und Restnutzungsdauer (Nr. 1.0.2.2 der Anlage 2)
3.5.6.1 Gesamtnutzungsdauer (Nr. 1.0.2.2 der Anlage 2)
3.5.6.2 Restnutzungsdauer (Nr. 1.0.2.2 der Anlage 2)
3.5.7 Vervielfältiger (Nr. 1.3.6 der Anlage 2)
3.5.8 Zu- und Abschläge (Nr. 1.3.8 der Anlage 2)
3.6 Sachwert (Nr. 1.4 der Anlage 2)
   3.6.1 Wert der baulichen Anlagen am Wertermittlungsstichtag
   3.6.1.1 Wert der Gebäude (Nr. 1.4.1 der Anlage 2)
   3.6.1.1.1 Normalherstellungskosten 2000 – NHK 2000 (Nr. 1.4.1.1 der Anlage 2)
   3.6.1.1.2 Korrekturfaktoren (Nr. 1.4.1.3 der Anlage 2)
   3.6.1.1.3 Berechnung der Brutto-Grundfläche (Nr. 1.4.1.5 der Anlage 2)
   3.6.1.1.4 Baunebenkosten (Nr. 1.4.1.6 der Anlage 2)
   3.6.1.1.5 Baupreisindex (Nr. 1.4.1.7 der Anlage 2)
   3.6.1.1.6 Gesamt- und Restnutzungsdauer (Nr. 1.4.1.9 der Anlage 2)
   3.6.1.1.7 Wertminderung wegen Alters (Nr. 1.4.1.9 der Anlage 2)
   3.6.1.1.8 Wertminder und wegen Baumängeln und Bauschäden (Nr. 1.4.1.10 der Anlage 2)
   3.6.1.1.9 Sonstige wertbeeinflussende Umstände (Nr. 1.4.1.11 der Anlage 2)
   3.6.1.1.9.1 Wirtschaftliche Wertminderung (Nr. 1.4.1.12 der Anlage 2)
   3.6.1.1.9.2 Erhebliche Abweichung der tatsächlichen von der nach §5 Abs. 1 WertV maßgeblichen Nutzung (Nr. 1.4.1.13 der Anlage 2)
   3.6.1.2 Wert der baulichen Außenanlagen (Nr. 1.4.2.1 der Anlage 2)
   3.6.1.3 Wert der besonderen Betriebseinrichtungen (Nr. 1.4.2.2 der Anlage 2)
   3.6.2 Wert der sonstigen Anlagen (Nr. 1.4.2.4 der Anlage 2)
3.7 Verkehrswert – Marktwert (Nr. 1.5 der Anlage 2)
3.8 Werterhöhende Investitionen Dritter

(…)

Anhang

Erster Teil

Allgemeine Richtlinien

1. Vorbemerkung

Diese Richtlinien treten an die Stelle der Richtlinien vom 19. Juli 2002 (BAnz. Nr. 238a vom 20. Dezember 2002) des Bundesministeriums für Verkehr, Bau- und Wohnungswesen. Sie enthalten in Ergänzung der Wertermittlungsverordnung (WertV) vom 6. Dezember 1988 (BGBl I S. 2209), zuletzt geändert durch Artikel 3 des Gesetzes vom 18. August 1997 (BGBl. I S. 2081), Hinweise für die Ermittlung des Verkehrswerts von unbebauten und bebauten Grundstücken sowie von Rechten an Grundstücken.

Ihre Anwendung soll eine objektive Ermittlung des Verkehrswerts von Grundstücken nach einheitlichen und marktgerechten Grundsätzen und Verfahren sicherstellen.

Die Richtlinien sind verbindlich, soweit ihre Anwendung angeordnet wird.

Bei land- oder forstwirtschaftlichen Grundstücken sind ergänzende bzw. abweichende Bestimmungen zu beachten, z.B. die Waldermittlungsrichtlinien – WaldR 2000 vom 12. Juli 2000 (BAnz. Nr. 168 vom 6. September 2000) und die Entschädigungsrichtlinien Landwirtschaft – LandR 78 – vom 28. Juli 1978 (BAnz Nr. 181a vom 26. September 1978).

1.1 Gesetzliche Regelungen und andere Vorschriften

Als Grundlage für die Wertermittlung von Grundstücken sind insbesondere folgende Gesetze und Vorschriften in ihrer jeweils geltenden Fassung von besonderer Bedeutung:
- Bundeshaushaltsordnung (BHO)
- Baugesetzbuch (BauGB)
- Wohnraumförderungsgesetz (WoFG)
- Baunutzungsverordnung (BauNVO)
- Verordnung über die Aufstellung von Betriebskosten (BetrKV)
- Verordnung zur Berechnung der Wohnfläche (WoFlV)
- Zweite Berechnungsverordnung (II. BV)
- Bundeskleingartengesetz (BKleingG)
- Bundes-Bodenschutzgesetz (BBodSchG)

In den neuen Bundesländern sind darüber hinaus die besonderen vermögensrechtlichen Gesetze und Verordnungen zu beachten, insbesondere:
- Sachenrechtsbereinigungsgesetz (SachenRBerG)
- Schuldrechtsanpassungsgesetz (SchuldRAnpG)
- Grundstücksrechtsbereinigungsgesetz (GrundRBerG)
- Nutzungsentgeltverordnung (NutzEV)
- Verkehrsflächenbereinigungsgesetz (VerkFlBerG)

Weiterhin sind insbesondere folgende technische Normen zu beachten:
- DIN 276 Kosten von Hochbauten
- DIN 277 Grundflächen und Rauminhalte von Bauwerken im Hochbau

1.2 Gutachtenerstellung und Verwendung der Anlagen 1 und 2

Die Anlagen 1 und 2 dieser Richtlinie können insbesondere bei einfachen Fällen der Wertermittlung und bei Massenbewertungen Anwendung finden.

Die nachstehenden Ausführungen folgen der Systematik dieser Anlagen.

Für die Gutachtenerstellung ist grundsätzlich eine Ortsbesichtigung vorzunehmen.

Die Ergebnisse der Wertermittlung sind zusammenfassend darzustellen.

1.3 Definition des Verkehrswerts (Marktwert)

Nach § 194 BauGB wird der Verkehrswert (Marktwert) von Grundstücken durch den Preis bestimmt, der in dem Zeitpunkt, auf den sich die Ermittlung bezieht (Wertermittlungsstichtag), im gewöhnlichen Geschäftsverkehr nach den rechtlichen Gegebenheiten und tatsächlichen Eigenschaften, der sonstigen Beschaffenheit und der Lage des Grundstücks oder des sonstigen Gegenstands der Wertermittlung ohne Rücksicht auf ungewöhnliche oder persönliche Verhältnisse zu erzielen wäre.

1.4 Gegenstand der Wertermittlung

Nach § 2 WertV können Gegenstand der Wertermittlung das Grundstück oder ein Grundstücksteil einschließlich seiner Bestandteile, wie Gebäude, Außenanlagen und sonstige Anlagen sowie das Zubehör sein. Gegenstand der Wertermittlung können auch besondere Betriebseinrichtungen sein.

Bestandteile eines Grundstückes sind insbesondere Rechte, die mit dem Eigentum an einem Grundstück verbunden sind, seien sie privatrechtlicher Art, wie Dienstbarkeiten oder öffentlich-rechtlicher Art, wie Baulasten.

Auch Belastungen und ihr wertmindernder Einfluss können Gegenstand der Wertermittlung sein.

Einzelne Bestandteile von Grundstücken können auch selbständig Gegenstand der Wertermittlung sein.

1.5 Grundlagen der Wertermittlung

1.5.1 Stichtag für die allgemeinen Wertverhältnisse und den maßgeblichen Grundstückszustand (Nr. 0.4 der Anlage 1 bzw. Nr. 0.7 der Anlage 2)

Nach §3 WertV sind zur Ermittlung des Verkehrswerts eines Grundstücks
- die allgemeinen Wertverhältnisse auf dem Grundstücksmarkt in dem Zeitpunkt zu Grunde zu legen, auf den sich die Wertermittlung bezieht (Wertermittlungsstichtag) und
- der maßgebliche, der Wertermittlung zu Grunde liegende Zustand des Grundstücks festzustellen und zu beschreiben.

In den meisten Wertermittlungsfällen sind der Zustand des Grundstücks und die allgemeinen Wertverhältnisse am Grundstücksmarkt auf denselben Zeitpunkt (Wertermittlungsstichtag) zu beziehen, es sei denn, dass aus rechtlichen oder sonstigen Gründen der Zustand des Grundstücks zu einem anderen Zeitpunkt (Qualitätsstichtag) maßgebend ist.

Insbesondere bei Wertermittlungen zur Feststellung von Enteignungsentschädigungen ist häufig vom Zustand des Grundstücks in einem zurückliegenden Zeitpunkt auszugehen, während die Wertverhältnisse zum aktuellen Wertermittlungsstichtag zu Grunde zu legen sind. Von Bedeutung ist dies auch im Rahmen von Wertermittlungen bei Umlegungsverfahren, sowie Entwicklungs- und Sanierungsverfahren.

1.5.2 Zustand — Allgemeines

Nach §3 Abs. 2 WertV bestimmt sich der Zustand eines Grundstücks nach der Gesamtheit der den Verkehrswert beeinflussenden Umstände, insbesondere den rechtlichen Gegebenheiten und tatsächlichen Eigenschaften, der sonstigen Beschaffenheit und der Lage des Grundstücks. Hierzu gehören insbesondere der Entwicklungszustand (§4 WertV), die Art und das Maß der baulichen

Nutzung, die wertbeeinflussenden Rechte und Belastungen, der beitrags- und abgabenrechtliche Zustand, die Wartezeit bis zu einer baulichen oder sonstigen Nutzung, die Bodenbeschaffenheit, die Eigenschaft des Grundstücks und die Lagemerkmale (§ 5 WertV).

Die künftige Nutzbarkeit des Grundstücks auf Grund absehbarer Änderung ist zu berücksichtigen, sofern dies nicht rechtlich auszuschließen ist (vgl. Nr. 3.1.4.1).

Der Entwicklungszustand bestimmt sich insbesondere durch den planungsrechtlichen Zustand eines Grundstücks und ist bei bebauten und unbebauten Grundstücken gleichermaßen von Bedeutung.

In § 4 WertV werden folgende Entwicklungszustände definiert:
- Flächen der Land- oder Forstwirtschaft,
- Bauerwartungsland,
- Rohbauland,
- Baureifes Land.

1.5.3 Allgemeine Wertverhältnisse

Nach § 3 Abs. 3 WertV bestimmen sich die allgemeinen Wertverhältnisse auf dem Grundstücksmarkt nach der Gesamtheit der am Wertermittlungsstichtag für die Preisbildung von Grundstücken im gewöhnlichen Geschäftsverkehr für Angebot und Nachfrage maßgebenden Umstände, wie die allgemeine Wirtschaftssituation, der Kapitalmarkt und die Entwicklungen am Ort (Marktlage).

Es handelt sich bei den allgemeinen Wertverhältnissen um eine Vielzahl von Umständen, die zum Teil ganz allgemein und überall vorliegen (z. B. Entwicklung des Zinsniveaus) oder nur örtlich anzutreffen sind sowie solche, die nur Grundstücksmärkte bestimmter Grundstücksarten betreffen.

Die Vergleichspreise und sonstigen Daten der Wertermittlung sind möglichst auf der Grundlage geeigneter Indexreihen und Umrechnungskoeffizienten an die maßgeblichen allgemeinen Wertverhältnisse auf dem Grundstücksmarkt anzupassen.

1.5.4 Ungewöhnliche oder persönliche Verhältnisse

Nach § 6 WertV dürfen zur Wertermittlung und zur Ableitung erforderlicher Daten für die Wertermittlung grundsätzlich nur Daten herangezogen werden, die nicht durch ungewöhnliche oder persönliche Verhältnisse beeinflusst worden sind, es sei denn, dass die Auswirkungen auf die Kaufpreise und die anderen Daten sicher erfasst werden können.

Kriterien für eine mögliche Beeinflussung der Kaufpreise durch ungewöhnliche oder persönliche Verhältnisse enthält §6 Abs. 2 und 3 WertV. Entscheidender Anhaltspunkt für das Vorliegen einer solchen Beeinflussung des Kaufpreises und anderer Daten der Wertermittlung ist eine erhebliche Abweichung von vergleichbaren Daten.

Die Höhe dieser »erheblichen« Abweichungen ist nicht fest definierbar, sondern abhängig von der Homogenität bzw. Heterogenität des jeweiligen Grundstücksmarktes.

Stammen die Vergleichsdaten aus Auskünften nach §195 Abs. 3 BauGB oder Veröffentlichungen von Gutachterausschüssen für Grundstückswerte, so kann in der Regel davon ausgegangen werden, dass diese Daten von ungewöhnlichen oder persönlichen Verhältnissen nicht beeinflusst oder nach §6 Abs. 1 Satz 2 WertV bereinigt worden sind.

1.5.5 Allgemeines zu den Wertermittlungsverfahren

Der Verkehrswert ist mit Hilfe geeigneter Verfahren zu ermitteln. Neben den in §7 WertV genannten Verfahren (Vergleichs-, Ertrags- und Sachwertverfahren) können auch andere Wertermittlungsverfahren angewandt werden, wenn diese zu sachgerechten Ergebnissen führen und das Wertbild nicht verzerren.

Das Vergleichswertverfahren wird angewandt, wenn sich der Grundstücksmarkt an Vergleichspreisen orientiert. Es ist das Regelverfahren für die Ermittlung des Bodenwerts unbebauter sowie bebauter Grundstücke.

Das Ertragswertverfahren ist vor allem für Verkehrswertermittlungen von Grundstücken heranzuziehen, die im gewöhnlichen Geschäftsverkehr im Hinblick auf ihre Rentierlichkeit gehandelt werden (z.B. Mietwohnhäuser, Gewerbeimmobilien, Sonderimmobilien).

Das Sachwertverfahren steht im Vordergrund, wenn im gewöhnlichen Geschäftsverkehr der verkörperte Sachwert und nicht die Erzielung von Erträgen für die Preisbildung ausschlaggebend ist, insbesondere bei eigengenutzten Ein- und Zweifamilienhäusern.

Insbesondere bei Anwendung des Sach- oder Ertragswertverfahrens führen die Verfahren nicht unmittelbar zum Verkehrswert, sondern lediglich zum Ertrags- oder Sachwert.

Der Verkehrswert ist aus dem Ergebnis oder den Ergebnissen der angewandten Verfahren unter Berücksichtigung der Lage auf dem Grundstücksmarkt abzuleiten. Liegen aus mehreren angewandten Verfahren verschiedene Ergebnisse vor, so sind diese nach §7 WertV bei der Bemessung des Verkehrswerts entsprechend ihrer Aussagefähigkeit unter Beachtung der Lage auf dem Grundstücksmarkt zu würdigen.

Zu weiteren Aussagen zu den einzelnen Wertermittlungsverfahren und deren Anwendung vgl. unter Nr. 2 (Wertermittlung unbebauter Grundstücke) und unter Nr. 3 (Wertermittlung bebauter Grundstücke).

2. Wertermittlung unbebauter Grundstücke (Anlage 1)

2.1 Allgemeine Angaben (Nr. 0 der Anlage 1)

Die allgemeinen Angaben über das Grundstück (Nr. 0.1 der Anlage 1) sind für die durchzuführende Wertermittlung erforderlich.

Zur Darlegung des Zwecks des Gutachtens gehört auch die Wiedergabe des Auftrags ggf. einschließlich einer dem Gutachtenauftrag zu Grunde gelegten Auslegung sowie deren Begründung und sonstige sachdienliche Hinweise.

Die herangezogenen Unterlagen sind aufzuführen, Erkundigungen und Informationen mit Angabe der Ansprechpartner darzulegen.

Die Größe der Grundstücksflächen (Nr. 0.1.5 der Anlage 1) ist dem Grundbuch (Nr. 0.1.3 der Anlage 1) oder den Unterlagen der Vermessungs- bzw. der Katasterämter zu entnehmen (Nr. 0.1.4 der Anlage 1). Die Flächen sind grundsätzlich in Quadratmeter (m^2) anzugeben.

Grundstücksbezogene Rechte und Belastungen (Nr. 0.2 der Anlage 1) sind u.a. dem Grundbuch, dem Baulasten- und dem Denkmalschutzverzeichnis zu entnehmen. Altlastenverzeichnisse sind ggf. einzusehen.

Von einer Wiedergabe allgemeiner Wertermittlungsvorschriften ist Abstand zu nehmen.

2.2 Grund- und Bodenbeschreibung (Nr. 1.0 der Anlage 1)

Aus der Beschreibung des Grund und Bodens müssen die allgemeinen und die besonderen Merkmale des Grundstücks zu erkennen sein.

Das Gebiet, in dem das Grundstück liegt, ist mit seiner tatsächlichen und rechtlich zulässigen Bebauung (Art und Maß der baulichen Nutzung, Bauweise), seiner Infrastruktur, insbesondere seiner Verkehrserschließung sowie Ver- und Entsorgung und ggf. seiner Immissionsbelastung zu beschreiben.

In den im Zusammenhang bebauten Ortsteilen nach §34 BauGB sind Art und Maß der baulichen Nutzung nach Maßgabe dieser Vorschrift unter besonderer Beachtung der das Gebiet prägenden Bebauung festzustellen.

Zur Feststellung und Beschreibung sind entsprechende Informationen bei den Planungs-, Bauaufsichts- und sonstigen kommunalen Ämtern einzuholen.

Die für die Verkehrswertermittlung maßgeblich planerischen Grundlagen (Regional- und Landesplanung, Bebauungsplan, Flächennutzungsplan, Rahmenplan, Entwicklungsplan und dgl.) sind unter Angabe ihrer formellen Bezeichnung und des Zeitpunkts ihres In-Kraft-Tretens chronologisch darzustellen. Bei laufenden Planverfahren sind der konkrete Planungsstand sowie der zu erwartende Abschluss des Planverfahrens darzulegen. Vorhandene Planungsunterlagen sind (ggf. im Entwurf) dem Gutachten in Kopie beizufügen.

Der Wertermittlung zu Grunde gelegte mündliche Auskünfte sind hinsichtlich ihrer Verbindlichkeit zu würdigen; für Rückfragen sind die jeweiligen Ansprechpartner mit Angabe der Telefonnummer zu vermerken.

Sofern am Wertermittlungsstichtag eine Änderung der derzeitigen Nutzbarkeit in qualifizierbarer Weise absehbar ist, ist diese zusammen mit ihren Realisierungschancen eingehend darzulegen.

Bei land- oder forstwirtschaftlich genutzten oder nutzbaren Grundstücken ist eine Bodenbeschreibung vorzunehmen und die Bonität (insbesondere die Ertragsmesszahl) anzugeben. Auf Besonderheiten oder Nutzungsbeschränkungen ist hinzuweisen.

2.2.1 Entwicklungszustand (Nr. 1.0.1 der Anlage 1)

Der Entwicklungszustand richtet sich insbesondere nach den planungsrechtlichen Vorgaben (z.B. Flächennutzungsplan, Bebauungsplan, §34 BauGB). Zu erwartende Änderungen der planungsrechtlichen Vorgaben können sich auf den gegebenen planungsrechtlichen Entwicklungszustand am Wertermittlungsstichtag in der Regel nur auswirken, wenn sich die Erwartung auf konkrete Anhaltspunkte (z.B. ein entsprechendes Verhalten der Gemeinde) gründet. Hierbei ist die Wartezeit zu berücksichtigen.

Die Definitionen der Entwicklungszustände (§ 4 WertV) beziehen sich auf unbebaute Grundstücke und Grundstücksteile.

Bei der Wertermittlung bebauter Grundstücke ist vom Entwicklungszustand »baureifes Land« auszugehen und nach den Gegebenheiten des Einzelfalles zu prüfen, ob nach den zum Wertermittlungsstichtag maßgebenden rechtlichen Umständen die bauliche Nutzung auf Dauer oder nur vorübergehend (z. B. auf Grund des Bestandsschutzes einer vorhandenen baulichen Anlage) gewährleistet ist.

Der Entwicklungszustand »baureifes Land« ist auch zu Grunde zu legen, wenn eine bauliche Nutzung nach § 35 Abs. 1 BauGB im Außenbereich privilegiert ist.

Auch bei Brachflächen ist die planungsrechtlich zulässige Nutzung zu Grunde zu legen.

2.2.1.1 Land- oder forstwirtschaftliche Flächen (§ 4 Abs. 1 WertV)

Es ist zu unterscheiden zwischen:
- den reinen land- oder forstwirtschaftlichen Flächen, (Nr. 1 der Vorschrift) von denen anzunehmen ist, dass sie nach ihren Eigenschaften, der sonstigen Beschaffenheit und Lage, nach ihren Verwertungsmöglichkeiten oder den sonstigen Umständen in absehbarer Zeit nur land- oder forstwirtschaftlichen Zwecken dienen werden; sie werden auch als »reines Agrarland« bezeichnet, dem der Begriff »innerlandwirtschaftlicher« Verkehrswert zugeordnet wird.
- den besonderen Flächen der Land- oder Forstwirtschaft (Nr. 2 der Vorschrift) die dadurch geprägt sind, dass sie über ihre land- oder forstwirtschaftliche Nutzbarkeit hinaus mit ihren den Wert im Einzelfall beeinflussenden Vor- und Nachteilen nach objektiven Gegebenheiten auch für anderweitige Nutzungen oder Funktionen in Betracht kommen, aber nicht die Qualität von Bauerwartungsland oder Rohbauland aufweisen.
Die besondere Eignung der Flächen kann sich aus der Nähe zu städtebaulich genutzten oder zur städtebaulichen Nutzung anstehenden Flächen (Ausstrahlungsbereich) oder aus der besonderen Anziehungskraft der Umgebung, insbesondere in einer landschaftlich schönen Gegend mit guten Verkehrsanbindungen, ergeben. Darüber hinaus hängt die Eignung des Grundstücks zu einer anderweitigen Nutzung auch von der besonderen Beschaffenheit des Grundstücks, wie Geländeform oder Besonnung, ab. Der Wert derartiger Flächen kann daher über dem Wert von ausschließlich land- oder forstwirtschaftlichen Flächen (reine Agrarlandflächen) liegen, wenn im gewöhnlichen Geschäftsverkehr eine Nachfrage hinsichtlich solcher Flächen und solcher Nutzungen besteht.

Diese Flächen werden auch als »begünstigtes« Agrarland bezeichnet, dem der Begriff »außerlandwirtschaftlicher« Verkehrswert zugeordnet wird. Allerdings kann die besondere Funktionsgebundenheit oder eine nur geringe Nachfrage den Wert auch negativ beeinflussen. So kann z.B. ein Waldgebiet, das in besonderem Maße für Erholungszwecke in Anspruch genommen wird, hierdurch so beeinträchtigt werden, dass sein Wert unter den Wert für land- oder forstwirtschaftlich genutzte Flächen absinkt.

Auch Brachflächen im Außenbereich oder die zur Reduzierung der landwirtschaftlichen Überproduktion stillgelegten landwirtschaftlichen Anbauflächen sind Flächen der Land- oder Forstwirtschaft. Dabei kann es sich auch um eine eingeschränkte landwirtschaftliche Nutzung handeln, z.B. bei Düngungsbeschränkungen in Wasserschutzzonen.

Es kommt demnach nicht auf die ausgeübte Nutzung an, sondern auf die nach allgemeiner Verkehrsanschauung und planungsrechtlicher Festsetzung mögliche Nutzung. Subjektive Nutzungsabsichten bleiben außer Betracht.

2.2.1.2 Bauerwartungsland (§ 4 Abs. 2 WertV)

Bauerwartungsland sind Flächen, die nach ihrer Eigenschaft, ihrer sonstigen Beschaffenheit und Lage eine bauliche Nutzung in absehbarer Zeit tatsächlich erwarten lassen.

Die Bauerwartung kann sich auf eine entsprechende Darstellung der Flächen im Flächennutzungsplan oder auch auf ein entsprechendes Verhalten der Gemeinde oder anderer öffentlicher Planungsträger gründen. Diesbezüglich ist auch die Eignung der Flächen für eine bauliche Nutzung unter Berücksichtigung der allgemeinen städtebaulichen Entwicklung des Gemeindegebiets von Bedeutung. Dies kann beispielsweise eine günstige Verkehrslage (unmittelbare Stadtnähe) sein; umgekehrt können naturbedingte, planungsrechtliche oder in absehbarer Zeit nicht auszuräumende Hindernisse für eine bauliche Nutzung der Bauerwartung entgegenstehen. Neben der tatsächlichen Eignung für eine bauliche Nutzung muss darüber hinaus in absehbarer Zeit mit einer Bebauung gerechnet werden können.

Kaufpreise, die sich aus einer spekulativen Erwartung gebildet haben, bleiben unberücksichtigt.

2.2.1.3 Rohbauland (§ 4 Abs. 3 WertV)

Rohbauland sind Flächen, die nach den §§ 30, 33 und 34 des Baugesetzbuchs für eine bauliche Nutzung bestimmt sind, deren Erschließung aber noch nicht gesichert ist oder die nach Lage, Form oder Größe für eine bauliche Nutzung unzweckmäßig gestaltet sind.

Art und Umfang des jeweiligen Erschließungs- bzw. Bodenordnungsbedarfs ist zu ermitteln. Der Zeitraum bis zur Baureifmachung ist sorgfältig zu bestimmen.

2.2.1.4 Baureifes Land (§ 4 Abs. 4 WertV)

Baureifes Land sind Flächen, die nach öffentlich-rechtlichen Vorschriften baulich nutzbar sind. Hierzu müssen die rechtlichen Voraussetzungen, also vor allem aus dem
- Baugesetzbuch,
- Bauordnungsrecht,
- Umweltrecht

gegeben sein. Rechtsvorschriften, die die Bebaubarkeit nur für einen bestimmten Zeitraum aussetzen, berühren die Einstufung des Grundstücks in die einzelnen Entwicklungsstufen nach § 4 WertV nicht, müssen aber bei der Wertermittlung berücksichtigt werden (vgl. Nr. 2.2.5 Wartezeiten).

2.2.2 Art und Maß der baulichen Nutzung (Nr. 1.0.2 der Anlage 1)

Art und Maß der baulichen Nutzung ergeben sich in der Regel:
a) aus den für die städtebauliche Zulässigkeit von Vorhaben maßgeblichen Bebauungsplänen (§§ 30, 33 BauGB) oder
b) aus den Bestimmungen des § 34 BauGB über die im Zusammenhang bebauten Ortsteile oder
c) gegebenenfalls aus dem Flächennutzungsplan

unter Berücksichtigung der sonstigen öffentlich-rechtlichen und privatrechtlichen Vorschriften.

Im Flächennutzungsplan (§ 5 BauGB) ist die allgemeine Art der baulichen Nutzungsmöglichkeit (§ 1 Abs. 1 BauNVO) dargestellt.

Es wird unterschieden nach:
- Wohnbauflächen,
- gemischte Bauflächen,

- gewerbliche Bauflächen,
- Sonderbauflächen.

In einzelnen Fällen enthält bereits der Flächennutzungsplan Angaben über Geschossflächenzahl, die Baumassenzahl oder die Höhe der baulichen Anlagen (§ 16 Abs. 1 BauNVO).

Im Bebauungsplan ist die besondere Art der baulichen Nutzungsmöglichkeit (§ 1 Abs. 2 BauNVO) festgesetzt:
- Wohnbauflächen: Kleinsiedlungsgebiete, reine Wohngebiete, allgemeine Wohngebiete, besondere Wohngebiete;
- Gemischte Bauflächen: Dorfgebiete, Mischgebiete, Kerngebiete;
- Gewerbliche Bauflächen: Gewerbegebiete, Industriegebiete;
- Sonderbauflächen: Sondergebiete, die der Erholung dienen und sonstige Sondergebiete.

Das zulässige Maß der baulichen Nutzung wird im Bebauungsplan bestimmt durch Festsetzung:
- der Grundflächenzahl oder der Größe der Grundfläche der baulichen Anlagen,
- der Geschossflächenzahl oder der Größe der Geschossfläche, der Baumassenzahl oder der Baumasse,
- der Zahl der Vollgeschosse,
- der Höhe der baulichen Anlagen.

Im Geltungsbereich eines vorhabenbezogenen oder eines qualifizierten Bebauungsplans ist ein Vorhaben zulässig, wenn es dem Bebauungsplan nicht widerspricht und die Erschließung gesichert ist.

Während der Aufstellung eines Bebauungsplans bestimmt sich Art und Maß der baulichen Nutzung nach Maßgabe des § 33 BauGB.

Im Geltungsbereich eines Bebauungsplans, der die Voraussetzungen des § 30 Abs. 1 BauGB nicht erfüllt (einfacher Bebauungsplan im Sinne des § 30 Abs. 3 BauGB), richtet sich die Zulässigkeit von Vorhaben im Übrigen nach § 34 und 35 BauGB.

Art und Maß der zulässigen Bebauung ergeben sich innerhalb der im Zusammenhang bebauten Ortsteile aus der vorhandenen Bebauung (§ 34 BauGB).

Bei Rohbauland und baureifem Land ist in jedem Einzelfall zu prüfen, welches Maß der baulichen Nutzung tatsächlich realisierbar ist (Landesbauordnung, Nachbarrecht, Nachbarschaftsbebauung, Wirtschaftlichkeit).

Art und Maß der baulichen Nutzung kann im Zweifelsfall durch eine Bauvoranfrage geklärt werden.

2.2.3 Grundstücksbezogene Rechte und Belastungen (Nr. 1.0.3 der Anlage 1)

Grundstücksbezogene Rechte und Belastungen sind zu berücksichtigen, soweit sie wertbeeinflussend sind. Rechte und Belastungen können privatrechtlicher und öffentlich-rechtlicher Art sein.

Privatrechtliche Rechte und Lasten sind insbesondere dinglich gesicherte Nutzungsrechte, Erbbaurechte, Vorkaufsrechte sowie langfristige Miet- und Pachtverträge.

Rechte und Lasten des öffentlichen Rechts können sich unter anderem aus dem Planungs-, Bauordnungs- und Abgabenrecht sowie aus dem Denkmal-, Natur- und Gewässerschutzrecht ergeben.

Hypotheken und Grundschulden sind keine den Verkehrswert beeinflussenden Rechte und Belastungen. Sie beeinflussen regelmäßig nur die Höhe des Kaufpreises, und zwar je nachdem, ob dem Käufer das Grundstück belastet oder lastenfrei übertragen werden soll. Anders verhält es sich mit Leibrenten. Sie können den Verkehrswert eines Grundstücks beeinflussen. Verkehrswertbeeinflussend kann dabei der Umstand sein, dass ein Grundstück, das mit einer Leibrente belastet ist, im Gegensatz zu mit Grundpfandrechten belasteten Grundstücken gegen den Willen des Berechtigten nicht enthaftet werden kann. Dieser Umstand wird am Markt häufig als wertmindernd betrachtet.

2.2.4 Beitrags- und abgabenrechtlicher Zustand insbesondere Erschließungszustand (Nr. 1.0.4 der Anlage 1)

Der tatsächlich gegebene Erschließungszustand ist nach Art und Umfang zu beschreiben, die noch fehlenden Erschließungsmaßnahmen sind aufzuführen, soweit dies für die Wertermittlung erforderlich ist. Hierzu gehört auch die Benennung von evtl. für Straßenzwecke abzutretenden Grundstücksflächen. Erschließungsanlagen sind Anlagen nach § 127 BauGB.

Der Erschließungsbeitrag nach dem BauGB bemisst sich nach dem Erschließungsaufwand für Erschließungsanlagen, insbesondere dem Wert der für die Erschließungsanlagen in Anspruch genommenen Flächen, den Kosten des Straßenbaus, der Straßenentwässerung und Straßenbeleuchtung.

Weiterhin sind die üblichen Kosten für Maßnahmen der Ver- und Entsorgung (Kommunalabgaben), sonstige Belastungen wie Kostenerstattungsbeträge (§ 135a BauGB), Ausgleichsbeträge (§ 154 und § 166 Abs. 3 Nr. 2 Satz 2 BauGB), Ausgleichsleistungen in der Umlegung und Stellplatzabgaben zu berücksichtigen.

Bei erschlossenen Grundstücken ist zu prüfen, ob und welche öffentlich-rechtlichen Beiträge und nicht-steuerlichen Abgaben für das Grundstück noch zu entrichten sind.

2.2.5 Wartezeit (Nr. 1.0.5 Der Anlage 1)

Die Wartezeit bis zu einer am Wertermittlungsstichtag noch nicht realisierbaren baulichen oder sonstigen Nutzung eines Grundstücks richtet sich nach der voraussichtlichen Dauer bis zum Eintritt der rechtlichen und tatsächlichen Voraussetzungen, die für die Zulässigkeit der Nutzung erforderlich sind (z.B. bei Rohbauland).

Eine Wartezeit kann auch bei baureifen Grundstücken zu berücksichtigen sein, wenn z.B. eine Veränderungssperre einer sofortigen Bebauung entgegensteht. Die Wartezeit ist möglichst wirklichkeitsnah zu bestimmen; z.B. die Zeit bis zum In-Kraft-Treten eines Bebauungsplans bzw. bis zur Bebaubarkeit nach § 33 BauGB, bis zum Abschluss einer eventuell erforderlichen Umlegung, die Zeit bis zur Sicherung der Erschließung oder bis zum Ende der Veränderungssperre.

2.2.6 Bodenbeschaffenheit und tatsächliche Eigenschaften (Nr. 1.0.6 der Anlage 1)

Die Bodenbeschaffenheit, die Grundstücksgestalt und die sonstigen tatsächlichen Eigenschaften des Grundstücks, z.B. das Vorhandensein von Aufwuchs, können wertbeeinflussend sein. Grundstücksgröße, Zuschnitt und Topographie sind für die wirtschaftliche Nutzungsmöglichkeit (z.B. Erfordernis und Umfang einer inneren Erschließung) von Bedeutung und deshalb festzustellen. Die Bodenbeschaffenheit kann im Falle der Bebauung zu erhöhten Baukosten (z.B. Gründungsmehrkosten) führen und damit den Bodenwert beeinflussen. Hierbei sind insbesondere zu berücksichtigen: Oberflächenbeschaffenheit, Wasserläufe, Eignung als Baugrund (z.B. aufgeschüttetes Gelände), Grundwasserstand und Wasseradern.

Auf Bodenverunreinigungen (vgl. Nr. 2.3.4.6) einschließlich des Verdachts auf Bodenverunreinigungen und sonstige Belastungen ist hinzuweisen, auch wenn sie im Wertermittlungsverfahren bereits ohne besondere Hervorhebung berücksichtigt wurden.

Bodenschätze (z. B. Kies, Ton und Sand) sind gesondert anzugeben.

Zu den tatsächlichen Eigenschaften gehören auch Umwelteinflüsse. In Betracht kommen Staub-, Geräusch- und Geruchsimmissionen, Ablagerungen und sonstige Umweltbelastungen.

Die RBBau in der jeweils gültigen Fassung ist zu beachten (vgl. Anlage 2c).

2.2.7 Lage (Nr. 1.0.7 der Anlage 1)

Zu berücksichtigen ist u. a. die Lage als Ortslage (Kleinstadt, Stadtkern, Stadtrand), die Lage des Grundstücks als Geschäftslage und Wohnlage, Eckgrundstück, die Himmelsrichtung, Nachbarschaftslage und Verkehrsanbindung sowie Umwelteinflüsse, soweit sie nicht bereits unter Nr. 2.2.6 miterfasst worden sind.

2.3 Ermittlung des Bodenwerts (Nr. 1.1 der Anlage 1)

2.3.1 Grundlagen (Nr. 1.1.1 der Anlage 1)

Grundlage der Bodenwertermittlung ist die Beschreibung des Grund und Bodens (Nr. 1.0 der Anlage 1).

Der Bodenwert ist grundsätzlich nach dem Vergleichswertverfahren zu ermitteln. Die Ausführungen unter Nr. 1.5 sind zu beachten.

Zur Ermittlung des Bodenwerts kann von der Möglichkeit Gebrauch gemacht werden, Vergleichspreise durch Auskünfte aus der Kaufpreissammlung des Gutachterausschusses für Grundstückswerte (§ 195 BauGB) einzuholen. Des Weiteren sind die vom Gutachterausschuss ermittelten Bodenrichtwerte (§ 196 BauGB) heranzuziehen.

Die Grundstücksmarktlage findet bei Anwendung des Vergleichswertverfahrens (§§ 13 und 14 WertV) vor allem durch die herangezogenen Vergleichspreise bzw. Bodenrichtwerte Eingang in die Wertermittlung. Des Weiteren müssen auch die zur Berücksichtigung von Abweichungen im Sinne von § 14 WertV anzubringenden Zu- oder Abschläge durch die Lage auf dem Grundstücksmarkt begründet sein.

Stehen derartige Vergleichspreise und Bodenrichtwerte aus dem Gebiet, in dem das zu wertende Grundstück liegt, nicht zur Verfügung, kann auch auf Daten vergleichbarer Grundstücke in anderen Gebieten oder anderen Gemeinden zurückgegriffen werden, sofern die örtlichen Verhältnisse und die Marktlage vergleichbar sind (§ 13 Abs. 1 Satz 2 WertV).

Vergleichspreise und Bodenrichtwerte sind auf einen mit dem zu wertenden Grundstück vergleichbaren Entwicklungszustand zu beziehen.

Alle wertbeeinflussenden Merkmale, insbesondere Lage, Form und Größe, beitrags- und abgabenrechtlicher Zustand, Rechte und Belastungen, Beschaffenheit des Baugrunds, Immissionen, Aufwuchs und Einfriedungen sind zu berücksichtigen.

Unterschiede in den wirtschaftlichen, strukturellen und besonderen Verhältnissen sind durch marktkonforme Zu- bzw. Abschläge oder mit Hilfe anderer geeigneter Verfahren zu berücksichtigen und nachvollziehbar zu begründen.

Eine Ermittlung des Bodenwerts für Bauerwartungs- bzw. Rohbauland auf der Grundlage des Bodenwerts ansonsten vergleichbarer baureifer Grundstücke kann unter Abzug der kalkulierten Kosten der Baureifmachung und unter Berücksichtigung der Wartezeit ergänzend in Betracht kommen, wenn das Ergebnis nicht überproportional vom Ausgangswert abweicht.

2.3.2 Vergleichspreise (Nr. 1.1.1.1 der Anlage 1)

Für die Anwendung des Vergleichswertverfahrens bedarf es einer ausreichenden Anzahl von Kaufpreisen, die mit dem zu wertenden Grundstück soweit übereinstimmen, dass die Abweichungen in angemessener Weise berücksichtigt werden können.

Eine hinreichende Übereinstimmung der Zustandsmerkmale der Vergleichsgrundstücke mit denen des zu wertenden Grundstücks liegt vor, wenn die Vergleichsgrundstücke hinsichtlich ihrer Lage, Art und Maß der baulichen Nutzung, Bodenbeschaffenheit, Größe, Grundstücksgestalt und Erschließungszustand geeignet sind, die Abweichungen nicht überproportional ausfallen und in sachgerechter Weise berücksichtigt werden können.

Soweit Kaufpreise aus diesem Grund nicht herangezogen werden, sind sie nachrichtlich anzugeben.

2.3.3 Bodenrichtwerte (Nr. 1.1.1.2 der Anlage 1)

Bodenrichtwerte sind durchschnittliche Lagewerte des Grund und Bodens für Gebiete mit im Wesentlichen gleichen Lage- und Nutzungsverhältnissen. Bodenrichtwerte sind nach §196 BauGB von den Gutachterausschüssen für Grundstückswerte aus den Kaufpreissammlungen regelmäßig zu ermitteln und zu veröffentlichen. Jedermann kann Auskünfte über die Bodenrichtwerte verlangen.

Geeignete Bodenrichtwerte können nach §13 Abs. 2 WertV neben oder anstelle von Vergleichspreisen zur Ermittlung von Bodenwerten herangezogen werden. Bodenrichtwerte sind geeignet, wenn sie entsprechend den örtlichen Verhältnissen unter Berücksichtigung der Lage und des Entwicklungszustands gegliedert und nach Art und Maß der baulichen Nutzung, des Erschließungszustands und der jeweils vorherrschenden Grundstücksgestalt hinreichend bestimmt sind.

Bei der Heranziehung von Bodenrichtwerten sind diese lagemäßig darzustellen und zu würdigen, insbesondere sind die Abweichungen des Grundstücks vom Bodenrichtwertgrundstück darzustellen und zu berücksichtigen.

2.3.4 Berücksichtigung von Abweichungen (Nr. 1.1.2 der Anlage 1)

2.3.4.1 Allgemeines

Unterschiede in den wertbeeinflussenden Merkmalen des Vergleichsgrundstücks bzw. des Bodenrichtwertgrundstücks von denen des zu wertenden Grundstücks sind durch Zu- oder Abschläge oder in anderer geeigneter Weise zu berücksichtigen.

Unterschiede können sich insbesondere hinsichtlich der Grundstücksgröße und -gestalt, der Bodenbeschaffenheit (z.B. Bodengüte, Eignung als Baugrund, Vorhandensein von Bodenschätzen und Bodenverunreinigungen), der Lage und der Umwelteinflüsse ergeben.

Bei der Berücksichtigung unterschiedlicher Zustandsmerkmale ist darauf zu achten, dass die Zu- und Abschläge einheitlich entweder in absoluter Höhe oder als Relativbeträge angesetzt werden.

Werden Absolut- und Relativbeträge verwendet, ist auf die Verwendung in der richtigen Reihenfolge zu achten.

Anhang

Die Zu- und Abschläge sind zu begründen.

Zur Berücksichtigung der Abweichungen werden die herangezogenen Vergleichspreise und Bodenrichtwerte zunächst auf den Wertermittlungsstichtag und die Zustandsmerkmale des zu wertenden Grundstücks umgerechnet.

Soweit Preise von Vergleichsgrundstücken herangezogen werden, die aus zurückliegenden Jahren stammen, sind sie mit Hilfe der von den örtlichen Gutachterausschüssen für Grundstückswerte abgeleiteten und veröffentlichten Bodenpreisindexreihen (§ 9 WertV) auf den Wertermittlungsstichtag umzurechnen.

Unterschiede in den Zustandsmerkmalen sind möglichst mit Hilfe von Umrechnungskoeffizienten oder anderen geeigneten Verfahren auf die Eigenschaften des Wertermittlungsobjekts umzurechnen.

Kaufpreise von Vergleichsgrundstücken, die von ungewöhnlichen oder persönlichen Verhältnissen beeinflusst sind, dürfen nur dann zur Wertermittlung herangezogen werden, wenn deren Auswirkungen sicher erfasst werden können (vgl. Nr. 1.5.4.).

2.3.4.2 Wertverhältnis von gleichartigen Grundstücken bei unterschiedlichem Maß der baulichen Nutzung (Geschossflächenzahl zu Geschossflächenzahl — GFZ : GFZ)

Bei Abweichung des Maßes der zulässigen baulichen Nutzbarkeit des Vergleichsgrundstücks bzw. des Bodenrichtwertgrundstücks gegenüber dem zu wertenden Grundstück ist entsprechend der jeweiligen Marktlage der dadurch bedingte Wertunterschied möglichst mit Hilfe von Umrechnungskoeffizienten (§ 10 WertV) auf der Grundlage der zulässigen oder der realisierbaren Geschossflächenzahl festzustellen.

Hierzu kann auf die in Anlage 11 benannten Umrechnungskoeffizienten zurückgegriffen werden, wenn keine Umrechnungskoeffizienten des örtlichen Gutachterausschusses für Grundstückswerte vorliegen und auf brauchbare Umrechnungskoeffizienten aus vergleichbaren Gebieten nicht zurückgegriffen werden kann.

Die angegebenen Umrechnungskoeffizienten stellen Mittelwerte eines ausgewogenen Marktes dar und sind für Wohnbauland abgeleitet worden. Sie beziehen sich auf Grundstücke im erschließungsbeitragsfreien (ebf) Zustand. Bei gewerblichen Grundstücken ist eine lineare Berücksichtigung erfahrungsgemäß sachgerecht.

Bei einer höherer GFZ als 2,4, ist zu beachten, dass die Bodenwerterhöhung geringer ausfällt als die sich aus der Tabelle (bis zu einer GFZ 2,4) ergebende Bodenwerterhöhung.

In Geschäftslagen kann die Abhängigkeit des Bodenwerts von den höherwertig genutzten Flächen (ebenerdige Läden) erheblich größer sein als die Abhängigkeit von der GFZ. In diesen Fällen ist eine eingehende Prüfung hinsichtlich der den Bodenwert bestimmenden Wertmerkmale erforderlich.

Bei der Bemessung des Maßes der baulichen Nutzung ist insbesondere zu beachten:
a) Wird im gewöhnlichen Geschäftsverkehr bei der Kaufpreisbemessung üblicherweise ein vom höchstzulässigen Maß der baulichen Nutzung abweichendes Maß der baulichen Nutzung (lagetypische Nutzung) zu Grunde gelegt, so ist diese lageübliche Maß der baulichen Nutzung sowohl für die Qualifizierung des zu wertenden Grundstücks als auch für die Qualifizierung des Vergleichsgrundstücks zu Grunde zu legen (§ 5 Abs. 1 WertV).
b) Soweit die tatsächlich ausgeübte Nutzung von der rechtlich zulässigen Nutzung abweicht und weder durch An- bzw. Aufbauten angeglichen werden kann, ist dies unter Beachtung der Restnutzungsdauer angemessen zu berücksichtigen.

2.3.4.3 Form und Größe der Grundstücke

Bei ungewöhnlich großen bzw. kleinen Flächen und bei unzweckmäßig geschnittenen Grundstücken können Größe und Gestalt den Bodenwert beeinflussen. Dies ist durch Zu- und Abschläge zu berücksichtigen, soweit dieser Umstand nicht durch eine wertmäßige Aufteilung eines Grundstücks nach Vorder- und Hinterland oder in anderer Weise berücksichtigt wird.

2.3.4.4 Beitrags- und abgabenrechtlicher Zustand

Für die Auswirkung des beitrags- und abgabenrechtlichen Zustands des Grundstücks gilt Folgendes (vgl. Nr. 2.2.4):
- Zu- oder Abschläge auf den Vergleichspreis bedarf es, wenn der Erschließungszustand oder die beitrags- und abgabenrechtliche Situation des Grundstücks von dem Zustand des Vergleichsgrundstücks abweicht.
- Die Zu- oder Abschläge werden in der Regel nach der Höhe des Beitrags bzw. der Abgabe (z. B. Erschließungsbeitrag) ggf. unter Berücksichtigung der Wartezeit bemessen.

2.3.4.5 Bodenschätze

Eine gesonderte Wertermittlung vorhandener Bodenschätze (z.B. Kies, Sand und Ton) ist – erforderlichenfalls durch besondere Sachverständige – vorzunehmen, wenn der Verkehrswert des Grundstücks dadurch beeinflusst wird, z.B. wenn der Abbau in absehbarer Zeit in rentabler Form zulässig und zu erwarten ist.

2.3.4.6 Bodenverunreinigungen (Kontamination)

Unter dem Begriff »Bodenverunreinigungen« wird in Anlehnung an das BBodSchG unterschieden in:
- schädliche Bodenveränderungen, d.h. Beeinträchtigungen der Bodenfunktion, die geeignet sind, Gefahren, erhebliche Nachteile oder erhebliche Belästigungen für den einzelnen oder die Allgemeinheit herbeizuführen (§2 Abs. 3 BBodschG);
- Verdachtsflächen, d.h. Grundstücke, bei denen der Verdacht schädlicher Bodenveränderungen besteht (§2 Abs. 4 BBodschG);
- Altlasten, d.h. 1. Altablagerungen – stillgelegte Abfallbeseitigungsanlagen sowie sonstige Grundstücke, auf denen Abfälle behandelt, gelagert oder abgelagert worden sind und 2. Altstandorte – Grundstücke stillgelegter Anlagen und sonstige Grundstücke, auf denen mit umweltgefährdenden Stoffen umgegangen worden ist, ausgenommen Anlagen, deren Stilllegung einer Genehmigung nach dem Atomgesetz bedarf (§2 Abs. 5 BBodSchG);
- altlastenverdächtige Fläche, d.h. Altablagerungen und Standorte, bei denen der Verdacht schädlicher Bodenveränderungen oder sonstiger Gefahren für den einzelnen oder die Allgemeinheit besteht (§2 Abs. 6 BBodSchG).

Die Wertminderung von entsprechenden Grundstücken kann in Anlehnung an die Kosten ermittelt werden, die für Sanierung, Sicherungsmaßnahmen, Bodenuntersuchungen oder andere geeignete Maßnahmen zur Gefahrenabwehr erforderlich sind.

Dabei hat sich die Sanierung an der baurechtlich zulässigen Nutzung des Grundstücks zu orientieren (§4 Abs. 3 BBodSchG). Fehlt diese, ist die nach öffentlich-rechtlichen Vorschriften zu erwartende zulässige Nutzung zu Grunde zu legen.

Die Kosten zur Herrichtung für den vorgesehenen Zweck, die auch ohne den Verdacht einer Bodenverunreinigung oder ohne eine Sanierung der kontaminierten Flächen angefallen wären, sind gegen zu rechnen (ersparte Aufwendungen).

Die »Arbeitshilfen Boden und Grundwasserschutz zur Planung und Ausführung der Sanierung von schädlichen Bodenveränderungen und Grundwasserverunreinigungen« des Bundesministeriums für Verkehr, Bau und Stadtentwicklung sind zu berücksichtigen.[1]

2.3.5 Auswirkungen grundstücksbezogener Rechte und Belastungen (Nr. 1.1.3 der Anlage 1)

Hinsichtlich der Ermittlung des Werts von Rechten und Belastungen (vgl. Nr. 2.2.3) wird auf Nr. 4 des Zweiten Teils verwiesen.

2.4 Bodenwert — Verkehrswert (Nr. 1.1.6 der Anlage 1)

Die Entwicklung des örtlichen Grundstücksmarktes ist sorgfältig zu beobachten und zu berücksichtigen (Nr. 1.1.4 der Anlage 1). Nach dem alle angegebenen wertbeeinflussenden Umstände bei der Ermittlung des Bodenwerts angemessen berücksichtigt worden sind, ist aus dem sich so ergebenden Bodenwert der Verkehrswert abzuleiten.

3. Wertermittlung bebauter Grundstücke (Anlage 2)

3.1 Wahl des Wertermittlungsverfahrens

Der Verkehrswert ist mit Hilfe geeigneter Verfahren zu ermitteln.

Nach §7 Abs. 2 WertV sind die Verfahren nach der Art des Gegenstands der Wertermittlung unter Berücksichtigung der im gewöhnlichen Geschäftsverkehr bestehenden Gepflogenheiten zu wählen; die Wahl ist zu begründen.

Steht für das danach zu wählende Wertermittlungsverfahren im Einzelfall keine ausreichende Datengrundlage zur Verfügung, kann auch auf ein anderes Verfahren ausgewichen werden.

Soweit die Anwendung eines weiteren Verfahrens (ggf. zur Unterstützung) sachgerecht ist, soll davon Gebrauch gemacht werden, wenn aussagekräftige Ausgangsdaten vorliegen, die die allgemeinen Verhältnisse auf dem Grundstücksmarkt widerspiegeln.

---

[1] www.bmvbs.de … Bauwesen … Arbeitshilfen, Leitfäden, Richtlinien … Altlasten

Bei bebauten Grundstücken ist für die Wahl des Wertermittlungsverfahrens und für die grundlegenden Daten der Wertermittlung die künftige Nutzung des Grundstücks maßgebend, die im Rahmen der rechtlich zulässigen Nutzung unter wirtschaftlicher Betrachtungsweise, insbesondere unter vernünftiger Berücksichtigung der Eignung des vorhandenen Bestands, üblicherweise realisiert wird (vgl Nr. 3.1.4.1 und Nr. 5.1.2).

Die künftige Nutzung ist auf der Grundlage der Bauleitplanung und anderer rechtlicher und tatsächlicher Gegebenheiten festzustellen, die ohne spekulative Erwartungen Anhaltspunkte für die künftige Nutzbarkeit geben (Bauvoranfragen, von der Gemeinde beschlossene sonstige städtebauliche Planungen, Investitionsplanungen, allgemeine städtebauliche Entwicklung, Siedlungsstruktur sowie mit der Gemeinde abgestimmte Nutzungskonzepte).

3.1.1 Vergleichswertverfahren

Das Vergleichswertverfahren kommt bei der Verkehrswertermittlung von bebauten Grundstücken in erster Linie nur bei Grundstücken in Betracht, die mit weitgehend gleichartigen Gebäuden, insbesondere Wohngebäuden, bebaut sind und bei denen sich der Grundstücksmarkt an Vergleichspreisen orientiert. Zu nennen sind insbesondere Einfamilien-Reihenhäuser, Eigentumswohnungen, einfache freistehende Eigenheime (Siedlungshäuser) und Garagen.

Bei Anwendung des Vergleichswertverfahrens sind Kaufpreise solcher Grundstücke heranzuziehen, die hinsichtlich der ihren Wert beeinflussenden Merkmale (§§4 und 5 WertV) mit dem Grundstück hinreichend übereinstimmen (Vergleichsgrundstücke). Auskünfte aus der Kaufpreissammlung der örtlichen Gutachterausschüsse nach §195 BauGB sind als Vergleichsdaten ebenfalls geeignet.

Voraussetzung für die Anwendung des Vergleichswertverfahrens ist in der Regel eine genügende Zahl geeigneter Vergleichsgrundstücke. Eine Vergleichbarkeit ist auch gegeben, wenn sie mit Hilfe von Indexreihen (§9 WertV), Umrechnungskoeffizienten (§10 WertV) oder Vergleichsfaktoren für bebaute Grundstücke (§12 WertV) aufgezeigt werden kann. Dabei soll auf die Daten der örtlichen Gutachterausschüsse für Grundstückswerte zurückgegriffen werden.

3.1.2 Ertragswertverfahren

3.1.2.1 Allgemeines

Das Ertragswertverfahren kommt insbesondere bei Grundstücken in Betracht, bei denen der nachhaltig erzielbare Ertrag für die Werteinschätzung am Markt im Vordergrund steht, z.B. bei Miet- und Geschäftsgrundstücken und gemischtgenutzten Grundstücken im Sinne des §75 Bewertungsgesetz (BewG).

- Mietwohngrundstücke sind Grundstücke, die zu mehr als 80 v.H., berechnet nach der Jahresrohmiete, Wohnzwecken dienen.
- Geschäftsgrundstücke sind Grundstücke, die zu mehr als 80 v.H. berechnet nach der Jahresrohmiete, eigenen oder fremden gewerblichen, freiberuflichen oder öffentlichen Zwecken dienen.
- Gemischtgenutzte Grundstücke sind Grundstücke, die teils Wohnzwecken, teils eigenen oder fremden gewerblichen oder öffentlichen Zwecken dienen und nicht Mietwohngrundstücke, Geschäftsgrundstücke, Einfamilienhäuser oder Zweifamilienhäuser sind.

Bei Anwendung des Ertragswertverfahrens (§§15 ff. WertV) findet die Lage auf dem Grundstücksmarkt insbesondere dadurch Berücksichtigung, dass die Ertragsverhältnisse (§16 WertV), der Liegenschaftszinssatz (§11 WertV), die Bewirtschaftungskosten (§18 WertV) und die sonstigen wertbeeinflussenden Umstände (§19 WertV) in einer ihr angemessenen Größe angesetzt werden.

Weil die genannten Größen bei sachgerechter Anwendung des Ertragswertverfahrens aus den grundstücksbezogenen Daten vergleichbarer Grundstücke, d.h. also »marktorientiert«, in die Wertermittlung eingeführt werden, kann das Verfahren ebenfalls als ein vergleichendes Verfahren bezeichnet werden.

Bei abgängiger Bausubstanz steht möglicherweise das Liquidationswertverfahren (§20 Abs. 1 und 2 WertV) im Vordergrund.

3.1.2.2 Ertragswertverfahren bei Gemeinbedarfsgrundstücken

Auch bei Grundstücken, die öffentlichen Zwecken vorbehalten bleiben sollen (vgl. Nr. 5.1.1) ist das Ertragswertverfahren insbesondere geeignet, wenn für die öffentliche Hand alternativ eine Anmietung in Betracht kommen würde.

Dabei ist von der Ertragssituation vergleichbarer baulicher Anlagen auszugehen z.B.:

Anhang

- für Verwaltungsgebäude: Erträge einer Büronutzung vergleichbarer Qualität,
- für Kinderheime, Kindergärten, Freizeitzentren, Kindererholungsheime: vergleichbare privatwirtschaftliche Einrichtungen,
- für Schulen: Erträge aus vergleichbaren oder anderen dafür in Betracht kommenden gewerblich genutzten Objekten.

Steht danach die Anwendung des Ertragswertverfahrens im Vordergrund, kann es gleichwohl geboten sein, das Sachwertverfahren unterstützend heranzuziehen. Dabei muss insbesondere eine eingeschränkte wirtschaftliche Nutzbarkeit der baulichen Anlage z.B. durch eine wirtschaftliche Überalterung nach §25 WertV berücksichtigt werden; dies gilt insbesondere bei der Umnutzung ehemaliger Gemeinbedarfsanlagen, z.B. bei militärisch genutzten baulichen Anlagen für privatwirtschaftliche Zwecke (z.B. Wohnen, Gewerbe, Industrie, vgl. Nr. 5.1.2)

3.1.3 Sachwertverfahren

Das Sachwertverfahren ist in der Regel bei Grundstücken anzuwenden, bei denen es für die Werteinschätzung am Markt nicht in erster Linie auf den Ertrag ankommt, sondern die Herstellungskosten im gewöhnlichen Geschäftsverkehr wertbestimmend sind.

Dies gilt überwiegend bei individuell gestalteten Ein- und Zweifamilienhausgrundstücken, besonders dann, wenn sie eigengenutzt sind.

Das Sachwertverfahren kann auch zur Abstützung der Wertermittlung von Neubauten, die als Ertragswertobjekte gelten in Betracht kommen, da nicht zu erwarten ist, dass ein Investor Kosten aufbringt, die nicht durch die Rentierlichkeit des Objekts gedeckt werden.

Weiterhin kann das Sachwertverfahren auch bei älteren instandsetzungsbedürftigen Objekten, die eines hohen Kosteneinsatzes für Modernisierung, Instandsetzung bzw. Umstrukturierung bedürfen, zur Anwendung kommen, wenn das Sachwertverfahren zu einem Restwert führt, um den sich die Aufwendungen für eine Neubebauung des Grundstücks vermindern.

In allen Fällen ist zu beachten, inwieweit die Gebäude und Einrichtungen wirtschaftlich überaltert sind, sie der technischen oder der strukturellen Entwicklung nicht mehr entsprechen und eine Nutzungsmöglichkeit und deshalb eine Nachfrage nicht mehr oder nur noch vermindert gegeben ist (vgl. Nr. 3.6.1.1.9.1).

Bei Anwendung des Sachwertverfahrens (§§ 21 ff. WertV) sind insbesondere die Herstellungskosten (§ 22 WertV), die Wertminderung wegen Alters (§ 23 WertV) sowie Baumängel und Bauschäden (§ 24 WertV) unter Berücksichtigung der sonstigen wertbeeinflussenden Umstände zu ermitteln.

3.1.4 Wahl des Verfahrens für Sonderfälle

3.1.4.1 Grundstücke mit Entwicklungspotenzial

Bei der Wertermittlung von Grundstücken mit verschiedenen Möglichkeiten ihrer Entwicklung kann es insbesondere bei unsicherer Abschätzung der künftigen Entwicklung sinnvoll sein, auf der Grundlage der sich aus den verschiedenen möglichen Nutzungsvarianten ergebenden Ausgangsdaten mehrere Varianten durchzurechnen. Die so erhaltenen Verfahrensergebnisse sind zu würdigen.

In der Regel ist der Verkehrswert aus der Alternative abzuleiten, die wegen ihrer besonders vorteilhaften wirtschaftlichen Ertragsfähigkeit im gewöhnlichen Geschäftsverkehr zur Realisierung ansteht.

Dabei ist zu beachten, dass nur solche künftigen Nutzungsvarianten berücksichtigt werden, die aus rechtlichen oder tatsächlichen Gründen ohne spekulative Elemente erwartet werden können. Weiterhin müssen die Nutzungsmöglichkeiten den gewöhnlichen Gepflogenheiten des Grundstücksverkehrs bezüglich der Verwertungsmöglichkeit des Objekts entsprechen. Persönliche Nutzungsabsichten des Erwerbers bleiben außer Betracht.

3.1.4.2 Liquidationswertverfahren

Wenn bei Verminderung des Reinertrags um den Verzinsungsbetrag des Bodenwerts (vgl. Nr. 3.5.5) kein Anteil für die Berechnung des Werts der baulichen Anlagen verbleibt, soll als Ertragswert des Grundstücks grundsätzlich nur der Bodenwert angesetzt werden.
- Kann in derartigen Fällen das Objekt sofort freigelegt werden, bemisst sich der Verkehrswert nach dem Bodenwert abzüglich der gewöhnlichen Freilegungskosten ggf. unter Anrechnung von Verwertungserlösen (§ 20 Abs. 1 WertV).
- Kann das Objekt erst in absehbarer Zeit freigelegt werden (§ 20 Abs. 2 WertV), so bemisst sich der Verkehrswert nach dem um die Freilegungskosten verminderten und über die Restnutzungsdauer der abgängigen Bausubstanz diskontierten Bodenwert zuzüglich des Barwerts der in dieser Zeit anfallenden Reinerträge.

Anhang

Bei abbruchreifen Gebäuden sind die Abbruchkosten und ggf. der Erlös aus der Materialverwertung anzugeben.

Zur Anwendung des Ertragswertverfahrens bei kurzer Restnutzungsdauer der baulichen Anlagen vgl. Nr. 3.5.5.

3.2 Allgemeine Angaben (Nr. 0 der Anlage 2)

Zu den in Anlage 2 unter Nr. 0 einzusetzenden »Allgemeinen Angaben« wird auf die Ausführungen unter Nr. 2 dieser Richtlinien »Wertermittlung unbebauter Grundstücke« verwiesen.

Zusätzlich ist zu beachten:

Der Erwerbspreis oder die Gestehungskosten (Anlage 2 Nr. 0.4) können ggf. bei An- bzw. Verkauf als Anhalt dienen. Sie sind ohne bzw. mit Aufgliederung gemäß Anlage 2 Nr. 0.4 anzugeben. Ungewöhnliche Kosten sind nicht zu berücksichtigen. Die Gestehungskosten sind die Gesamtkosten gemäß DIN 276, d.h. insbesondere die Kosten des Grundstücks, des Bauwerks und der Außenanlagen. Zu den Grunderwerbsnebenkosten zählen alle durch den Erwerb des Grundstücks verursachten Nebenkosten.

Die bei Nr. 0.8 der Anlage 2 »Rohertrag und Bewirtschaftungskosten« zu beachtenden Gesichtspunkte sind Nr. 3.5 dieser Richtlinien zu entnehmen.

3.3 Wertermittlung (Nr. 1 der Anlage 2)

3.3.1 Grund- und Bodenbeschreibung (Nr. 1.0.1 der Anlage 2)

Es gelten die Ausführungen unter Nr. 2.2 zur Wertermittlung unbebauter Grundstücke. Eine Aufteilung in überbaute und nicht überbaute Flächen ist nicht vorzunehmen.

Es ist zwischen rechtlich zulässiger und tatsächlich vorhandener baulicher Nutzung zu unterscheiden.

3.3.2 Baubeschreibung (Nr. 1.0.2 der Anlage 2)

Die Stichworte (Nr. 1.0.2.1 bis 1.0.2.10 der Anlage 2) dienen als Anhaltspunkte. Jede bauliche Anlage ist getrennt zu beschreiben, kurze Angaben genügen. Ausführliche Beschreibungen sind zu vermeiden. Die zu den Außenanlagen (Nr. 1.0.2.5 der Anlage 2) und den besonderen Betriebseinrichtungen

(Nr. 1.0.2.6 der Anlage 2) zählenden Anlagen sind der DIN 276 zu entnehmen. Zu Baumängeln und Bauschäden (Nr. 1.0.2.9 der Anlage 2) vgl. Nr. 3.6.1.1.8. Falls erforderlich, sind Einlegeblätter zu verwenden (Anlage 2 a). Die Baubeschreibung ist durch Lichtbilder zu belegen.

Neben den unter Nr. 2.2.6 genannten Zustandsmerkmalen kommt es bei bebauten Grundstücken auf den Zustand der baulichen Anlagen, sowie auf deren Restnutzungsdauer, Alter, Bauweise, Gestaltung, Größe, Ausstattung und Ertrag an.

Es ist auf die vollständige Wiedergabe des Gebäudebestandes zu achten, vorhandene Karten sind ggf. entsprechend zu ergänzen.

3.3.3 Bodenwert (Nr. 1.1 der Anlage 2)

Die Ausführungen unter Nr. 1.5 »Grundlagen der Wertermittlung« und Nr. 2 »Wertermittlung unbebauter Grundstücke« gelten sinngemäß.

3.4 Vergleichswert (Nr. 1.2 der Anlage 2)

Der Vergleichswert bebauter Grundstücke umfasst den Bodenwert und den Wert der baulichen und sonstigen Anlagen. Dabei handelt es sich aber nicht um einen zusammengesetzten Wert aus den genannten Werten, sondern um einen einheitlichen Grundstückswert, der das Grundstück mit allen seinen Bestandteilen als wirtschaftliche Einheit erfasst.

Der Verkehrswert bebauter Grundstücke kann durch Preisvergleich mit Hilfe von Vergleichsfaktoren (Ertrags- und Gebäudefaktoren) abgeleitet werden. Dazu können die von den örtlichen Gutachterausschüssen für Grundstückswerte abgeleiteten Vergleichsfaktoren herangezogen werden.

Die Vergleichsfaktoren sind zur Verkehrswertermittlung geeignet, wenn sie entsprechend ihrer Ableitung nach Lage, Art und Maß der baulichen Nutzung, Größe des Grundstücks und Restnutzungsdauer einen Vergleich mit dem zu wertenden Grundstück ermöglichen.

Der Vergleichswert ist in der Regel als Verkehrswert anzusehen. Zu- oder Abschläge können insbesondere wegen Baumängeln und Bauschäden sowie wegen besonderer Einrichtungen und Ausstattungen oder einem über- oder unterdurchschnittlichen Unterhaltungszustand erforderlich werden, wenn diese Kriterien den Verkehrswert beeinflussen und von den Gegebenheiten der Vergleichsobjekte abweichen.

3.5 Ertragswert (Nr. 1.3 der Anlage 2)

Der Ertragswert umfasst den Bodenwert und den Wert der baulichen und sonstigen Anlagen (§ 15 WertV).

Der Ertragswert kann ermittelt werden (vgl. Nr. 3.5.5):
a) unter Aufspaltung in einen Boden- und Gebäudewertanteil (umfassendes Ertragswertverfahren) nach Maßgabe der Anlage 2 oder
b) ohne Aufspaltung in einen Boden- und Gebäudewertanteil (vereinfachtes Ertragswertverfahren).

Generell ist der Bodenwert im Vergleichswertverfahren zu ermitteln. Die Ausführungen unter Nr. 2.3 für die Wertermittlung unbebauter Grundstücke gelten sinngemäß.

Bei Anwendung des umfassenden Ertragswertverfahrens (vgl. a) ist der Ertragswert der baulichen Anlagen der um den Verzinsungsbetrag des Bodenwerts (Bodenwertverzinsungsbetrag; vgl. Nr. 3.5.5) verminderte und sodann unter Berücksichtigung der Restnutzungsdauer der baulichen Anlagen kapitalisierte, nachhaltig erzielbare Reinertrag des Grundstücks (§ 16 WertV). Der Reinertrag ist der Rohertrag des Grundstücks (§ 17 WertV) abzüglich der Bewirtschaftungskosten für das Grundstück (§ 18 WertV). Bodenwert und Wert der baulichen und sonstigen Anlagen ergeben unter Berücksichtigung von Zu- und Abschlägen (§ 19 WertV) den Ertragswert des Grundstücks.

Bei Anwendung des vereinfachten Verfahrens (vgl. b) ermittelt sich der Ertragswert als Barwert der künftigen Reinerträge, die nicht um den Bodenwertverzinsungsbetrag vermindert werden zuzüglich des über die Restnutzungsdauer der baulichen Anlagen diskontierten Bodenwerts. Bei einer Restnutzungsdauer der baulichen Anlagen von mindestens 50 Jahren kann der diskontierte Bodenwert vernachlässigt werden. Der Bodenwert von selbstständig nutzbaren Teilflächen ist jedoch in voller Höhe zu berücksichtigen.

3.5.1 Rohertrag (Nr. 1.3.1 der Anlage 2)

Der Rohertrag umfasst alle bei ordnungsgemäßer Bewirtschaftung und zulässiger Nutzung nachhaltig erzielbaren Einnahmen aus dem Grundstück. Anstelle von Mieten können auch ortsübliche (branchenübliche) Pachten gegebenenfalls in Verbindung mit Umsätzen zur Ermittlung des Rohertrags herangezogen werden.

Anlage 5: Wertermittlungsrichtlinien (WertR 2006) 8

Umlagen, die zur Deckung von Betriebskosten gezahlt werden, sind nicht zu berücksichtigen. Deshalb sind die herangezogenen Vergleichsmieten daraufhin zu überprüfen, ob es sich um Nettokaltmieten handelt, die die umlagefähigen Betriebskosten nicht enthalten. Dies gilt insbesondere für Grundstücke, die zu Wohnzwecken genutzt werden.

Grundsätzlich müssen sowohl die tatsächlich erzielten als auch die nachhaltig erzielbaren Erträge festgestellt werden. Zu diesem Zweck sind die bestehenden Miet- und Pachtverhältnisse mit ihren wesentlichen Vertragsdaten darzustellen.

Weichen die tatsächlichen Erträge von den nachhaltig erzielbaren ortsüblichen Erträgen ab, dann ist der (vorläufige) Ertragswert zunächst auf der Grundlage der nachhaltig erzielbaren Erträge zu ermitteln. Die Abweichungen zwischen den tatsächlichen und den nachhaltig erzielbaren ortsüblichen Erträgen sind zusätzlich unter Nr. 1.3.8 der Anlage 2 zu berücksichtigen.

Beruht die Abweichung auf einer nicht nur kurzfristigen rechtlichen Bindung, dann ist dies im Rahmen von Nr. 3.5.8 oder nach Nr. 4 des Zweiten Teils zu berücksichtigen.

Die auf Grund allgemeiner wirtschaftlicher Verhältnisse zu erwartenden Änderungen der Ertrags- und Wertverhältnisse werden durch den Ansatz eines angemessenen und nutzungstypischen Liegenschaftszinssatzes i.S. von §11 WertV berücksichtigt (vgl. Nr. 3.5.4).

Die Einnahmen für Reklameflächen u.ä. sind besonders auszuweisen und auszuwerten.

Für vorübergehend leerstehende und eigengenutzte Räume sowie für solche, die z.B. aus persönlichen Gründen billiger vermietet werden, ist ebenfalls die ortsüblich nachhaltig erzielbare Miete anzusetzen.

Bei Ertragswertobjekten sind die Wohn- und Nutzflächen durch eigene oder durch Überprüfung vorliegender Berechnungen (mit Quellenangabe) getrennt nach Nutzungsart zu ermitteln und nachzuweisen.

Eine aufgegliederte Mietberechnung (Einnahmenberechnung) nach Gebäudeart, Geschossen und Flächen (m²) ist als Anlage beizufügen.

3.5.2 Bewirtschaftungskosten (Nr. 1.3.2 der Anlage 2)

Die im Rahmen des Ertragswertverfahrens anzusetzenden Bewirtschaftungskosten nach den Nrn. 3.5.2.3 – 3.5.2.5 sind regelmäßig und nachhaltig anfallende Ausgaben.

Grundsätzlich sind die üblichen, dem Objekt angemessenen Bewirtschaftungskosten unter Berücksichtigung der Restnutzungsdauer nach Erfahrungssätzen zu Grunde zu legen. Soweit Abweichungen der tatsächlichen von den üblichen Bewirtschaftungskosten die Ertragsfähigkeit des Objektes beeinflussen, sind sie bei der Wertermittlung zusätzlich zu berücksichtigen.

Zinsen für Hypothekendarlehen und Grundschulden oder sonstige Zahlungen für auf dem Grundstück lastende privatrechtliche Verpflichtungen sind bei den Bewirtschaftungskosten nicht zu berücksichtigen.

Die Bewirtschaftungskosten sind möglichst in ihren einzelnen Positionen anzusetzen (Nr. 0.8.2 der Anlage 2).

3.5.2.1 Abschreibung

Im Rahmen der Wertermittlung entfällt der Ansatz eines besonderen Betrags für die Abschreibung.

3.5.2.2 Betriebskosten (Nr. 0.8.2.1 der Anlage 2)

Betriebskosten sind die Kosten, die durch das Eigentum am Grundstück oder durch den bestimmungsgemäßen Gebrauch des Grundstücks sowie seiner baulichen und sonstigen Anlagen laufend entstehen (§ 18 Abs. 3 WertV). Diese sind bei der Wertermittlung nur einzusetzen, soweit sie üblicherweise nicht vom Eigentümer auf die Mieter umgelegt werden.

Eine Aufstellung der umlegbaren Betriebskosten für Wohnraum enthält § 2 BetrKV.

Bei von der Grundsteuer befreiten Grundstücken ist zu prüfen, inwieweit fiktive Beträge für die Grundsteuer in Ansatz zu bringen sind.

3.5.2.3 Verwaltungskosten (Nr. 0.8.2.2 der Anlage 2)

Verwaltungskosten sind die Kosten der zur Verwaltung des Grundstücks erforderlichen Arbeitskräfte und Einrichtungen, die Kosten der Aufsicht sowie die Kosten für die Prüfungen des Jahresabschlusses oder für die Geschäftsführung des Eigentümers.

Die Verwaltungskosten richten sich nach der Art des Grundstücks, der Aufteilung des Wertermittlungsobjekts in Nutzungseinheiten und den örtlichen Verhältnissen, die sehr unterschiedlich sein können.

Die Sätze können je Mieteinheit, je m² Mietfläche bzw. in einem Vomhundertsatz der Nettokaltmiete angegeben werden.

Anhaltspunkte für den Ansatz der Verwaltungskosten ergeben sich aus Anlage 3 dieser Richtlinie.

3.5.2.4 Instandhaltungskosten (Nr. 0.8.2.3 der Anlage 2)

Instandhaltungskosten sind Kosten, die infolge Abnutzung, Alterung und Witterung zur Erhaltung des bestimmungsgemäßen Gebrauchs der baulichen Anlagen während ihrer Nutzungsdauer aufgewendet werden müssen. Die Instandhaltungskosten umfassen sowohl die für die laufende Unterhaltung als auch für die Erneuerung einzelner baulicher Teile aufzuwendenden Kosten und sind hinsichtlich der Höhe mit ihrem langfristigen Mittel zu berücksichtigen.

Von den Instandhaltungskosten sind die Modernisierungskosten (vgl. §16 Abs. 3 Wohnraumförderungsgesetz – WoFG) zu unterscheiden. Zur Berücksichtigung der Modernisierung im Rahmen der Wertermittlung vgl. unter Nr. 3.5.6.2.

Zu den Instandhaltungskosten gehören grundsätzlich auch die Schönheitsreparaturen. Sie sind jedoch nur in den besonderen Fällen anzusetzen, in denen sie vom Eigentümer zu tragen sind.

Ein Instandhaltungsstau ist gesondert nachzuweisen und gemäß Nr. 3.5.8 zu berücksichtigen.

Instandhaltungskosten können mit Hilfe von Erfahrungssätzen je m² Geschossfläche, Nutz- oder Wohnfläche ermittelt werden.

Anhaltspunkte für den Ansatz der Instandhaltungskosten in Abhängigkeit vom Alter ergeben sich aus Anlage 3 dieser Richtlinie.

3.5.2.5 Mietausfallwagnis (Nr. 0.8.2.4 der Anlage 2)

Mietausfallwagnis ist das Risiko einer Ertragsminderung, die durch Mietminderung, uneinbringliche Zahlungsrückstände oder Leerstehen von Raum, der zur Vermietung bestimmt ist, entsteht und umfasst somit auch die bei Leerstand weiterhin unvermeidlich anfallenden Bewirtschaftungskostenanteile.

Das Mietausfallwagnis erfasst auch die Kosten einer Rechtsverfolgung auf Zahlung, Aufhebung eines Mietverhältnisses oder Räumung.

Die Höhe des Mietausfallwagnisses ist abhängig vom Zustand und der Art des Grundstücks sowie von der örtlichen Marktlage unter Berücksichtigung der Restnutzungsdauer.

Anhaltspunkte für den Ansatz des Mietausfallwagnisses ergeben sich aus Anlage 3 dieser Richtlinie.

Auf sektoralen und regionalen Teilmärkten können sich durchaus deutlich höhere Werte ergeben, die einen höheren Ansatz des Mietausfallwagnisses rechtfertigen, soweit sie nicht schon an anderer Stelle gesondert berücksichtigt wurden (vgl. Nr. 3.5.8).

3.5.3 Reinertrag (Nr. 1.3.3 der Anlage 2)

Der Reinertrag ist der Rohertrag abzüglich der Bewirtschaftungskosten.

3.5.4 Liegenschaftszinssatz (Nr. 1.3.0.2 der Anlage 2)

Der Liegenschaftszinssatz ist der Zinssatz, mit dem sich das im Verkehrswert gebundene Kapital verzinst, wobei sich der Zinssatz nach dem aus der Liegenschaft marktüblich erzielbaren Reinertrag im Verhältnis zum Verkehrswert bemisst.

Der angemessene und nutzungstypische Liegenschaftszinssatz ist nach der Art des Grundstücks (z. B. Mietwohngrundstück, gemischt genutztes Grundstück, Geschäftsgrundstück, gewerbliches Grundstück oder ähnliches) und der Lage auf dem Grundstücksmarkt zu bestimmen. Dabei soll auf den vom örtlichen Gutachterausschuss für Grundstückswerte ermittelten und veröffentlichten Liegenschaftszinssatz zurückgegriffen werden (§ 11 WertV). Ist für das Grundstück kein am regionalen Markt orientierter Liegenschaftszinssatz feststellbar, so kann auf Liegenschaftszinssätze aus vergleichbaren Gebieten, die auch in anderen Gemeinden liegen können, zurückgegriffen werden.

Mit dem Liegenschaftszinssatz werden die allgemein vom Grundstücksmarkt erwarteten künftigen Entwicklungen insbesondere der Ertrags- und Wertverhältnisse sowie der üblichen steuerlichen Rahmenbedingungen berücksichtigt. Besondere Ertragsverhältnisse auf Grund wohnungs- und mietrechtlicher Bindungen bedürfen dagegen einer eigenständigen Berücksichtigung (vgl. Nr. 3.5.1, 3.5.8 und 4.3).

3.5.5 Bodenwert und Bodenwertverzinsungsbetrag (Nr. 1.3.4 der Anlage 2)

Bei Anwendung des umfassenden Ertragswertverfahrens (vgl. Nr. 3.5 a) auf der Grundlage der Anlage 2 wird der Reinertrag in einen Bodenwert- und einen Gebäudewertanteil aufgespalten, indem der Reinertrag um den Betrag vermindert wird, der sich durch eine angemessene Verzinsung des Bodenwerts ergibt (Bodenwertverzinsungsbetrag).

Der Ermittlung des Bodenwertverzinsungsbetrags ist der angemessene und nutzungstypische Liegenschaftszinssatz zu Grunde zu legen.

Bei der Bestimmung des für den Bodenwertverzinsungsbetrag maßgeblichen Bodenwerts sind folgende Grundsätze zu beachten:
a) Ist die vorhandene Grundstücksfläche größer als es einer den baulichen Anlagen angemessenen Nutzung entspricht und ist nach rechtlichen Gegebenheiten eine höherwertige, selbstständige Nutzung der Mehrfläche zulässig und möglich, so ist diese Mehrfläche beim Ansatz des maßgeblichen Bodenwerts nicht zu berücksichtigen.
b) Bei zu erwartenden, am Wertermittlungsstichtag aber noch nicht erhobenen Abgaben und Beiträgen (z.B. Erschließungsbeitrag) bestimmt sich der maßgebliche Bodenwert grundsätzlich nach dem abgaben- und beitragsfreien Zustand.
c) Bei der Ermittlung des Kaufpreises eines bebauten Grundstücks bei gleichzeitiger verbilligter und unentgeltlicher Abgabe des Grund und Bodens ist der Bodenwertverzinsungsbetrag auf der Grundlage des üblichen Bodenwerts zu ermitteln.

In den Fällen a bis c kann es im Ergebnis erforderlich werden, dass in das Ertragswertverfahren zwei unterschiedliche Bodenwerte eingeführt werden müssen.

Bei Anwendung des Ertragswertverfahrens auf Objekte mit kurzer Restnutzungsdauer der baulichen Anlagen (z.B. zum Zwecke der Zwischennutzung) ist der aus Vergleichspreisen (Bodenrichtwerten) unbebauter Grundstücke abgeleitete Bodenwert um die gewöhnlichen Freilegungskosten zu vermindern. Der verminderte Bodenwert ist sowohl bei der Ermittlung des Bodenwertverzinsungsbetrags als auch bei dem unter Nr. 1.1.6 der Anlage 2 auszuweisenden Bodenwert anzusetzen.

3.5.6 Gesamtnutzungsdauer und Restnutzungsdauer (Nr. 1.0.2.2 der Anlage 2)

Grundsätzlich kommt es bei der Verkehrswertermittlung stets auf die wirtschaftliche Gesamt- und Restnutzungsdauer der baulichen Anlagen an; die technische Lebensdauer kann lediglich die oberste Grenze der wirtschaftlichen Nutzungsdauer darstellen. Dies gilt auch dann, wenn die Restnutzungsdauer durch Abzug des Alters von der Gesamtnutzungsdauer ermittelt wird.

Die Gesamt- und Restnutzungsdauer der baulichen Anlagen sind nach Art und Eigenschaften der Gebäude und insbesondere unter Berücksichtigung des Gebäudeausbaus abzuschätzen.

3.5.6.1 Gesamtnutzungsdauer (Nr. 1.0.2.2 der Anlage 2)

Als Anhaltspunkt für die durchschnittliche wirtschaftliche Gesamtnutzungsdauer können die in der Anlage 4 für die einzelnen Gebäudetypen angegebenen Werte gelten, wobei der Anwender dieser Tabelle gehalten ist, eigenverantwortlich die Gesamtnutzungsdauer des zu wertenden Objekts, insbesondere unter Berücksichtigung der Lage des Objekts, seiner Eigenschaften und der wirtschaftlichen Verwertungsfähigkeit zu ermitteln.

3.5.6.2 Restnutzungsdauer (Nr. 1.0.2.2 der Anlage 2)

Als Restnutzungsdauer ist die Anzahl der Jahre anzusetzen, in denen die baulichen Anlagen bei ordnungsgemäßer Unterhaltung und Bewirtschaftung voraussichtlich noch wirtschaftlich genutzt werden können. Dabei ist zu berücksichtigen, dass durchgeführte Instandsetzungen oder Modernisierungen die Restnutzungsdauer verlängern, unterlassene Instandhaltung oder andere Gegebenheiten die Restnutzungsdauer verkürzen können (vgl. §23 Abs. 2 WertV).

Die Restnutzungsdauer bestimmt sich auf der Grundlage einer wirtschaftlichen Betrachtungsweise unter Berücksichtigung der Modernisierung bzw. Erneuerung von einzelnen Gebäuden bzw. Gebäudeteilen.

Bei der Bemessung der Restnutzungsdauer ist zu beachten, ob die baulichen Anlagen den allgemeinen Anforderungen an gesunde Wohn- und Arbeitsverhältnisse und an die Sicherheit der auf dem betroffenen Grundstück oder im umliegenden Gebiet wohnenden oder arbeitenden Menschen oder den künftigen wirtschaftlichen Anforderungen an Art und Ausstattung entsprechen.

Es ist die Restnutzungsdauer zu wählen, die die wirtschaftlich sinnvollste Nutzung des Grundstücks gewährleistet.

Mit abnehmender Restnutzungsdauer der baulichen Anlagen kommt der richtigen Einschätzung der Restnutzungsdauer eine zunehmende Bedeutung zu.

Zur Anwendung des Ertragswertverfahrens auf Objekte mit kurzer Restnutzungsdauer der baulichen Anlage vgl. Nr. 3.5.5.

Bei Grundstücken mit mehreren aufstehenden Gebäuden unterschiedlicher Restnutzungsdauer, die eine wirtschaftliche Einheit bilden, sowie bei Gebäuden mit Bauteilen, die eine deutlich voneinander abweichende Restnutzungsdauer aufweisen, bestimmt sich die maßgebliche Restnutzungsdauer nicht zwangsläufig nach dem Gebäude mit der kürzesten Restnutzungsdauer, sondern ist nach wirtschaftlichen Gesichtspunkten unter Einbeziehung der Möglichkeit der Modernisierung wirtschaftlich verbrauchter Gebäude und Bauteile zu bestimmen.

3.5.7 Vervielfältiger (Nr. 1.3.6 der Anlage 2)

Der Vervielfältiger für die Ermittlung des Ertragswerts ist aus der Tabelle Anlage 5 nach der Restnutzungsdauer des Gebäudes und dem angemessenen, nutzungstypischen Liegenschaftszinssatz zu entnehmen. Dabei handelt es sich um den Rentenbarwertfaktor einer jährlich nachschüssigen Rente, die auch im Falle einer monatlich vorschüssigen Zahlungsweise Anwendung finden kann. Bei auf mehrere Monate angelegter vorschüssiger Zahlungsweise (z. B. viertel-, halb- oder jährlich) muss dem besonders durch Angleichung des entsprechenden Vervielfältigers Rechnung getragen werden.

3.5.8 Zu- und Abschläge (Nr. 1.3.8 der Anlage 2)

Soweit Erträge oder Kosten nach den vorstehenden Regelungen noch nicht berücksichtigt sind, wie Einnahmen aus besonderen Nutzungen von Gebäuden oder sonstigen Grundstücksflächen oder Kosten für eine unterlassene Instandhaltung (Instandhaltungsstau) sowie eine Beeinflussung des Ertrags durch besondere miet- oder wohnungsrechtliche Bindungen, ist dies durch entsprechende Zu- oder Abschläge auf den ermittelten Wert zu berücksichtigen (vgl. Nr. 3.5.1).

Weist ein Objekt Baumängel oder Bauschäden (vgl. Nr. 3.6.1.1.8) auf und soll der Verkehrswert unter Berücksichtigung der Kosten für deren Beseitigung sowie unter Berücksichtigung der erfolgten Modernisierung ermittelt werden, sind entsprechend dem geplanten Bauzustand eines mangelfreien und ggf. modernisierten Objekts:
- die nachhaltig erzielbaren Erträge (Nettokaltmieten),
- die nachhaltig anfallenden Bewirtschaftungskosten (insbesondere Höhe der laufenden Instandhaltungskosten) und
- die ggf. auf der Grundlage einer Modernisierung verlängerte Restnutzungsdauer

zu Grunde zu legen und das Ergebnis der Wertermittlung um die aufzuwendenden Kosten (getrennt nach Instandsetzungs- und Modernisierungsmaßnahmen) zu vermindern.

Nur in bestimmten Fällen sind die Instandsetzungskosten in voller Höhe wertmindernd zu berücksichtigen (z.B. bei zwingend erforderlichen Maßnahmen; vgl. auch Nr. 3.6.1.1.8 und 3.6.1.1.9).

Soweit eine Verpflichtung zum Erhalt der baulichen Anlage nicht besteht, ist bei überdurchschnittlichen Kosten zur Beseitigung der Baumängel und Bauschäden im Verhältnis zum Gebäudeertragswert des instand gesetzten Gebäudes zu prüfen, ob sachgerechte Ergebnisse unter Zugrundelegung des gegebenen Erhaltungszustands oder eines sofortigen Rückbaus des Gebäudes erzielt werden können.

3.6 Sachwert (Nr. 1.4 der Anlage 2)

Der Sachwert umfasst den Bodenwert sowie den Wert der baulichen und der sonstigen Anlagen (§21 WertV).

Der Bodenwert ist in der Regel im Vergleichswertverfahren zu ermitteln. Die Ausführungen unter Nr. 2.3 für die Wertermittlung unbebauter Grundstücke gelten sinngemäß.

Zu den baulichen Anlagen zählen Gebäude, bauliche Außenanlagen (z.B. Wege- und Platzbefestigungen, Ver- und Entsorgungseinrichtungen auf dem Grundstück, Einfriedungen) und besondere Betriebseinrichtungen (z.B. Tresor- und Tankanlagen, Förderanlagen).

Unter dem Begriff der sonstigen Anlagen sind insbesondere Gartenanlagen, Anpflanzungen und Parks zu verstehen.

Anlage 5: Wertermittlungsrichtlinien (WertR 2006)

Die Werte der einzelnen baulichen Anlagen sind getrennt zu ermitteln.

3.6.1 Wert der baulichen Anlagen am Wertermittlungsstichtag

Zur Ermittlung des Werts der baulichen Anlagen ist von den gewöhnlichen Herstellungskosten auszugehen, die unter Beachtung wirtschaftlicher Gesichtspunkte für die Neuerrichtung des Wertermittlungsobjekts am Wertermittlungsstichtag aufzuwenden wären (Ersatzbeschaffungskosten).

3.6.1.1 Wert der Gebäude (Nr. 1.4.1 der Anlage 2)

Grundsätzlich kann der Herstellungswert eines Gebäudes ermittelt werden:
a) auf der Grundlage von Erfahrungssätzen bezogen auf eine geeignete Bezugseinheit (Normalherstellungskosten),
b) nach gewöhnlichen Herstellungskosten für einzelne Bauleistungen oder
c) nach den tatsächlich entstandenen Herstellungskosten.

Vorrangig wird der Herstellungswert auf der Grundlage von Normalherstellungskosten ermittelt.

Voraussetzung für die Anwendung dieses Verfahrens ist das Vorliegen geeigneter Normalherstellungskosten. Geeignet sind Normalherstellungskosten, wenn sie sich auf Gebäude beziehen, die dem zu wertenden Gebäude vor allem bezüglich der Gebäudeart, Bauweise, Bauausführung und Ausstattung hinreichend entsprechen.

Zur Ermittlung des Herstellungswerts eines Gebäudes sind die gewöhnlichen Herstellungskosten (Normalherstellungskosten) je Flächen- oder Raumeinheit mit der Fläche oder dem Rauminhalt des zu wertenden Gebäudes zu vervielfachen.

Bei der Ermittlung der Flächen oder des Rauminhalts sind dieselben Berechnungsvorschriften anzuwenden, wie sie für die Ableitung der Normalherstellungskosten gelten.

Die Normalherstellungskosten sind in möglichst aktueller Höhe für unterschiedliche Gebäudearten getrennt anzusetzen.

Im Falle einer anstehenden zukünftigen Nutzungsänderung ist die Ermittlung des Herstellungswerts nur auf die Gebäudeteile zu beschränken, die auch zukünftig Weiterverwendung finden.

Bei der Überführung der bisherigen Nutzung in eine Anschlussnutzung sind die Kosten für Freilegung, Teilabbruch- und Sicherungsmaßnahmen ebenso zu berücksichtigen wie die Verwertungserlöse für abgängige Bauteile.

3.6.1.1.1 Normalherstellungskosten 2000 – NHK 2000
(Nr. 1.4.1.1 der Anlage 2)

Auf der Grundlage der sich aus Anlage 7 ergebenden Normalherstellungskosten 2000 werden die gewöhnlichen Herstellungskosten einschließlich einer 16%igen Mehrwertsteuer bezogen auf die Preisbasis 2000 entsprechend dem Gebäudetyp, dem Baujahr und dem Ausstattungsstandard des Bewertungsobjekts bestimmt.

Sie können zur Ermittlung des Sachwerts von Gebäuden herangezogen werden, wenn keine anderen zuverlässigen Erfahrungswerte über die gewöhnlichen Herstellungskosten des örtlichen Grundstücksmarktes zur Verfügung stehen.

Insbesondere im Hinblick auf die für die älteren Baujahrsklassen ausgewiesenen Normalherstellungskosten wird darauf hingewiesen, dass es sich dabei um die gewöhnlichen Herstellungskosten für Ersatzbeschaffungsmaßnahmen unter Berücksichtigung neuzeitlicher, wirtschaftlicher Bauweisen und nicht um Rekonstruktionskosten handelt.

Die spezifischen Merkmale des Bewertungsobjekts können sowohl bei den Gebäudetypen als auch bei den Ausstattungsstandards und den Baujahrsklassen durch Interpolation berücksichtigt werden.

Die Normalherstellungskosten 2000 enthalten für jeden Gebäudetyp eine Kurzbeschreibung des Ausstattungsstandards. Der Gegenstand der Wertermittlung ist auf der Grundlage dieser Ausstattungsmerkmale zu qualifizieren.

Es ist zu beachten, dass die in den Ausstattungsstandards angegebenen Kostengruppen ungleichgewichtig sind und im Einzelfall das zu wertende Objekt zugeordnet werden muss.

Für die Bestimmung der Baujahrsklasse für Gebäude, die überdurchschnittlich instand gehalten, instand gesetzt oder modernisiert wurden, kann von einer entsprechend verjüngten Baujahrsklasse ausgegangen werden, wenn dem nicht bereits durch Zuschläge Rechnung getragen wurde. Bei durchgreifend modernisierten Gebäuden ist fiktiv die Baujahrsklasse zu Grunde zu legen, die dem Standard der Baujahrsklasse entspricht, der durch die Modernisierung herbeigeführt wurde.

Umgekehrt ist eine vernachlässigte Instandhaltung (Instandhaltungsstau) durch die Einordnung in eine ältere Baujahrsklasse zu berücksichtigen, wenn dem nicht in anderer Weise Rechnung getragen wurde.

Die in den Gebäudetypenblättern ausgewiesenen Normalherstellungskosten differenzieren u. a. nach Gebäuden mit und ohne ausgebautem Dachgeschoss.

Ist ein Dachgeschoss nur teilweise ausgebaut oder ist zusätzlich eine nutzbare (zugängliche) Ebene in einem Steildach (ausgebauter Spitzboden) vorhanden, sind Zu- bzw. Abschläge von den Normalherstellungskosten oder eine Berechnung im Gebäude-Mix erforderlich (Anlage 7).

Bezugsgrundlage der Normalherstellungskosten ist grundsätzlich die Brutto-Grundfläche (BGF) der DIN 277 (1987) (vgl. Anlage 6); in besonderen Fällen der Brutto-Rauminhalt (BRI).

3.6.1.1.2 Korrekturfaktoren (Nr. 1.4.1.3 der Anlage 2)

Bei Heranziehung der ausgewiesenen Normalherstellungskosten sind, von landwirtschaftlichen Gebäuden abgesehen, Abweichungen auf Grund regionaler Einflüsse und der Ortsgröße zu berücksichtigen. Dabei sind die ggf. von den Gutachterausschüssen für Grundstückswerte ermittelten Korrekturfaktoren oder andere Auswertungen heranzuziehen.

Bei einzelnen Gebäudetypen sind weitere Korrekturfaktoren angegeben, die eine Anpassung der speziellen Merkmale des Bewertungsobjekts an das Vergleichsobjekt der Normalherstellungskosten 2000 erlauben.

Die sich hier ergebenden Zu- bzw. Abschläge sind durch Multiplikation mit den Tabellenwerten der Normalherstellungskosten zu berücksichtigen.

3.6.1.1.3 Berechnung der Brutto-Grundfläche (Nr. 1.4.1.5 der Anlage 2)

Die Brutto-Grundfläche (BGF) ist die Summe der Grundflächen aller Grundrissebenen eines Bauwerks. Hinweise zur Berechnung der Brutto-Grundfläche enthält Anlage 6 .

Eine detaillierte Berechnung der Brutto-Grundfläche ist beizufügen.

3.6.1.1.4 Baunebenkosten (Nr. 1.4.1.6 der Anlage 2)

Baunebenkosten sind die Kosten für Planung, Baudurchführung, behördliche Prüfungen und Genehmigungen sowie die unmittelbar mit der Herstellung der baulichen Anlagen erforderlichen Kosten der Finanzierung.

Die Baunebenkosten sind in den Normalherstellungskosten 2000 nicht enthalten und müssen demzufolge noch zusätzlich berücksichtigt werden. Anhaltspunkte für durchschnittliche Baunebenkosten sind auf den einzelnen Gebäudetypenblättern der NHK 2000 aufgeführt.

Mit zunehmendem Gebäudesachwert vermindern sich die relativen Baunebenkosten.

3.6.1.1.5 Baupreisindex (Nr. 1.4.1.7 der Anlage 2)

Der aus den Normalherstellungskosten ermittelte Herstellungswert ist in der Regel auf den Wertermittlungsstichtag zu beziehen.

Bei der Ermittlung des Werts der baulichen Anlagen ist der letzte vor dem Wertermittlungsstichtag veröffentlichte, für die jeweilige Gebäudeart zutreffende Preisindex (Baupreisindex) des Statistischen Bundesamtes (Internetadresse www.destatis.de) bzw. der Statistischen Landesämter mit dem entsprechenden Basisjahr zu Grunde zu legen.

3.6.1.1.6 Gesamt- und Restnutzungsdauer (Nr. 1.4.1.9 der Anlage 2)

Zum Ansatz der Gesamt- und Restnutzungsdauer vergleiche die Ausführungen unter Nr. 3.5.6. Anhaltspunkte für die durchschnittliche Gesamtnutzungsdauer der einzelnen Gebäudetypen enthält die Anlage 4 sowie die Ausführungen unter Nr. 3.6.1.1.1.

3.6.1.1.7 Wertminderung wegen Alters (Nr. 1.4.1.9 der Anlage 2)

Der auf der Grundlage der Normalherstellungskosten 2000 unter Berücksichtigung der entsprechenden Korrekturfaktoren und mit Hilfe des Baupreisindexes auf den Wertermittlungsstichtag bezogene Wert entspricht dem eines neu errichteten Gebäudes.

Soweit es sich um ein älteres Gebäude handelt, muss dieser Wert entsprechend dem Alter des Gebäudes gemindert werden.

Die Alterswertminderung wird in einem Vomhundertsatz des Gebäudeherstellungswerts ausgedrückt.

Dabei wird die für den jeweiligen Gebäudetyp übliche Gesamtnutzungsdauer (vgl. Nr. 3.5.6.1) der ggf. durch Instandsetzung oder Modernisierung verlängerten oder durch unterlassene Instandhaltung oder anderen Gegebenheiten verkürzten Restnutzungsdauer (vgl. Nr. 3.5.6.2) gegenübergestellt.

Die zur Zeit überwiegend in der Praxis angewandten Abschreibungstabellen sind in den Anlagen 8 a und b wiedergegeben.

Die Art der Abschreibung ist anzugeben und zu begründen.

3.6.1.1.8 Wertminderung wegen Baumängeln und Bauschäden (Nr. 1.4.1.10 der Anlage 2)

Baumängel entstehen während der Bauzeit. Als Sachmangel führen § 434 BGB bzw. § 633 BGB Abweichungen von der vereinbarten Beschaffenheit, von der vorausgesetzten Verwendung und von der gewöhnlichen Verwendung auf. Zu den Baumängeln gehören z. B. mangelnde Isolierung, mangelnde statische Festigkeit und unzweckmäßige Baustoffe. Baumängel können sowohl durch unsachgemäße Bauausführung als auch durch Einsparungen verursacht werden, die sich auf die geforderte Qualität des Bauwerks auswirken.

Bauschäden entstehen nach der Fertigstellung infolge äußerer Einwirkung; dazu gehören z. B. vernachlässigte Instandhaltung (Instandhaltungsstau), Bergschäden, Wasserschäden, Holzerkrankungen und Schädlingsbefall. Bauschäden können auch als Folge von Baumängeln auftreten.

Eine Wertminderung wegen Baumängeln oder Bauschäden ist nur dann anzusetzen, wenn diese nicht schon auf andere Weise wertmindernd berücksichtigt wurden.

Wertminderungen auf Grund von Baumängeln und/oder Bauschäden können folgendermaßen berücksichtigt werden:
- durch Verminderung des angesetzten Herstellungswerts,
- durch eine entsprechend geminderte Restnutzungsdauer,
- durch Abschlag nach Erfahrungswerten (in v. H. der Gebäudeherstellungskosten) unter Verwendung von Bauteiltabellen,
- durch Abzug der Schadensbeseitigungskosten.

Bei der letztgenannten Verfahrensweise muss beachtet werden, dass der Wertminderungsbetrag nicht höher sein kann als der Wertanteil des betreffenden Bauteils am Gesamtwert des Baukörpers. Aus diesem Grund ist es in der Regel notwendig, die nach den Wertverhältnissen am Wertermittlungsstichtag ermittelten Schadensbeseitigungskosten unter Anwendung des unter Nr. 3.6.1.1.7 aufgeführten Alterswertminderungssatzes zu kürzen (vgl. Nr. 3.5.8).

Welche dieser Verfahrensweisen sachgerecht ist, hängt vom Einzelfall ab und sollte vom Standpunkt eines wirtschaftlich vernünftig handelnden Eigentümers betrachtet werden. In jedem Fall sind Doppelberücksichtigungen zu vermeiden.

3.6.1.1.9 Sonstige wertbeeinflussende Umstände (Nr. 1.4.1.11 der Anlage 2)

Wertbeeinflussende Umstände, die bisher nicht erfasst oder berücksichtigt worden sind, sind durch Zu- oder Abschläge oder in anderer geeigneter Weise zu berücksichtigen (§ 25 WertV). Als solche Umstände kommen insbesondere in Betracht:
- wirtschaftliche Wertminderung,
- überdurchschnittlicher Erhaltungszustand,
- erhebliche Abweichung der tatsächlichen von der nach §5 Abs. 1 WertV maßgeblichen Nutzung.

Eine Wertminderung auf Grund überhoher Geschosshöhen entfällt bei der Wertermittlung von Gebäuden auf der Grundlage von Normalherstellungskosten (vgl. Anlage 6), deren Bezugseinheit die Brutto-Grundfläche ist. In diesen Fällen ist jedoch zu prüfen, ob nicht überhohe Geschosshöhen entsprechend den Gepflogenheiten des allgemeinen Geschäftsverkehrs zu einer Werterhöhung führen können.

3.6.1.1.9.1 Wirtschaftliche Wertminderung (Nr. 1.4.1.12 der Anlage 2)

Ein Abschlag wegen wirtschaftlicher Wertminderung neben dem Ansatz der normalen Alterswertminderung kommt in Betracht, wenn das Bewertungsobjekt seine volle wirtschaftliche Verwendungsfähigkeit auch bei möglicher anderweitiger Verwendung verloren hat.

Für eine wirtschaftliche Wertminderung kommen folgende Umstände in Betracht, die in Vomhundertsätzen als Abschläge zu berücksichtigen sind:
- zeitbedingte oder zweckbedingte Baugestaltung, letzteres vor allem bei gewerblichen oder öffentlichen Zweckbauten,

- unorganischer Aufbau und Grundriss des Gebäudes, unorganische Anordnung der Gebäude auf dem Grundstück und zueinander,
- Strukturänderung, Zweckentfremdung, nicht mehr gewährleistete Funktionserfüllung auf Grund Gestaltung und Alters der Gebäude,
- wirtschaftliche Überalterung (allgemeine Nutzungsmöglichkeit).

Die wirtschaftliche Wertminderung der Außenanlagen ist abhängig von der wirtschaftlichen Wertminderung der Gebäude, wenn sie deren Schicksal teilen.

3.6.1.1.9.2 Erhebliche Abweichung der tatsächlichen von der nach §5 Abs. 1 WertV maßgeblichen Nutzung (Nr. 1.4.1.13 der Anlage 2)

Besteht ein offensichtliches Missverhältnis zwischen der tatsächlichen Nutzung und der rechtlich zulässigen bzw. lagetypischen Nutzung und wird dadurch die Nutzungsmöglichkeit des Grundstücks tatsächlich eingeschränkt oder wird durch die tatsächliche Nutzung die rechtlich zulässige Nutzung überschritten, so kann hierdurch eine Minderung oder Erhöhung des Gesamtwerts des Grundstücks begründet sein (vgl. §5 Abs. 1 WertV sowie Nr. 2.3.4.6). Dieser durch die vorhandene Bebauung bedingten Wertminderung oder Werterhöhung ist durch einen entsprechenden Abschlag oder Zuschlag Rechnung zu tragen. Die Höhe der Wertminderung oder -erhöhung ist insbesondere vom Ausmaß dieses Missverhältnisses und von der Restnutzungsdauer der vorhandenen Bebauung abhängig.

3.6.1.2 Wert der baulichen Außenanlagen (Nr. 1.4.2.1 der Anlage 2)

Die Ermittlung des Wertanteils der baulichen Außenanlagen erfolgt in der Regel auf der Grundlage von Erfahrungswerten.

3.6.1.3 Wert der besonderen Betriebseinrichtungen (Nr. 1.4.2.2 der Anlage 2)

Der Wertanteil der besonderen Betriebseinrichtungen ist nur dann gesondert zu ermitteln, soweit diese nicht bereits mit den nach §22 WertV angesetzten Normalherstellungskosten berücksichtigt wurden.

Wenn erforderlich, kann der Wert der besonderen Betriebseinrichtungen aus Erfahrungssätzen abgeleitet werden.

Anhang

3.6.2 Wert der sonstigen Anlagen (Nr. 1.4.2.4 der Anlage 2)

Der Wertanteil der sonstigen Anlagen, wie Gartenanlagen, Anpflanzungen und Parks ist nur dann gesondert zu ermitteln, soweit sie nicht bereits im Bodenwert enthalten sind.

Wenn erforderlich, kann der Wert der sonstigen Anlagen aus Erfahrungssätzen oder aus den gewöhnlichen Herstellungskosten, bei forstlichem Aufwuchs nach dem Abtriebswert (vgl. WaldR 2000) abgeleitet werden.

3.7 Verkehrswert — Marktwert (Nr. 1.5 der Anlage 2)

Der Verkehrswert (§ 194 BauGB, § 7 WertV) ist aus den Ergebnissen der angewandten Wertermittlungsverfahren abzuleiten.

Soweit mit den bei den einzelnen Wertermittlungsverfahren herangezogenen Daten die jeweilige Lage auf dem Grundstücksmarkt nicht hinreichend Berücksichtigung finden kann, ist die Angebots- und Nachfragesituation zu ergründen, darzulegen und ggf. durch entsprechende Zu- oder Abschläge auf die ermittelten Sach- bzw. Ertragswerte zu berücksichtigen. Die Mittelbildung des Sach- und Ertragswerts stellt in der Regel keine geeignete Methode zur Ableitung des Verkehrswerts dar.

Das Ergebnis der Sach- bzw. Ertragswertermittlung ist umso kritischer zu würdigen, je größer die beim Übergang vom Sach- bzw. Ertragswert zum Verkehrswert anzubringenden Marktkorrekturen ausfallen. Hohe Marktanpassungskorrekturen sprechen gegen die Eignung des jeweils angewandten Verfahrens.

3.8 Werterhöhende Investitionen Dritter

Werterhöhende Investitionen Dritter sind gesondert zu bezeichnen, soweit sie nicht abgelöst oder durch verbilligte Miete verrechnet sind.

Es sind dabei in der Regel anzugeben:
- Investitionskosten nach Baujahren getrennt mit Angabe der Art der baulichen Maßnahmen,
- Investitionsförderung,
- Investitionswert.

Sofern vertragliche Regelungen nicht entgegenstehen, ist der Investitionswert gleich der Differenz zwischen dem Wert des Grundstücks mit Berücksichtigung der Investition und dem Wert desselben Grundstücks ohne Berücksichtigung der Investition am gleichen Wertermittlungsstichtag. Dies trifft sowohl für die Ermittlung der Verkehrswerte im Vergleichs-, Ertrags- als auch im Sachwertverfahren zu.

Anhang

8.6 Anlage 6: Beispielgutachten

GUTACHTEN

über den Verkehrswert (i.S.d. § 194 Baugesetzbuch)
für das mit einem
**Einfamilienwohnhaus bebaute Grundstück
in 82335 Berg, Salzstraße 24**

Der **Verkehrswert des Grundstücks** wurde zum Stichtag
17.05.2010 ermittelt mit rd.

596.000,00 €

Ausfertigung Nr. 1
Dieses Gutachten besteht aus 32 Seiten zzgl. 7 Anlagen mit insgesamt 13 Seiten.[1]
Das Gutachten wurde in zwei Ausfertigungen erstellt, davon eine für meine Unterlagen.

[1] Die Anlagen wurden aus Gründen der Anonymität nicht beigefügt

Anlage 6: Beispielgutachten

Firma, Name des Sachverständigen

Inhaltsverzeichnis

Nr.	Abschnitt	Seite
1	Allgemeine Angaben	3
1.1	Angaben zum Bewertungsobjekt	3
1.2	Angaben zum Auftraggeber und Eigentümer	3
1.3	Angaben zum Auftrag und zur Auftragsabwicklung	3
2	Grund- und Bodenbeschreibung	4
2.1	Lage	4
2.1.1	Großräumige Lage	4
2.1.2	Kleinräumige Lage	4
2.2	Gestalt und Form	4
2.3	Erschließung	5
2.4	Privatrechtliche Situation	5
2.5	Öffentlich-rechtliche Situation	5
2.5.1	Baulasten und Denkmalschutz	5
2.5.2	Bauplanungsrecht	6
2.5.3	Bauordnungsrecht	6
2.6	Entwicklungszustand inkl. Beitrags- und Abgabensituation	6
2.7	Hinweise zu den durchgeführten Erhebungen	6
2.8	Derzeitige Nutzung und Vermietungssituation	6
3	Beschreibung der Gebäude und Außenanlagen	7
3.1	Vorbemerkungen zur Gebäudebeschreibung	7
3.2	Einfamilienwohnhaus	7
3.2.1	Art des Gebäudes, Baujahr und Außenansicht	7
3.2.2	Nutzungseinheiten, Raumaufteilung	7
3.2.3	Gebäudekonstruktion (Keller, Wände, Decken, Treppen, Dach)	7
3.2.4	Allgemeine technische Gebäudeausstattung	8
3.2.5	Besondere Bauteile/Einrichtungen, Zustand des Gebäudes	8
3.3	Nebengebäude	9
3.4	Außenanlagen	9
4	Ermittlung des Verkehrswerts	10
4.1	Verfahrenswahl mit Begründung	10
4.1.1	Bewertungsrechtliche und bewertungstheoretische Vorbemerkungen	10
4.1.1.1	Grundsätze zur Wahl der Wertermittlungsverfahren	10
4.1.1.2	Allgemeine Kriterien für die Eignung der Wertermittlungsverfahren	10
4.1.2	Zu den herangezogenen Verfahren	11
4.1.2.1	Beschreibung des Bewertungsmodells der Bodenwertermittlung	11
4.1.2.2	Bewertung des bebauten Gesamtgrundstücks	12
4.2	Bodenwertermittlung	14
4.3	Sachwertermittlung	17
4.3.1	Das Sachwertmodell der Immobilienwertermittlungsverordnung	17
4.3.2	Erläuterungen der bei der Sachwertberechnung verwendeten Begriffe	17
4.3.3	Sachwertberechnung	20
4.3.4	Erläuterungen zu den Wertansätzen in der Sachwertberechnung	20
4.4	Ertragswertermittlung	24
4.4.1	Das Ertragswertmodell der Immobilienwertermittlungsverordnung	24
4.4.2	Erläuterungen der bei der Ertragswertberechnung verwendeten Begriffe	25
4.4.3	Ertragswertberechnung	27
4.4.4	Erläuterungen zu den Wertansätzen in der Ertragswertberechnung	28
4.5	Verkehrswert	30
5	Rechtsgrundlagen, verwendete Literatur und Software	31
5.1	Rechtsgrundlagen der Verkehrswertermittlung	31
5.2	Verwendete Wertermittlungsliteratur	31
5.3	Verwendete fachspezifische Software	31
6	Verzeichnis der Anlagen	32

Objekt: Salzstraße 24, 82335 Berg   erstellt mit Sprengnetter-ProSa, Version 29

Anhang

1 Allgemeine Angaben

1.1 Angaben zum Bewertungsobjekt

Art des Bewertungsobjekts:	Grundstück, bebaut mit Einfamilienwohnhaus und unterkellerter Doppelgarage
Objektadresse:	Salzstraße 24 82335 Berg
Grundbuchangaben:	Grundbuch von Berg, Band 25, Blatt 885, lfd. Nr. 1
Katasterangaben:	Gemarkung Berg, Flurstück 376/4 (800 m²)

1.2 Angaben zum Auftraggeber und Eigentümer

Auftraggeber und Eigentümer[2]:	Herr Dr. Helmut Schulze Salzstraße 24 82335 Berg
	Auftrag vom 21.04.2010 (Datum des Auftragsschreibens)

1.3 Angaben zum Auftrag und zur Auftragsabwicklung

Grund der Gutachtenerstellung:	Verkehrswertermittlung zum Zwecke der Vermögensübersicht
Wertermittlungsstichtag:	17.05.2010
Tag der Ortsbesichtigung:	17.05.2010
Teilnehmer am Ortstermin:	Herr Dr. Helmut Schulze und der Sachverständige
Herangezogene Unterlagen, Erkundigungen, Informationen:	• Auszug aus der Straßenkarte im Maßstab 1 : 150.000, • Auszug aus dem Stadtplan im Maßstab 1 : 20.000, • Auszug aus der Katasterkarte im Maßstab 1 : 1.000, • unbeglaubigter Grundbuchauszug vom 22.4.2010 • Erforderliche Daten der Wertermittlung aus eigener Bibliothek • Bodenrichtwertauskunft des zuständigen Gutachterausschusses, • telefonische Auskunft über planungsrechtliche Gegebenheiten vom 22.4.2010
	Vom Auftraggeber wurden für diese Gutachtenerstellung im Wesentlichen folgende Unterlagen und Informationen zur Verfügung gestellt: • Bauzeichnungen (Grundrisse, Ansichten, Schnitte); • Berechnung des Bruttorauminhalts und der Wohn- und Nutzflächen.

---

[2] Die Angaben des Auftraggebers und Eigentümers wurden aus Gründen der Anonymität verändert

2 Grund- und Bodenbeschreibung

2.1 Lage

2.1.1 Großräumige Lage

Bundesland:	Bayern
Kreis:	Starnberg
Ort und Einwohnerzahl:	Berg (ca. 7.000 Einwohner)
Überörtliche Anbindung / Entfernungen: (vgl. Anlage 1)	Nächstgelegene größere Städte: Starnberg (ca. 6,5 km entfernt)
	Landeshauptstadt: München (ca. 25 km entfernt)
	Autobahnzufahrt: Autobahnanschluß Percha (A95) (ca. 4 km entfernt)
	Bahnhof: Starnberg (ca. 7 km entfernt)
	Flughafen: München (Franz Josef Strauß Flughafen) (ca. 70 km entfernt)

2.1.2 Kleinräumige Lage

innerörtliche Lage: (vgl. Anlage 2)	Ortsrand; die Entfernung zum Stadtzentrum beträgt ca. 400 m; Geschäfte des täglichen Bedarfs in fußläufiger Entfernung; Schulen und Ärzte in unmittelbarer Nähe; öffentliche Verkehrsmittel (Bushaltestelle) ca. 200 m entfernt; gute Wohnlage
Art der Bebauung und Nutzungen in der Straße und im Ortsteil:	ausschließlich wohnbauliche Nutzungen; überwiegend offene Bauweise ein bis zweigeschoßige Bauweise
Beeinträchtigungen:	keine
topografische Grundstückslage:	leicht hängig; Garten mit Südausrichtung

2.2 Gestalt und Form

Gestalt und Form: (vgl. Anlage 3)	Straßenfront: ca. 20 m; mittlere Tiefe: ca. 40 m;
	Grundstücksgröße: Flurst.Nr.: 376/4 Größe: 800 m²
	Bemerkungen: rechteckige Grundstücksform

Anhang

2.3 Erschließung

Straßenart:	Anliegerstraße;
Straßenausbau:	voll ausgebaut, Fahrbahn aus Bitumen; Gehweg einseitig vorhanden, befestigt mit Betonverbundstein; Parkstreifen ausreichend vorhanden
Anschlüsse an Versorgungsleitungen und Abwasserbeseitigung:	elektrischer Strom, Wasser aus öffentlicher Versorgung; Kanalanschluss; Telefonanschluss
Grenzverhältnisse, nachbarliche Gemeinsamkeiten:	einseitige Grenzbebauung des Wohnhauses; eingefriedet durch Maschendrahtzaun
Baugrund, Grundwasser (soweit augenscheinlich ersichtlich):	gewachsener, normal tragfähiger Baugrund; keine Grundwasserschäden
Anmerkung:	In dieser Wertermittlung ist eine lageübliche Baugrund- und Grundwassersituation insoweit berücksichtigt, wie sie in die Vergleichskaufpreise bzw. Bodenrichtwerte eingeflossen ist. Darüber hinausgehende vertiefende Untersuchungen und Nachforschungen wurden auftragsgemäß nicht angestellt.

2.4 Privatrechtliche Situation

Grundbuchlich gesicherte Belastungen:	Dem Sachverständigen liegt ein Grundbuchauszug vom 22.04.2010 vor. Hiernach besteht in Abteilung II des Grundbuchs von Berg, Band 25, Blatt 885 keine wertbeeinflussende Eintragung.
Anmerkung:	Schuldverhältnisse, die ggf. in Abteilung III des Grundbuchs verzeichnet sein können, werden in diesem Gutachten nicht berücksichtigt. Es wird davon ausgegangen, dass ggf. valutierende Schulden beim Verkauf gelöscht oder durch Reduzierung des Verkaufspreises ausgeglichen werden.
Bodenordnungsverfahren:	Das Grundstück ist zum Wertermittlungsstichtag in kein Bodenordnungsverfahren einbezogen.
Nicht eingetragene Rechte und Lasten:	Sonstige nicht eingetragene Lasten (z.B. begünstigende) Rechte, besondere Wohnungs- und Mietbindungen, Verunreinigungen (z.B. Altlasten) sind nach Auskunft des Auftraggebers nicht vorhanden. Auftragsgemäß werden vom Sachverständigen diesbezüglich keine weiteren Nachforschungen und Untersuchungen angestellt.

2.5 Öffentlich-rechtliche Situation

2.5.1 Baulasten und Denkmalschutz

Baulasten:	Nach Rücksprache mit der Bauaufsichtsbehörde bestehen keine Baulasten.

| Denkmalschutz: | Denkmalschutz besteht nach Auskunft des Auftraggebers nicht. |

2.5.2 Bauplanungsrecht

Darstellungen im Flächennutzungsplan:	Der Bereich des Bewertungsobjekts ist im Flächennutzungsplan als Wohnbaufläche (W) dargestellt.
Festsetzungen im Bebauungsplan:	Für den Bereich des Bewertungsobjektes trifft der Bebauungsplan folgende Festsetzungen: WR = reines Wohngebiet; GRZ = 0,15 (Grundflächenzahl); GFZ = 0,25 (Geschossflächenzahl); o = offene Bauweise; Einzel-/Doppelhausbebauung

2.5.3 Bauordnungsrecht

Die Wertermittlung wurde auf der Grundlage der übergebenen Pläne durchgeführt.
Das Vorliegen einer Baugenehmigung und ggf. die Übereinstimmung des ausgeführten Vorhabens mit den vorgelegten Bauzeichnungen wurde auftragsgemäß nicht geprüft.

2.6 Entwicklungszustand inkl. Beitrags- und Abgabensituation

Entwicklungszustand (Grundstücksqualität):	baureifes Land
Abgabenrechtlicher Zustand:	Das Bewertungsgrundstück ist bezüglich der Beiträge und Abgaben für Erschließungseinrichtungen nach BauGB und KAG beitrags- und abgabenfrei.
Anmerkung:	Diese Informationen zur Beitrags- und Abgabensituation wurden telefonisch erkundet.

2.7 Hinweise zu den durchgeführten Erhebungen

Die Informationen zur privatrechtlichen und öffentlichrechtlichen Situation wurden, sofern nicht anders angegeben, telefonisch eingeholt.
Es wird empfohlen, vor einer vermögensmäßigen Disposition bezüglich des Bewertungsobjekts zu diesen Angaben von der jeweils zuständigen Stelle schriftliche Bestätigungen einzuholen.

2.8 Derzeitige Nutzung und Vermietungssituation
(vgl. Anlage 2)

Das Grundstück ist mit einem Einfamilienwohnhaus bebaut (vgl. nachfolgende Gebäudebeschreibung).
Auf dem Grundstück befinden sich insgesamt 2 Garagenplätze.
Das Objekt ist eigengenutzt.

3 Beschreibung der Gebäude und Außenanlagen

3.1 Vorbemerkungen zur Gebäudebeschreibung

Grundlage für die Gebäudebeschreibungen sind die Erhebungen im Rahmen der Ortsbesichtigung sowie die vorliegenden Bauakten und Beschreibungen.

Die Gebäude und Außenanlagen werden nur insoweit beschrieben, wie es für die Herleitung der Daten in der Wertermittlung notwendig ist. Hierbei werden die offensichtlichen und vorherrschenden Ausführungen und Ausstattungen beschrieben. In einzelnen Bereichen können Abweichungen auftreten, die dann allerdings nicht werterheblich sind. Angaben über nicht sichtbare Bauteile beruhen auf Angaben aus den vorliegenden Unterlagen, Hinweisen während des Ortstermins bzw. Annahmen auf Grundlage der üblichen Ausführung im Baujahr. Die Funktionsfähigkeit einzelner Bauteile und Anlagen sowie der technischen Ausstattungen und Installationen (Heizung, Elektro, Wasser etc.) wurde nicht geprüft; im Gutachten wird die Funktionsfähigkeit unterstellt.

Baumängel und -schäden wurden soweit aufgenommen, wie sie zerstörungsfrei, d.h. offensichtlich erkennbar waren. In diesem Gutachten sind die Auswirkungen der ggf. vorhandenen Bauschäden und Baumängel auf den Verkehrswert nur pauschal berücksichtigt worden. Es wird ggf. empfohlen, eine diesbezüglich vertiefende Untersuchung anstellen zu lassen. Untersuchungen auf pflanzliche und tierische Schädlinge sowie über gesundheitsschädigende Baumaterialien wurden nicht durchgeführt.

3.2 Einfamilienwohnhaus

3.2.1 Art des Gebäudes, Baujahr und Außenansicht

Gebäudeart:	Einfamilienwohnhaus, ausschließlich zu Wohnzwecken genutzt; zweigeschossig; Das Gebäude ist unterkellert und z.T. hochwertig ausgebaut; Das Dachgeschoss ist vollständig ausgebaut;
Baujahr:	1972
Modernisierungen:	Neue Heizungsanlage Baujahr 1985
Außenansicht:	insgesamt rau verputzt und gestrichen, Edelputz; Sockel verputzt und gestrichen

3.2.2 Nutzungseinheiten, Raumaufteilung

Kellergeschoss:
Bestehend aus einem großen Hobbyraum, Fitnessraum mit Sauna, Waschküche, Bügelzimmer, Arbeitszimmer, Heizraum und Öllager mit 10.000 ltr. Tank

Erdgeschoss:
Bestehend aus einem Wohnzimmer, Küche, Esszimmer, Gästezimmer, Vorratsraum, Garderobe und Gäste-WC.

Der Zugang zum KG und DG erfolgt über eine geradeläufige offene Holztreppe mit Zwischenpodest

Dachgeschoss:
Bestehend aus einem Schlafzimmer, 2 Kinderzimmer, einem Bad und einer Ankleide

3.2.3 Gebäudekonstruktion (Keller, Wände, Decken, Treppen, Dach)

Konstruktionsart:	Massivbau

Fundamente:	Streifenfundament, Bodenplatte, Beton
Keller:	Beton; Abdichtung als Außendichtung mit Bitumenbahnen (sog. "schwarze Wanne") ausgeführt; Wärmedämmung durch Perimeterdämmung; Lichtschächte massiv
Umfassungswände:	einschaliges Mauerwerk ohne zusätzliche Wärmedämmung,
Innenwände:	tragende Innenwände Ziegelmauerwerk; nicht tragende Innenwände Ziegelmauerwerk
Geschossdecken:	Stahlbeton
Treppen:	repräsentativ, sehr gepflegt; Kelleraußentreppe: Beton mit Naturstein Geschosstreppe: Holzkonstruktion (Buche); Geländer in Edelstahl mit Holzhandlauf

3.2.4 Allgemeine technische Gebäudeausstattung

Wasserinstallationen:	Zentrale Wasserversorgung über Anschluss an das öffentliche Trinkwassernetz; Wasserleitungen aus Edelstahlrohr; Ausführung als Vorwandinstallation
Abwasserinstallationen:	Ableitung in kommunales Abwasserkanalnetz; Grundleitungen (Erdleitungen) aus Steinzeug; Abflussrohre (Sammel- und Fallleitungen) aus Gusseisen
Elektroinstallation:	hochwertige Ausstattung; je Raum mehrere Lichtauslässe; je Raum mehrere Steckdosen; hochwertige Beleuchtungskörper, hochwertige Fernmelde- und informationstechnische Anlagen und Antennen, Türöffner, Klingelanlage, Alarmanlage, Blitzschutzanlage, Telefonanschluss, Starkstromanschluss
Heizung:	Zentralheizung, mit flüssigen Brennstoffen (Öl), Baujahr 1985; Gussheizkörper, mit Thermostatventilen; Stahltank, Tankgröße ca. 10.000 Liter, Baujahr 1972
Lüftung:	keine besonderen Lüftungsanlagen (herkömmliche Fensterlüftung)
Warmwasserversorgung:	überwiegend zentral über Heizung

3.2.5 Besondere Bauteile/Einrichtungen, Zustand des Gebäudes

Anhang

Firma, Name des Sachverständigen	
Besondere Bauteile:	Balkon, überdachte Terrasse, Markise, Kelleraußentreppe
Besondere Einrichtungen:	Alarmanlage, Blitzschutzanlage, Wasserentkalkungsanlage
Besonnung und Belichtung:	gut
Baumängel und Bauschäden:	Feuchte Flecken im Bereich der nördlichen Außenwand der unterkellerten Doppelgarage
Wirtschaftliche Wertminderungen:	keine
Allgemeinbeurteilung:	Der bauliche Zustand ist gut.

3.3 Nebengebäude

Garage (unterkellerte Doppelgarage, massiv, Stahlschwingtor, Betonboden, Strom- und Wasseranschluss)

3.4 Außenanlagen

Versorgungsanlagen vom Hausanschluss bis an das öffentliche Netz;
Wegebefestigung, befestigte Stellplatzfläche, Terrasse, Gartenanlagen und Pflanzungen;
Standplatz für 2 Mülltonnen an der Grundstücksgrenze zur Straße; Einfriedung (Mauer mit Holzlattenzaun)

4 Ermittlung des Verkehrswerts

Nachfolgend wird der Verkehrswert für das mit einem Einfamilienwohnhaus bebaute Grundstück in 82335 Berg, Salzstraße 24 zum Wertermittlungsstichtag 17.05.2010 ermittelt.

Grundstücksdaten:

Grundbuch	Band	Blatt	lfd. Nr.
Starnberg	*25*	*885*	*1*
Gemarkung	Flurstück	Fläche	
Berg	*376/4*	*800 m²*	
Fläche insgesamt:			800 m²

4.1 Verfahrenswahl mit Begründung

4.1.1 Bewertungsrechtliche und bewertungstheoretische Vorbemerkungen

4.1.1.1 Grundsätze zur Wahl der Wertermittlungsverfahren

Nach § 194 BauGB wird der Verkehrswert (Marktwert) "durch den Preis bestimmt, der in dem Zeitpunkt, auf den sich die Ermittlung bezieht, im gewöhnlichen Geschäftsverkehr nach den rechtlichen Gegebenheiten und tatsächlichen Eigenschaften, der sonstigen Beschaffenheiten und der Lage des Grundstücks oder des sonstigen Wertermittlungsobjekts ohne Rücksicht auf ungewöhnliche oder persönliche Verhältnisse zu erzielen wäre."

Ziel jeder Verkehrswertermittlung ist es, einen möglichst marktkonformen Wert des Grundstücks (d.h. den wahrscheinlichsten Kaufpreis im nächsten Kauffall) zu bestimmen.

Zur Verkehrswertermittlung bieten die einschlägige Literatur und die Wertermittlungsvorschriften (insbesondere die Immobilienwertermittlungsverordnung - ImmoWertV) mehrere Verfahren an. Die möglichen Verfahren sind jedoch nicht in jedem Bewertungsfall alle gleichermaßen gut zur Ermittlung marktkonformer Verkehrswerte geeignet. Es ist deshalb **Aufgabe des Sachverständigen, das** für die konkret anstehende Bewertungsaufgabe geeignetste (oder besser noch: **die geeignetsten**) **Wertermittlungsverfahren auszuwählen** und anzuwenden.

Nach den Vorschriften der ImmoWertV sind zur Ermittlung des Verkehrswerts

- das *Vergleichswertverfahren*,
- das *Ertragswertverfahren* und
- das *Sachwertverfahren*

oder mehrere dieser Verfahren heranzuziehen (§ 8 Abs. 1 Satz 1 ImmoWertV). Die Verfahren sind nach der Art des Wertermittlungsobjekts, unter Berücksichtigung der *im gewöhnlichen Geschäftsverkehr bestehenden Gepflogenheiten* und den *sonstigen Umständen des Einzelfalls* zu wählen; die Wahl ist zu begründen (§ 8 Abs. 1 Satz 2 ImmoWertV).

Die in der ImmoWertV geregelten 3 klassischen Wertermittlungsverfahren (das Vergleichs-, das Ertrags- und das Sachwertverfahren) liefern in Deutschland - wie in den Abschnitten 2 und 3 noch ausgeführt wird - grundsätzlich die marktkonformsten Wertermittlungsergebnisse.

Die **Begründung der Wahl** der anzuwendenden Wertermittlungsverfahren basiert auf der Beschreibung und Beurteilung der für marktorientierte Wertermittlungsverfahren verfügbaren Ausgangsdaten (das sind die aus dem Grundstücksmarkt abgeleiteten Vergleichsdaten für marktkonforme Wertermittlungen) sowie der Erläuterung der auf dem Grundstücksteilmarkt, zu dem das Bewertungsgrundstück gehört, im gewöhnlichen (Grundstücks)Marktgeschehen bestehenden üblichen Kaufpreisbildungsmechanismen und der Begründung des gewählten Untersuchungsweges. Die in den noch folgenden Abschnitten enthaltene Begründung der Wahl der angewendeten Wertermittlungsverfahren dient deshalb vorrangig der "Nachvollziehbarkeit" dieses Verkehrswertgutachtens.

4.1.1.2 Allgemeine Kriterien für die Eignung der Wertermittlungsverfahren

Entscheidende Kriterien für die Wahl der anzuwendenden Wertermittlungsverfahren sind:

- Der Rechenablauf und die Einflussgrößen der Verfahren sollen den in diesem Grundstücksteilmarkt vorherrschenden **Marktüberlegungen** (Preisbildungsmechanismen) entsprechen.

- Zur Bewertung bebauter Grundstücke sollten **mindestens zwei** möglichst weitgehend voneinander

Anhang

unabhängige **Wertermittlungsverfahren angewendet** werden (§ 8 Abs. 1 Satz 3 ImmoWertV). Das zweite Verfahren dient zur Überprüfung des ersten Verfahrensergebnisses (unabhängige Rechenprobe; Würdigung dessen Aussagefähigkeit; Reduzierung der Risiken bei Vermögensdispositionen des Gutachtenverwenders und des Haftungsrisikos des Sachverständigen).

- Hauptaufgabe dieser Wertermittlung ist es, den Verkehrswert (Marktwert) i.S.d. § 194 BauGB, d.h. den im nächsten Kauffall **am wahrscheinlichsten zu erzielenden Kaufpreis**, möglichst zutreffend zu ermitteln. Die Bewertung inkl. Verfahrenswahl ist deshalb auf die **wahrscheinlichste Grundstücksnutzung** nach dem nächsten (nötigenfalls fiktiv zu unterstellenden) Kauffall abzustellen (Prinzip: Orientierung am "gewöhnlichen Geschäftsverkehr" im nächsten Kauffall). Die einzelnen Verfahren sind nur Hilfsmittel zur Schätzung dieses Wertes. Da dieser wahrscheinlichste Preis (Wert) am plausibelsten aus für vergleichbare Grundstücke vereinbarten Kaufpreisen abzuleiten ist, sind die drei klassischen deutschen Wertermittlungsverfahren (ihre sachrichtige Anwendung vorausgesetzt) verfahrensmäßige Umsetzungen des Preisvergleichs. Diesbezüglich ist das Verfahren am geeignetsten und vorrangig zur Ableitung des Verkehrswerts heranzuziehen, **dessen für marktkonforme Wertermittlungen erforderliche Daten** (i.S.d. § 193 Abs. 5 BauGB i.V.m. § 8 Abs. 1 Satz 2 ImmoWertV) **am zuverlässigsten** aus dem Grundstücksmarkt (d.h. aus vergleichbaren Kauffällen) **abgeleitet wurden** bzw. dem Sachverständigen zur Verfügung stehen.

Für die drei klassischen deutschen Wertermittlungsverfahren werden nachfolgend die den Preisvergleich (d.h. die Marktkonformität ihrer Ergebnisse) garantierenden Größen sowie die in dem jeweiligen Verfahren die Preisunterschiede am wesentlichsten bestimmenden Einflussfaktoren benannt.

- Vergleichswertverfahren:
  Marktanpassungsfaktor: Vergleichskaufpreise,
  Einflussfaktoren: Kenntnis der wesentlichen wertbestimmenden Eigenschaften der Vergleichsobjekte und des Bewertungsobjekts, Verfügbarkeit von diesbezüglichen Umrechnungskoeffizienten - Vergleichskaufpreisverfahren
  oder geeignete Vergleichsfaktoren (z.B. hinreichend definierte Bodenrichtwerte oder Vergleichsfaktoren für Eigentumswohnungen) - Vergleichsfaktorverfahren;
- Ertragswertverfahren:
  Marktanpassungsfaktor: Liegenschaftszinssätze,
  vorrangige Einflussfaktoren: ortsübliche und marktüblich erzielbare Mieten;
- Sachwertverfahren:
  Marktanpassungsfaktor: Sachwertfaktoren,
  vorrangige Einflussfaktoren: Bodenwerte/Lage und (jedoch nachrangig) ein plausibles System der Herstellungskostenermittlung.

Hinweis: Grundsätzlich sind alle drei Verfahren (Vergleichs-, Ertrags- und Sachwertverfahren) gleichwertige verfahrensmäßige Umsetzungen des Kaufpreisvergleichs; sie liefern gleichermaßen (nur) so marktkonforme Ergebnisse, wie zur Ableitung der vorgenannten Daten eine hinreichend große Zahl von geeigneten Marktinformationen (insbesondere Vergleichskaufpreise) zur Verfügung standen.

4.1.2 Zu den herangezogenen Verfahren

4.1.2.1 Beschreibung des Bewertungsmodells der Bodenwertermittlung

Die Preisbildung für den Grund und Boden orientiert sich im gewöhnlichen Geschäftsverkehr vorrangig an den allen Marktteilnehmern (z.B. durch Vergleichsverkäufe, veröffentlichte Bodenrichtwerte, aber auch Zeitungsannoncen und Maklerexposés) bekannt gewordenen Informationen über Quadratmeterpreise für unbebaute Grundstücke.

Der Bodenwert ist deshalb (auch in den Verfahren zur Bewertung bebauter Grundstücke - dort, getrennt vom Wert der Gebäude und der Außenanlagen) i.d.R. auf der Grundlage von **Vergleichskaufpreisen** (§ 16 ImmoWertV) zu ermitteln, wie er sich ergeben würde, wenn das Grundstück unbebaut wäre.

Liegen geeignete **Bodenrichtwerte** vor, so können diese anstelle oder ergänzend zu den Vergleichskaufpreisen zur Bodenwertermittlung herangezogen werden (§ 16 Abs. 1 Satz 2 ImmoWertV). Bodenrichtwerte sind geeignet, wenn sie entsprechend

- den örtlichen Verhältnissen,
- der Lage und
- des Entwicklungszustandes gegliedert und
- nach Art und Maß der baulichen Nutzung,
- der Erschließungssituation sowie des abgabenrechtlichen Zustandes und
- der jeweils vorherrschenden Grundstücksgestalt

hinreichend bestimmt und mit der notwendigen Sorgfalt aus Kaufpreisen für vergleichbare unbebaute Grundstücke abgeleitet sind (§ 16 Abs. 1 Satz 3 ImmoWertV).
Zur Ableitung und Veröffentlichung von Bodenrichtwerten aus realisierten Kaufpreisen sind die Gutacherausschüsse verpflichtet (§ 193 Abs. 5 BauGB i.V.m. § 196 Abs. 1 Satz 1 BauGB). Er ist bezogen auf den Quadratmeter der Grundstücksfläche (Dimension: €/m² Grundstücksfläche).
Abweichungen des zu bewertenden Grundstücks vom Vergleichsgrundstück bzw. von dem Bodenrichtwertgrundstück in den wertbeeinflussenden Merkmalen - wie Erschließungszustand, spezielle Lage, Art und Maß der baulichen Nutzung, Bodenbeschaffenheit, Grundstücksgestalt -, aber auch Abweichungen des Wertermittlungsstichtags vom Kaufzeitpunkt der Vergleichsgrundstücke bzw. vom Stichtag, zu dem der Bodenrichtwert abgeleitet wurde, bewirken i.d.R. entsprechende Abweichungen seines Bodenwerts von dem Vergleichskaufpreis bzw. dem Bodenrichtwert (§ 15 Abs. 1 Satz 4 ImmoWertV).

Für die anzustellende Bewertung liegt ein i.S.d. § 15 Abs. 1 Satz 2 ImmoWertV i.V.m. § 196 Abs. 1 Satz 4 BauGB geeigneter, d.h. hinreichend gegliederter und bezüglich seiner wesentlichen Einflussfaktoren definierter **Bodenrichtwert** vor. Der vom Gutacherausschuss veröffentlichte Bodenrichtwert wurde bezüglich seiner relativen Richtigkeit (Vergleich mit den Bodenrichtwerten der angrenzenden Bodenrichtwertzonen) und seiner absoluten Höhe (Vergleich mit Bodenrichtwerten von in etwa lagegleichwertigen Bodenrichtwertzonen, auch aus anderen Gemeinden) auf Plausibilität überprüft und als zutreffend beurteilt. Die Bodenwertermittlung erfolgt deshalb auf der Grundlage dieses Bodenrichtwerts, d.h. durch dessen Umrechnung auf die allgemeinen Wertermittlungsverhältnisse zum Wertermittlungsstichtag und die Grundstücksmerkmale des Bewertungsobjekts (vgl. § 15 Abs. 1 Satz 4 ImmoWertV und nachfolgender Abschnitt "Bodenwertermittlung" dieses Gutachtens).

4.1.2.2 Bewertung des bebauten Gesamtgrundstücks

4.1.2.2.1 Anwendbare Verfahren

Zur Bewertung bebauter Grundstücke werden in Deutschland vorrangig das Vergleichswert-, das Ertragswert- und das Sachwertverfahren angewendet. Dies ist insbesondere darin begründet, weil
- die Anwendung dieser Verfahren in der ImmoWertV vorgeschrieben ist (vgl. § 8 Abs. 1 ImmoWertV); und demzufolge
- (nur) für diese klassischen Wertermittlungsverfahren die für marktkonforme Wertermittlungen erforderlichen Erfahrungswerte ("erforderlichen Daten" der Wertermittlung i.S.d. § 193 Abs. 5 BauGB i.V.m. ImmoWertV, Abschnitt 2) durch Kaufpreisanalysen abgeleitet verfügbar sind.
    Hinweis: (Nur) Beim Vorliegen der verfahrensspezifischen "erforderlichen Daten" ist ein Wertermittlungsverfahren ein Preisvergleichsverfahren (vgl. nachfolgende Abschnitte) und erfüllt die Anforderungen, die von der Rechtsprechung und der Bewertungstheorie an Verfahren zur Verkehrswertermittlung gestellt werden.

Andere Verfahren scheiden i.d.R. wegen Fehlens hinreichender Erfahrungswerte zur Anpassung deren Ergebnisse an den deutschen Grundstücksmarkt aus.

Vergleichswertverfahren
Für manche Grundstücksarten (z.B. Eigentumswohnungen, Reihenhausgrundstücke) existiert ein hinreichender Grundstückshandel mit vergleichbaren Objekten. Den Marktteilnehmern sind zudem die für vergleichbare Objekte gezahlten oder (z.B. in Zeitungs- oder Maklerangeboten) verlangten Kaufpreise bekannt. Da sich im gewöhnlichen Geschäftsverkehr die Preisbildung für derartige Objekte dann an diesen Vergleichspreisen orientiert, sollte zu deren Bewertung möglichst auch das Vergleichswertverfahren herangezogen werden.

Die **Voraussetzungen** für die Anwendbarkeit des **Vergleichswertverfahrens** sind, dass
a) eine hinreichende Anzahl wertermittlungsstichtagsnah realisierter Kaufpreise für in allen wesentlichen wertbeeinflussenden Eigenschaften mit dem Bewertungsobjekt hinreichend übereinstimmender Vergleichsgrundstücke aus der Lage des Bewertungsgrundstücks oder aus vergleichbaren Lagen und
b) die Kenntnis der zum Kaufzeitpunkt gegebenen wertbeeinflussenden Eigenschaften der Vergleichsobjekte
oder
c) i.S.d. § 15 Abs. 2 ImmoWertV geeignete Vergleichsfaktoren, vom Gutacherausschuss abgeleitet und veröffentlicht (z.B. hinreichend definierte Vergleichsfaktoren für Wohnungseigentum)
sowie
d) Umrechnungskoeffizienten für alle wesentlichen wertbeeinflussenden Eigenschaften der zu bewertenden Grundstücksart und eine Preisindexreihe zur Umrechnung vom Kaufzeitpunkt der Vergleichsobjekte bzw. vom Stichtag, für den der Vergleichsfaktor abgeleitet wurde, auf den Wertermittlungsstichtag

Anhang

gegeben sind.

Die **Anwendung des Vergleichswertverfahrens** zur Bewertung des bebauten Grundstücks ist im vorliegenden Fall **nicht möglich**, weil keine

- hinreichende Anzahl zum Preisvergleich geeigneter **Vergleichskaufpreise** verfügbar ist

und auch

- keine hinreichend differenziert beschriebenen **Vergleichsfaktoren** des örtlichen Grundstücksmarkts zur Bewertung des bebauten Grundstücks zur Verfügung stehen.

Ertragswertverfahren

Steht für den Erwerb oder die Errichtung vergleichbarer Objekte üblicherweise die zu erzielende Rendite (Mieteinnahme, Wertsteigerung, steuerliche Abschreibung) im Vordergrund, so wird nach dem Auswahlkriterium "Kaufpreisbildungsmechanismen im gewöhnlichen Geschäftsverkehr" das Ertragswertverfahren als vorrangig anzuwendendes Verfahren angesehen.[3]

Dies gilt für die hier zu bewertende Grundstücksart nicht, da es sich um **kein typisches Renditeobjekt** handelt. Dennoch wird das Ertragswertverfahren angewendet. Dies ist wie folgt begründet:

- Auch bei mit dem Bewertungsobjekt vergleichbaren Grundstücken kalkuliert der Erwerber die Rendite seines Objekts, z.B. die eingesparte Miete, die eingesparten Steuern oder die möglichen Fördermittel.
- Für mit dem Bewertungsobjekt vergleichbare Grundstücksarten stehen die für marktkonforme Ertragswertermittlungen erforderlichen Daten (marktüblich erzielbare Mieten, Liegenschaftszinssätze) zur Verfügung.
- Die Anwendung eines zweiten Wertermittlungsverfahrens ist grundsätzlich zur Ergebnisstützung unverzichtbar.

Das Ertragswertverfahren (gem. §§ 17 - 20 ImmoWertV) ist durch die Verwendung des aus vielen Vergleichskaufpreisen abgeleiteten Liegenschaftszinssatzes (Reinerträge: Kaufpreise) ein Preisvergleich, in dem vorrangig die in dieses Bewertungsmodell eingeführten Einflussgrößen (insbesondere Mieten, Restnutzungsdauer; aber auch Zustandsbesonderheiten) die Wertbildung und die Wertunterschiede bewirken.

Sachwertverfahren

Mit dem Sachwertverfahren werden solche bebaute Grundstücke vorrangig bewertet, die üblicherweise nicht zur Erzielung von Renditen, sondern zur renditeunabhängigen Eigennutzung verwendet (gekauft oder errichtet) werden.

Dies trifft für das hier zu bewertende Grundstück zu, deshalb ist es als **Sachwertobjekt** anzusehen.

---

[3] Vgl. auch BGH, Urteil vom 13.07.1970 - VII ZR 189/68 (WF-BIB); BGH, Urteil vom 16.06.1977 - VII ZR 2/76 (WF-BIB) und BFH, Urteil vom 02.02.1990 - III R 173/86 (WF-BIB).

4.2 Bodenwertermittlung

Bodenrichtwert mit Definition des Bodenrichtwertgrundstücks

Der **Bodenrichtwert** beträgt (gute Lage) **450,00** €/m² zum **Stichtag** **01.01.2010**. Das Bodenrichtwertgrundstück ist wie folgt definiert:

Entwicklungsstufe	=	baureifes Land
Art der baulichen Nutzung	=	WR (reines Wohngebiet)
abgabenrechtlicher Zustand	=	frei
Geschossflächenzahl (GFZ)	=	0,3
Anzahl der Vollgeschosse	=	1
Grundstücksfläche	=	700 m²

Beschreibung des Bewertungsgrundstücks

Wertermittlungsstichtag	=	17.05.2010
Entwicklungszustand	=	baureifes Land
Art der baulichen Nutzung	=	WR (reines Wohngebiet)
abgabenrechtlicher Zustand	=	frei
Geschossflächenzahl (GFZ)	=	0,25
Anzahl der Vollgeschosse	=	1
Grundstücksfläche	=	800 m²

Anhang

Firma, Name des Sachverständigen

Bodenwertermittlung des Bewertungsgrundstücks

Nachfolgend wird der Bodenrichtwert an die allgemeinen Wertverhältnisse zum Wertermittlungsstichtag 17.05.2010 und die wertbeeinflussenden Grundstücksmerkmale des Bewertungsgrundstücks angepasst.

I. Umrechnung des Bodenrichtwerts auf den abgabenfreien Zustand		Erläuterung
abgabenrechtlicher Zustand des Bodenrichtwerts (frei)	= 450,00 €/m²	
abgabenfreier Bodenrichtwert (Ausgangswert für weitere Anpassung)	= 450,00 €/m²	

II. Zeitliche Anpassung des Bodenrichtwerts				
	Richtwertgrundstück	Bewertungsgrundstück	Anpassungsfaktor	Erläuterung
Stichtag	01.01.2010	17.05.2010	× 1,00	E1

III. Anpassungen wegen Abweichungen in den wertbeeinflussenden Grundstücksmerkmalen				
Lage	gute Lage	gute Lage	× 1,00	
lageangepasster abgabenfreier BRW am Wertermittlungsstichtag			= 450,00 €/m²	E2
GFZ	0,3	0,25	× 0,95	E3
Fläche (m²)	700	800	× 1,00	E5
Entwicklungsstufe	baureifes Land	baureifes Land	× 1,00	
Art der baulichen Nutzung	WR (reines Wohngebiet)	WR (reines Wohngebiet)	× 1,00	
Vollgeschosse	1	1	× 1,00	
angepasster abgabenfreier relativer Bodenrichtwert			= 427,50 €/m²	
Werteinfluss durch beim Bewertungsobjekt noch ausstehende Abgaben			− 0,00 €/m²	
abgabenfreier relativer Bodenwert			= 427,50 €/m²	

IV. Ermittlung des Gesamtbodenwerts		Erläuterung
abgabenfreier relativer Bodenwert	= 427,50 €/m²	
Fläche	× 800 m²	
abgabenfreier Bodenwert	= 342.000,00 € rd. **342.000,00 €**	

Der **abgabenfreie Bodenwert** beträgt zum Wertermittlungsstichtag 17.05.2010 insgesamt **342.000,00 €**.

Objekt: Salzstraße 24, 82335 Berg — erstellt mit Sprengnetter-ProSa, Version 29

Erläuterungen zur Bodenrichtwertanpassung

E1
Nach Auskunft des Gutacherausschusses haben sich die Bodenwerte im Zeitraum des Richtwert- und Wertermittlungsstichtags unwesentlich verändert. Eine Anpassung bezüglich der allgemeinen Wertverhältnisse ist daher nicht erforderlich.

E2
Auf diesen "an die Lage und die Anbauart angepassten abgabenfreien Bodenwert" ist der Marktanpassungsfaktor des Sachwertverfahrens abzustellen (der lageangepasste Bodenwert dient als Maßstab für die Wirtschaftskraft der Region bzw. die Kaufkraft der Nachfrager nach Grundstücken in dieser Lage; die Anbauart bestimmt den objektartspezifischen Sachwertfaktor mit). Die danach ggf. noch berücksichtigten den Bodenwert beeinflussenden Grundstücksmerkmale gehen in den Gesamtbodenwert ein und beeinflussen demzufolge über die Höhe des vorläufigen Sachwerts (Substanzwert) den Marktanpassungsfaktor.

E3
Die Wertbeeinflussung durch die gegenüber dem Richtwertgrundstück höhere GFZ wird mittels der in [1], Kapitel 3.10.1 veröffentlichten bundesdurchschnittlichen GFZ-Umrechnungskoeffizienten berücksichtigt:
GFZ des Bewertungsgrundstücks = 0,25 => GFZ-Umrechnungskoeffizient = 0,55
GFZ des Richtwertgrundstücks = 0,30 => GFZ-Umrechnungskoeffizient = 0,58
Anpassungsfaktor : 0,55/0,58 = 0,948 => rd. 0,95

E5
Die Wertbeeinflussung durch die gegenüber dem Richtwertgrundstück größere Grundstücksfläche wird im Rahmen der Anpassung an die bauliche Ausnutzbarkeit mittels GFZ-Umrechnung berücksichtigt.

Anhang

4.3 Sachwertermittlung

4.3.1 Das Sachwertmodell der Immobilienwertermittlungsverordnung

Das Modell der Verkehrswertermittlung im Sachwertverfahren ist in den §§ 21 - 23 ImmoWertV gesetzlich geregelt.

Der Sachwert wird demnach aus der Summe des Bodenwerts und den Sachwerten der auf dem Grundstück vorhandenen nutzbaren Gebäude und Außenanlagen sowie ggf. den Auswirkungen der zum Wertermittlungsstichtag vorhandenen besonderen objektspezifischen Grundstücksmerkmale abgeleitet.

Der Bodenwert ist getrennt vom Sachwert der Gebäude und Außenanlagen i. d. R. im Vergleichswertverfahren (vgl. § 16 ImmoWertV) grundsätzlich so zu ermitteln, wie er sich ergeben würde, wenn das Grundstück unbebaut wäre.

Der Sachwert der Gebäude (Normgebäude zzgl. eventuell vorhandener besonderer Bauteile und besonderer Einrichtungen) ist auf der Grundlage der (Neu)Herstellungskosten unter Berücksichtigung der jeweils individuellen Merkmale:

- Objektart,
- (Ausstattungs)Standard,
- Restnutzungsdauer (Alterswertminderung),
- Baumängel und Bauschäden und
- besondere objektspezifische Grundstücksmerkmale abzuleiten.

Der Sachwert der Außenanlagen wird, sofern dieser nicht bereits bei der Bodenwertermittlung mit erfasst worden ist, entsprechend der Vorgehensweise für die Gebäude i. d. R. auf der Grundlage von üblichen Herstellungskosten oder als Zeitwert aufgrund von Erfahrungssätzen abgeleitet.

Die Summe aus Bodenwert, Sachwert der Gebäude und Sachwert der Außenanlagen ergibt, ggf. nach der Berücksichtigung vorhandener und bei der Bodenwertermittlung sowie bei der Ermittlung der (Zeit)Werte der Gebäude und Außenanlagen noch nicht berücksichtigter besonderer objektspezifischer Grundstücksmerkmale, den vorläufigen Sachwert (= Substanzwert) des Grundstücks.

Der so rechnerisch ermittelte vorläufige Sachwert ist abschließend hinsichtlich seiner Realisierbarkeit auf dem örtlichen Grundstücksmarkt zu beurteilen und an die Marktverhältnisse anzupassen. Zur Berücksichtigung der Marktgegebenheiten ist ein Zu- oder Abschlag vom vorläufigen Sachwert vorzunehmen. Die „Marktanpassung" des vorläufigen Sachwerts an die Lage auf dem örtlichen Grundstücksmarkt mittels des sog. Sachwertfaktors (vgl. § 14 Abs. 2 Ziffer 1 ImmoWertV) führt im Ergebnis zum marktkonformen Sachwert des Grundstücks.

Die Marktanpassung ist nicht explizit innerhalb der ImmoWertV-Regelungen zum Sachwertverfahren (§§ 21 – 23 ImmoWertV) genannt. Der Begriff des Sachwertfaktors ist jedoch in § 14 Abs. 2 Ziffer 1 ImmoWertV erläutert. Seine Position innerhalb der Sachwertermittlung regelt § 8 Abs. 2 ImmoWertV. Diese ergibt sich u. a. aus der Praxis, in der Sachwert-(Marktanpassungs)faktoren aus im Wesentlichen schadensfreien Objekten abgeleitet werden. Umgekehrt muss deshalb auch bei der Bewertung der Sachwert-Marktanpassungsfaktor auf den vorläufigen Sachwert des fiktiv schadensfreien Objekts (bzw. des Objekts zunächst ohne Berücksichtigung besonderer objektspezifischer Grundstücksmerkmale) angewendet werden. Erst anschließend dürfen besondere objektspezifische Grundstücksmerkmale durch Zu- bzw. Abschläge am vorläufigen marktangepassten Sachwert berücksichtigt werden. Durch diese Vorgehensweise wird die in der Wertermittlung erforderliche Modelltreue beachtet.

Das Sachwertverfahren ist insbesondere durch die Verwendung des Sachwertfaktors **ein Preisvergleich**, bei dem vorrangig der Zeitwert der Substanz (Boden + Gebäude + Außenanlagen) den Vergleichsmaßstab bildet.

4.3.2 Erläuterungen der bei der Sachwertberechnung verwendeten Begriffe

Herstellungskosten (§ 22 ImmoWertV)

Die Gebäudeherstellungskosten werden durch Multiplikation des Gebäuderauminhalts (m³) oder der Gebäudefläche (m²) des **(Norm)Gebäudes** mit **Normalherstellungskosten** (NHK) für vergleichbare Gebäude ermittelt. Den so ermittelten Herstellungskosten sind noch die Werte **von besonders zu veranschlagenden Bauteilen** und **besonderen (Betriebs) Einrichtungen** sowie bei Anwendung der NHK 2000 oder der NHK 1995 die **Baunebenkosten** (BNK) hinzuzurechnen.

Normalherstellungskosten

Die Normalherstellungskosten (NHK) basieren auf Auswertungen von reinen Baukosten für Gebäude mit annähernd gleichem Ausbau- und Ausstattungsstandard. Sie werden für die Wertermittlung auf ein

einheitliches Index-Basisjahr zurückgerechnet. Durch die Verwendung eines einheitlichen Basisjahres ist eine hinreichend genaue Bestimmung des Wertes möglich, da der Gutachter über mehrere Jahre hinweg mit konstanten Grundwerten arbeitet und diesbezüglich gesicherte Erfahrungen, insbesondere hinsichtlich der Einordnung des jeweiligen Bewertungsobjekts in den Gesamtgrundstücksmarkt sammeln kann.
Die Normalherstellungskosten besitzen überwiegend die Dimension „€/m³ Bruttorauminhalt" bzw. „€/m² Bruttogrundfläche" oder „€/m² Wohnfläche" des Gebäudes und verstehen sich inkl. Mehrwertsteuer.

Normgebäude, besonders zu veranschlagende Bauteile

Bei der Ermittlung des Gebäuderauminhalts oder der Gebäudeflächen werden einige den Gebäudewert wesentlich beeinflussenden Gebäudeteile nicht erfasst. Das Gebäude ohne diese Bauteile wird in dieser Wertermittlung mit „Normgebäude" bezeichnet. Zu diesen bei der Rauminhalts- oder Grundflächenberechnung nicht erfassten Gebäudeteilen gehören insbesondere Kelleraußentreppen, Eingangstreppen und Eingangsüberdachungen, u. U. auch Balkone und Dachgauben.
Der Wert dieser Gebäudeteile ist deshalb zusätzlich zu den für das Normgebäude ermittelten Herstellungskosten (i. d. R. errechnet als „Normalherstellungskosten × Rauminhalt bzw. Fläche") durch Wertzuschläge besonders zu berücksichtigen.

Besondere Einrichtungen

Die NHK berücksichtigen definitionsgemäß nur Herstellungskosten von Gebäuden mit - wie der Name bereits aussagt - normalen, d. h. üblicherweise vorhandenen bzw. durchschnittlich wertvollen Einrichtungen. Im Bewertungsobjekt vorhandene und den Gebäudewert erhöhende besondere Einrichtungen sind deshalb zusätzlich zu dem mit den NHK ermittelten Herstellungskosten (oder Zeitwert) des Normgebäudes zu berücksichtigen.
Unter besonderen Einrichtungen sind deshalb innerhalb der Gebäude vorhandene Ausstattungen und i. d. R. fest mit dem Gebäude verbundene Einrichtungen zu verstehen, die in vergleichbaren Gebäuden nicht vorhanden sind. Diese wurden deshalb auch nicht bei der Festlegung des (Ausstattungs)Standards mit erfasst und demzufolge bei der Ableitung der Normalherstellungskosten nicht berücksichtigt (z. B. Sauna im Einfamilienwohnhaus).
Befinden sich die besonderen Einrichtungen in Geschäfts-, Gewerbe- und Industriegebäuden, spricht man auch von besonderen Betriebseinrichtungen.

Baunebenkosten (§ 22 Abs. 2 Satz 3 ImmoWertV)

Zu den Herstellungskosten gehören auch die Baunebenkosten (BNK), welche als „Kosten für Planung, Baudurchführung, behördliche Prüfung und Genehmigungen" sowie bei Anwendung der NHK 2000 für „die in unmittelbarem Zusammenhang mit der Herstellung erforderlichen Finanzierung" definiert sind.
Ihre Höhe hängt von der Gebäudeart, von den Gesamtherstellungskosten der baulichen Anlagen sowie dem Schwierigkeitsgrad der Planungsanforderungen und damit von der Bauausführung und der Ausstattung des Gebäudes ab. Sie werden bei Verwendung der NHK 2000 oder der NHK 1995 als Erfahrungs(Prozent)sätze in der üblicherweise entstehenden Höhe angesetzt. Bei Anwendung der NHK 2010 werden die Baunebenkosten ggf. in Abhängigkeit von den Gesamtherstellungskosten der baulichen Anlagen sowie dem Schwierigkeitsgrad der Planungsanforderungen angepasst.

Alterswertminderung (§ 23 ImmoWertV)

Die Wertminderung der Gebäude wegen Alters (Alterswertminderung) wird üblicherweise nach dem linearen Abschreibungsmodell auf der Basis der sachverständig geschätzten wirtschaftlichen **Restnutzungsdauer** (RND) des Gebäudes und der jeweils üblichen **Gesamtnutzungsdauer** (GND) vergleichbarer Gebäude ermittelt. Grundsätzlich können auch andere Alterswertminderungsmodelle verwendet werden, z. B. das Modell von Ross.

Restnutzungsdauer (§ 6 Abs. 6 ImmoWertV)

Als Restnutzungsdauer (RND) wird die Anzahl der Jahre angesetzt, in denen die baulichen (und sonstigen) Anlagen bei ordnungsgemäßer Unterhaltung und Bewirtschaftung voraussichtlich noch wirtschaftlich genutzt werden können. Sie ist demnach auch in der vorrangig substanzorientierten Sachwertermittlung entscheidend vom wirtschaftlichen, aber auch vom technischen Zustand des Objekts, nachrangig vom Alter des Gebäudes bzw. der Gebäudeteile abhängig.

Gesamtnutzungsdauer

Wie auch bei der Restnutzungsdauer ist hier die übliche wirtschaftliche Nutzungsdauer =

Gesamtnutzungsdauer (GND) gemeint - nicht die technische Standdauer, die wesentlich länger sein kann. Die Gesamtnutzungsdauer ist objektartspezifisch definiert, nach der vorherrschenden Meinung, wird z. B. die wirtschaftliche GND von Wohngebäuden auf 60 bis 100 Jahre begrenzt.

Baumängel und Bauschäden (§ 8 Abs. 2 und 3 ImmoWertV)

Baumängel sind Fehler, die dem Gebäude i. d. R. bereits von Anfang an anhaften - z. B. durch mangelhafte Ausführung oder Planung. Sie können sich auch als funktionale oder ästhetische Mängel durch die Weiterentwicklung des Standards oder Wandlungen in der Mode einstellen.

Bauschäden sind auf unterlassene Unterhaltungsaufwendungen, auf nachträgliche äußere Einwirkungen oder auf Folgen von Baumängeln zurückzuführen.

Für behebbare Schäden und Mängel werden die diesbezüglichen Wertminderungen auf der Grundlage der Kosten geschätzt, die zu ihrer Beseitigung aufzuwenden sind. Die Schätzung kann durch pauschale Ansätze oder auf der Grundlage von auf Einzelpositionen bezogene Kostenermittlungen erfolgen.

Der Bewertungssachverständige kann i. d. R. die wirklich erforderlichen Aufwendungen zur Herstellung eines normalen Bauzustandes nur überschlägig schätzen, da

- nur zerstörungsfrei - augenscheinlich untersucht wird,
- grundsätzlich keine Bauschadensbegutachtung erfolgt (dazu ist die Beauftragung eines Bauschadens-Sachverständigen notwendig).

Es ist ausdrücklich darauf hinzuweisen, dass die Angaben in dieser Verkehrswertermittlung allein aufgrund der Mitteilung von Auftraggeber, Mieter etc. und darauf basierenden Inaugenscheinnahme beim Ortstermin ohne jegliche differenzierte Bestandsaufnahme, technischen, chemischen o. ä. Funktionsprüfungen, Vorplanung und Kostenschätzung angesetzt sind.

Besondere objektspezifische Grundstücksmerkmale (§ 8 Abs. 2 und 3 ImmoWertV)

Unter den besonderen objektspezifischen Grundstücksmerkmalen versteht man alle vom üblichen Zustand vergleichbarer Objekte abweichenden individuellen Eigenschaften des Bewertungsobjekts (z. B. Abweichungen vom normalen baulichen Zustand, insbesondere Baumängel und Bauschäden, oder Abweichungen von der marktüblich erzielbaren Miete). Zu deren Berücksichtigung vgl. die Ausführungen im Vorabschnitt.

Außenanlagen (§ 21 Abs. 3 ImmoWertV)

Dies sind außerhalb der Gebäude befindliche mit dem Grundstück fest verbundene bauliche Anlagen (insb. Ver- und Entsorgungsanlagen von der Gebäudeaußenwand bis zur Grundstücksgrenze, Einfriedungen, Wegebefestigungen) und nicht bauliche Anlagen (insb. Gartenanlagen).

Sachwertfaktor (§ 14 Abs. 2 Satz 1 ImmoWertV)

Ziel aller in der ImmoWertV beschriebenen Wertermittlungsverfahren ist es, den Verkehrswert, d. h. den am Markt durchschnittlich (d. h. am wahrscheinlichsten) zu erzielenden Preis zu ermitteln.

Das herstellungskostenorientierte Rechenergebnis „vorläufiger Sachwert" ist in aller Regel nicht mit hierfür gezahlten Marktpreisen identisch. Deshalb muss das Rechenergebnis „vorläufiger Sachwert" (= Substanzwert des Grundstücks) an den Markt, d. h. an die für vergleichbare Grundstücke realisierten Kaufpreise angepasst werden. Das erfolgt mittels des sog. Sachwertfaktors.

Die Marktanpassung ist nicht explizit innerhalb der ImmoWertV-Regelungen zum Sachwertverfahren (§§ 21 – 23 ImmoWertV) genannt. Der Begriff des Sachwertfaktors ist jedoch in § 14 Abs. 2 Ziffer 1 ImmoWertV erläutert. Seine Position innerhalb der Sachwertermittlung regelt § 8 Abs. 2 ImmoWertV. Diese ergibt sich u. a. aus der Praxis, in der Sachwert-(Marktanpassungs)faktoren aus im Wesentlichen schadensfreien Objekten abgeleitet werden. Umgekehrt muss deshalb auch bei der Bewertung der Sachwert-Marktanpassungsfaktor auf den vorläufigen Sachwert des fiktiv schadensfreien Objekts (bzw. des Objekts zunächst ohne Berücksichtigung besonderer objektspezifischer Grundstücksmerkmale) angewendet werden. Erst anschließend dürfen besondere objektspezifische Grundstücksmerkmale durch Zu- bzw. Abschläge am vorläufigen marktangepassten Sachwert berücksichtigt werden. Durch diese Vorgehensweise wird die in der Wertermittlung erforderliche Modelltreue beachtet. Der Sachwertfaktor ist das durchschnittliche Verhältnis aus Kaufpreisen und den ihnen entsprechenden, nach den Vorschriften der ImmoWertV ermittelten „vorläufigen Sachwerte" (= Substanzwerte). Er wird vorrangig gegliedert nach der Objektart (er ist z. B. für Einfamilienwohnhausgrundstücke anders als für Geschäftsgrundstücke), der Region (er ist z. B. in wirtschaftsstarken Regionen mit hohem Bodenwertniveau höher als in wirtschaftsschwachen Regionen) und der Objektgröße.

Durch die sachrichtige Anwendung des aus Kaufpreisen für vergleichbare Objekte abgeleiteten

4.3.3 Sachwertberechnung

Gebäudebezeichnung	Einfamilienhaus
Berechnungsbasis	
• Brutto-Grundfläche (BGF)	388,00 m²
Baupreisindex (BPI) 17.05.2010 (2010 = 100)	99,9
Normalherstellungskosten	
• NHK im Basisjahr (2010)	947,00 €/m² BGF
• NHK am Wertermittlungsstichtag	946,05 €/m² BGF
Herstellungskosten	
• Normgebäude	367.067,40 €
• Zu-/Abschläge	5.000,00 €
• besondere Bauteile	
• besondere Einrichtungen	
Gebäudeherstellungskosten (inkl. BNK)	372.067,40 €
Alterswertminderung	
• Modell	linear
• Gesamtnutzungsdauer (GND)	75 Jahre
• Restnutzungsdauer (RND)	37 Jahre
• prozentual	50,67 %
• Betrag	188.526,55 €
Zeitwert (inkl. BNK)	
• Gebäude (bzw. Normgebäude)	183.540,85 €
• besondere Bauteile	20.000,00 €
• besondere Einrichtungen	7.500,00 €
Gebäudewert (inkl. BNK)	211.040,85 €

Gebäudesachwerte insgesamt		211.040,85 €
Sachwert der Außenanlagen	+	8.441,63 €
Sachwert der Gebäude und Außenanlagen	=	219.482,48 €
Bodenwert (vgl. Bodenwertermittlung)	+	342.000,00 €
vorläufiger Sachwert	=	561.482,48 €
Sachwertfaktor (Marktanpassung)	×	1,07
marktangepasster vorläufiger Sachwert	=	600.786,26 €
besondere objektspezifische Grundstücksmerkmale	−	5.000,00 €
(marktangepasster) Sachwert	=	595.786,26 €
	rd.	596.000,00 €

4.3.4 Erläuterungen zu den Wertansätzen in der Sachwertberechnung

Berechnungsbasis

Die Berechnung des Gebäuderauminhalts (Bruttorauminhalts - BRI) bzw. der Gebäudeflächen (Bruttogrundflächen - BGF oder Wohnflächen - WF) wurde von mir durchgeführt. Die Berechnungen weichen teilweise von der diesbezüglichen Vorschrift (DIN 277 - Ausgabe 1987 bzw. WoWFIV) ab; sie sind deshalb nur als Grundlage dieser Wertermittlung verwendbar. Die Abweichungen bestehen daher insbesondere in

Anhang

Firma, Name des Sachverständigen   Seite 21 von 32

wertbezogenen Modifizierungen (vgl. [2], Teil 1, Kapitel 16 und 17);
beim BRI z. B.
- nur Anrechnung von üblichen / wirtschaftlich vollwertigen Geschosshöhen;
- nur Anrechnung der Gebäudeteile a und tlw. b bzw.
- Nichtanrechnung der Gebäudeteile c (z. B. Balkone);

bei der BGF z. B.
- (Nicht)Anrechnung der Gebäudeteile c (z. B. Balkone) und
- Anrechnung von (ausbaubaren aber nicht ausgebauten) Dachgeschossen;

bei der WF z. B.
- Nichtanrechnung der Terrassenflächen.

Herstellungskosten

Die Normalherstellungskosten (NHK) werden nach den Ausführungen in der Wertermittlungsliteratur und den Erfahrungen des Sachverständigen auf der Basis der Preisverhältnisse im Basisjahr angesetzt. Der Ansatz der NHK ist aus [1], Kapitel 3.01.1 (bei NHK 2000 bis 102. Ergänzung) entnommen.

Ermittlung der Normalherstellungskosten bezogen auf das Basisjahr 2010 (NHK 2010) für das Gebäude: Einfamilienhaus
Ermittlung des Gebäudestandards:

Bauteil	Wägungsanteil [%]	Standardstufen				
		1	2	3	4	5
Außenwände	23,0 %			1,0		
Dach	15,0 %				1,0	
Fenster und Außentüren	11,0 %				1,0	
Innenwände und -türen	11,0 %				1,0	
Deckenkonstruktion und Treppen	11,0 %			1,0		
Fußböden	5,0 %				1,0	
Sanitäreinrichtungen	9,0 %				1,0	
Heizung	9,0 %				1,0	
Sonstige technische Ausstattung	6,0 %				1,0	
insgesamt	100,0 %	0,0 %	0,0 %	34,0 %	66,0 %	0,0 %

Beschreibung der ausgewählten Standardstufen

Außenwände	
Standardstufe 3	ein-/zweischaliges Mauerwerk, z.B. aus Leichtziegeln, Kalksandsteinen, Gasbetonsteinen; Edelputz; Wärmedämmverbundsystem oder Wärmedämmputz (nach ca. 1995)
Dach	
Standardstufe 4	glasierte Tondachziegel, Flachdachausbildung tlw. als Dachterrassen; Konstruktion in Brettschichtholz, schweres Massivflachdach; besondere Dachformen, z.B. Mansarden-, Walmdach; Aufsparrendämmung, überdurchschnittliche Dämmung (nach ca. 2005)
Fenster und Außentüren	
Standardstufe 4	Dreifachverglasung, Sonnenschutzglas, aufwendigere Rahmen, Rollläden (elektr.); höherwertige Türanlage z.B. mit Seitenteil, besonderer Einbruchschutz
Innenwände und -türen	
Standardstufe 4	Sichtmauerwerk, Wandvertäfelungen (Holzpaneele); Massivholztüren, Schiebetürelemente, Glastüren, strukturierte Türblätter
Deckenkonstruktion und Treppen	
Standardstufe 3	Beton- und Holzbalkendecken mit Tritt- und Luftschallschutz (z.B. schwimmender Estrich); geradläufige Treppen aus Stahlbeton oder Stahl, Harfentreppe, Trittschallschutz

Objekt: Salzstraße 24, 82335 Berg   erstellt mit Sprengnetter-ProSa, Version 29

Anlage 6: Beispielgutachten

Fußböden	
Standardstufe 4	Natursteinplatten, Fertigparkett, hochwertige Fliesen, Terrazzobelag, hochwertige Massivholzböden auf gedämmter Unterkonstruktion
Sanitäreinrichtungen	
Standardstufe 4	1–2 Bäder mit tlw. zwei Waschbecken, tlw. Bidet/Urinal, Gäste-WC, bodengleiche Dusche; Wand- und Bodenfliesen; jeweils in gehobener Qualität
Heizung	
Standardstufe 4	Fußbodenheizung, Solarkollektoren für Warmwassererzeugung, zusätzlicher Kaminanschluss
Sonstige technische Ausstattung	
Standardstufe 4	zahlreiche Steckdosen und Lichtauslässe, hochwertige Abdeckungen, dezentrale Lüftung mit Wärmetauscher, mehrere LAN- und Fernsehanschlüsse

Bestimmung der standardbezogenen NHK 2010 für das Gebäude: Einfamilienhaus

Nutzungsgruppe: Ein- und Zweifamilienhäuser
Anbauweise: freistehend
Gebäudeart: KG, EG, OG, ausg. DG

Berücksichtigung der Eigenschaften des zu bewertenden Gebäudes

Standardstufe	tabellierte NHK 2010 [€/m² BGF]	relativer Gebäudestandardanteil [%]	relativer NHK 2010-Anteil [€/m² BGF]
1	655,00	0,0	0,00
2	725,00	0,0	0,00
3	835,00	34,0	283,90
4	1.005,00	66,0	663,30
5	1.260,00	0,0	0,00
	gewogene, standardbezogene NHK 2010 =		947,20
	gewogener Standard = 3,7		

Die Ermittlung des gewogenen Standards erfolgt durch Interpolation des gewogenen NHK-Werts zwischen die tabellierten NHK.

NHK 2010 für das Bewertungsgebäude   =   947,20 €/m² BGF
    rd.   947,00 €/m² BGF

Baupreisindex

Die Anpassung der NHK aus dem Basisjahr an die Preisverhältnisse am Wertermittlungsstichtag erfolgt mittels dem Verhältnis aus dem Baupreisindex am Wertermittlungsstichtag und dem Baupreisindex im Basisjahr (= 100). Der vom Statistischen Bundesamt veröffentlichte Baupreisindex ist auch in [1], Kapitel 4.04.1 abgedruckt. Der Baupreisindex zum Wertermittlungsstichtag wird bei zurückliegenden Stichtagen aus Jahreswerten interpoliert und bei aktuellen Wertermittlungsstichtagen, für die noch kein amtlicher Index vorliegt, extrapoliert bzw. es wird der zuletzt veröffentlichte Indexstand zugrunde gelegt.

Zu-/Abschläge zu den Herstellungskosten

Hier werden Zu- bzw. Abschläge zu den Herstellungskosten des Normgebäudes berücksichtigt. Diese sind aufgrund zusätzlichem bzw. mangelndem Gebäudeausbau des zu bewertenden Gebäudes gegenüber dem Ausbauzustand des Normgebäudes erforderlich (bspw. Keller- oder Dachgeschossteilausbau).
Gebäude: Einfamilienhaus

Bezeichnung	Zu-/Abschlag
hochwertige Kellernutzung (pauschal geschätzt)	5.000,00 €

Anhang

Summe	5.000,00 €

Normgebäude, besonders zu veranschlagende Bauteile

Die in der Rauminhalts- bzw. Gebäudeflächenberechnung nicht erfassten und damit in den Herstellungskosten des Normgebäudes nicht berücksichtigten wesentlich wertbeeinflussenden besonderen Bauteile werden einzeln erfasst. Danach erfolgen bauteilweise getrennte aber pauschale Herstellungskosten- bzw. Zeitwertzuschläge in der Höhe, wie dies dem gewöhnlichen Geschäftsverkehr entspricht. Grundlage dieser Zuschlagsschätzungen sind die in [1], Kapitel 3.01.4 angegebenen Erfahrungswerte für durchschnittliche Herstellungskosten für besondere Bauteile. Bei älteren und/oder schadhaften und/oder nicht zeitgemäßen besonderen Bauteilen erfolgt die Zeitwertschätzung unter Berücksichtigung diesbezüglicher Abschläge.
Gebäude: Einfamilienhaus

besondere Bauteile	Herstellungskosten	Zeitwert (inkl. BNK)
unterkellerte Doppelgarage		20.000,00 €
Summe		20.000,00 €

Besondere Einrichtungen

Die besonderen (Betriebs)Einrichtungen werden einzeln erfasst und einzeln pauschal in ihren Herstellungskosten bzw. ihrem Zeitwert geschätzt, jedoch nur in der Höhe, wie dies dem gewöhnlichen Geschäftsverkehr entspricht. Grundlage sind die in [1], Kapitel 3.01.3 angegebenen Erfahrungswerte der durchschnittlichen Herstellungskosten für besondere (Betriebs)Einrichtungen.
Gebäude: Einfamilienhaus

besondere Einrichtungen	Herstellungskosten	Zeitwert (inkl. BNK)
Einbauschränke		2.500,00 €
Sauna		2.000,00 €
Kaminofen		3.000,00 €
Summe		7.500,00 €

Baunebenkosten

Die Baunebenkosten (BNK) werden in Abhängigkeit von den verwendeten NHK entweder prozentual als Funktion der Gesamtherstellungskosten (einschl. der Herstellungskosten der Nebenbauteile, besonderen Einrichtungen und Außenanlagen) und den Planungsanforderungen bestimmt (siehe [1], Kapitel 3.01.7) oder sind unmittelbar in den NHK enthalten.

Außenanlagen

Die wesentlich wertbeeinflussenden Außenanlagen wurden im Ortstermin getrennt erfasst und einzeln pauschal in ihrem Sachwert geschätzt. Grundlage sind die in [1], Kapitel 3.01.5 angegebenen Erfahrungswerte für durchschnittliche Herstellungskosten. Bei älteren und/oder schadhaften Außenanlagen erfolgt die Sachwertschätzung unter Berücksichtigung diesbezüglicher Abschläge.

Außenanlagen	Sachwert (inkl. BNK)
prozentuale Schätzung: 4,00 % der Gebäudesachwerte insg. (211.040,85 €)	8.441,63 €
Summe	8.441,63 €

Gesamtnutzungsdauer

Die übliche wirtschaftliche Nutzungsdauer = Gesamtnutzungsdauer (GND) ergibt sich aus der für die Bestimmung der NHK gewählten Gebäudeart sowie dem Gebäudeausstattungsstandard. Sie ist deshalb wertermittlungstechnisch dem Gebäudetyp zuzuordnen und ebenfalls aus [1], Kapitel 3.02.5 entnommen.

Restnutzungsdauer

Als Restnutzungsdauer ist in erster Näherung die Differenz aus "üblicher Gesamtnutzungsdauer" abzüglich "tatsächlichem Lebensalter am Wertermittlungsstichtag" zugrunde gelegt. Diese wird allerdings dann verlängert (d. h. das Gebäude fiktiv verjüngt), wenn beim Bewertungsobjekt wesentliche Modernisierungsmaßnahmen durchgeführt wurden oder in den Wertermittlungsansätzen unmittelbar erforderliche Arbeiten zur Beseitigung des Unterhaltungsstaus sowie zur Modernisierung in der Wertermittlung als bereits durchgeführt unterstellt werden.

Zur Bestimmung der Restnutzungsdauer insbesondere unter Berücksichtigung von durchgeführten oder zeitnah durchzuführenden wesentlichen Modernisierungsmaßnahmen wird das in [1], Kapitel 3.02.4 beschriebene Modell angewendet.

Alterswertminderung

Die Alterswertminderung der Gebäude erfolgt nach dem linearen Abschreibungsmodell.

Wertminderung wegen Baumängel und Bauschäden

Die in der Gebäudebeschreibung aufgeführten Wertminderungen wegen zusätzlich zum Kaufpreis erforderlicher Aufwendungen insbesondere für die Beseitigung von Bauschäden und die erforderlichen (bzw. in den Wertermittlungsansätzen als schon durchgeführt unterstellten) Modernisierungen werden nach den Erfahrungswerten auf der Grundlage für diesbezüglich notwendige Kosten marktangepasst, d. h. der hierdurch (ggf. zusätzlich "gedämpft" unter Beachtung besonderer steuerlicher Abschreibungsmöglichkeiten) eintretenden Wertminderungen quantifiziert.

Sachwertfaktor

Der angesetzte objektartspezifische Sachwertfaktor k wird auf der Grundlage
- der verfügbaren Angaben des örtlich zuständigen Gutachterausschusses unter Hinzuziehung
- der verfügbaren Angaben des Oberen Gutachterausschusses bzw. der Zentralen Geschäftsstelle,
- des in [1], Kapitel 3.03 veröffentlichten Gesamt- und Referenzsystems der bundesdurchschnittlichen Sachwertfaktoren, in dem die Sachwertfaktoren insbesondere gegliedert nach Objektart, Wirtschaftskraft der Region, Bodenwertniveau und Objektgröße (d.h. Gesamtgrundstückswert) angegeben sind, sowie
- der gemeinsamen Ableitungen im örtlich zuständigen Sprengnetter Expertengremium, insbesondere zu der regionalen Anpassung der v. g. bundesdurchschnittlichen Sachwertfaktoren und/oder
- eigener Ableitungen des Sachverständigen, insbesondere zu der regionalen Anpassung der v.g. bundesdurchschnittlichen Sachwertfaktoren und/oder
- des Sprengnetter-Sachwertfaktors

bestimmt.

Ermittlung des Sachwertfaktors

aus Tabelle (kreuzinterpolierter) Wert	=	1,07
Einflussgröße „Region"	+	0,00
ermittelter Sachwertfaktor	=	1,07

Besondere objektspezifische Grundstücksmerkmale

Hier werden die wertmäßigen Auswirkungen der nicht in den Wertermittlungsansätzen des Sachwertverfahrens bereits berücksichtigten Besonderheiten des Objekts korrigierend insoweit berücksichtigt, wie sie offensichtlich waren oder vom Auftraggeber, Eigentümer etc. mitgeteilt worden sind.

besondere objektspezifische Grundstücksmerkmale		Wertbeeinflussung insg.
Bauschäden		-5.000,00 €
• Feuchtigkeitsschaden an der nördlichen Außenwand der unterkellerten Doppelgarage	-5.000,00 €	
Summe		-5.000,00 €

4.4 Ertragswertermittlung

4.4.1 Das Ertragswertmodell der Immobilienwertermittlungsverordnung

Das Modell für die Ermittlung des Ertragswerts ist in den §§ 17 - 20 ImmoWertV beschrieben.
Die Ermittlung des Ertragswerts basiert auf den marktüblich erzielbaren jährlichen Erträgen (insbesondere

Anhang

Mieten und Pachten) aus dem Grundstück. Die Summe aller Erträge wird als **Rohertrag** bezeichnet. Maßgeblich für den (Ertrags)Wert des Grundstücks ist jedoch der **Reinertrag**. Der Reinertrag ermittelt sich als Rohertrag abzüglich der Aufwendungen, die der Eigentümer für die Bewirtschaftung einschließlich Erhaltung des Grundstücks aufwenden muss (**Bewirtschaftungskosten**).

Das Ertragswertverfahren fußt auf der Überlegung, dass der dem Grundstückseigentümer verbleibende Reinertrag aus dem Grundstück die Verzinsung des Grundstückswerts (bzw. des dafür gezahlten Kaufpreises) darstellt. Deshalb wird der Ertragswert als **Rentenbarwert** durch Kapitalisierung des Reinertrags bestimmt.

Hierbei ist zu beachten, dass der Reinertrag für ein bebautes Grundstück sowohl die Verzinsung für den Grund und Boden als auch für die auf dem Grundstück vorhandenen baulichen (insbesondere Gebäude) und sonstigen Anlagen (z. B. Anpflanzungen) darstellt. Der Grund und Boden gilt grundsätzlich als unvergänglich (bzw. unzerstörbar). Dagegen ist die (wirtschaftliche) **Restnutzungsdauer** der baulichen und sonstigen Anlagen zeitlich begrenzt.

Der **Bodenwert** ist getrennt vom Wert der Gebäude und Außenanlagen i. d. R. im Vergleichswertverfahren (vgl. § 16 ImmoWertV) grundsätzlich so zu ermitteln, wie er sich ergeben würde, wenn das Grundstück unbebaut wäre.

Der auf den Bodenwert entfallende Reinertragsanteil wird durch Multiplikation des Bodenwerts mit dem **Liegenschaftszinssatz** bestimmt. (Der Bodenertragsanteil stellt somit die ewige Rentenrate des Bodenwerts dar.)

Der auf die baulichen und sonstigen Anlagen entfallende Reinertragsanteil ergibt sich als Differenz „(Gesamt)Reinertrag des Grundstücks" abzüglich „Reinertragsanteil des Grund und Bodens".

Der (Ertrags)**Wert der baulichen und sonstigen Anlagen** wird durch Kapitalisierung (d. h. Zeitrentenbarwertberechnung) des (Rein)Ertragsanteils der baulichen und sonstigen Anlagen unter Verwendung des Liegenschaftszinssatzes und der Restnutzungsdauer ermittelt.

Der vorläufige Ertragswert setzt sich aus der Summe von „Bodenwert" und „Wert der baulichen und sonstigen Anlagen" zusammen.

Ggf. bestehende **besondere objektspezifische Grundstücksmerkmale**, die bei der Ermittlung des vorläufigen Ertragswerts nicht berücksichtigt wurden, sind bei der Ableitung des Ertragswerts aus dem vorläufigen Ertragswert sachgemäß zu berücksichtigen.

Das **Ertragswertverfahren** stellt insbesondere durch Verwendung des aus Kaufpreisen abgeleiteten Liegenschaftszinssatzes **einen Kaufpreisvergleich** im Wesentlichen auf der Grundlage des marktüblich erzielbaren Grundstücksreinertrages dar.

4.4.2 Erläuterungen der bei der Ertragswertberechnung verwendeten Begriffe

Rohertrag (§ 18 Abs. 2 ImmoWertV)

Der Rohertrag umfasst alle bei ordnungsgemäßer Bewirtschaftung und zulässiger Nutzung marktüblich erzielbaren Erträge aus dem Grundstück. Bei der Ermittlung des Rohertrags ist von den üblichen (nachhaltig gesicherten) Einnahmemöglichkeiten des Grundstücks (insbesondere der Gebäude) auszugehen.

Weicht die tatsächliche Nutzung von Grundstücken oder Grundstücksteilen von den üblichen, nachhaltig gesicherten Nutzungsmöglichkeiten ab und/oder werden für die tatsächliche Nutzung von Grundstücken oder Grundstücksteilen vom Üblichen abweichende Entgelte erzielt, sind für die Ermittlung des Rohertrags zunächst die für eine übliche Nutzung marktüblich erzielbaren Erträge zugrunde zu legen.

Bewirtschaftungskosten (§ 19 ImmoWertV)

Die Bewirtschaftungskosten sind marktüblich entstehende Aufwendungen, die für eine ordnungsgemäße Bewirtschaftung und zulässige Nutzung des Grundstücks (insbesondere der Gebäude) laufend erforderlich sind. Die Bewirtschaftungskosten umfassen die Verwaltungskosten, die Instandhaltungskosten, das Mietausfallwagnis und die Betriebskosten.

Unter dem Mietausfallwagnis ist insbesondere das Risiko einer Ertragsminderung zu verstehen, die durch uneinbringliche Rückstände von Mieten, Pachten und sonstigen Einnahmen oder durch vorübergehenden Leerstand von Raum, der zur Vermietung, Verpachtung oder sonstigen Nutzung bestimmt ist, entsteht. Es umfasst auch das Risiko von uneinbringlichen Kosten einer Rechtsverfolgung auf Zahlung, Aufhebung eines Mietverhältnisses oder Räumung (§ 19 Abs. 2 Ziffer 3 ImmoWertV u. § 29 Satz 1 und 2 II. BV).

Zur Bestimmung des Reinertrags werden vom Rohertrag nur die Bewirtschaftungskosten(anteile) in Abzug gebracht, die vom Eigentümer zu tragen sind, d. h. nicht zusätzlich zum angesetzten Rohertrag auf die Mieter umgelegt werden können.

Ertragswert / Rentenbarwert (§ 17 Abs. 2 und § 20 ImmoWertV)

Der Ertragswert ist der auf die Wertverhältnisse am Wertermittlungsstichtag bezogene (Einmal)Betrag, der

der Summe aller aus dem Objekt während seiner Nutzungsdauer erzielbaren (Rein)Erträge einschließlich Zinsen und Zinseszinsen entspricht. Die Einkünfte aller während der Nutzungsdauer noch anfallenden Erträge - abgezinst auf die Wertverhältnisse zum Wertermittlungsstichtag - sind wertmäßig gleichzusetzen mit dem Ertragswert des Objekts.
Als Nutzungsdauer ist für die baulichen und sonstigen Anlagen die (wirtschaftliche) Restnutzungsdauer anzusetzen, für den Grund und Boden unendlich (ewige Rente).

Liegenschaftszinssatz (§ 14 Abs. 3 ImmoWertV)

Der Liegenschaftszinssatz ist eine Rechengröße im Ertragswertverfahren. Er ist auf der Grundlage geeigneter Kaufpreise und der ihnen entsprechenden Reinerträge für mit dem Bewertungsgrundstück hinsichtlich Nutzung und Bebauung gleichartiger Grundstücke nach den Grundsätzen des Ertragswertverfahrens als Durchschnittswert abgeleitet (vgl. § 14 Nr. 3 Satz 2 ImmoWertV). Der Ansatz des (marktkonformen) Liegenschaftszinssatzes für die Wertermittlung im Ertragswertverfahren stellt somit sicher, dass das Ertragswertverfahren ein marktkonformes Ergebnis liefert, d. h. dem Verkehrswert entspricht.
Der Liegenschaftszinssatz ist demzufolge der Marktanpassungsfaktor des Ertragswertverfahrens. Durch ihn werden die allgemeinen Wertverhältnisse auf dem Grundstücksmarkt erfasst, soweit diese nicht auf andere Weise berücksichtigt sind.

Restnutzungsdauer (§ 6 Abs. 6 ImmoWertV)

Als Restnutzungsdauer wird die Anzahl der Jahre angesetzt, in denen die baulichen (und sonstigen) Anlagen bei ordnungsgemäßer Unterhaltung und Bewirtschaftung voraussichtlich noch wirtschaftlich genutzt werden können. Sie ist demnach entscheidend vom wirtschaftlichen, aber auch vom technischen Zustand des Objekts, nachrangig vom Alter des Gebäudes bzw. der Gebäudeteile abhängig. Instandsetzungen oder Modernisierungen oder unterlassene Instandhaltungen oder andere Gegebenheiten können die Restnutzungsdauer verlängern oder verkürzen.

Besondere objektspezifische Grundstücksmerkmale (§ 8 Abs. 2 und 3 ImmoWertV)

Unter den besonderen objektspezifischen Grundstücksmerkmalen versteht man alle vom üblichen Zustand vergleichbarer Objekte abweichenden individuellen Eigenschaften des Bewertungsobjekts (z. B. Abweichungen vom normalen baulichen Zustand, eine wirtschaftliche Überalterung, insbesondere Baumängel und Bauschäden (siehe nachfolgende Erläuterungen), oder Abweichungen von den marktüblich erzielbaren Erträgen).

Baumängel und Bauschäden (§ 8 Abs. 2 und 3 ImmoWertV)

Baumängel sind Fehler, die dem Gebäude i. d. R. bereits von Anfang an anhaften - z. B. durch mangelhafte Ausführung oder Planung. Sie können sich auch als funktionale oder ästhetische Mängel durch die Weiterentwicklung des Standards oder Wandlungen in der Mode einstellen.
Bauschäden sind auf unterlassene Unterhaltungsaufwendungen, auf nachträgliche äußere Einwirkungen oder auf Folgen von Baumängeln zurückzuführen.
Für behebbare Schäden und Mängel werden die diesbezüglichen Wertminderungen auf der Grundlage der Kosten geschätzt, die zu ihrer Beseitigung aufzuwenden sind. Die Schätzung kann durch pauschale Ansätze oder auf der Grundlage von auf Einzelpositionen bezogene Kostenermittlungen erfolgen.
Der Bewertungssachverständige kann i. d. R. die wirklich erforderlichen Aufwendungen zur Herstellung eines normalen Bauzustandes nur überschlägig schätzen, da

- nur zerstörungsfrei - augenscheinlich untersucht wird,
- grundsätzlich keine Bauschadensbegutachtung erfolgt (dazu ist die Beauftragung eines Bauschadens-Sachverständigen notwendig).

Es ist ausdrücklich darauf hinzuweisen, dass die Angaben in dieser Verkehrswertermittlung allein aufgrund Mitteilung von Auftraggeber, Mieter etc. und darauf beruhenden in Augenscheinnahme beim Ortstermin ohne jegliche differenzierte Bestandsaufnahme, technischen, chemischen o. ä. Funktionsprüfungen, Vorplanung und Kostenschätzung angesetzt sind.

Anhang

Firma, Name des Sachverständigen

4.4.3 Ertragswertberechnung

Gebäudebezeichnung	Mieteinheit		Fläche	Anzahl	tatsächliche Nettokaltmiete		
	lfd. Nr.	Nutzung/Lage	(m²)	(Stck.)	(€/m²) bzw. (€/Stck.)	monatlich (€)	jährlich (€)
Einfamilienhaus			-		-	1.800,00	21.600,00
Summe			-	-		1.800,00	21.600,00

Gebäudebezeichnung	Mieteinheit		Fläche	Anzahl	marktüblich erzielbare Nettokaltmiete		
	lfd. Nr.	Nutzung/Lage	(m²)	(Stck.)	(€/m²) bzw. (€/Stck.)	monatlich (€)	jährlich (€)
Einfamilienhaus			-		-	1.800,00	21.600,00
Summe			-	-		1.800,00	21.600,00

Die tatsächliche Nettokaltmiete entspricht der marktüblich erzielbaren Nettokaltmiete. Die Ertragswertermittlung wird auf der Grundlage der marktüblich erzielbaren Nettokaltmiete durchgeführt.

Rohertrag (Summe der marktüblich erzielbaren jährlichen Nettokaltmieten)		21.600,00 €
Bewirtschaftungskosten (nur Anteil des Vermieters)		
(18,00 % der marktüblich erzielbaren jährlichen Nettokaltmiete)	−	3.888,00 €
jährlicher Reinertrag	=	17.712,00 €
Reinertragsanteil des Bodens		
2,17 % von 342.000,00 € (Liegenschaftszinssatz × Bodenwert)	−	7.421,40 €
Ertrag der baulichen und sonstigen Anlagen	=	10.290,60 €
Barwertfaktor (gem. Anlage 1 zur ImmoWertV)		
bei p = 2,17 % Liegenschaftszinssatz		
und n = 37 Jahren Restnutzungsdauer	×	25,258
Ertragswert der baulichen und sonstigen Anlagen	=	259.919,97 €
Bodenwert (vgl. Bodenwertermittlung)	+	342.000,00 €
vorläufiger Ertragswert	=	601.919,97 €
besondere objektspezifische Grundstücksmerkmale	−	5.000,00 €
Ertragswert	=	596.919,97 €
	rd.	597.000,00 €

Objekt: Salzstraße 24, 82335 Berg erstellt mit Sprengnetter-ProSa, Version 29

Firma, Name des Sachverständigen

4.4.4 Erläuterungen zu den Wertansätzen in der Ertragswertberechnung

Wohn- bzw. Nutzflächen

Die Berechnungen der Wohn- bzw. Nutzflächen wurden von mir durchgeführt. Sie orientieren sich an der Wohnflächen- und Mietwertrichtlinie zur wohnwertabhängigen Wohnflächenberechnung und Mietwertermittlung (WMR), in der die von der Rechtsprechung insbesondere für Mietwertermittlungen entwickelten Maßgaben zur wohnwertabhängigen Anrechnung der Grundflächen auf die Wohnfläche systematisiert sind, sofern diesbezügliche Besonderheiten nicht bereits in den Mietansätzen berücksichtigt sind (vgl. Literaturverzeichnis [2], Teil 1, Kapitel 15) bzw. an der in der regionalen Praxis üblichen Nutzflächenermittlung. Die Berechnungen können demzufolge teilweise von den diesbezüglichen Vorschriften (WoFIV; II. BV; DIN 283; DIN 277) abweichen; sie sind deshalb nur als Grundlage dieser Wertermittlung verwendbar.

Rohertrag

Die Basis für die Ermittlung des Rohertrags ist die aus dem Grundstück marktüblich erzielbare Nettokaltmiete. Diese entspricht der jährlichen Gesamtmiete ohne sämtliche auf den Mieter zusätzlich zur Grundmiete umlagefähigen Bewirtschaftungskosten.
Die marktüblich erzielbare Miete wurde auf der Grundlage von verfügbaren Vergleichsmieten für mit dem Bewertungsgrundstück vergleichbar genutzte Grundstücke
- aus dem Mietspiegel der Gemeinde oder vergleichbarer Gemeinden,
- aus gemeinsamen Mietableitungen im örtlich zuständigen Sprengnetter Expertengremium
- aus der Sprengnetter-Vergleichsmiete für ein Standardobjekt und/oder
- aus anderen Mietpreisveröffentlichungen

als mittelfristiger Durchschnittswert abgeleitet und angesetzt. Dabei werden wesentliche Qualitätsunterschiede des Bewertungsobjektes hinsichtlich der mietwertbeeinflussenden Eigenschaften durch entsprechende Anpassungen berücksichtigt.

Bewirtschaftungskosten

Die vom Vermieter zu tragenden Bewirtschaftungskostenanteile werden auf der Basis von Marktanalysen vergleichbar genutzter Grundstücke (insgesamt als prozentualer Anteil am Rohertrag, oder auch auf €/m² Wohn- oder Nutzfläche bezogen oder als Absolutbetrag je Nutzungseinheit bzw. Bewirtschaftungskostenanteil) bestimmt.
Dieser Wertermittlung werden u. a. die in [1], Kapitel 3.05 veröffentlichten durchschnittlichen Bewirtschaftungskosten zugrunde gelegt. Dabei wurde darauf geachtet, dass dasselbe Bestimmungsmodell verwendet wurde, das auch der Ableitung der Liegenschaftszinssätze zugrunde liegt.

Liegenschaftszinssatz

Der für das Bewertungsobjekt angesetzte Liegenschaftszinssatz wurde auf der Grundlage
- der verfügbaren Angaben des örtlich zuständigen Gutachterausschusses unter Hinzuziehung
- der verfügbaren Angaben des Oberen Gutachterausschusses bzw. der Zentralen Geschäftsstelle,
- des in [1], Kapitel 3.04 veröffentlichten Gesamtsystems der bundesdurchschnittlichen Liegenschaftszinssätze als Referenz- und Ergänzungssystem, in dem die Liegenschaftszinssätze gegliedert nach Objektart, Restnutzungsdauer des Gebäudes sowie Objektgröße (d. h. des Gesamtgrundstückswerts) angegeben sind, sowie
- der gemeinsamen Ableitungen im örtlich zuständigen Sprengnetter Expertengremium, insbesondere zu der regionalen Anpassung der v. g. bundesdurchschnittlichen Liegenschaftszinssätze, und/oder
- eigener Ableitungen des Sachverständigen, insbesondere zu der regionalen Anpassung der v. g. bundesdurchschnittlichen Liegenschaftszinssätze und/oder
- des Sprengnetter-Liegenschaftszinssatzes

bestimmt.

Ermittlung des Liegenschaftszinssatzes

aus Tabelle (kreuzinterpolierter) Wert	=	2,17 %
Einflussfaktor „Objektgröße"	x	1,00
Einflussfaktor „Lage"	x	1,00

Objekt: Salzstraße 24, 82335 Berg — erstellt mit Sprengnetter-ProSa, Version 29

Anhang

Einflussfaktor „Anbauart"	x	1,00	
Einflussfaktor „Region"	x	1,00	
ermittelter Liegenschaftszinssatz	=	2,17 %	

Gesamtnutzungsdauer

Die übliche wirtschaftliche Nutzungsdauer = Gesamtnutzungsdauer (GND) ergibt sich aus der für die Bestimmung der NHK gewählten Gebäudeart sowie dem Gebäudeausstattungsstandard. Sie ist deshalb wertermittlungstechnisch dem Gebäudetyp zuzuordnen und ebenfalls aus [1], Kapitel 3.01.1 entnommen.

Restnutzungsdauer

Als Restnutzungsdauer ist in erster Näherung die Differenz aus "üblicher Gesamtnutzungsdauer" abzüglich "tatsächlichem Lebensalter am Wertermittlungsstichtag" zugrunde gelegt. Diese wird allerdings dann verlängert (d. h. das Gebäude fiktiv verjüngt), wenn beim Bewertungsobjekt wesentliche Modernisierungsmaßnahmen durchgeführt wurden oder in den Wertermittlungsansätzen unmittelbar erforderliche Arbeiten zur Beseitigung des Unterhaltungsstaus sowie zur Modernisierung in der Wertermittlung als bereits durchgeführt unterstellt werden.

Zur Bestimmung der Restnutzungsdauer insbesondere unter Berücksichtigung von durchgeführten oder zeitnah durchzuführenden wesentlichen Modernisierungsmaßnahmen wird das in [1], Kapitel 3.02.4 beschriebene Modell angewendet.

Besondere objektspezifische Grundstücksmerkmale

Hier werden die wertmäßigen Auswirkungen der nicht in den Wertermittlungsansätzen des Ertragswertverfahrens bereits berücksichtigten Besonderheiten des Objekts insoweit korrigierend berücksichtigt, wie sie offensichtlich waren oder vom Auftraggeber, Eigentümer etc. mitgeteilt worden sind.

besondere objektspezifische Grundstücksmerkmale		Wertbeeinflussung insg.
Bauschäden		-5.000,00 €
• Feuchtigkeitsschaden an der nördlichen Außenwand der unterkellerten Doppelgarage	-5.000,00 €	
Summe		-5.000,00 €

Anlage 6: Beispielgutachten

4.5 Verkehrswert

Grundstücke mit der Nutzbarkeit des Bewertungsgrundstücks werden üblicherweise zu Kaufpreisen gehandelt, die sich vorrangig am Sachwert orientieren.
Der **Sachwert** wurde zum Wertermittlungsstichtag mit rd. **596.000,00 €** ermittelt.
Der zur Stützung ermittelte **Ertragswert** beträgt rd. **597.000,00 €**.

Der **Verkehrswert** für das mit einem Einfamilienwohnhaus bebaute Grundstück in 82335 Berg, Salzstraße 24

Grundbuch	Blatt	lfd. Nr.
Starnberg	885	1
Gemarkung	Flur	Flurstücke
Berg		376/4

wird zum Wertermittlungsstichtag 17.05.2010 mit rd.

596.000,- €
in Worten: fünfhundertsechsundneunzigtausend Euro

geschätzt.

Der Sachverständige bescheinigt durch seine Unterschrift zugleich, dass ihm keine Ablehnungsgründe entgegenstehen, aus denen jemand als Beweiszeuge oder Sachverständiger nicht zulässig ist oder seinen Aussagen keine volle Glaubwürdigkeit beigemessen werden kann.

Inning, den 26. Mai 2010   Unterschrift, Sachverständiger XY

Hinweise zum Urheberschutz und zur Haftung

Urheberschutz, alle Rechte vorbehalten. Das Gutachten ist nur für den Auftraggeber und den angegebenen Zweck bestimmt. Eine Vervielfältigung oder Verwertung durch Dritte ist nur mit schriftlicher Genehmigung gestattet.
Der Auftragnehmer haftet für die Richtigkeit des ermittelten Verkehrswerts. Die sonstigen Beschreibungen und Ergebnisse unterliegen nicht der Haftung.
Der Auftragnehmer haftet unbeschränkt, sofern der Auftraggeber oder (im Falle einer vereinbarten Drittverwendung) ein Dritter Schadenersatzansprüche geltend macht, die auf Vorsatz oder grobe Fahrlässigkeit, einschließlich von Vorsatz oder grober Fahrlässigkeit der Vertreter oder Erfüllungsgehilfen des Auftragnehmers beruhen, in Fällen der Übernahme einer Beschaffenheitsgarantie, bei arglistigem Verschweigen von Mängeln, sowie in Fällen der schuldhaften Verletzung des Lebens, des Körpers oder der Gesundheit.
In sonstigen Fällen der leichten Fahrlässigkeit haftet der Auftragnehmer nur, sofern eine Pflicht verletzt wird, deren Einhaltung für die Erreichung des Vertragszwecks von besonderer Bedeutung ist (Kardinalpflicht). In einem solchen Fall ist die Schadensersatzhaftung auf den vorsehbaren und typischerweise eintretenden Schaden begrenzt.
Die Haftung nach dem Produkthaftungsgesetz bleibt unberührt.
Ausgeschlossen ist die persönliche Haftung des Erfüllungsgehilfen, gesetzlichen Vertreters und Betriebsangehörigen des Auftragnehmers für von ihnen durch leichte Fahrlässigkeit verursachte Schäden.
Die Haftung für die Vollständigkeit, Richtigkeit und Aktualität von Informationen und Daten, die von Dritten im Rahmen der Gutachtenbearbeitung bezogen oder übermittelt werden, ist auf die Höhe des für den Auftragnehmer möglichen Rückgriffs gegen den jeweiligen Dritten beschränkt.
Eine über das Vorstehende hinausgehende Haftung ist ausgeschlossen bzw. ist für jeden Einzelfall auf maximal 1.000.000,00 EUR begrenzt.
Außerdem wird darauf hingewiesen, dass die im Gutachten enthaltenen Karten (z. B. Straßenkarte, Stadtplan, Lageplan, Luftbild, u. ä.) und Daten urheberrechtlich geschützt sind. Sie dürfen nicht aus dem Gutachten separiert und/oder einer anderen Nutzung zugeführt werden. Falls das Gutachten im Internet veröffentlicht wird, wird zudem darauf hingewiesen, dass die Veröffentlichung nicht für kommerzielle Zwecke gestattet ist. Im Kontext von Zwangsversteigerungen darf das Gutachten bis maximal zum Ende des Zwangsversteigerungsverfahrens veröffentlicht werden, in anderen Fällen maximal für die Dauer von 6 Monaten.

Objekt: Salzstraße 24, 82335 Berg   erstellt mit Sprengnetter-ProSa, Version 29

5 Rechtsgrundlagen, verwendete Literatur und Software

5.1 Rechtsgrundlagen der Verkehrswertermittlung

BauGB:
Baugesetzbuch i. d. F. der Bekanntmachung vom 23.September 2004 (BGBl. I S. 2414), zuletzt geändert durch Artikel 1 des Gesetzes vom 22. Juli 2011 (BGBl. I S. 1509)

BauNVO:
Baunutzungsverordnung – Verordnung über die bauliche Nutzung der Grundstücke vom 23. Januar 1990 (BGBl. I S. 132), zuletzt geändert durch Art. 3 des Investitionserleichterungs- und Wohnbaulandgesetzes vom 22. April 1993 (BGBl. I S. 466)

ImmoWertV:
Verordnung über die Grundsätze für die Ermittlung der Verkehrswerte von Grundstücken – Immobilienwertermittlungsverordnung – ImmoWertV vom 19. Mai 2010 (BGBl. I S. 639)

WertR:
Wertermittlungsrichtlinien – Richtlinien für die Ermittlung der Verkehrswerte (Marktwerte) von Grundstücken in der Fassung vom 1. März 2006 (BAnz Nr. 108a vom 10. Juni 2006) einschließlich der Benachrichtigung vom 1. Juli 2006 (BAnz Nr. 121 S. 4798)

SW-RL:
Richtlinie zur Ermittlung des Sachwerts (Sachwertrichtlinie – SW-RL) in der Fassung vom 5. September 2012 (BAnz AT 18.10.2012)

BGB:
Bürgerliches Gesetzbuch vom 2. Januar 2002 (BGBl. I S. 42, 2909), zuletzt geändert durch Artikel 1 des Gesetzes vom 10. Mai 2012 (BGBl. I S. 1084)

EnEV:
Energieeinsparverordnung – Verordnung über energiesparenden Wärmeschutz und energiesparende Anlagentechnik bei Gebäuden i. d. F. der Bekanntmachung vom 24. Juli 2007 (BGBl. I S. 1519), zuletzt geändert durch Artikel 1 des Gesetzes vom 29. April 2009 (BGBl. I S. 954)

WoFlV:
Wohnflächenverordnung – Verordnung zur Berechnung der Wohnfläche vom 25. November 2003 (BGBl. I S. 2346)

BetrKV:
Betriebskostenverordnung – Verordnung über die Aufstellung von Betriebskosten vom 25. November 2003 (BGBl. I S. 2346), zuletzt geändert durch Artikel 4 des Gesetzes vom 2. Mai 2012 (BGBl. I S. 1006)

WMR:
Wohnflächen- und Mietwertrichtlinie – Richtlinie zur wohnwertabhängigen Wohnflächenberechnung und Mietwertermittlung vom 18. Juli 2007 ([1], Kapitel 2.12.4)

DIN 283:
DIN 283 Blatt 2 „Wohnungen; Berechnung der Wohnflächen und Nutzflächen" (Ausgabe Februar 1962; obwohl im Oktober 1983 zurückgezogen findet die Vorschrift in der Praxis weiter Anwendung)

5.2 Verwendete Wertermittlungsliteratur

[1] Sprengnetter (Hrsg.): Immobilienbewertung – Marktdaten und Praxishilfen, Loseblattsammlung, Sprengnetter Immobilienbewertung, Sinzig 2012
[2] Sprengnetter (Hrsg.): Immobilienbewertung – Lehrbuch und Kommentar, Loseblattsammlung, Sprengnetter Immobilienbewertung, Sinzig 2012
[3] Sprengnetter (Hrsg.): Sprengnetter-Bibliothek, EDV-gestützte Entscheidungs-, Gesetzes-, Literatur- und Adresssammlung zur Grundstücks- und Mietwertermittlung sowie Bodenordnung, Version 24.0, Sprengnetter Immobilienbewertung, Sinzig 2012
[4] Sprengnetter / Kierig: ImmoWertV. Das neue Wertermittlungsrecht – Kommentar zur Immobilienwertermittlungsverordnung, Sprengnetter Immobilienbewertung, Sinzig 2010
[5] Sprengnetter (Hrsg.): Sachwertrichtlinie und NHK 2010 – Kommentar zu der neuen Wertermittlungsrichtlinie zum Sachwertverfahren, Sprengnetter Immobilienbewertung, Sinzig 2013

5.3 Verwendete fachspezifische Software

Das Gutachten wurde unter Verwendung des von der Sprengnetter GmbH, Sinzig entwickelten Softwareprogramms „Sprengnetter - ProSa, Version 29.0" (November 2012) erstellt.

Firma, Name des Sachverständigen

6 Verzeichnis der Anlagen [4]

Anlage 1: Auszug aus der Straßenkarte im Maßstab 1 : 150.000 mit Kennzeichnung der großräumigen Lage des Bewertungsobjekts

Anlage 2: Auszug aus dem Stadtplan im Maßstab 1 : 20.000 mit Kennzeichnung der innerörtlichen Lage des Bewertungsobjekts

Anlage 3: Auszug aus der Katasterkarte im Maßstab 1 : 1.000 mit Kennzeichnung des Bewertungsobjekts

Anlage 4: Fotoübersichtsplan und Fotos in Anlage 5
(Aufnahmestandort, Aufnahmerichtung, Bildnummern)

Anlage 5: Fotos mit Bildnummern entsprechend Anlage 4

Anlage 6: Gebäudeansichten, Grundrisse und Schnitte

Anlage 7: Wohn- und Nutzflächenberechnungen

---

[4] Die Anlagen wurden aus Gründen der Anonymität nicht beigefügt

Objekt: Salzstraße 24, 82335 Berg erstellt mit Sprengnetter-ProSa, Version 29

Abkürzungsverzeichnis

II. BV	Zweite Berechnungsverordnung
BauGB	Baugesetzbuch
BauNVO	Baunutzungsverordnung
BBodSchG	Bundes-Bodenschutzgesetz
BetrKV	Betriebskostenverordnung
BGB	Bürgerliches Gesetzbuch
BGBl.	Bundesgesetzblatt
BGF	Brutto-Grundfläche
BKleingG	Bundeskleingartengesetz
DIN	Deutsche Industrie-Norm(en)
ebf	erschließungsbeitragsfrei
ebp	erschließungsbeitragspflichtig
EFH	Einfamilienhaus
GA	Gebäudealter
GND	Gesamtnutzungsdauer
GrundRBerG	Grundstücksrechtsbereinigungsgesetz
GRZ	Grundflächenzahl
GFZ	Geschossflächenzahl
HOAI	Honorarordnung für Architekten und Ingenieure
ImmoWertV	Immobilienwertermittlungsverordnung
LandR	Entschädigungsrichtlinien Landwirtschaft
LBO	Landesbauordnung(en)
NHK 2010	Normalherstellungskosten 2010
NutzEV	Nutzungsentgeltverordnung
RND	Restnutzungsdauer
SachenRBerG	Sachenrechtsbereinigungsgesetz
SW-RL	Sachwertrichtlinie
SchuldRAnpG	Schuldrechtsanpassungsgesetz
WertR 2006	Wertermittlungsrichtlinien 2006
WertV	Wertermittlungsverordnung
WaldR	Waldermittlungsrichtlinien
WEG	Wohnungseigentumsgesetz
WoFG	Wohnraumförderungsgesetz
WoFlV	Wohnflächenverordnung

Stichwortverzeichnis

A

Abschreibungsmodelle, lineare Abschreibung 153
Abzinsen
— siehe Diskontierung 175
Allgemeine Marktanpassung 66
Allgemeines Ertragswertverfahren 65, 77
— Kalkulationshilfe 177
Alterswertminderung 152
Altlast 23
Aufzinsen 174
Außenanlage 151
Ausstattungsstandard des Gebäudes 129

B

Baubehörden 22
Baugenehmigung 24
Baugrundverhältnisse 23
Baujahr, fiktives 106
Baulasten 22
Baulastenverzeichnis 22
Baupreisindex 25, 131, 147
Baureifmachung 55
Bebauungsplan 22, 46
Behördliche Genehmigungen 24
Beleihungswert 14
Betriebskosten 92
Betriebskostenverordnung 185, 186
Bewirtschaftungskosten 25, 88
Bodenbeschaffenheit 53
Bodenpreisindex 45
Bodenrichtwert 41, 44
Bodenrichtwertkarte 42
Bodenwert 39, 77, 121
— bebaute Grundstücke 51
— Ermittlung 43, 55
— ewige Rentenrate 78
— mittelbarer Preisvergleich 41

— Residualwertverfahren 40, 56
— Umrechnungskoeffizienten 46
— Vergleichsmerkmal 42

D

DCF-Methode 59
Denkmalschutz 24
DIN-Vorschriften 184
Diskontierung 175

E

Einheitswert 14
Entwicklungszustand 43, 51
Erbbaurecht 18
Erbbauvertrag 18
Erfahrungssätze für Verwaltungskosten 90
Erhaltungssatzung 23
Erschließungsaufwand 52
Erschließungsbeitrag 52
Erschließungszustand 43, 52
Ertragsfaktor 167
Ertragsvervielfältiger 173
Ertragswert
— bauliche Anlagen 78
— Eingangsgrößen 79
Ertragswertverfahren 14, 59, 60, 64, 177
— allgemeines 65, 77
— Ermittlung der jährlichen Bewirtschaftungskosten 88
— Ermittlung des Rohertrags 79
— Mieterhöhung 80
— mit periodisch unterschiedlichen Erträgen 75
— mit periodisch unterschiedlichen Erträgen, Kalkulationshilfe 179
— Sachwertverfahren 118
— vereinfachtes 69

F
Fiktives Baujahr 106
Flächenarten 123
Flurkarte 22
Formulargutachten 28
Frei erstellte Gutachten 29
Freilegung 55

G
Gartenland 49
Gebäudealter, modernisierte Gebäude 108
Gebäudefaktor 169
Gesamtnutzungsdauer 104, 154
Geschäftsgrundstück 65
Geschossflächenzahl 46
GFZ
— siehe Geschossflächenzahl 46
GND
— siehe Gesamtnutzungsdauer 104
Grundbesitzwert
— siehe Einheitswert 14
Grundbuch 16
Grundbuchblatt 16
— Aufschrift 16
— Bestandsverzeichnis 16
— dritte Abteilung 18
— erste Abteilung 17
— Titel 16
— zweite Abteilung 18
Grundschuld 54
Grundstücksbezogene Rechte und Belastungen 54
Grundstücksmerkmale 168
— objektspezifische 115, 159, 168
Gutachten 27
— Anforderungen 30
— Aufbau 29
— Formulargutachten 28
— frei erstellte 29
— plausibel und prüffähig 163
Gutachterausschuss 26, 41, 100, 168

H
Herstellungskosten
— Außenanlagen 151
— der Gebäude 121
Hinterland 49
Hypothek 54

I
Immissionsbelastung 24
Immobilienwertermittlungsverordnung 183
Infrastruktur der Umgebung 55
Instandhaltung 103
Investmentverfahren 59

J
Jahresabrechnung 21
Jährliche Bewirtschaftungskosten 88

K
Kalkulationshilfe
— Ertragswertverfahren 177
— Ertragswertverfahren mit periodisch unterschiedlichen Erträgen 179
— Residualwertverfahren 179
— Sachwertverfahren 176
Karten 24

L
Landesvermessungsamt 24
Leibrente 54
Liegenschaftskataster 22
Liegenschaftszinssatz 25, 99, 180
Lineare Abschreibung 153
Liquidation 55

M
Marktanpassung 66, 115
— an die allgemeinen Wertverhältnisse auf dem Grundstücksmarkt 157

Marktüblich erzielbare Erträge 79
Marktwert
— siehe Verkehrswert 13
Mehrerlöse 75
Mietausfallwagnis 98
Miete 25
— tatsächliche Nettokaltmiete 81
Mietspiegel 25
Mindererlöse 75
Modernisierung 103
Monte-Carlo-Verfahren 59

N
Nachbarrechtliche Beschränkungen 21
Neue Bundesländer 184
Nutzfläche 25

O
Objektspezifische Grundstücks-
   merkmale 115, 159
Objektspezifische Marktanpassung 66
Öffentlich-rechtliche Abgaben 22
Overrented 75, 84

P
Planungsrechtliche Nutzungsmöglich-
   keiten 22
Plausibilitätskontrolle 163, 167
— Einfamilienhäuser 171
Preisindizes 25
— für Gebäude 148

R
Reinertrag 88
Residualwertverfahren 40, 56, 59, 179
— Kalkulationshilfe 179
Restnutzungsdauer 103, 154
Rohertrag 79

S
Sachwert 156
Sachwertermittlung
— Ablaufschema 120
Sachwertfaktoren 157

Sachwertverfahren 14, 59, 60, 118
— Kalkulationshilfe 176
Schätzregeln, Normierung 183
Sensitivitätsanalyse 163, 164
— Liegenschaftszinssatz/
   Ertragswert 114
— Rohertrag/Ertragswert 84

T
Teileigentum 19

U
Übervermietung 84
Umgebungsinfrastruktur 55
Underrented 75, 84
Underrented Objekt 84
Untervermietung 84
Unwirtschaftliche Bebauung 55

V
vereinfachtes Ertragswertverfahren 69
Vergleichsgrundstück 40, 53
Vergleichswertverfahren 14, 59, 60
Verkehrswert 13, 14
— Ermittlung 55
— Ermittlung, bebaute Grund-
   stücke 59
Vermietbare Fläche 81
Versicherungswert 14
Vervielfältiger 103, 114, 173
Verwaltungskosten 90
Vorderland 49

W
Wertermittlung
— Gegenstand 27
— Software 29
Wertermittlungsstichtag 44
Wertermittlungsverfahren 59
— Ertragswertverfahren 64
— nicht normierte Verfahren 59
— normierte Verfahren 59
— überschlägige Berechnungen 59
— Vergleichswertverfahren 60

Wertermittlungsverordnung 68
WertV
— siehe Wertermittlungs-
verordnung 68
Wirtschaftsplan 21
Wohnfläche 25

Wohnflächenverordnung 185, 186
Wohnungseigentum 19

Z
Zweckentfremdungsgenehmigung 24

Exklusiv für Buchkäufer!

Ihre Arbeitshilfen zum Download:

▶ http://mybook.haufe.de/

▶ **Buchcode:** YSC-8927

Ihre Arbeitshilfen zum Download:

Die folgenden Arbeitshilfen stehen für Sie zum Download bereit:

Ihre Arbeitshilfen online:
- Kalkulationshilfen für die Wertermittlung
- Beispielgutachen
- Sachwertrichtlinie, Wertermittlungsrichtlinien u. a.

HAUFE.

Ihr Feedback ist uns wichtig!
Bitte nehmen Sie sich eine Minute Zeit

www.haufe.de/feedback-buch